法 学 阶 梯
INSTITUTIONES
普通高等教育法学规划教材
普通高等教育“十一五”国家级规划教材

# 企 业 法

Enterprises Law

第四版 2020年修订

主 编 张士元

撰稿人 王 瑞 李丹宁
以姓氏笔画为序 张士元 董慧凝

法律出版社
始创于1954年

www.lawpress.com.cn
好书,同好老师和好学生分享

# 出版说明

法律出版社在其奋进发展的六十年光辉历程中，秉精诚之心，集全社之力，服务于我国法学教育事业，致力于法学教材出版。尤其在改革开放三十余年间，本社以“传播法律信息，推进法制进程，积累法律文化，弘扬法治精神”为宗旨，协同司法部法学教材编辑部，规划并组织出版了国家“八五”、“九五”期间的法学规划教材，为我国改革开放之初的法学教育和法治建设做出了开创性贡献；进入21世纪之后，法律出版社又根据教育部的部署和指导，相继规划并组织出版了“十五”、“十一五”和“十二五”法学规划教材，为我国法学教育事业的发展与改革付出了艰辛努力。

承蒙法学教育领域专家作者的信任，以及广大法律院校师生的支持，法律出版社经过三十年的发展与积累，相继出版各类法学教材达四百余种。在学科范围方面，完成以法学核心课程为重心，涉及法学诸学科的“全品种”横向结构；在培养层次方面，健全以本科教育为根本，兼顾职业教育和研究生教育的“多层次”纵向结构，进而打造“法律版”法学教科书体系，以期更好地为法学教育服务，为法治建设贡献绵薄之力。

近年来，法律出版社应因法学教育的发展变化，在教材编写体例及系列安排方面做出相应调整。在教材编写体例方面，结合当前教学实际与培养方案，将系统、全面的理论知识讲授与灵活、丰富的法律实践和能力训练相结合，倡导教材内容差异化，增加教材可读性，以期更好地培养法科学生的思维能力和法学素养。在教材系列安排方面，全力推进新品教材编写与注重既有教材修订相结合，根据教材风格与特色进行适当的套系整合，集中现有的国家级规划教材和在编的规划教材，形成以“普通高等教育法学规划教材”为名的全新教材系列。

本系列教材多为出版多年并广受好评的经典教科书。此次全新推出，既是向长期以来关心支持法学教育出版事业的专家作者的崇高致敬，也是法律出版社为中国当代法学教育事业发展拳拳努力之情的真诚表达。法律出版社将以高度的精品意识和质量标准，不断丰富、完善本系列教材的结构和内容；除教材文本之外，还将配有多层次、多形式的教辅材料，更好地为广大师生服务。

“好书，同好老师和好学生分享”，法律出版社愿与法律共同体诸同仁，分享好书，分享智识，分享法治进程中的点点滴滴！

法律出版社　谨识

2014年10月

# 作者简介

**张士元**　男，北方工业大学教授，1962年毕业于北京大学法律系，代表性著作：《公司法概论》、《股份制企业・公司・公司法》、《经济法通论》等；代表性论文："论公司的责任形式"、"论公司的社会责任"、"论经济法主体的范畴与分类"等。

**王　瑞**　男，1968年生，北方工业大学文法学院法律系副教授，2003年毕业于清华大学法学院，法学博士。代表性著作：《商法总论讲义》（法律出版社）、《中国内地、台港澳商事法比较与统一》（法律出版社）、《商法基础理论与专题研究》（中国政法大学出版社）等；代表性论文："商法本质的变迁"、"论商法的行业性特征"、"论商法的国际性特征"、"论中国商帮文化中的自律规则"等。

**李丹宁**　女，1974年生，北方工业大学文法学院法律系副教授，毕业于西南政法大学，法学硕士。代表性著作：《企业法》、《人民法院公司法指导案例裁判要旨通纂》（参编）、《中国企业法律制度研究》。代表性论文："有限责任公司股东资格确认的几点新思考"、"首例博客告博客案引发的法律思考"、"论公司章程对公司僵局的破解"等。

**董慧凝**　女，北方工业大学教授，2006年毕业于中国社会科学院研究生院，法学博士。代表著作：《公司章程自由及其法律限制》、《信托财产法律问题研究》、《税法》；代表性论文："日本循环经济立法对我国环境立法的启示"、"论公司法强制性规范与公司章程自由"、"公司章程修改的法律限制"等。

# 序　言

《企业法》一书自1997年出版以来，至今已经问世二十多年，此间再版了三次，本次修订并再版，已经是第四版了。前三版历经了数十次印刷，印数多达数十万册。我们欣喜地看到，本教材在我国的法学教育中产生了较为广泛、深入的影响，深受广大师生的喜爱，得到了业内各界的充分肯定。正因为如此，该教材出版后，被确定为国家级"21世纪法学规划教材"，在2006年被确认为教育部十一五国家级规划教材，同时被评为北京市精品教材，并荣获了司法部第二届全国法学教材与科研成果三等奖。

企业作为社会经济生活中最积极、最活跃的要素，是我国社会主义现代化建设事业的主要参与者，是社会生产力发展的承担者和促进者，是社会财富的主要创造者。我国综合国力的增强、人民生活水平的提高、国防实力的壮大，乃至生态环境的改善，都离不开企业这一社会经济组织所做的贡献。当然，企业的生存与发展，离不开良好的社会环境，而法律环境是其重要内容。企业的生存与发展必须有健全、完善、科学的法律制度保驾护航，与此同时，企业也必须遵循规范自身行为的企业法律制度及相关的法律、法规，要依法安排、组织自身的生产经营活动。

在改革开放的浪潮中，我国的企业经历了三十多年的更新革面乃至脱胎换骨的洗礼，经受了改革创新的阵痛，已经形成了以公司企业、国有企业、合伙企业以及个人独资企业的企业组织体系。相应地，随着社会主义法制的加强和完善，适应社会主义市场经济体制法律体系的建立，规范企业行为的法律制度也陆续建立和完备起来，形成了由公司法、合伙企业法、个人独资企业法以及国有企业法所组成的基本法律制度。与此相适应，为了贯彻实施这些基本企业法律制度，国家又制定和颁布了一系列法律和行政法规。随着经济体制改革的深化，又对已经颁布和实施的企业法律和法规及相关的法律制度进行了多次的修改，从而形成了系统、完整并较为科学的企业法律体系。

本教材第三版修订以后，祖国的现代化事业又取得迅猛的发展，改革开放进一步得到深化，国家的法治建设得到了长足的进步，企业法律制度也日臻完善。特别是中国共产党第18次全国代表大会第三届中央委员会全会做出《中共中央关于全面深化改革若干重大问题的决定》和第四届中央委员会全会做出《中共中央关于全面推进依法治国若干重大问题的决定》以后，我国的社会主义建设和改革开放事业进入一个崭新的关键阶段，相应地，我国依法治国的进程也将全面地推进。因此，两项"决定"对进一步促进企业法制建设，完善企业法律体系起着重要的指导作用，《企业法》第四版就是在这样的大环境、大背景下修订的。

时至2020年1月,由于《公司法》的修改及《公司法司法解释(四)》、《公司法司法解释(五)》、《全国法院民商事审判工作会议纪要》的颁布施行,以及2019年年底《证券法》的修改,使本教材现有内容与新法不一致,故予以调整。

作为多年从事企业法律制度教学与研究的法律工作者,长期以来,我们一直密切关注着我国现代公司、国有企业及其他企业组织形态的发展和变化,关注公司和其他企业法理论研究及司法实践的发展动态,与此同时本教材的撰稿人在此期间也有多项研究成果问世。在本次修订时,我们对上述问题进行了较为全面系统的梳理与总结,力争完满地表述我国公司和企业法律制度的最新内容,更准确地体现公司和企业的立法精神,较为全面地反映近年来公司和企业法方面的研究成果。在修订时,我们又对教材的部分章节进行了适当的调整,以便使其结构更为科学、合理,使其内容进一步稳定和完善。

编 者

2020年1月

# 目　　录

## 第二编　公　司　法

## 第三编　个人独资企业法与合伙企业法

# 导 言

我国以崭新的姿态跨入21世纪，逐步建立起比较完善的社会主义市场经济体制是我们的历史任务，而健全的社会主义市场经济体制与现代企业制度和完备的企业法律制度密不可分。

首先，现代企业制度是社会主义市场经济体制的重要组成部分，以公有制为主体的现代企业制度是社会主义市场经济体制的基础。

社会主义市场经济体制应是以获取社会的整体利益、企业的经济效益、满足人民对物质和文化生活的需要为目的，以价值规律配置生产要素，以竞争机制调节经济运行，以国家宏观调控为导向的一种经济模式。市场经济体制应由六种体系组成，它们是：以供求规律、价值规律、竞争规律为运行机制的全方位的、统一的、开放的市场体系；以企业为本位的、以公有制为主体的、多元的、独立的经营主体体系；以国家宏观调控为导向的、以间接调控为主要手段的宏观调控体系；以规范市场行为、维护社会经济秩序为目的的监督、管理体系；以社会保险和社会救济为中心的多层次的社会保障体系；以调整上述社会经济关系为基本内容的、完备的法律、法规体系。在社会主义市场经济体制的总体构成和运作过程中，无论是生产要素的优化配置、市场的总体运行、国家的宏观调控对象，还是社会监督体系和社会保障体系的监督对象和保护对象都要以企业——这种社会经济组织为依托和重要载体。社会主义市场经济是集约化、社会化、用现代科学技术武装的现代化市场经济，这种经济模式也要求有现代化的企业组织形式以及与其相适应的现代企业制度。因此，现代企业制度是社会主义市场经济体制的重要组成部分。我国的社会主义经济制度是生产资料的社会主义公有制，所以，以公有制为主体的现代企业制度是社会主义市场经济体制的基础。现代企业制度对社会主义市场经济体制的形成与完善具有举足轻重的地位，它的形成和发展对社会主义市场经济体制的完善与巩固起着重要作用。

其次，企业法是社会主义市场经济法律体系的重要组成部分。

完备的经济法律体系是社会主义市场经济体制不可分割的重要组成部分，也是建立社会主义市场经济体制的内在要求。建立社会主义市场经济体制的过程，也是建立、健全经济法制的过程，没有完备的适应市场经济体制的经济法律体系，市场经济体制就不可能形成。当然，市场经济体制的建立是个历史过程，相应完备的经济法律体系也不可能一蹴而就，它要根据市场经济的总体框架，根据不同时期的任务和重点，与其同步或超前运行。目前，社会主义市场经济法律体系是以宪法为统率，以经济法、民法和商法为主导，各个部门法之间和谐一致，管理宏观经济关系，规范微观经济行为的法律规范整体，它包括民法、商法和经济法，还包括与其有关的并为其补充的法律体系。

我们认为，完备的社会主义经济法律体系应当具备如下条件：该体系所包括的各项法律制度所调整和规范的市场经济条件下的经济关系应该是全方位、多环节、多层次的;作为市场经济主体的企业,它的法律地位应该是明确的,权利和义务应该是到位的;作为决策或者管理主体的政府机构的经济职权,应该通过法律的形式予以确定和细化,真正实现政府机构职能的转换;经济法律体系的实体内容和法律形式应该门类齐全、成龙配套、和谐一致、系统严谨,是整个经济法律制度的统一体。当然,完备的市场经济法律体系还有待于我国经济立法体制的完善、立法规划的加强和立法技术的提高。

再次,现代企业制度的建立与实施要以完备的法律制度予以确认和保障。

现代企业制度是以产权明晰、权责明确、政企分开、管理科学为特征的企业制度。所谓产权明晰,就是指企业出资者的财产与企业自身的法人财产权要彻底分开,企业要真正成为拥有独立财产、享有民事权利、承担民事责任的法人实体。所谓权责明确,就是指要明确资产所有者、经营者和劳动者的权利、责任和义务。出资者依出资的数额享有选择经营者、资产受益和参与企业重大决策的权利。所谓政企分开,就是指企事业不依附于作为出资者的有关行政主管部门;同时,任何类型和级别的行政机构也不得从事生产经营活动,任何企业都要成为自主经营、自负盈亏、自我发展、自我约束的生产经营单位。所谓管理科学,就是指企业内部要形成一个科学合理的决策、执行与监督相互联系、相互制约的领导体制和组织管理制度,要形成激励与约束相结合的机制。

概括上述特征的基本内涵,主要是要形成完善的企业法人制度、债权债务的有限责任制度和企业的科学组织制度。这些制度的建立与完备意味着现代企业制度的形成与建立,而确认和保障上述制度的建立与实施,依靠法律手段非常重要,要建立健全我国的物权法律制度、国有资产管理制度、投资法律制度、证券法律制度以及规范其设立、组织及其基本活动的企业法律制度。企业法是现代企业制度建立与实施不可缺少的内容与保证。我们要通过对现行企业法的修订、改造和新法的制定来促进现代企业制度的建立,保证其顺利地贯彻实施。

最后,本书的体系和内容。

本书内容分为总论、公司法、个人独资企业法和合伙企业法三个部分。

企业法总论部分既有对企业法的基本理论问题的阐述,也包括对适用于各类企业的企业基本法律制度、法律规定的介绍。着重阐述了企业法的定义、调整对象、特点,企业法所规范的特定主体——企业的定义,以及企业的一般性分类和企业的法定分类;企业法的时间效力、空间效力以及对企业的效力;在企业法基本理论上,还论证了企业法律体系的内容和企业法律体系的基本构成,阐述了企业法学体系的基本构成及其研究的基本内容。在总论部分,着重阐述了企业的基本法律制度,这些基本法律制度包括:企业的设立、变更、信息公示和终止的制度,对它们各自的含义、种类、方式、条件、程序及其法律后果等进行了阐述;介绍了企业的破产制度;最后,对违反企业法应承担的法律责任,设专章从理论上进行了阐述。

公司法、个人独资企业法和合伙企业法这两部分构成了企业法分论部分的内容,主要是根据我国企业的法定种类,对不同类型企业的专项法律制度进行了阐述。前者不仅对公司法律制度的一般理论问题进行了阐述,内容包括公司的定义、产生与发展、分类、公司资本及其立法原则,以及公司法的定义、特征、基本原则、历史沿革与发展趋势等,而且还分析了有限责任公司与股份有限公司的具体法律制度。后者主要介绍了合伙企业、个人独资企业的法律制度。

在安排这部分内容时,我们没有囿于传统按所有制类型来安排其体例,而是主要以公司法律制度和个人独资企业、合伙企业法律制度为中心内容。

学习和研究企业法要以马列主义、毛泽东思想和中国特色的社会主义理论为指导,特别是要认真学习和领会党的十四大提出的建立社会主义市场经济体制的目标、任务、方针和政策,同时要紧密联系社会主义现代化建设的实际,特别是改革开放的实际,在掌握企业法的基本理论、基本知识、基本法律规定的基础上,贯彻理论与实际相结合的原则,实事求是,调查研究,学以致用,立足于当前,面向现代化、面向世界、面向未来,使企业法的学习和研究更好地为社会主义现代化建设服务,为我国的法治建设服务。

# 第一编　　总　论

# 第一章　企业法概述

## 第一节　企业的定义和类型

### 一、企业的定义

"企业"(Enterprise)是个外来语,一般是指从事生产经营活动,以营利为目的的经济组织。它是经济学的定义,而不是法学的定义。如果从法学上给企业下个定义,指由一定数量的生产要素所组成的以营利为目的,从事生产经营或服务性活动的具有一定法律主体资格的经济组织。企业是国民经济的基本单位,是近现代社会重要的细胞和组成部分,是经济生活中最积极、最活跃的因素。作为规范企业行为的法律制度,由其所规范、调整的社会关系而形成的法律关系的主体一方始终是企业,更直接地讲,企业法所调整的主体就是企业。因此,我们在研究、学习企业法时,首先要明确什么是企业。

企业是人类社会发展到一定阶段,特别是商品经济发展到一定水平的产物。企业是一个历史范畴,它是商品经济的产物,随着商品经济的发展而发展。简单商品生产时期的社会单位的组织形式还不是企业,而是手工作坊与家庭工场,当商品经济关系渗透到社会生活的各个领域,商品生产和交换的目的是为了货币的增值,个体手工劳动已发展到机器化、社会化大生产,才出现了现代意义上的企业。随着生产社会化程度的提高,企业从早期的工业领域扩展到国民经济的各个领域和所有行业,至今,企业已成为社会物质生产部门和非物质部门从事生产经营活动或服务性活动的基本经济单位的普遍称谓。我们这里讲的企业是指社会化大生产条件下的现代社会的企业。

上述的企业定义主要包括以下含义:

第一,企业是从事生产经营或服务性活动的经济组织。我们讲企业是从事生产经营或服务性活动的组织是从企业作为国民经济的基本生产单位的具体社会功能来分析的。企业作为经济组织,其从事的是经济活动,既包括物质资料生产、经营和销售,即生产经营活动,也包括为满足人们生产和生活需要的各方面的服务活动。就这一点来讲,企业不是享有和行使立法、行政和司法权力的国家机关,也不是从事社会公益活动的事业单位和社会团体。企业作为社会经济活动的基本单位,从社会经济生活的生产、交换、消费和分配等基本环节上体现出来。在生产领域,企业是生产现场,企业通过它对各种生产要素的组织、有效的利用,生产出各类商品或者提供各类服务。在交换领域,企业是实现交换的基本环节,直接从事交换活动的商业企业专门从事商品交换活动,是当然的交换环节,其他任何企业其自身既是商品生产者,又是商品的供应者,还是商品的消费者,它们要同社会上的原材料、机械设备生产供应单位,与交通运输单位、科研设计单位及其他服务性单位,通过各类合同,把自己与社会联系起来。在消费领域,企业又是社会基本消费单位,任何一个企业,它既是生产者或服务者,又是消费者,它的生产经营或者服务性活动是通过消费各类商品而实现的。在分配领域,企业又是劳动者—企业—国家(社会)这个链条的中间环节,现代社会分配和再分配均要通过企业这个中间环节来进行。企业的经营状况和效益,又直接关系到整个国民经济和社会发展及人民生活的现状。

我们讲企业是从事生产经营活动的经济组织,从法理上还有三个问题需进一步明确:首先,企业必须有明确的生产经营或者服务性活动的范围。即企业具体从事什么经济活动要在企业章程中载明,并在企业登记管理部门注册登记,企业要在登记注册标注的经营范围内从事活动,如有改变,必须进行变更登记(该项措施在某些地区有一些融通性规定)。其次,企业的生产经营或服务性活动必须是连续的,而不是一次性的,这样才能保证国民经济活动的稳定性和连续性,确保其有秩序地发展。最后,企业的生产经营活动必须合法,不得从事违法的生产经营活动。企业生产经营活动要合法有两层意思:一是原则上应在登记注册的生产经营范围内进行活动;二是不得从事法律所禁止或者损害国家、社会公共利益的生产经营活动。

第二,企业是由一定的生产要素有机结合而组成的经济组织。我们讲企业是由一定的生产要素有机结合而组成的经济组织,是从企业作为一个社会基本经济单位内部构成的基本要件上来分析的。这里讲的一定生产要素主要是指人和物。人是指一定数量和具有一定素质的劳动者,包括工人、技术人员、管理者和经营者;物则是指劳动对象和劳动资料所组成的企业的财产,包括企业的动产和不动产,企业的有形财产和无形财产。企业这种经济组织形式把这两类生产要素有机地结合在一起,从事特定商品的生产和经营活动,企业的类型尽管多种多样,但无论何种类型的企业都是把这两种生产要素有机地结合起来。企业则通过合理地组织、利用这两种要素,获得动态的生命,形成创造社会财富的现实社会生产力。企业是一定生产要素相结合并进行科学运作的整体,而一定的生产要素又是组成企业,使企业得以生存、发展、营利的最基本的物质条件。

第三,企业是营利性的经济组织。我们讲企业是营利性的经济组织是从企业的性质和企业设立的宗旨上来分析的。以营利为目的是企业的本质属性。所谓"营利",就是指企业及其投资者以投资者的投资所形成的企业资本来经营某项事业,通过其生产、经营活动来达到资本增值的目的。企业就是出于这种目的而从事某项生产经营或服务性活动的经济组织。任何企业都要根据市场的需要,按照经济规律的要求生产为社会所需要的适销对路的商品或者为社会提供各类经济技术服务,并努力提高经济效益,增加利润。在为社会、为消费者提供服务的同时,为投资者创造更多的收入,为企业创造更大的自我发展、自我改造的经济实力。我们在讲企业设立的目的就是营利时,还应该强调企业同样担负着重要的社会责任,即企业"在谋取自身及其投资者最大经济利益的同时,从促进国民经济和社会发展的目标出发,为其他利害关系人履行某方面的社会义务"。[1] 同时,其营利的手段、利润的分配和使用还必须合法,即它

---

〔1〕 张士元、刘丽:"论公司的社会责任",载《法商研究》2001年第6期。

在获取利润时，其营利的手段必须合法，包括各种营销手段、竞争手段。产品和服务质量等必须合法，有法定标准的要符合相关标准。同时，企业要依法纳税，履行纳税义务。在此基础上，企业的营利所得归企业所有，同时其税后利润的分配与使用也必须合法，要根据法律的要求依法计提各项基金。

第四，企业是具有一定法律主体资格的经济组织。我们讲企业是具有一定法律主体资格的经济组织是就企业在法律上的主体资格及其法律地位而言的。任何企业均在法律上具有一定的主体资格。一般来讲，具有法人资格的企业是在法律上具有独立主体资格的经济组织，没有法人资格的合伙企业和独资企业具有不完全独立的或一定意义上相对独立的法律上的主体资格。具有法人资格的企业是独立的经济组织，其独立性主要表现在：

其一，企业的财产是独立的。具有法人资格的企业必须有属于自己独立支配的财产。这是其进行生产经营活动的物质基础，也是其对自己所负债务承担责任的基本保证。企业财产独立首先表现在，企业设立之后形成的财产，要与投资者的其他财产相分离，即独立于投资者的其他财产。以公有制为主体的国家在由计划经济向市场经济转变时，强调企业财产的独立性有特别重要的意义。在市场经济条件下，企业财产独立还表现在：企业的财产必须与属于国家的其他财产相分离；企业的财产与其他企业的财产相互独立，互不连带；企业的财产与公民个人的财产，包括投资者个人的财产相分离。

其二，生产经营是独立的。企业作为独立的经济组织，有权根据市场的需求，制定自己的生产经营计划，开展生产经营活动，实行独立的经济核算，企业有独立地进行生产经营活动的自主权。在我国，就是实行所有权与经营权分离的国有企业，也依法享有经营自主权，而不受政府、主管部门的非法干预。

其三，企业合法取得的经济利益是独立的。企业作为营利性的经济组织，其营利所得，在依法缴纳各种税收之后的税后利润应由企业独立支配使用，任何单位和个人不得非法截留、挤占、挪用和干预。企业只有做到利益独立，才能形成科学合理的利益机制，保证企业有自我发展、自我改造的能力，保证企业职工生活的不断改善。

其四，企业应独立承担法律责任。企业以其所有的财产或是经营管理的财产对自己的债务承担责任。由于企业的财产是独立的，利益是独立的，相应地应负的民事责任也应该由企业独立地承担。在我国，国有企业以国家授予企业经营管理的财产承担责任，其他企业以其全部财产承担责任。

其五，企业的诉权是独立的。企业作为独立的经济组织，它有权独立地参与起诉、应诉活动，并通过诉权的行使来维护自身的合法权益。

## 二、企业的分类

### （一）企业的一般性分类

#### 1. 确定企业种类的依据

企业作为社会经济活动的基本单位，其种类是由社会生产力发展水平、社会生产发展的集约化程度以及特定社会所有制结构等诸多因素决定的。一般来讲，确定企业种类的客观依据主要是:特定社会,包括特定国度的生产力发展和商品经济发展的规模水平;特定社会分工的广度和深度,以及商品生产和商品交换的社会化、集约化的程度;特定社会和国度的资本集聚和集中的程度,特别是金融事业的发展水平;特定社会和国度的产权结构,主要是所有制的主要形式以及由此而派生出来的企业责任形式;企业自身的经营管理以及企业生产经营的外部环境。

2. 企业的种类

企业从不同角度,依据不同标准可进行不同的分类:从企业所属的经济部门可划分为农业企业、工业企业、交通运输企业、金融企业等;根据企业使用的技术装备及生产力要素所占比重可分为技术密集型企业、劳动密集型企业等;根据企业规模,可划分为大型企业(特大型企业)、中型企业和小型企业等;根据企业内部结构可划分为单厂企业、多厂企业和联营企业等;根据生产资料所有制的性质和形式,可划分为国有企业、公营企业、民营企业、私营企业、合作企业和股份制企业等;根据企业在法律上的主体资格,可分为具有法人资格的企业,即法人企业和不具有法人资格的企业,即非法人企业,等等。

### (二)企业的法定分类

1. 企业的法定分类的含义及其意义

企业的法定分类是指特定国家通过立法,对该国的企业所进行的分类,亦即国家通过立法来规定的企业种类。国家通过立法对各类企业进行法律上的界定,使企业的类别规范化、标准化,并具有法律约束力。国家通过立法对企业的种类进行界定,使企业的设立人(包括企业的投资者)根据企业的法定种类,确定自己对企业种类的选择,一般情况下设立人应在法律规定的范围内确定对企业种类的选择。同时,企业的设立人在设立企业时必须按照法律对不同类别企业的具体需求,如设立的条件、设立的程序、内部组织机构等来组建企业。

企业的法定种类是企业法的重要内容,也是企业法必须研究和解决的课题。企业种类的确定一般有两个标准,即学理标准和法定标准。学理标准是研究企业和企业法的学者们根据企业的客观情况以及企业的法定标准对企业类型所作的理论上的解释与分类。这种分类没有法律上的约束力和强制性,但学理上的解释对企业法的制定与实施有着指导和参考作用。法定标准是根据企业法规定所确认和划分的企业类型。法定的企业种类具有法律的约束力和强制性,但因企业的类型不同,法律对不同种类企业规定的具体内容与程序上的要求也有很大区别。

法律所确定的法定企业种类的基本内容应该包括:企业的资本构成或者企业的产权结构及其归属,企业的组织形式,企业在法律上的主体资格,以及企业对自己的债务所承担的责任形式等。

2. 企业的法定分类

(1)企业法定分类的基本形态。世界上有代表性的国家对企业类型的法律划分主要是独资企业、合伙企业和公司。法律对这三种企业划分的内涵基本作了概括,即企业的资本构成、企业的责任形式和企业在法律上的地位。在此基础上,西方学者将起源于企业形态的理论引申为企业的法律形态理论,并把这三种类型企业视为企业的基本法律形态。这一基本划分也为我国许多学者所采纳。从立法实践来看,在改革开放初期,我国基本上按所有制形式安排企业立法,划分企业类型。随着社会主义市场经济体制下现代企业制度的逐步建立,企业改革的进一步深化,我国也将独资企业、合伙企业和公司作为我国企业的基本法定分类。目前,我国已颁布《公司法》、《合伙企业法》和《个人独资企业法》。

①个人独资企业。个人独资企业是由一个自然人投资,企业财产为投资人个人所有,投资人以其个人财产对企业债务承担无限责任的企业。从经济上分析,该类企业由一个自然人独立出资,一般来讲,资本数额较少,企业规模较小,承受风险能力较差。从组织上分析,由于上述情况,其设立、终止的条件和程序比较简便,能很快地设立,也能因情况变化而迅速变更和终止,组织规模较小、变化大、不稳定。在法律上,它是由一个自然人独立出资;在经营管理上,出资人依法享有独立的经营自主权,所得利润归出资人独立享有,同时出资人要独立地承担无限责任。

②合伙企业。合伙企业,是指自然人、法人和其他组织依照本法在中国境内设立的普通合伙企业和有限合伙企业。该类企业的财产由投资者——合伙人共有;合伙企业的基础及法律表现形式是合伙协议,合伙企业的生产经营由出资人共同承担,其收益按出资份额或者合伙协议的约定共同分享,合伙人对合伙企业的债务承担无限连带责任或有限责任。合伙企业虽是一种民事法律关系主体,但它不具备法人资格。

③公司。公司是依公司法设立的,以营利为目的的企业法人。综合各国公司法对公司的法定解释及学理上的概括,一般称公司为依法设立的,以营利为目的的社团法人。公司是世界各国所采用的企业组织形式中最重要的一种企业形态,它也是我国社会主义市场经济体制中一种主要的基本企业组织形式。

对于上述三种法定企业组织形式,本书将设专章在法律规定和法律解释方面作详细阐述。

(2)按经济类型(主要是所有制类型)对企业进行分类。这是我国目前仍旧保留的对企业进行法定分类的基本做法。根据《宪法》和有关法律规定,我国目前有国有经济、集体所有制经济、私营经济、联营经济、股份制经济、涉外经济(包括外商投资、中外合资及港、澳、台投资经济)等经济类型,相应地我国企业立法的模式也按经济类型来安排,从而形成了按经济类型来确定企业法定种类的特殊情况,它们是:

①国有企业。这是指企业的全部财产属于国家,由国家出资兴办的企业。在我国,这种企业是国民经济的主导力量,在经济生活中起着重要的支配作用。国有企业的范围包括中央和地方各级国家机关、事业单位和社会团体使用国有资产投资所举办的企业,也包括实行企业化经营,国家不再核拨经费或核发部分经费的事业单位及从事生产经营性活动的社会团体,还包括上述企业、事业单位、社会团体使用国有资产投资所举办的企业。为了坚持公有制的主体地位,发挥国有经济的主导作用,"需要由国有资本控股的企业,应区别不同情况实行绝对控股或相对控股。完善国有资本有退有进、合理流动的机制,进一步推动国有资本更多地投向关系国家安全和国民经济命脉的重要行业和关键领域,增强国有经济的控制力。其他行业和领域的国有企业,通过资产重组和结构调整,在市场公平竞争中优胜劣汰"。

②集体所有制企业。这是指一定范围内的劳动群众出资创办的企业。它是我国公有制经济成分的重要组成部分,包括城乡劳动者使用集体资本投资创办的企业,以及部分个人通过集

资自愿放弃所有权并依法经工商行政管理机关认定为集体所有制的企业。

③私营企业。这是指企业的资产属于私人所有,有法定数额以上的雇工的营利性经济组织,在我国,这类企业由公民个人出资兴办并由其所有和支配,而且其生产经营方式以雇佣劳动为基础。我国将大力发展和积极引导非公有制经济,清理和修订限制非公有制经济发展的法律法规和政策,消除体制性障碍。放宽市场准入,允许非公有资本进入法律法规未禁入的基础设施、公用事业及其他行业和领域。非公有制企业在投融资、税收、土地使用和对外贸易等方面,与其他企业享受同等待遇。支持非公有制中小企业的发展,鼓励有条件的企业做强做大。改进对非公有制企业的服务和监管。非公有制企业要依法经营,照章纳税,保障职工合法权益。

④股份制企业。这是指企业的财产由两个或两个以上的出资者共同出资,并以股份形式而构成的企业。我国的股份制企业主要是指股份有限公司和有限责任公司(包括国有独资公司和一人有限责任公司)两种组织形式。某些国有、集体、私营等经济组织虽以股份制形式经营,但未按《公司法》有关规定改制规范的,未以股份有限责任公司或有限责任公司登记注册的,仍按原有所有制经济性质划归其经济类型。我国要适应经济市场化不断发展的趋势,进一步增强公有制经济的活力,大力发展国有资本、集体资本和非公有资本等参股的混合所有制经济,实现投资主体多元化的股份制经济。因此,以股份制为其资本结构的公司必将得到更大的发展。

⑤联营企业。这是指企业之间或者企业、事业单位之间联营,组成新的经济实体,独立承担民事责任,具备法人条件的联营企业;或者是企业之间或企业、事业单位之间联营,共同经营,不具备法人条件的,由联营各方按照出资比例或者协议的约定,以各自所有的或者经营管理的财产承担民事责任的企业。如果按照法律规定或者协议的约定负连带责任的,则要承担连带责任。

⑥外商投资企业。这类企业包括中外合营者在中国境内经过中国政府批准成立的,中外合营者共同投资、共同经营、共享利润、共担风险的中外合资经营企业,也包括由外国企业、其他经济组织按照平等互利的原则,依据我国法律以合作协议约定双方权利和义务,经中国有关机关批准而设立的中外合作经营企业;还包括依照中国法律在中国境内设立的,全部资本由外国企业、其他经济组织或个人单独投资、独立经营、自负盈亏的外资企业。

⑦港、澳、台投资企业。这是指港、澳、台投资者依照中华人民共和国有关涉外经济法律、法规的规定,以合资、合作或独资形式在内地兴办的企业。在法律适用上,均以中华人民共和国涉外经济法律、法规为依据;在经济类型上,它是不同于涉外投资的经济类型。

⑧股份合作企业。这是指一种以资本联合和劳动联合相结合作为成立运作基础的经济组织,它把资本与劳动力这两个生产力的基本要素有效地结合起来,具有股份制企业与合作制企业的双重优点。

上述各类企业在我国《宪法》、《民法通则》的有关条款中均有原则性规定,相应的各类企业也均有专门的企业法律、法规对其进行规范。有一些企业以及规范其行为的法律、法规随着经济体制改革的深化,社会主义市场经济体制的逐步建立而逐渐完善、加强,或者被现代企业制度的有关企业组织形式所取代,相应的法律制度也将废止。还有一些类型的企业立法不够健全,需要在实践中加以完备。

## 第二节　企业法的定义和调整对象

### 一、企业法的定义

企业法是规范企业在设立、存续和终止过程中所发生的各类社会关系的法律制度。企业法是任何企业在其产生、存续直到终止全部过程的行为准则，是其必须遵守的行为规范，也是国家对企业实现调控和管理的重要工具和法律依据。具体来讲，企业法要规定特定国家的企业种类，要规定各类企业设立、变更、终止的条件和程序，要确认各类企业的主体资格，要规定投资者的权利义务，要规定企业内部的组织机构及其职权。总之，企业法要对企业在设立、存续和终止过程中所发生的财产关系、经济行政关系和内部有关主体的权利和义务、职权和责任等内容通过立法的形式加以确认、规范，从而把企业的全部活动和有关行为纳入法制轨道。要更好地理解企业法的定义，应该着重说明以下两个基本点。

第一，企业法是企业自身活动的行为规范。企业法是以企业这种社会组织为其规范的主体，它是专门规定有关企业问题的一种法律制度。所以，凡属企业的组建与设立，企业种类的选择，企业资本的构成及其筹集方式，企业与投资者的关系，企业、投资者与第三者的关系，企业与国家有关主管部门的关系，企业内部机构的组成、职权及其相互关系，企业章程的制定，企业的变更、终止，清算的条件和程序等全部活动，都要根据企业法的规定来进行，而不得违反。所以，企业法是企业自身活动的行为规范，是企业进行上述活动的法律依据。同时，由企业法所调整的社会关系而形成的法律关系主体一方，始终是企业或其内部组织机构及其有关成员。任何一个国度的社会组织形式都很多，而企业法是仅规范企业这种特定的社会组织形式的一种法律制度。

第二，企业法是国家管理企业的行为规范。企业法同任何法律制度一样，是由国家机关制定或者认可的，由国家强制力保证实施的行为规范。企业法的核心问题，或者说国家制定企业法的目的就是通过制定企业法来实现对企业这种社会组织的管理，是为了规范企业的设立、存续和终止的全部行为，制约和调整企业的全部活动。任何一个国家的企业法都必须规定该国允许设立什么类型的企业，各类企业设立要具备什么条件，企业的设立、变更要履行什么审查、批准和登记手续，企业的投资者、各类负责人及企业的组织机构都有什么权利和义务及职责，企业设立后如何处理各方面的关系，等等。企业法就是通过对各类企业法律地位的确认，对因企业的各种活动而产生的有关社会关系的调整和规范，从而达到维护社会经济秩序的目的，保证企业的合法设立，正常地开展生产经营活动，维护合法权益，限制、禁止、取缔和制裁企业非法经营，促进国民经济的发展。所以，企业法是国家管理企业的基本行为规范，也是国家对企业进行管理的基本法律依据。

## 二、企业法的调整对象

企业作为以营利为目的的经济组织,其存续的全过程主要包括组织上的设立、变更和终止三个基本环节,而在这三个环节中所发生的由企业法所规范的社会关系又主要反映在三个方面:第一个方面就是企业以及企业与投资者之间所发生的财产关系;第二个方面就是在企业存续过程中,国家与企业的宏观调控关系;第三个方面是企业作为一个社会组织内部的经营管理关系以及企业在存续过程中所发生的经济行政关系。

### (一)企业以及企业与投资者之间的财产关系

这种关系主要反映在以下几个方面:

第一,企业法要规定企业资本形成的方式和资本结构的模式。要规定不同类型的企业在设立时应具备的最低资本数额、资本构成的内容和比例(如货币、有形财产和无形财产应占的比例)、资本形成的方式,等等。

第二,企业法要确认企业设立以后,即企业资本形成以后,企业财产的归属。这主要指企业设立后,企业财产是否形成了独立于投资者的其他财产,从而形成了企业的独立财产;还是与投资者的其他财产没有分离,未形成企业独立的,而是与投资者共有的财产。

第三,企业法要对企业的营利如何分配作出规定。企业法要对企业税后利润的分配标准和比例、对各类基金提留的数额和比例、对资产收益分配的基本内容作出规定。

第四,企业法要对企业对其所负债务承担民事责任的程度和形式作出规定。这里主要包括两个方面:一方面是投资者对企业所负债务承担责任的标准和程度;另一方面是企业作为一个整体对自己所负债务承担责任的标准和程度。具体归结为两种责任形式:一种是无限责任,即投资者和企业对企业的债务承担无限的连带清偿责任;另一种是有限责任,即企业的投资者以其出资对企业债务承担责任,企业以其全部资产承担责任。

第五,企业法要对企业的财产如何转让作出规定。企业的财产形成后,企业财产如何转让、企业的投资者可否抽走投资、公司的股东可否退股或者转让股份等,企业法均要作出规定。

第六,企业法要对企业终止、解散时的财产分配作出规定。企业依法解散或依法破产,均有一个企业财产分配问题,这里主要是指剩余财产分配的标准、比例以及分配财产的先后顺序。

### (二)企业在设立、存续和终止过程中所发生的经济行政关系

这种关系主要有:

第一,国家对企业的宏观调控关系。这种关系主要表现为国家通过立法对国家的产业政策、市场准入、生产或者经营许可、专卖、税收、价格、工资等进行调整,从而达到对企业直接或者间接调控的目的。

第二,企业在市场营运过程中所发生的经济行政关系。这种关系表现为企业在生产经营过程中的产品质量和服务质量问题,垄断与反垄断,支持、保护正当的竞争,反对、制止、制裁不正当竞争问题,以及对消费者权益的保护等问题。

第三,企业在设立、变更和终止过程中所发生的经济行政关系。这是指企业法要对各类企业的设立、变更和终止的条件、方式、程序以及法律后果作出规定,特别是对企业的市场准入制度和市场退出制度要进行规定。

第四,企业内部的经济行政关系。这是指企业作为一个社会组织,其内部各个生产经营环节和工作内容如何通过其内部组织来调度、协调和指挥。主要表现为:内部机构如何设置、各类机构享有什么职权、具有何种地位、各类机构之间是什么关系,对此企业法要作出规定。

第五,企业外部的经济行政关系。这主要是指企业与自己的行业主管部门、企业与其他行政主管部门,如税收部门、环境保护部门、市场管理部门、财政部门等所发生的关系,对这些关系企业法要进行相应的调整。

### (三)企业内部的经营管理关系

这是指企业自身在组织其生产要素进行生产经营活动时,在企业内部发生的经济关系,它以配置企业的生产要素,进行并实施生产经营决策为基本内容。这些关系主要有:

第一,企业的生产经营指挥系统的决策、执行和监督体系的构成及其相互关系。这主要是指企业内部治理结构的法律规范,特别是具有法人资格的企业,其决策(权力)机构、经营(执行)机构,以及监督机构的设置、职权,三者的相互关系。

第二,涉及所有权与经营权分离的问题。企业法要对所有权与经营权的分离问题作出规定,主要是对企业实行经济责任制的种类、原则、方式、基本内容作出规定,包括所有权与经营权分离的程度和内容,两者分离的方式,经营权运作的规则,经营者的权利和责任,以及所有者与经营者对企业利益与责任的享有与承担,包括企业经营失败和企业违法经营时企业经营者应承担的法律后果等。

第三,对企业内部资金运作关系、劳动关系等进行调整,相应地要制定有关的财产管理制度和劳动管理制度。

## 三、企业法的基本内容

根据企业法所调整的社会关系,企业法主要涵盖了如下内容:

第一,规定设立企业的基本目的、企业的基本性质、宗旨和不同企业在法律上的主体资格,各类企业设立与活动的基本原则以及与企业有关的一些基本制度。

第二,确定企业的法定种类,以及法律对不同企业在设立、存续和终止过程中有关活动的基本规定。

第三,规定各类企业的设立、变更和终止的条件和程序,以及在终止过程中对清算的基本要求。

第四,规定企业资本如何形成、投资标准和方式以及投资者在企业中的法律地位。

第五,规定企业内部的组织管理体制,各类机构的职权、地位和组织机构之间的相互关系,以及企业主要负责人的条件、职权和地位。

第六,明确不同企业的权利和义务,主要是财产权利以及相关的其他民事权利,企业的财产责任主要是不同类型企业的不同责任形式。

第七,规定企业以及有关单位和个人违反企业法应当承担的责任,包括违反企业法要承担的法律责任的要件以及相应的处罚措施。

## 四、企业法的特征

企业法的特征有以下几点:

第一,企业法是一种组织法与行为法相结合,以组织法为主体的法律规范。企业法的特定规范对象就是企业这种经济组织。各国企业法无一例外都对本国企业的种类、组织形式、组成条件、法定机构、负责人及其职权作出规定,同时企业法通过对企业名称、住所、章程、权利能力与行为能力的规定来确定不同企业的法律地位。因此,企业法是一种组织法或者是主体法。与此同时,企业法还对组建企业以及企业设立后生产经营活动的基本行为应遵循的原则、行为的内容以及行为的法律后果作出基本规定,以保证企业依法顺利地组建,正常地开展生产经营活动。如《公司法》中规定的公司募股集资的方式、股份的发行与转让、债券的发行等均属于行为法的内容。所以,企业法是一种组织法与行为法相结合的法律规范。然而,企业法是以规范、确认企业这种社会组织的组成、法律地位、内部机构组成等组织法为主的法律规范。

第二,企业法是一种实体法与程序法相结合,以实体法为主的法律规范。企业法是一种实体法,企业法在内容的规定上,如企业的种类、企业设立应具备的条件、企业的注册资本数额以及资本构成、投资者的权利义务、内部机构的设置及职权等,均属实体法性质的规定。与此同时,企业法还规定了为实现这些实体上的权利和义务所必须遵循的法定程序。这些法定程序是多方面的,从企业的设立、变更、终止,到企业有关组织机构的组成、会议的召集和决策程序等,乃至股份和债券的募集与发行等都有程序上的明确规定。从这一点来讲,企业法又有程序法性质。整个企业法把实体上的权利义务与相关的程序上的规定有机地结合在一起,又是以实体法为主的法律规范。

第三,企业法是一种强制性规范与任意性规范相结合,以强制性规范为主的法律规范。企业法的具体内容既有为数众多的强制性条款,又有相当数量的任意性条款,它是两者相结合的一种法律规范形式。如《公司法》规定公司要标明公司的种类,股份有限公司的发起人不得少于法定人数,公司董事和其他主要负责人的任职资格,有关组织机构的职责,公司董事长、经理等不得为监事会成员等,均不得任意变更和伸缩,是典型的强制性规范。同时,企业在商品生产和商品流通中进行竞争,企业及其投资者要谋取营利,要承担投资和经营风险,这就决定了企业有权选择有利于自己的投资方式、经营方式,也决定了企业要尊重投资者的意愿,这样企业法在具体规定上有许多任意性的条款,供投资者选择。如股份有限公司募股集资的方式是发起设立还是募股设立,股息和红利的分配方式、扩股增资的途径等均有大量的任意性条款。企业法是强制性规范与任意性规范相结合,但以强制性规范为其主要内容的法律制度。

第四,企业法是一种管理法与财产法相结合的法律规范。国家制定企业法的目的就是根据国民经济和社会发展总目标的要求,来调整国家与企业间的关系,从而把企业的全部活动纳入法制轨道,并通过企业法对企业及其活动进行管理和监督,保证企业合法经营和维护社会正常的经济秩序。如企业设立的审核与批准、企业登记制度、企业的组织机构及其行为的法律要求,均反映了企业法重要的管理属性。同时,企业法不仅仅是一种管理法,企业法所调整的相当一部分社会关系是财产关系，如企业财产的归属、企业营利的分配、各类基金的计提、企业债权债务的享有与承担、企业终止后财产的分配等均是企业法的重要内容。所以，企业法又是管理法与财产法相结合的一种法律规范。

我们在理解企业法特征的时候，还应该看到企业法逐渐具有国际化的特点，特别是作为企业法重要组成部分的公司法。企业法是一种国内法，但由于市场经济有世界性的共同规律，作为直接作用于商品生产和商品流通的企业法，它的一项基本任务就是概括企业在市场经济活动中的基本组织原则和基本活动原则。各国企业法，特别是公司法各有特点，但其实体内容大同小异、互相渗透、互有交叉，各国制定企业法时均借鉴其他国家企业法的相关的合理部分。如日本商法典的公司部分，战前主要参照德国商法典和有限责任公司法的有关规定；战后又吸收了英美法系，特别是美国公司法的有关内容。近年来，企业国际化的趋势更加明显，各国在制定和修改企业法时，均确认了许多国际社会一致公认的准则，程序方面的内容也逐渐简化，并且出现了区域性跨国的统一的企业法（主要是公司法）的立法趋势。〔2〕

## 第三节　企业法的渊源

企业法律制度在各国法律体系中占有极其重要的地位。由于企业在社会经济生活中的地位不断加强，相应的规范企业的法律制度也不断完善，从立法内容到立法技术上已相当成熟。法律是一种具有普遍约束力的行为规则，不管企业采取何种类型、其生产经营的内容如何、规模大小、内部的管理体制采取何种模式，法律制度都规定企业的资本形成方式以及企业和投资者对其债务承担责任的形式、企业的组织形式和各类企业在法律上的资格等基本内容。它的法律渊源（即企业法所规定的实体内容以什么样的具体法律形式表现出来）比较广泛，一般有狭义和广义之分。狭义上的企业法，是指由国家立法机关制定的，专门赋予“企业法”名称的法律规范，除此以外的均不属之。广义上的企业法，不仅包括狭义上的企业法，同时还包括其他有关法律规定，如企业登记法律制度、企业破产法律制度等。从广义上来讲，我国企业法的渊源包括以下内容：

### 一、宪法

宪法作为国家的根本大法，是国家整个法律制度的立法基础，宪法中有关企业方面的规定既是制定企业法律、法规的基本法律依据，也是企业法的重要渊源。宪法的有关条款对我国社会主义市场经济体制中各种经济成分及其组织形式的基本方针、基本政策以及这些企业组织的性质、地位、生产经营活动应遵循的基本原则均作了明确规定。

---

〔2〕 张士元：《公司法概论》，群众出版社1989年版，第20～33页。

## 二、法律

在立法模式上,我国不实行民商分立的立法方式,没有制定商法典的立法安排,也没有制定统一的企业法典。从我国企业立法的现状来看,国家权力机关制定的法律中属于企业法范畴的法律占很大的比重,这里有两种情况:一种是调整经济关系的基本法律中有关企业问题的规定;另一种就是国家权力机关制定的专项的企业法律。前者的典型代表是《民法通则》,例如《民法通则》第三章对"法人"的基本问题作了明确规定,又对企业法人基本问题作了原则规定,它规定了我国企业取得法人资格的种类、条件,企业法人生产经营应遵循的原则,企业法人承担民事责任的程度和责任形式以及企业法人变更、终止的条件和程序等。同时,第三章第四节对企业联营的法律问题也作了原则性规定。后者则是国家权力机关制定的专项的企业法律。这些法律有:《全民所有制工业企业法》(1988 年 4 月)、《公司法》(2013 年 12 月)、《中外合资经营企业法》(2001 年 3 月)、《外资企业法》(2000 年 10 月)、《中外合作经营企业法》(2000 年 10 月)、《乡镇企业法》(1996 年 10 月)、《合伙企业法》(2006 年 8 月)、《个人独资企业法》(1999 年 8 月)、《中小企业促进法》(2002 年 6 月)等。上述各项企业法律,在实施过程中有的几经修订,有的已经不能很好地适应社会主义市场经济体制发展的需要,正在进行重大的修改。

## 三、企业法规

企业法规指由国务院制定或者由国务院批准颁布的调整有关企业问题的规范性法律文件,它是我国企业法的重要渊源。企业法规在我国企业立法中数量较大,在现实经济生活中起着特别重要的作用。企业法规大体有三种情况:第一种情况是国家出于经济建设和经济体制改革的需要,在某些经济关系急需用法律加以规范和调整,然而制定和颁布正式法律的条件还未成熟和具备时,所制定的规范有关企业行为的法规。这类企业法规占有比较大的比重,如 1991 年制定的《城镇集体所有制企业条例》、1988 年制定的《私营企业暂行条例》,以及在国有企业改革过程中所制定的相当数量的有关扩权、改革试点的企业法规等。第二种情况是某类企业已有相当的企业法律来规范和调整,为了保证这些基本的企业法律的贯彻实施,而制定的一些专门性的企业法规。比如,国家为了保证《全民所有制工业企业法》的贯彻实施,制定了《全民所有制工业企业承包经营责任制暂行条例》(1988 年 2 月)、《全民所有制小型工业企业租赁经营暂行条例》(1988 年 5 月)、《全民所有制工业企业转换经营机制条例》(1992 年 6 月),为了保证三个涉外企业法律的贯彻实施,制定了《中外合资经营企业法实施条例》和中外合作经营企业以及外资企业法的实施细则等。第三种情况是为了规范企业的某种特定的社会关系,从立法技术上没有必要由国家权力机关制定专门的法律,而由国务院制定专项的或者综合性的企业法规,如 1988 年 5 月国务院制定颁布、2014 年 2 月 19 日修订的《企业法人登记管理条例》,1994 年 6 月制定、2014 年 2 月 19 日修订的《公司登记管理条例》、2003 年 5 月颁布的《企业国有资产监督管理暂行条例》等。

### 四、地方性企业法规和规章

地方性企业法规是省、自治区、直辖市人民代表大会及其常务委员会和经全国人大常委会授权享有地方立法权的经济特区的人大及其常委会制定的在该辖区内具有法律效力的企业法规;地方性企业规章是指省会城市、自治区首府、直辖市的政府和经国务院批准的较大的市的人民政府制定的企业法方面的规范性文件。这是地方权力机关和政府根据本地区经济建设和改革开放的需要,为了使某些由国家制定的企业法律法规得以贯彻实施,或者是为发展本地区经济,搞活国有企业和集体所有制企业,吸引外资,引导乡镇企业和私营企业的健康发展,在不与宪法和法律相抵触的情况下,所制定的一些规范企业行为的地方性的规范性法律文件。这些地方性企业法规和规章,在整个地方性法规和规章中占很大比重。

### 五、部门性规章

这是国务院、各部、各委员会根据法律和国务院的决定,由各主管部、各委员会在本部门的权限范围内所发布的规范性法律文件。这是国务院各部门、各委员会根据《国务院组织法》所享有的一项重要职权。这些规章中,相当一部分是调整企业关系的规范性法律文件。有的是各部门单独制定的,侧重于规范本行业企业的规范性法律文件;有的是几个部门或者各委员会单独或联合发布的,这些文件也带有全局性的约束力。

## 第四节　企业法的效力

企业法的效力是指企业法产生法律约束力的范围,即企业法在什么时间、什么地方,对何种对象适用的效力。所以,企业法的效力可分为企业法的时间效力、空间效力和对有关当事人的效力。

### 一、企业法的时间效力

企业法的时间效力是指企业法在时间上的适用范围,即企业法何时生效、何时终止,以及企业法对其颁布实施前的事件和行为有无溯及力的问题。

#### (一)企业法生效的时间

企业法生效的时间一般根据具体的企业法律法规实施的实际需要和何时生效的客观实际来决定。企业法生效时间有如下情况:

第一,自企业法公布之日起生效。这是指企业法的颁布之日就是该法的生效之日,这种情况较为普遍。例如,我国三部涉外企业法都采取这种做法:《中外合资经营企业法》第 16 条规定,本法自公布之日起生效。《中外合作经营企业法》于 1988 年 4 月 13 日第七届全国人民代表大会第一次会议通过,1988 年 4 月 13 日中华人民共和国主席第 4 号令公布,该法于同日生效。《外资企业法》也采取了同样做法。

第二,由特定的企业法规定具体生效时间。这是指该法不是自公布之日起生效,其生效时间在该项法律中另作出具体规定,其公布时间与生效(实施)时间由法律分别作出规定。例如,2005 年《公司法》第 219 条规定:本法自 2006 年 1 月 1 日起施行。采用这种做法多是为新法的生效和实施做些相应的准备,以便更好地保证该法的贯彻实施。

第三,企业法律规定该法生效的前提条件,自具备条件之日起生效。这种情况以《企业破产法(试行)》最为典型。该法于 1986 年 12 月 2 日由第六届全国人民代表大会常务委员会第十八次会议通过,并同时公布。然而,当时由该法所规范的破产程序的国有企业法尚未出台,所以它在第 43 条中规定:本法自全民所有制工业企业法实施满三个月之后起试行……它以国有企业法实施一定期限为生效条件。

(二)企业法的终止时间

企业法终止效力的时间主要有以下几种情况:

第一,新的企业法律取代原有法律,同时在新法中将旧法明令废止。这就是原有法律没有规定自身的终止时间,它的废止由新制定的相应的新法作出明文规定。如我国企业登记管理法规就是很典型的代表。1988 年 6 月 3 日国务院公布了《企业法人登记管理条例》,此前,我国已有若干个有关企业登记管理的法规,但这些法规并未规定自身的终止时间。新颁布的《企业法人登记管理条例》第 39 条规定:"本条例自 1988 年 7 月 1 日起施行。1980 年 7 月 26 日国务院发布的《中外合资经营企业登记管理办法》,1982 年 8 月 9 日国务院发布的《工商企业登记管理条例》,1985 年 8 月 14 日国务院批准、1985 年 8 月 25 日国家工商行政管理局发布的《公司登记管理暂行条例》同时废止。"

第二,已有的法律,由于调整对象消失,适用期限已过,或者对某一特定问题作出具有法律约束力的规定已过时,其历史任务业已完成,该法不再适用。例如,1950 年,当时的政务院颁布的《私营企业暂行条例》以及此后颁布的《公私合营工业企业暂行条例》,由于我国社会主义改造的深入进行,其规范的对象有的已不复存在,有的客观情况发生根本性变化,所以这些法规业已终止。

第三,企业法规自身未规定其效力终止的时间,而是随着相应新法的施行而自然失效。如 1982 年 1 月颁布的《国营工厂厂长工作暂行条例》没有规定其效力终止的时间,随着 1986 年 10 月施行的《全民所有制工业企业厂长工作条例》,原条例自然失效。

第四,原法律由于与后来发布的相应的法律内容相抵触而全部或部分失效。如 1992 年 7 月颁布《全民所有制工业企业转换经营机制条例》第 51 条规定:"本条例发布前的行政法规、地方性法规、规章和其他行政性文件的内容,与本条例相抵触的,以本条例为准。"

第五,由有关机关颁发专门的决定,宣布废除某项或一批法律、法规,从宣布废除之日起该法即停止生效。近年来,国务院对自新中国成立以来直至 1993 年以前发布的行政法规进行过几次清理,通过清理宣布废止一部分行政法规。如 1986 年至 1993 年公布的法律和发布的行政法规,已明令废止的行政法规就有 80 件,其中有些就是企业法规。

(三)企业法的法律溯及力

企业法有无溯及既往的效力,一般来讲,大部分企业法律、法规没有溯及既往的效力,即一般不适用于该法生效以前所发生的事件和行为。但企业法涉及的是企业这种特定的社会组织,企业自身与整个国民经济和社会发展密不可分,其产生和存续是个连续发展的过程,因此,也存在溯及既往的问题。是凡遇到此类情况,法律一般作出明确规定。如《商业银行法》第17条规定:"商业银行的组织形式、组织机构适用《中华人民共和国公司法》的规定。本法实施前设立的商业银行,其组织形式、组织机构不完全符合《中华人民共和国公司法》规定的,可以继续沿用原有的规定,适用前款规定的日期由国务院规定。"由此可看出,我国《公司法》原则上不具有溯及力,即公司法实施前依照其他法律、法规设立、登记的公司,在其生效之后可继续存在并开展活动。同时,我国《公司法》对正式施行前按两个《规范意见》设立的公司有一定的溯及力,即对这些公司进行整顿和改组、使其在规定期限内达到《公司法》规定的条件。

## 二、企业法的空间效力

企业法的空间效力是指该企业法律、法规在哪些地域范围内发生效力。这里的地域是指在一个主权国家,法律适用于其主权管辖范围所及的领土、领空、领海等全部领域,也包括国际法和国际惯例所承认的相关领域。企业法作为一种国内法,其法律效力在很大程度上由制定该法的国家机关所及的权力范围决定。企业法的空间效力大致有如下几种情况。

(一)在全国范围有效

根据主权原则,在一国范围内由最高立法机关制定的全国性企业法律在全国范围内有效。我国最高行政机关有权制定行政法规,因此,国务院制定的有关企业法规,在全国范围内也有法律效力。此外,国务院所属部委制定的企业规章,一般情况下也在全国范围内有法律效力,只不过所规范的行业、具体内容的不同,其法律效力而有别于前者,但从地域范围来讲,它是遍及全国的。对全国有效的企业法律、法规来讲,如果法律法规对涉及的地域范围有特殊规定,则从特殊规定,如国家体改委于1992年5月颁布的《股份有限公司规范意见》第118条规定:"深圳市可继续执行其人民政府颁布的《深圳市股份有限公司暂行规定》。"所以该规范意见不适用于深圳特区。

(二)在局部地区内有效

这是指企业法规在一国境内的一定区域内有效。由于企业法的地域范围由其制定机关的权力所及范围所决定,所以在我国,一些地方性企业法规只在制定机关的权力所及范围内有效。

企业法的空间效力有时还与该国的立法体制有关。众所周知,美国实行的是联邦制,联邦议会享有立法权、联邦政府享有"委任立法权",其各州议会也享有广泛的立法权。特别是在民商立法(包括公司法)上,其立法权主要在各州,因此形成了美国的企业法律、法规以地方性法规为主的特点。美国虽有一些类似全联邦的企业法(如《美国标准公司法》),但它仅供各州参考,而不具有强制实施的法律效力。

### 三、企业法对企业的效力

它是指企业法对企业的适用范围,即企业法对哪些企业发生效力。企业法对企业的效力一般采取属地主义原则,我国也是如此,即我国的企业法对我国主权所管辖地区内的所有企业,不论本国企业还是外国企业均具有同样的法律效力,如我国《宪法》规定,在中国境内的外国企业和其他外国经济组织以及中外合资经营企业,都必须遵守中华人民共和国法律。同时,不同的企业法律、法规对企业的效力也都作出明确规定。如《全民所有制工业企业法》,它主要的规范对象是国有工业企业,该法第 65 条又规定:"本法的原则适用于全民所有制交通运输、邮电、地质勘探、建筑安装、商业、外贸、物资、农林、水利企业。"可以说这一规定使该法对所有的国有企业均有法律效力。企业法对企业的法律效力有以下几种情况:

#### (一)对全部企业发生效力

该法规范所有企业的行为,其规定适用于全部企业。具有这种效力的企业法律、法规有两种情况:一种是对企业的全部基本问题作出原则性规定;另一种是对企业某一方面的问题作出规定,但其适用于所有企业,例如我国的《企业法人登记管理条例》,它适用于一切企业的设立、变更、终止的登记行为。

#### (二)对特定类型的企业发生效力

即该企业法律、法规只规范某类企业的行为,其效力范围只适用于该类企业,这种情况很大程度上取决于特定国家企业法的立法模式和立法体制。如我国现行企业立法基本上按企业的产权结构性质来安排,从而确定了我国企业的法定种类。如全民所有制工业企业法,三部涉外企业法、公司法、合伙企业法以及个人独资企业法等,这些法律仅对特定类型的企业发生法律效力。

#### (三)对一部分企业的某些行为发生效力

对这种情况法律要作出专门规定。如我国《公司法》第 217 条规定:"外商投资的有限责任公司和股份有限公司适用本法;有关外商投资的法律另有规定的,适用其规定。"该项规定说明,涉外企业的有限责任公司和股份有限公司优先适用中外合资经营企业法、中外合作经营企业法和外资企业法等涉外企业及其相关的法律法规,只有这些法律、法规未作规定的,才适用公司法。这样,实际就形成了我国公司法与外商投资法的"普通法"与"特别法"的关系。

## 第五节 企业法的体系

企业法的体系应该包括两种含义,即企业法律体系和企业法学体系,企业法律体系是企业法学存在、建立的客观基础，是企业法学研究的对象；而科学的企业法学体系的健全和完善，必定促进企业法制的加强，从而使企业法律体系日臻完善。两者互为依存，相互促进，相辅相成。根据我国社会主义现代化建设的需要，逐步建立具有中国特色的企业法律体系和马克思主义的企业法学体系，具有十分重要的理论意义和实践意义。

## 一、企业法律体系

### （一）企业法律体系的定义

企业法律体系是以一个国家的宪法为基础，由该国所有的企业法律规范所构成，分门别类而又有机联系的企业法律统一体。它由各类企业法律规范所组成，包括国家机关制定和颁布的一系列调整组织、管理和生产经营活动中所产生的经济关系的各项法律、法令、条例、章程、规定、办法和实施细则等规范性法律文件。这些企业法律规范尽管所调整的具体经济关系不同，表现形式各异，其法律效力和适用范围有别，但都是建立在同一个经济基础上的上层建筑，遵循共同的指导原则，从不同的角度为共同的根本目的服务，从而构成统一的相互联系、相互制约的有机整体。企业法律体系是一国的企业制度、企业管理体制、企业活动的原则和方式在法律上的体现，是一种系统的法律制度。

人类社会发展到今天，已经进入社会化商品发展阶段。在这个阶段，无论社会生产力发展的规模，还是组织社会生产、交换的各种形式，特别是国家干预国民经济活动、组织和管理社会生产、分配和交换的程度，远非以前任何时代所能比拟的。企业这种社会组织是国民经济的基本单位，是国民经济全部生产、交换和分配活动的基本载体，它的活动渗透到国民经济的全部领域，因此，规范其行为的企业法律制度也日益发展。企业法律内部的门类日益繁多，规范的社会关系日益丰富、复杂，企业法律的表现形式日益众多，进而形成了一种以调整企业在组织、管理和生产经营活动中的经济关系，规范企业行为的相对独立于其他法律部门的企业法律体系。

### （二）企业法律体系的内容

如前所述，由企业法所规范的社会关系主要是，企业与企业、企业与投资者之间所发生的财产关系，企业在存续过程中国家与企业的宏观调控和经济行政关系以及企业内部的经营管理关系。企业法体系所调整的这些具体社会关系决定了企业法律体系的内容。主要有：

1. 民事法律规范

企业法律包括企业财产的所有权制度，企业的法人财产权制度，企业法人制度，投资者与企业和债权人的债权债务关系、合作关系，等等。

2. 商事法律规范

公司法是企业法的重要内容。在民商分立的国家，在传统的法律分类上把公司法作为商法典的重要内容，为弥补商法典不足而制定的单行公司法律、法规也作为商法的组成部分（应该讲这种看法按照现代的法学理念以及公司法本身的实际是有失偏颇的。客观地讲，公司法作为现代企业法体系中一种基本的典型制度，它具备企业法的基本属性，其内容包含有民事的、商事的、行政的、经济的以及刑事的等多种法律规范)。我国在立法上没有民商法之分,公司法和其他具体企业法律制度中也有许多民事法律规范。

3. 行政法律规范

企业法相当一部分内容规范国家行政机关和其他国家机关与企业之间所发生的关系。特别是在企业的设立、变更和终止过程中诸多的关系均有行政法律规范的范畴,它们在企业法中占十分重要的地位。为调整这些关系,除企业法律、法规有专门规定外,国家还制定一些单行法规来对这方面问题作出具体规定。

4. 经济法律规范

国家为了组织和管理国民经济所采取的法律形式均突破了传统的民法、商法和行政法的范围和界限,制定了为数众多的经济法律。国民经济是由若干部门组成的有机整体,每个部门又有若干环节和层次,要使各个部分及部门内部的层次按照其自身的规律有秩序地进行活动,国家的重要任务之一就是通过制定分门别类的经济法律法规来规范国民经济活动。它以调整国民经济活动中所产生的一系列经济关系为中心内容,以达到最佳经济效益为目的,以行政手段和经济手段为主要方法,国家通过立法把三者汇集于经济法律之中,形成了由各个经济法律法规所组成的特殊体系。在国民经济活动中有许多由国家直接或间接作用于企业的经济关系的法律规范,如企业设立的审批、资产评估界定、税收优惠、生产与经营的许可、财政补贴、企业利润及分配的计提、承包租赁、制止"三乱"以及对企业各方面的稽查等,均属于经济法律规范的范畴。

5. 刑事法律规范

企业法在法律责任的有关内容中,对违反企业法构成犯罪及相关刑罚的规定日益增多和强化。这些内容不仅在有关法律、法规中有刑事处罚的规定,同时权力机关还制定了专门的法律文件,对违反企业法的犯罪行为作出专门规定,如全国人民代表大会常务委员会《关于惩治违反公司法的犯罪决定》(1995 年 2 月)、全国人大常委会《关于惩治破坏金融秩序犯罪的决定》(1995 年 6 月)等。

除此以外,企业法律体系中还包括一些其他法律规范的内容,如劳动法、破产法、环境法等。

### (三)企业法体系的构成

我国企业法是 1979 年以后,在改革开放的方针指导下逐步发展形成起来的。在一定程度上,企业立法的进程就是我国二十几年改革开放进程的写照,它与改革开放同步进行,它既是改革开放的成果,又指导着改革开放,并把它引向纵深发展。目前,我国企业立法已初具规模,一个以宪法为基础,以一批企业基本法律为主导,以众多企业法规为依托,相互衔接、彼此依存的企业法体系正随着社会主义市场经济体制的发展而逐步形成。根据我国建立有中国特色社会主义现代企业制度的要求,结合建立社会主义法治国家对企业的要求,我国的企业立法尚有许多不足,企业立法的结构尚需进一步改造和完善。目前,我国企业法律体系由国有企业法、公司法、合伙企业法、独资企业法和外商投资企业法等几项基本企业法律制度所构成,其下又有若干实施性的条例或细则,从而形成了我国企业法律体系的基本框架。

1. 公司法

公司法是规范市场主体的主要法律。它要规范公司的组织和行为，保护公司股东和债权人的合法权益，维护社会经济秩序。公司法以法律形式来塑造适应社会化大生产和市场经济需要的市场主体。我国于 1993 年 12 月颁布了新中国第一部《公司法》，它的颁布与实施标志着我国企业立法进入了一个崭新的阶段。《公司法》的制定突破了我国按所有制的归属来安排和确定企业立法的格局，并根据现代企业制度的要求建立规范的公司制度。我国《公司法》确认了我国公司法定种类为有限责任公司和股份有限公司，规定了这两类公司设立的条件，确定了两类公司资本的集资方式，确定股份有限公司股份的发行和转让，公司的内部管理体制和机构设置、公司债券的发行、公司财务制度及外国公司等公司的基本法律问题。在《公司法》实施的过程中，根据改革开放的需要及实施中存在的问题，对《公司法》进行了几次重大的修订，使其进一步完善。《公司法》是企业法体系中最重要的一部法律，它对我国社会主义市场经济体制的建立和完善，对现代企业制度的建立将发挥重大作用。在法律的适用上，新组建的公司一律按《公司法》的要求来组建；按原有法规和地方性公司法规设立的公司也应在一定期限达到《公司法》的要求；国有企业和集体所有制企业要改造成为公司的，也应按《公司法》的要求来改造；各类企业集团在财产上形成参股、转股或控股关系的也应按《公司法》的有关规定办理；从发展上看，中外合资经营企业、具备法人资格的中外合作经营企业和外资企业也应适用《公司法》。"要适应经济市场化不断发展的趋势，进一步增强公有制经济的活力，大力发展国有资本、集体资本和非公有资本等参股的混合所有制经济，实现投资主体多元化，使股份制成为公有制的主要实现形式。"[3] 股份制的组织形式就是公司。为实现这一形式的发展，公司法也必须进一步完善，而成为我国企业法体系中重要的、基本的法律。

2. 合伙企业法

为了规范合伙企业的组织和行为，保护合伙企业、合伙人（包括有限合伙人）和债权人的利益，有必要制定合伙企业法。合伙企业，是指自然人、法人和其他组织依照本法在中国境内设立的普通合伙企业和有限合伙企业。合伙人的身份，不分中国人或外国人，均应有完全的行为能力，只要是根据合伙协议组建的企业，均由合伙企业法规范。今后，不具备法人资格的中外合作经营企业应由合伙企业法规范。同时，合伙企业法中还对有限合伙作出了专门规定，法人只能作为有限合伙人参加合伙。在立法模式上，世界上主要有两种做法：一种做法是将合伙、合伙制度在民法典中加以详尽规定；另一种做法是单独制定合伙法。我国采用了后一种做法，单独制定了《合伙企业法》，并把其纳入企业法体系。

3. 独资企业法

为了规范独资企业组织和行为，维护独资企业投资人和债权人的合法权益，我国于 1999 年 8 月制定了《个人独资企业法》。独资企业是在我国境内设立的，由一个自然人投资，财产为投资人所有，投资人要以其个人财产对独资企业的债务负无限连带责任的经营实体。《个人独资企业法》对个人独资企业的设立，对个人独资企业的投资人资格、经营方式、承担企业责任的形式及其相关事务的管理作出了明确规定，对个人独资企业解散与清算事宜也作出了

---

〔3〕 "中共中央关于完善社会主义市场经济体制若干问题的决定"，载《人民日报》2003 年 10 月 22 日。

相应规定。《个人独资企业法》是规范我国个人独资企业的基本法律。应该指出,目前个人独资企业已经成为我国社会生产发展中的一种重要企业组织形式。为适应这种发展的需要,我国将清理和修订限制个人独资经济发展的法律法规和政策,消除体制性障碍。个人独资企业法律制度必将进一步健全和完善。

4. 国有企业法

以建立现代企业制度为目标,把国有企业的改革同改组、改造和加强企业管理结合起来,构造产生结构优化和经济有效运行的微观基础。国有企业在新的时期负有新的历史使命:为中国市场经济体制的建立和平稳过渡提供宏观的保障;在市场运作中发挥主控作用,弥补市场经济的不足;控制和引导高新技术和尖端科技领域的迅速发展;继续提供必要的社会基础服务,为发展社会公益事业而作出自己的贡献。作为公有制经济主体的国有企业必须按照现代企业制度的基本要求进行改革、改组和改造。在企业改制过程中,我们要建立健全国有资产管理和监督体制;要完善国有企业的法人治理结构,按照现代企业制度的要求,规范企业的股东会、董事会、监事会和经营管理者的权责,完善企业领导人的聘任制度;同时要加快推进和完善垄断行业的改革。而现行的《全民所有制工业企业法》已经不能适应形势发展的需要,已与国有企业的现状和发展趋势存在相当大的距离。在立法决策上,一种方法是对原有《全民所有制工业企业法》进行重要修订,相应地,它的一些配套法规或废止或修订或新订;另一种方法是废止《全民所有制工业企业法》,重新按现代企业制度的要求制定《国有企业法》。无论采用哪种形式,国有企业法都应为中国企业法律体系的重要组成部分。

这里需要指出的是,在我国现行企业法体系中还有几种情况:首先,外商投资企业法律制度,包括调整和规范中外合资经营企业、中外合作经营企业和外商独资企业的三项基本法律以及为其实施配套的行政法规和部门规章。应该指出,外商投资企业法律制度在我国改革开放的进程中发挥了重要的作用。然而,随着社会主义市场经济体制的逐步完善,以及世界贸易组织的相关规则,特别是国民待遇原则的实施,规范这三类涉外企业的法律制度必将逐步由《公司法》、《合伙企业法》和《个人独资企业法》所取代,或制定某些相关的特殊规定加以规范。其次,集体企业法律制度,集体企业必将随着经济体制改革的深化、股份制经济的发展分化为公司、合伙企业乃至个人独资企业,应该看到,原来规范集体企业的行政法规基本已名存实亡,改制后的集体企业将由《公司法》、《合伙企业法》等来规范。这里要强调的是,股份合作制企业到底由哪些法律规范则是立法上的"盲点"。再次,冠以"企业法"名称的,如我国现行的《中小企业促进法》、《乡镇企业法》,这些法律严格意义上讲基本属于国家的产业政策法或称中小企业、乡镇企业促进法、振兴法,而不属于企业组织法范畴。所以,在本教材中,对其内容未作详细介绍,也未列入企业法体系之中。当然,这种企业法律体系是在社会主义市场经济建立条件下的企业法律体系格局的设想。它的实现有一个过程,它是在社会主义市场经济体制建立过程中,在企业改革不断深化过程中,伴随企业法制建设的不断加强而逐步形成的。特别是在转轨过程中,我们必须考虑到我国企业产权的客观实际,考虑到现行企业立法已经形成的"双轨制",社会主义市场经济的建立和现代企业制度的建立是一个历史过程,那么企业法的建立健全和完善也必然有个过程。我们就是处于这样一个过渡性的转轨时期,我们的任务就是随着经济体制改革的深化,在社会主义市场经济体制和现代企业制度的逐步建立中来逐步完备企业立法，构造它的科学体系。

## 二、企业法学体系

### （一）企业法学体系的定义

企业法学是以企业法律制度为主要研究对象的理论科学。企业法学体系是在马克思主义经济学、法学理论的指导下，结合企业和企业管理学、民法学、商法学、经济法学、行政法学等相关学科理论，以研究企业法律制度为主要对象而形成的科学的有机联系的理论体系。19 世纪以来，规范企业，特别是公司组织的民法、商法和单行公司法典不断出现，随着企业组织的发展，其他单行企业法律、法规也日益增多，它们在各国民事立法、商事立法、经济立法中具有极其重要的地位。以研究这些法律制度为对象的理论科学——企业法学应运而生，研究企业法、公司法的专著、学术论文数量众多，内容丰富，企业和企业法问题一直是经济发达国家经济学界、法学界研究和关注的热点。

### （二）企业法学体系的构成

1. 中国企业法学

中国企业法学是以研究中国企业法律制度为对象的理论科学，它的研究对象和范围应该包括：

（1）企业法理论的研究。研究企业法学的整体结构和范围；研究企业在法律上的本质属性及其特征；研究划分企业法定种类的标准及企业的法定类型；研究企业与经济体制、企业管理、企业行为与企业立法的关系；研究企业立法的内容构成、体系安排和立法技术及其与相关法律部门的联系；研究企业法的定义、调整对象、原则、作用及其法律特征；研究企业设立、变更、终止的法定条件和程序；研究不同类型企业在法律上的资格、法律地位及其权利、义务，等等。

（2）具体企业法律制度的研究。研究国家如何通过法律手段对各类企业进行法律上的调整和规范，使各类企业组织和行为均有法律规范，使其活动纳入法律轨道，如国有企业、公司、合伙企业、独资企业等不同类型企业的企业性质、特征及其法律地位；研究产权的构成、资本形成的方式和途径、企业投资者与企业的财产关系和责任形式；研究各类企业的内部管理体制和组织机构，各类机构和负责人的职权、地位及其相互关系等。

（3）关于企业法的制定与实施的研究。如何从我国社会主义现代化建设的实际出发，建立具有中国社会主义特色的企业法律制度，以保证各类企业有法可依，从而把国家对企业的管理和企业的行为纳入法制轨道；研究企业法律体系的内部结构，各个企业法与其他部门法以及企业法内部各类法律制度间的衔接、配合、协同、同步，从立法上尽可能避免重复和冲突；研究企业立法适应经济体制的变化和客观形势的变化；处理企业法的立、改、废的关系；研究国家机关和有关人员严格执法、守法，又如何通过法律手段保护自己的合法权益；研究企业及其有关人员违反企业法应承担的法律责任。

2. 比较企业法学

比较企业法学是指通过比较研究的方法把我国的企业法律制度及其相关学说与外国企业

法制度及其相关学说,以及不同的外国企业法律制度及其相关学说进行对比研究。作为直接作用于商品生产和流通的企业法有着世界性的共同规律,企业法要把企业在商品经济活动中的基本组织原则和活动原则加以概括。所以,各国企业法有许多共性的内容。同时,各国经济发展不平衡,企业组织形式和立法模式又有自己的特色和传统,因此,它们的内容又有许多差异。通过对各国企业法的比较研究,可以取长补短,相互借鉴,也通过对不同国家企业法律制度的研究和了解,从而在经济技术合同的往来中维护我国企业的权益,更好地开展经济技术合作,同时也有利于提高我国企业法学的研究水平。

比较企业法学基本上可以概括为以下几方面的内容:(1)对我国企业法律制度与具有代表性的经济发达国家的企业法律制度及企业法学进行比较研究;(2)对同一类社会制度,但属于不同国家的企业法律制度和企业法学学说进行比较研究;(3)对不同社会制度,又是不同国家之间的企业法律制度进行比较研究;(4)对属于同一社会制度却是不同法系的国家的企业法律制度和企业法学进行比较研究,等等。

# 第二章　企业的设立、变更与信息公示

## 第一节　企业设立的概述

### 一、企业设立的定义

企业设立是指企业的创办人为使企业具备生产经营或者服务性活动的能力，取得合法的主体资格，依照法律规定的条件和程序所实施的一系列经济上和组织上的法律行为。企业设立要求企业的创办人要根据要设立企业的种类、规模、生产经营或者服务的内容，合理地组织各种生产要素，进行人力、物力和资产的投资，进行基本建设或其他方面的组建工作，形成企业的生产经营能力或者从事服务性活动的能力。同时，企业的创办人要制定企业的章程，确定自己的生产经营范围，组建法律规定的相应机构，并依照法律规定的程序履行申报、审批和登记手续，依法取得进行生产经营或服务性活动的主体资格的过程。这一系列的工作均要求依法进行，整个过程既有企业创办人的意思表示，也有创办人之间以及创办人与其他当事人的合意，还必须经过国家有关主管部门的认可、确认和批准，它的直接法律后果就是使组建的企业取得合法的主体资格。

历史经验告诉我们，设立企业一定要按经济规律办事。组建什么样的企业、设立多大规模的企业一定要从市场的需要和生产力实际水平出发，要从国民经济各部门相互衔接、配套的实际出发，在企业的设立问题上有国际和国内市场的问题，有经济和产业合理布局的问题，有产业结构和产品结构问题，有资源、能源、交通、环保等各方面条件配套衔接问题，有劳动力安排的问题。国家要从投资规模、银行信贷、项目安排等方面审时度势，进行宏观控制、缜密决策；企业创办人也要根据市场需要和自己的实际能力，严格按照法律规定的条件和程序，实施自己的设立行为，保证优质、优生。总之，企业的设立要有利于国家发展社会主义市场经济宏观目标的实现，促进社会主义市场经济的繁荣、发展，通过企业创办人投资目标的实现，使生产要素得到优化配置，促进生产力布局及产业、产品结构的合理化。

### 二、企业设立的法律依据

为了规范企业的设立行为，我国企业立法对企业设立的条件、程序、企业登记等诸多问题均有较为完备的规定。

### (一)企业设立条件的法律依据

对企业设立的基本条件,我国的《民法通则》和有关企业基本法律和法规对此均作了规定。《民法通则》第37条规定了法人应具备的四项条件。此外,有关的法律法规对不同类型企业设立的基本条件分别作了规定。《公司法》第23条、第76条对有限责任公司和股份有限公司的设立条件分别作了规定;《全民所有制工业企业法》第17条对国有企业设立应具备的七项条件作了规定;《中外合资经营企业法实施条例》第3条、第4条以及第二章的第7条至第15条对中外合资经营企业设立的条件、程序作了详细的规定;《个人独资企业法》第8条对个人独资企业设立的五项条件作了专门规定;《合伙企业法》第14条对合伙企业设立的五项条件作了具体规定等。对其他企业设立的条件,有关专门法律法规也作了规定。

### (二)企业登记方面的法律依据

为了建立企业登记管理制度,确认企业的法人资格和其他主体资格,规范企业的登记行为,国家还制定了专门性的企业登记法规。主要有《企业法人登记管理条例》(1988年6月发布,2014年2月修订,计39条)及其《实施细则》(1998年12月发布,2014年2月修订,计71条);《公司登记管理条例》(1994年6月发布,2014年2月修订,计12章84条);此外还先后颁布了《合伙企业登记管理办法》和《个人独资企业登记管理办法》。这批法规对企业设立登记的管辖、登记注册事项、设立登记、变更登记、登记的监管及法律责任等问题均作了具体规定。为了加强企业名称的管理、保护企业合法权益、保护社会经济秩序,国家还制定了《企业名称登记管理规定》(1991年7月发布,2012年11月修订,计34条)等法规。

### (三)特定行业的特殊企业设立行为的法律依据

这里所指的特定行业的特殊企业是涉及国计民生和国民经济命脉的某些专门性企业,如金融企业、外贸企业、铁路和航空运输企业等。这些企业的设立及登记不仅要具备企业法人的一般性条件和某种法定企业种类的基本条件,同时还要具备特定行业法律、法规对该行业企业设立规定的具体条件。它们设立的具体条件和设立程序又分别由专门性的法律、法规作出特殊规定。如《商业银行法》第11条至第16条对商业银行设立的条件、最低注册资本数额、审批设立的程序作了专门规定;《保险法》第67条至第73条,对保险公司设立的条件、审查批准程序等也作了专门规定;《对外贸易法》第9条对从事货物进出口和技术进出口的对外贸易企业设立的条件作了明确规定等。

## 三、企业设立的法律特征

第一,企业的设立是一种法律行为,具有规范性。企业的设立以企业创办人有设立企业的意思表示为前提。企业设立行为的实施,诸如设立的可行性研究、设立的申请、设立的各种物质和组织条件的筹办、章程的制定等均要由企业的创办人来进行。设立人的意思表示和有关行为的实施形成一定的法律事实。而这一切活动均应是合法的行为,即该企业的设立必须依照法律规定的条件和程序来进行。各国对企业的设立均有立法加以规范,我国企业的设立也必须按照前述的有关法律、法规的规定来进行。在整个设立过程中，无论是创办人还是创办人的相对人，如有关的主管部门或其他关系人都要严格依法进行此项工作。

第二，企业设立是一系列的法律行为，具有连续性。企业的设立不是一种单项的法律行为，而是包括从设立申请的提出到营业执照取得并公告的企业组建全过程。特别是对具有一定生产经营规模的企业，企业设立的目的就是造就一个从事生产经营活动的法律关系主体，它涉及资本的募集、项目和投资的审批、土地的征用、基本建设的进行、各类设备的购置、劳动力的招募和培训以及相关部门，如环保部门、工商行政管理部门的联系、衔接等一系列的经济上、行政上和组织上的工作，它由一系列的法律行为所组成，而且各项工作、各个环节相互衔接，环环相扣，其各个行为的实施均具有连续性。

第三，设立行为对所有企业具有普遍的强制性和权威性。企业设立的方式很多，如特许设立、准则设立、核准设立、严格准则设立和自由设立等。不管特定国家采取何种方式设立企业，任何企业设立、取得生产经营活动的资格，毫无例外地要通过设立行为，进行企业注册登记，经有关主管机关认可，方能正式开业，否则该企业就没有从事生产经营活动的资格。如果未经注册登记就擅自从事经营活动，一经发现即要被取缔，并受处罚。所以，企业的设立行为具有普遍的强制性。同时，对企业设立申请的审查与批准是由法律规定的专门机关来进行的，我国企业登记的主管机关是国家工商行政管理局和地方各级政府工商行政管理局。各级登记主管机关在上级登记主管机关的领导下，依法履行职责，不受非法干预。经它核准登记注册的企业即为法律所承认。

## 四、企业设立的法律效力

企业通过发起人或创办人的设立行为，经企业登记主管机关核准登记注册后，其设立行为即发生了相应的法律效力，产生了如下法律后果：

第一，取得一定的法律上的主体资格。这是企业设立行为的直接的、最主要的法律后果，也是其设立行为的基本标志。具备我国法律关于法人条件规定的企业，依法取得中国的法人资格，并依法人的身份从事生产经营或服务性活动，享有权利，承担责任；不具备法人条件，但是具备生产经营条件的企业依法取得合法生产经营的资格。例如，《企业法人登记管理条例》第3条规定："申请企业法人登记，经企业法人登记主管机关审核，准予登记注册的，领取《企业法人营业执照》，取得法人资格，其合法权益受国家法律保护。依法需要办理企业法人登记的，未经企业法人登记主管机关核准登记注册，不得从事经营活动。"

第二，取得合法凭证，有权正式开业。企业通过设立行为，经登记注册机关核准登记后，即取得了企业法人营业执照或者营业执照，申请设立的企业即可凭照刻制公章、开立银行账户、签订合同、刊登广告、从事正常的生产经营或服务性活动。例如，《合伙企业登记管理办法》第3条规定："合伙企业经企业登记机关依法核准登记，领取营业执照后，方可从事经营活动。"

第三，取得企业名称专用权。企业设立登记后即取得了企业名称的专用权。企业名称的专用权既是企业的人身权，又是企业享有的知识产权，具有排他性，他人不得冒用或混淆使用。企业经过核准登记的名称，受到法律保护。企业有权使用自己的名称从事民事活动，同一地区的任何单位不得使用已登记的同行业企业的名称；同时，企业有权依法转让自己的名称。

第四,产生法律责任。企业设立行为完成并取得一定法律主体资格后,已经成立的企业就成为因生产经营活动和设立行为而发生的有关民事责任、行政责任乃至刑事责任的承担者,是法律责任的载体。这里的责任主要表现为两个方面:一方面是企业在设立的过程中,因设立行为违法而产生的责任,设立人要对自己的设立行为负责;另一方面是企业设立以后,在生产经营活动中所发生的相关法律责任。

本章所介绍的企业设立主要是指企业法人设立应具备的法定条件和应遵循的法定程序。根据《企业法人登记管理条例》第35条的规定,企业法人设立不能独立承担民事责任的分支机构,由该企业法人申请登记,经登记主管机关核准,领取《营业执照》,在核准登记的经营范围内从事经营活动。根据国家有关规定,由国家核拨经费的事业单位、科技性的社会团体从事经营活动或者设立不具备法人条件的企业,由该单位申请登记,经登记主管机关核准,领取《营业执照》,在核准登记的经营范围内从事经营活动。该条例实施细则中对它们设立的条件和程序又进一步作了规定,其基本内容与对法人的要求基本相同,但相对宽松和简化。因此,对它们的设立问题就不专门介绍了。

## 第二节　企业设立的方式

### 一、企业设立方式的类型

企业设立的方式是指企业根据什么法定原则,通过何种具体途径达到企业设立的目的。传统上把企业设立的方式又称为企业设立的原则。由于各个国家不同历史时期政治经济状况的发展情况不同,又有着自己的文化和法律传统,因此,在企业设立方式的采用上,不同时期、不同国家均有很大的区别,就是在同一个国家的不同历史阶段,企业设立的方式也不完全相同。概括起来,企业设立的方式有以下几种类型。

#### (一)自由设立

也称自由主义设立,即指企业的创办人可以根据自己的意愿,自由设立企业从事生产经营活动,而无须履行法律上的手续。这是在资本主义萌芽和上升时期,西欧各国商事公司兴起、盛行时所采取的一种企业设立方式。这种方式的基本内容就是企业的设立完全由企业创办人的意志决定,而不必满足任何具体条件,国家对企业的设立也不加限制和干涉。所以这种设立方式也称放任主义,如今世界各国已基本不再采用。

#### (二)特许设立

又称特许设立主义,企业要由国家元首或者国家法令的特殊批准才能设立。这种设立方式始见于17世纪初叶,如由英王伊丽莎白一世特别批准设立的东印度公司就是如此。此后,荷兰、丹麦等国也纷纷效仿。这些企业均要由国王或政府特别批准，所以又把它们称为特许状公司。这种做法，现代诸国已很少采用，但在特定情况下，对某些涉及国家经济命脉的特殊企业，还不时采取这种方式。按照特许主义设立的企业通常是为实现国家的某项特定的产业政策，承担特殊公共职能或公用性企业。比如我国由国务院决定设立的政策性银行、资产管理公司或从事某些关系国计民生的军工、航天、能源等重要的大型和特大型企业。

（三）核准设立

又称核准设立主义或许可设立主义。它是指企业设立时，不仅要具备法律规定设立企业的各项条件，同时要由法定的主管行政机关对其设立进行审查，作出批准决定，企业才能进行注册登记的一种设立方式。在相当长的时间里，我国企业采取的基本上是这一种设立方式。根据我国现行法律规定，设立国有企业仍需要报请有关主管部门批准；设立外商投资企业须由对外贸易经济合作主管部门审批等等。这种设立方式虽比特许设立有很大进步，但仍然有许多行政权力对企业设立进行干预，对市场经济的发展有一定的限制。

（四）准则设立

准则设立也称为登记主义或准则设立主义。这种设立方式是指法律规定企业设立的条件，企业设立时，按法律规定的各项条件进行筹备并载入企业章程，不要求行政主管部门的事先批准，即可直接向企业登记注册机关登记注册，企业即可成立。这是 19 世纪末，西方国家为了适应商品经济发展需要而采取的一种企业设立方式，并得到充分采用。单纯的准则设立方式虽然克服了许可设立的一些弊端，但会像自由设立方式一样可能导致企业的滥设。

（五）严格准则设立

严格准则设立主义就是法律上严格规定企业设立应具备的条件以及企业设立应对设立行为承担的责任，同时规定国家行政或司法机关加强对企业设立的管理和监督。这种设立方式是世界上大多数国家普遍采用的做法。这种设立方式既能实现企业设立的规范化、平等化，又能防止企业设立人滥设企业以及设立中的各种不法行为。

## 二、我国企业设立的方式

我国企业设立的方式是与我国经济管理体制相适应的。由于改革开放以前实行高度集中统一、政企不分的经济管理体制，企业就是行政机关的附属物，也谈不上独立的企业法人资格，这种管理体制反映在企业设立的方式上，就是实行严格的许可（核准）设立方式和特许设立方式。这两种方式充分体现了行政权力在企业设立问题上的突出地位。

随着体制改革的深化，企业法人制度的初步建立，企业设立的方式虽然有所改变，但实行的基本上还是一种程序复杂、体系庞大、环节众多的企业设立核准（审批）制度。1993 年颁布的《公司法》以及 1994 年颁布的《公司登记管理条例》，对原有的严格审批制度均有所改变。随着社会主义市场经济体制的逐步建立与完善，在企业设立的方式上也必须进一步充分体现设立人的意志，而不是行政权力的直接干预和控制。通过加强宏观调控、加强对企业设立行为的监管、强化设立人的责任,建立起一套科学、合理的企业设立方式。准则主义应该是我们的基本选择。当前,我国企业设立的基本方式是以准则主义为主,辅之以特许设立和严格准则主义设立方式。

(一)由行业主管部门核准设立

目前,我国绝大多数企业的设立,实行严格准则主义,符合法律规定的设立条件,无需主管部门审批即可成立;但少数企业的设立仍实行核准主义,要经过有关主管部门的批准。根据《企业法人登记管理条例》第14、15条的规定,我国企业法人办理开业登记,首先要得到企业主管部门或者审批机关的批准,才能办理企业登记;登记时还必须提交主管部门或者审批机关的批准文件。凡是有主管部门的各类企业,它们的设立均需经过相应主管部门的批准与认可,企业才能办理设立登记。2006年1月1日以前,我国的股份有限公司也是采取核准设立的方式,1993年颁布的《公司法》第77条规定,股份有限公司的设立必须经国务院授权的部或省级人民政府批准。不仅如此,由于企业所有制性质不同,生产和经营商品的类别不同,又有相应的行业管理部门、专营管理部门、特种行业管理部门,企业设立时,根据自己的情况,还需相应地经这些管理部门的批准。如果企业进行基本建设,企业设立还要经过筹建许可的审批。筹建许可审批包括项目建议书和设计任务书。在审批权限上,根据企业的经营范围和规模划归不同的主管部门,上至国务院和全国性行业归口管理部门,下至市、区、县人民政府或其所属的行业归口管理部门。

(二)由国务院批准特许设立

即由国务院作出专门决定,设立某个企业。对某些特大型企业、金融性企业以及全国性总公司,均由国务院作出专门规定,特别批准,采取"特许状"的形式设立某些企业。如我国已经设立的中国船舶工业总公司、中国石油化工总公司、中国核工业总公司、中国航空航天工业总公司等均是通过这种方式而设立的。

(三)法律规定具体条件,依法登记设立

某些企业没有主管部门,则根据法律规定的条件,依法登记设立。随着经济体制改革的深化,个人独资企业、民营企业、合伙企业、股份合作制企业等,它们的设立不须经过有关主管部门的批准,只要符合法律规定的设立条件,即可办理注册登记。

(四)规范化公司的设立,采取严格的准则主义

我国《公司法》第6条规定,设立公司,应当依法向公司登记机关申请设立登记。符合本法规定的设立条件的,由公司登记机关分别登记为有限责任公司或者股份有限公司;不符合本法规定的设立条件的,不得登记为有限责任公司或者股份有限公司。法律、行政法规规定设立公司必须报经批准的,应当在公司登记前依法办理批准手续。

这项规定为我国公司设立实行严格准则主义提供了立法依据。同时,在《公司登记管理条例》中,进一步把这项规定具体化,实行了公司设立的名称申请预先核准制度,并对公司设立的法律责任也进一步具体化,处罚的力度也大大加强。

## 第三节　企业设立的条件

2013 年 11 月 12 日，中国共产党第十八届中央委员会第三次全体会议通过的《中共中央关于全面深化改革若干重大问题的决定》中明确指出，要推进工商注册制度便利化，削减资质认定项目，由先证后照改为先照后证，把注册资本实缴登记制逐步改为认缴登记制。推进国内贸易流通体制改革，建设法治化营商环境。

为了推进公司注册资本登记制度改革，降低创业成本，激发社会投资活力。改革的主要内容：一是放宽注册资本登记条件。除法律、法规另有规定外，取消有限责任公司最低注册资本 3 万元、一人有限责任公司最低注册资本 10 万元、股份有限公司最低注册资本 500 万元的限制；不再限制公司设立时股东（发起人）的首次出资比例和缴足出资的期限。公司实收资本不再作为工商登记事项。二是将企业年检制度改为年度报告制度，任何单位和个人均可查询，使企业相关信息透明化。建立公平规范的抽查制度，克服检查的随意性，提高政府管理的公平性和效能。三是按照方便注册和规范有序的原则，放宽市场主体住所（经营场所）登记条件，由地方政府具体规定。四是大力推进企业诚信制度建设。注重运用信息公示和共享等手段，将企业登记备案、年度报告、资质资格等通过市场主体信用信息系统予以公示。推行电子营业执照和全程电子化登记管理，与纸质营业执照具有同等法律效力。完善信用约束机制，将有违规行为的市场主体列入经营异常的“黑名录”，向社会公布，使其“一处违规、处处受限”，提高企业“失信成本”。五是推进注册资本由实缴登记制改为认缴登记制，降低开办公司成本。在抓紧完善相关法律法规的基础上，实行由公司股东（发起人）自主约定认缴出资额、出资方式、出资期限等，并对缴纳出资情况真实性、合法性负责的制度。

### 一、企业设立条件的定义

企业设立的条件是指企业为取得一定的法律上的主体资格、取得生产经营或从事服务性活动的资格所应该具备的法定标准和规格。它是企业成为商品生产者和经营者的现实基础，也是企业依法享有权利和承担责任的组织上和物质上的法律保证。任何企业的设立，都要具备法律规定的具体条件，有的企业还要通过有关行政主管机关的审查、批准、核准登记始得成立。法律要对企业设立应具备的基本条件以及特定种类企业应具备的条件作出明确规定。企业的设立人以这些条件为目标进行设立，整个设立行为实质上就是按照法定的要求，为达到和满足这些条件的要求进行设立活动的过程。对有关行政主管部门来讲，要依照这些条件对企业设立作出核准与不核准的决定，对有关执法机关来讲，也是认定企业设立行为是否合法，并对其违法设立行为进行处罚的法律依据。

《民法通则》、《企业法人登记管理条例》及其实施细则以及各类专项的企业法律、法规对各类企业设立的基本条件以及各类特定企业设立应具备的具体条件均作了专门规定。如《企业法人登记管理条例施行细则》第 14 条对企业法人登记应具备的条件作了明确规定:有符合规定的名称和章程;有国家授予企业经营管理的财产或者企业所有的财产,并能够以其财产独立承担民事责任;有与生产经营规模相适应的经营管理机构、财务机构、劳动组织以及法律或者章程规定必须建立的其他机构;有必要的并与经营范围相适应的经营场所和设施;有与生产经营规模和业务相适应的从业人员,其中专职人员不得少于 8 人;有健全的财会制度,能够实行独立核算、自负盈亏,独立编制资金平衡表或者资产负债表;有符合规定数额并与经营范围相适应的注册资金,国家对企业注册资金数额有专项规定的按规定执行;有符合国家法律、法规和政策规定的经营范围;以及法律法规规定的其他条件。对不具备法人条件,但具备营业条件的企业申请设立登记的条件,《企业法人登记管理条例施行细则》第 16 条也作了具体规定:有符合规定的名称;有固定的经营场所和设施;有相应的管理机构和负责人;有经营活动所需的资金和从业人员;有符合规定的经营范围;有相应的财务核算制度。不具备法人条件的联营企业,还应有联合签署的协议。对外商投资企业设立登记的条件,该施行细则也作了相应规定。

## 二、企业设立的基本条件

企业设立的基本条件是指任何类型企业的设立都必须具备法律规定的物质方面和组织方面的条件。为了叙述方便,下述条件主要是指具备法人资格的企业应具备的基本条件。

### (一)有符合法律规定的名称

1. 企业名称的定义及特征

企业的名称就是企业的称谓。任何企业必须有自己的名称。企业名称既是企业章程绝对必要记载事项,也是企业注册登记的绝对必要事项,企业的名称是企业设立、开展生产经营活动,签订合同,起诉、应诉必须具备的条件。为了规范企业名称的使用,国家工商行政管理总局公布了《企业名称登记管理规定》等规章。企业名称的使用具有以下特征:

(1)企业名称使用上的标准性。即企业名称的使用必须按法律规定的标准,企业选用名称时也只能在法定的范围内选定,而不能超出法定标准。

(2)企业名称的排他性。这是指企业依法取得的名称为企业所专有,其名称权为企业专用,并受法律保护,同时一个企业只能使用一个名称。如我国《企业名称登记管理规定》第 6 条规定:"企业只准使用一个名称,在登记主管机关辖区内不得与已登记注册的同行业企业名称相同或者近似。"

(3)企业名称使用的一致性。这首先是指企业名称的使用必须与本企业的性质相一致,即只有企业才能冠以企业的名称,如党政机关就不得冠以"公司"字样;其次,企业名称的使用必须与自己生产经营和服务范围相适应;最后,企业名称标明的责任类型应与企业自身的责任形式相一致。

2. 企业名称的选择与使用

(1)企业名称的组成。企业名称依次由以下三个部分组成:第一部分为字号(商号)。企业对字号有选择权。字号应由两个以上的字组成,企业有正当理由可以使用本地或异地地名作字号,但不得使用县以上行政区划作字号;私营企业可以使用投资人姓名作字号。第二部分标明行业或经营特点。第三部分是企业的组织形式,即企业组织结构和责任形式。企业名称还应冠以企业所在地省或市或县(市辖区)行政区划的名称。经国家工商局核准,历史悠久的企业、外商投资企业以及全国性公司、大型企业集团和大型进出口企业可以不冠以所在地行政区划的名称。

(2)企业名称使用的文字。企业名称应当使用汉字,民族自治地方的企业名称可以同时使用本民族自治地方通用的民族文字。企业使用外文名称的,其外文名称应当与中文名称相一致,并由登记主管机关登记注册。企业名称不得含有下列内容和文字:有损于国家、社会公共利益的;有可能对公众造成欺骗或者误解的;外国国家(地区)、国际组织名称;政党名称、党政机关名称、群众组织名称、社会团体名称及部队番号;汉语拼音字母、数字或其他法律法规规定禁止的字样。

(3)总机构及分支机构名称的使用及其称谓的限制。企业名称中冠以"总"字的,必须下设有三个以上的分支机构,其名称应当冠以其所属企业的名称,并缀以"分公司"、"分厂"、"分店"等词,并标明该分支机构的行业和所在地行政区划名称,但其行业与其所属企业一致的,可以省略;独立承担民事责任的分支机构再设分支机构,所设立的分支机构不得在其企业名称中使用总机构的名称;联营企业的名称可以使用联营成员的字号,但不得使用联营成员的企业名称,并冠以"联合"或"联营"的字词。

(4)可以申请在企业名称中使用"中国"、"中华"或者冠以"国际"字词的企业应当是:全国性公司;国务院或其授权机关批准的大型进出口企业;国务院或其授权机关批准的大型企业集团;国家工商局规定的其他企业。

3. 企业名称的取得

企业名称作为企业章程中的绝对必要记载事项必须在章程中载明,在企业申请登记时,由登记的主管机关即国家工商行政管理局和地方各级工商行政管理局核定。由它们核准或驳回企业名称登记的申请,纠正已登记注册的不适宜的企业名称,监督管理企业名称的使用,保护企业的名称专用权。

### (二)有自己的章程

1. 企业章程的定义和特征

企业章程是企业根据法律制定,表明企业设立人的愿望和目的,明确企业的宗旨和组织原则,规范企业行为的自律性纲领。企业必须有自己的章程,这是企业设立必须具备的条件。企业章程有如下特征:

(1)规范性。有关企业法律法规对企业章程的内容、必备条款均有明确规定,企业制定自己的章程时必须根据法律要求逐一载明。企业章程作为企业行为准则,必须明确、具体、清晰、严谨。有的国家企业法还把章程格式作为企业法的附录加以载明,以便遵循。

(2)合意性。企业章程从其实质上讲是一种特殊形式的合同,这种特征对公司企业就更为明显。它是公司设立人,包括发起人、股东就企业设立、管理、生产经营诸多问题在协商一致基础上,明确相互权利和义务关系的一种协议。

(3)纲领性。设立企业,首先要制定章程,把企业的种类、宗旨、名称、住所、资本、经营范围、法定代表人等以书面形式载明,它实质上是企业的组织纲领。

(4)公示性。企业章程是一种公开性法律文件,它一般要以公告的形式发布,供社会公众查阅,它实际上是企业向社会的一种宣言书。基于上述特征,企业章程对企业的全部活动起着统率、指导作用,对国家起着保证作用,对社会和投资者起着信用作用。

2. 企业章程的内容

企业章程的内容是指企业章程应该记载的事项。一般来讲,就记载内容的法律效力而言,章程内容分为三类:

(1)绝对必要记载事项。这是指法律规定在企业章程中必须逐一载明不可缺少的事项,如果缺少任何一项或任何一项记载不合法,则整个章程均属无效。绝对必要记载事项都是涉及企业设立、组建、生产经营活动中的基本事项,也是各类企业都具有的并且要在章程中说明的共同性基本问题。

(2)相对必要记载事项。它是指在绝对必要记载事项之外,法律采取列举方式列出诸多事项,企业可结合自己情况,决定哪些事项载入企业章程。这些事项一经载入企业章程,对企业及其成员均具有法律约束力,若不予记载,不影响整个章程的法律效力。

(3)任意记载事项。除前两者外,企业在不违反法律规定的情况下,结合自身需要认为有必要载入章程,并遵守的有关事项。任意记载事项一经载入章程,该事项对企业及其成员均有法律约束力。

我国的法律、法规对企业章程内容没有进行上述的法律分类,但对企业章程应具备的条款作了规定。如《企业法人登记管理条例施行细则》第18条规定:企业法人章程的内容应当符合国家法律、法规和政策的规定,并载明下列事项:①宗旨;②名称和住所;③经济性质;④注册资金数额及其来源;⑤经营范围和经营方式;⑥组织机构及其职权;⑦法定代表人产生的程序和职权范围;⑧财务管理制度和利润分配形式;⑨劳动用工制度;⑩章程修改程序;⑪终止程序;⑫其他事项。此外我国有关法律、法规对有限责任公司、股份有限公司、私营企业、涉外企业的章程内容也有明确规定。

### (三)有符合法律规定的资本

企业的资本是指企业的投资者实际认缴的,向企业投入的财产总额。它是企业进行生产经营活动的物质基础,也是企业对外承担民事责任的财产保证,法定数额的资本是企业设立必须具备的法定条件。企业资本的形成来源于出资者的出资。符合法律规定的资本有三重含义:

首先,投资者投入的资本的来源要合法。企业资金来源的渠道主要有银行贷款、自筹资金、引进外资,无论哪种途径取得的资金均要符合法律规定。其合法性主要表现在:投资者的资本是投资者所有的资产;投入的资本虽不属投资者所有,但投资者依法可以支配。

其次,资本的数额要符合法律规定。在资本数额的规定上,立法上主要有两种方式:一种方式是法律明确对企业最低资本数额规定。另一种方式是法律对企业设立资本只作出原则性规定,而未规定具体数额。

最后，出资的方式要符合法律规定。法律一般规定企业的投资者可以用货币出资，也可以用实物、工业产权、非专利技术和土地使用权出资，但必须进行评估作价，核实财产，不得高估或者低估作价。以无形财产出资时，其作价金额不得超过企业注册资本的法定比例。出资的标的、作价、所占比例、方式等要合法。

（四）有健全的组织机构，具有与生产经营的规模和业务相适应的从业人员

企业要有健全的组织机构，企业的组织机构是企业进行生产经营活动的指挥管理系统。不同的企业要根据法律的要求以及生产经营的需要组建决策机构（权力机构）、经营管理机构、监督机构及民主参与机构，以及与企业生产经营相适应的财务核算机构、劳动组织机构以及法律和企业章程规定应建立的其他机构。这些机构是企业进行生产经营活动的组织保证，也是企业设立应具备的条件。法律对不同企业组建何种组织机构有不同要求，如规范化公司要组建股东大会（股东会）、董事会、监事会以及经理人员等；国有企业要设厂长（经理）、职工代表大会、工会等。这些机构的设立有法律的强制性，企业在设立时必须按法律要求组建，否则企业不能设立。其他业务性的职能机构，企业有权根据自身需要和情况来自行安排，对这类机构的设置，企业有较大的自主性和任意性。

企业要有与生产经营规模和业务相适应的从业人员，这里的从业人员主要包括企业的管理人员、科学技术人员和工人。这些人员的数量、素质要与本企业所从事的生产经营的规模和业务内容相适应。根据《企业登记管理条例实施细则》第 15 条的规定，企业法人登记的条件之一就是专职的从业人员不得少于 8 人。也就是说，法律明确规定具体从业人数的，企业设立时要满足法律规定的最低人数要求。这里需要特别指出的是，企业在设立时就应确定自己的法定代表人。企业的法定代表人是依照法律和企业章程的规定，具备法定代表人的条件，经有关主管机关核准注册登记的，代表企业行使职权的负责人。企业法定代表人对外代表企业参加经济活动、有关行政活动和诉讼活动；对内对企业的生产经营和管理全面负责。法定代表人执行职务的行为，对企业产生法律效力。

（五）有生产经营场所

企业必须有自己的生产经营场所，这也是企业设立必须具备的重要条件。这里的生产经营场所有两重含义：一层含义是企业直接从事生产经营活动的厂房所在地、经营服务的场所、分支机构所在地以及办事机构的处所等；另一层含义是企业的住所，根据法律规定，我国企业必须在中国境内有住所，企业的住所是企业的主要办事机构所在地。企业的住所是企业生产经营活动中心，企业住所要在企业章程中载明，并进行核准登记。住所的确定有极其重要的法律后果和法律意义，主要是：明确了工商行政管理部门对企业监督的归属；明确了企业纳税申报及缴纳税收的归属；明确了企业的司法管辖，即诉讼和审判的管辖，进而也明确了收受法律文件送达的住所。企业住所一经在章程中载明，并经管理机关核准，就不得任意变更。企业住所变更时，必须到工商行政管理部门办理变更登记。

（六）有符合法律规定的生产经营范围

企业生产经营范围是指企业生产经营商品的范围或者提供服务的范围。生产经营范围的确定

必须符合法律、法规的规定。这里有以下几层含义:首先,企业不得从事法律所禁止的生产经营或服务性活动,诸如淫秽色情音像制品的生产与销售;其次,生产经营特殊产品的企业,必须经过有关主管部门的特殊批准和许可,如军工产品的制造与销售;再次,生产或经营必须具有生产许可证或经营许可证的商品,企业必须取得生产许可证或经营许可证方可进行生产经营活动。

一个企业的生产经营和服务范围与其注册资本、设备条件、技术力量及生产经营场所有直接关系,企业只有明确了生产经营范围,才能在设立过程中根据生产的需要去创造各种物质条件进行经营工作。企业具有了符合法律规定的和明确的生产经营范围,有关主管机关才能按照从事该项商品生产和经营的业务要求,对企业设立是否具备法定条件进行审批和登记注册。企业的生产经营范围要载入企业章程,并要进行核准,企业一经登记注册核准,就要在登记注册核准的经营范围内开展经营活动,所以它又是考核企业是否依法进行生产经营活动的基本依据。企业的生产经营范围因主客观情况的变化而允许改变,但要到工商行政主管部门进行变更登记,并经核准。

随着企业改革的深化,为改善投资环境,我国在某些省市实行给企业生产经营以宽松的条件。例如,北京市从2004年开始实行对本市所有内资企业和外资企业申请的营业执照上将不再限定其具体经营范围。除法律法规禁止经营的项目、应经审批方可经营的项目未经批准前不得经营外,法律、法规未规定审批的,经营者可以自主选择经营项目。

#### (七)法律、法规规定的其他条件

企业作为一个社会经济细胞,作为一个生产经营和服务单位在设立时,要涉及社会经济生活的各个方面,如城市规划、土地征用、自然资源的利用和开发、环境保护、财政、税收、金融及物价等诸多方面的因素,而在这些方面,有关的法律、法规有许多关于企业设立时的具体规定。因此,企业在设立时,除了要具备上述的各项条件外,企业的设立人还要根据这些相关法律、法规的具体要求,来创造条件满足其特殊要求。

### 三、法定各类企业设立的具体条件

我国现行的企业法律、法规所确认的企业类型,主要有国有企业、集体所有制企业、个人独资企业、三种外商投资企业、有限责任公司(含国有独资公司)、股份有限公司、合伙企业,等等。相应的法律、法规对各类企业设立的具体条件也作了相应规定。这些企业的设立除了要具备上述基本条件外,还应该具备法律对不同类型企业设立时规定的具体条件。

#### (一)公司设立应具备的条件

根据《公司法》的规定,我国的公司有两种类型,即有限责任公司和股份有限公司,《公司法》对这两类公司设立的条件分别作了规定。

1. 有限责任公司设立的条件

《公司法》第23条规定,设立有限责任公司,应当具备下列条件:(1)股东符合法定人数;(2)有符合公司章程规定的全体股东认缴的出资额;(3)股东共同制定公司章程;(4)有公司名称,建立符合有限责任公司要求的组织机构;(5)有公司住所。

2. 股份有限公司设立的条件

《公司法》第 76 条规定，设立股份有限公司，应当具备下列条件：（1）发起人符合法定人数；（2）有符合公司章程规定的全体发起人认购的股本总额或者募集的实收股本总额；（3）股份发行、筹办事项符合法律规定；（4）发起人制订公司章程，采用募集方式设立的经创立大会通过；（5）有公司名称，建立符合股份有限公司要求的组织机构；（6）有公司住所。

### （二）合伙企业设立应具备的条件

《合伙企业法》第 14 条规定，设立合伙企业，应具备下列条件：（1）有二个以上合伙人。合伙人为自然人的，应当具有完全民事行为能力；（2）有书面合伙协议；（3）有各合伙人认缴或实际缴付的出资；（4）有合伙企业的名称和生产经营场所；（5）法律、行政法规规定的其他条件。

### （三）个人独资企业设立应具备的条件

《个人独资企业法》第 8 条规定，设立个人独资企业应具备下列条件：（1）投资人为一个自然人；（2）有合法的企业名称；（3）有投资人申报的出资；（4）有固定的生产经营场所和必要的生产经营条件；（5）有必要的从业人员。

### （四）国有企业设立应具备的条件

《全民所有制工业企业法》第 17 条规定设立国有企业必须具备以下条件：（1）产品为社会所需要。（2）有能源、原材料、交通运输的必要条件。（3）有自己的名称和生产经营场所。（4）有符合国家规定的资金。（5）有自己的组织机构。（6）有明确的经营范围。（7）法律、法规规定的其他条件。

### （五）集体所有制企业设立应具备的条件

从我国现行立法来看，对城镇集体所有制企业与乡村集体所有制企业采用分别立法方式，其设立条件也在这两项法规中具体加以规定。

1. 城镇集体所有制企业设立应具备的条件

《城镇集体所有制企业条例》第 12 条规定，集体企业的设立必须具备下列条件：（1）有企业名称、组织机构和企业章程；（2）有固定的生产经营场所、必要的设施并符合规定的安全卫生条件；（3）有符合国家规定并与其生产经营和服务规模相适应的资金数额和从业人员；（4）有明确的经营范围；（5）能够独立承担民事责任；（6）法律、法规规定的其他条件。

2. 乡村集体所有制企业的设立应具备的条件

《乡村集体所有制企业条例》第 13 条规定，设立企业应当具备下列条件：（1）产品和提供的服务为社会所需要，并符合国家法律、法规和政策规定；（2）有自己的名称、组织机构生产经营场所；（3）有确定的经营范围；（4）有与生产经营和服务规模相适应的资金、设备、从业人员和必要的原材料条件；（5）有必要的劳动卫生、安全生产条件和环境保护措施；（6）符合当地乡村建设规划，合理利用土地。

### (六)外商投资企业设立应具备的条件

这里的外商投资企业是指中外合资经营企业、中外合作经营企业和外资企业。它们设立的条件均在规范三类企业的法律及其实施性法规中有所规定。法律对它们设立条件的规定有别于上述各类企业,并未明确规定设立该类企业应具备的法定条件,而是采用了对它们从事的某些行业准予设立,以及对某些行业不予批准设立的方法来规范外商投资企业设立的条件。因此,可以认为外商投资企业的设立应在我国法律准许设立的范围内,同时要具备《企业法人登记管理条例》规定企业设立登记应具备的条件,企业才能成立。

1. 中外合资经营企业设立的条件

根据《中外合资经营企业法实施条例》第3、4、5条的规定,在中国境内设立的合营企业,应能促进中国经济的发展和科学技术水平的提高,有利于社会主义现代化建设。对有损中国主权、违反中国法律的;不符合中国国民经济发展要求的;造成环境污染的;签订的协议、合同、章程显属不公平,损害合营一方权益的等情况的合营企业的设立不予批准。

2. 外资企业设立的条件

《外资企业法实施细则》第3条规定:“设立外资企业,必须有利于中国国民经济的发展,能够取得显著的经济效益。国家鼓励外资企业采用先进技术和设备,从事新产品开发,实现产品升级换代,节约能源和原材料,并鼓励举办产品出口的外资企业。”该实施细则还对禁止设立外资企业的行业、限制设立外资企业的行业作了明确规定。

3. 中外合作经营企业设立的条件

根据《中外合作经营企业法》第4、5条的规定,国家鼓励举办产品出口的或者技术先进的生产型合作企业。同时,中外合作双方应签订合作协议、合作合同,制定合作企业章程,并经有关主管部门批准。法律对协议、合同和章程的具体内容作了规定。

### (七)不同行业企业设立的特殊条件

由于企业行业不同,法律对不同行业企业设立的具体条件也作出专门规定,以适应企业生产活动的需要。例如,商业银行作为一种金融企业,法律对它设立的特殊条件作了专门规定。《商业银行法》第12条规定,设立商业银行,应当具备下列条件:(1)有符合本法和《中华人民共和国公司法》规定的章程;(2)有符合本法规定的注册资本最低限额;(3)有具备任职专业知识和业务工作经验的董事、高级管理人员;(4)有健全的组织机构和管理制度;(5)有符合要求的营业场所、安全防范措施和与业务有关的其他设施。设立商业银行还应当符合其他审慎性条件。由于商业银行是金融企业,所以法律对其注册资本的最低限额的要求远高于其他类型企业。根据《商业银行法》的规定,我国设立商业银行的注册资本最低限额为10亿元人民币,设立城市商业银行的注册资本最低限额为1亿元人民币,设立农村商业银行的注册资本最低限额为5000万元人民币,而且注册资本必须是实缴资本。

# 第四节 企业设立的登记管理

## 一、企业设立登记概述

### （一）企业的设立登记

1. 企业设立登记的定义

企业设立登记是指企业的设立人提出企业登记的申请，经登记主管机关核准，确认其法律上的资格，并颁发有关法律文件的行为。企业的设立登记是企业取得法律上主体资格的必经程序。企业无论采取何种方式设立，或准则主义，或核准主义，或特许主义，均须办理企业设立登记手续。企业设立登记依企业设立时间的长短，大体有两种情况：一种情况是新建企业，其筹建期满一年的，应按照专项规定办理筹建登记。筹建登记就是指企业的设立人为取得筹建企业主体资格而进行的登记。另一种情况是开业登记。开业登记是指设立的企业不需要进行基本建设的，或者企业设立需要进行基本建设，并进行了筹建登记，基本建设完成后，申请人申请取得企业生产经营资格所进行的登记。

2. 企业设立登记的效力

企业设立登记是国家通过企业登记对企业在法律上予以承认的法律形式。通过登记，国家从法律上确认了企业设立的法律事实，确认企业法律上的主体资格，以保障企业的合法权益，取缔非法经营，维护社会经济秩序。其效力主要表现在：

（1）确认企业在法律上取得一定的主体资格的效力。企业设立登记是企业取得一定的合法的法律关系主体资格的必经程序。通过企业登记，具备企业法人条件的企业，依法取得法人资格，并以企业法人的名义从事生产经营活动，享有权利，承担责任；不具备法人条件的企业，也能相应取得营业执照，在法律上也取得了一定的主体资格，并以此名义进行活动。

（2）从事业务活动的效力。企业设立登记是企业有权从事核准的生产经营或服务性活动的前提。通过企业设立登记，意味着国家确认了该企业具备了从事企业章程载明的生产经营或服务性活动的权利能力和行为能力，具备了从事特定业务活动的物质条件，相应企业的业务活动受到法律保护。若不进行企业设立登记，企业的业务活动不仅不受法律的保护，而且将被视为非法经营而受到法律的制裁。

（3）排他的法律效力。企业通过设立登记，取得了名称的专用权，确认了法定住所和有关的登记事项，这样，已经登记的企业在法律上就取得了对抗社会上不特定第三人的效力。

（4）企业的设立登记为国家对企业的管理和监督提供了法律依据和保证。企业通过设立登记，实际上国家为企业建立了企业档案，便于国家掌握全国的企业情况，为国民经济和社会发展提供有关的数据和资料，以加强宏观调控。另外，通过企业登记，也便于国家对企业的生产经营活动进行管理监督。

### (二)企业登记的范围

《企业法人登记管理条例》及其施行细则对我国企业的设立应办理登记的范围作了明确规定。其规定的登记范围主要有两大类:一类是具备法人条件的企业进行企业法人登记;另一类是不具备法人条件的企业要进行营业登记。

1. 企业法人登记的范围

具备法人条件的全民所有制企业、集体所有制企业、个人独资企业、合伙企业、联营企业,在中国境内设立的外商投资企业、有限责任公司和股份有限公司及其他企业,应按照所属行业申请企业法人登记。这些行业是:农、林、牧、渔、水利业及其服务业;地质普查和勘探业;建筑业;交通运输业;邮电通信业;商业;公共饮食业;物资供销业;仓储业;房地产经营业;居民服务业;咨询服务业;金融、保险业及其他行业。实行企业化经营,国家不再核拨经费的事业单位和从事经营活动的科技性社会团体,具备法人条件的,也可以按照上述规定或者按照公用事业、卫生事业、科技研究事业、技术服务事业等所属行业申请企业法人登记。

2. 不具备法人条件的企业和经营单位的登记

不具备法人条件的联营企业、企业法人所属的分支机构,从事经营活动的事业单位和科技性社会团体,事业单位和科技性社会团体设立的经营单位、外商投资企业设立的从事经营活动的分支机构或办事机构以及其他从事经营活动的单位,也应按照企业法人所从事的上述行业申请营业登记。

## 二、企业设立登记的管辖

企业设立登记的管辖主要涉及管辖的机关以及类似审判管辖的级别管辖和地域管辖。对于企业设立的管辖,各国立法规定不一,大陆法系的国家侧重于司法机关管辖,而普通法系国家侧重于行政机关管辖。如德国和法国,均为法院管辖,德国的登记主管机关为地方法院,而法国企业登记为国家和地方两级法院分别管辖;在英国则由自由贸易和工业大臣管理公司负责企业登记注册事宜。根据我国法律规定,我国企业登记的主管机关是工商行政管理机关。其管辖层次分三级,即国家工商行政管理局,省、自治区、直辖市工商行政管理局和市、县、区工商行政管理局,实行分级登记管理的原则。

### (一)国家工商行政管理局管辖登记范围

根据《企业法人登记管理条例》及其施行细则的规定,属于国家工商行政管理局负责登记的企业有三类,它们是:(1)国务院批准设立的或者行业归口管理部门审查同意由国务院各部门以及科技性团体设立的全国性公司和大型企业;(2)国务院批准设立的或者国务院授权部门审查同意设立的大型企业集团;(3)国务院授权部门审查同意由国务院各部门设立的经营进出口业务、劳务输出业务或者对外工程承包的公司。[1]

---

〔1〕 参见《企业法人登记管理条例》第5条及其施行细则第8条。

### (二)省、自治区、直辖市工商行政管理局负责的登记范围

由省、自治区、直辖市工商行政管理局负责登记的企业有如下几种情况:(1)由省、自治区、直辖市人民政府批准设立的或者行业归口管理部门审查同意由政府各部门以及科技性社会团体设立的公司和企业;(2)由省、自治区、直辖市人民政府设立的或者政府授权部门审查同意设立的企业集团;(3)由省、自治区、直辖市人民政府授权部门审查同意设立的企业集团;(4)由省、自治区、直辖市人民政府授权部门审查同意由政府部门设立的经营进出口业务、劳务输出业务或者对外承包工程的公司;(5)由国家工商行政管理局根据有关规定核转的企业或者分支机构。

此外,由省、自治区、直辖市人民政府或者政府授权机关批准的及其呈报上级审批机关批准的外商投资企业,由国家工商行政管理局授权省、自治区、直辖市工商行政管理部门负责登记管理。[2]

### (三)市、县、区工商行政管理局管辖登记的企业

除了上述两项所列企业外的其他企业的登记管理,均由市、县、区(指县级以上的市辖区)工商行政管理局负责。

## 三、企业设立登记的程序

企业设立登记要经过登记申请的提出、有关主管部门对申请的审查、企业设立登记的核准以及设立登记的公告等几个程序。对有限责任公司和股份有限公司的设立,在登记过程中还有一个公司名称预先核准的制度。

### (一)企业设立登记的申请

1. 企业设立登记申请的提出

企业办理设立登记必须提出设立登记的申请。登记的申请由企业的设立负责人提出,有限责任公司由全体股东指定的代表或者共同委托的代理人提出,股份有限公司应当由全体发起人指定的代表或者共同委托的代理人提出。根据我国《企业法人登记管理条例》第 14 条的规定,企业法人办理开业登记,应当在主管部门或者审批机关批准后 30 日内,向登记主管机关提出申请;没有主管部门、审批机关的企业申请开业登记,由登记主管机关进行审查。根据《公司法》的规定,设立股份有限公司,董事会应于创立大会结束后 30 日内,向公司登记机关提出设立申请。[3] 企业设立登记要向工商行政管理部门提交登记申请书。登记申请书应当载明法律要求说明开业登记的全部事项。企业法人登记事项有:企业法人名称、住所、经营场所、法定代表人、经济性质、经营范围、注册资金、从业人数、经营期限、分支机构等。企业营业登记的主要事项有:名称、地址、负责人、经营范围、经济性质、隶属关系和资金数额等。

---

〔2〕 参见《企业法人登记管理条例施行细则》第 9、12 条。

〔3〕 参见《公司法》第 92 条。

2. 登记申请提交的法律文件

为了便于企业登记主管部门审查企业的设立登记是否符合法定条件,企业登记除了提交申请书外,还要依照法律规定提交有关证件、文件。这些法律文件主要有:

(1)企业主管部门或者审批机关的批准文件。企业设立需要主管部门或审批机关批准的,应提交由特定国家机关审批的文件。如募集设立的股份有限公司应提交国务院证券监督管理机构的批准文件;设立中外合资经营企业应提交国家对外经济贸易主管部门或其授权机构的批准文件;设立商业银行,应当经国务院银行业监督管理机构审查批准。

(2)企业章程。企业需提交符合法律规定的章程。

(3)资金证明、验资证明或资金担保。设立国有企业应提交财政部门证明其资金数额的文件;验资证明则是会计事务所或审计事务所以及其他有验资资格的机构出具的证明资金真实性的文件;没有主管部门的企业,申请登记时应提交具有法人资格的企业出具的,保证被担保人资金真实性的文件。

(4)企业主管负责人的身份证明。企业主要负责人证明应包括其简历、住所,以及有关委派或者聘用的任职文件。有限责任公司和股份有限公司还应提交股东或者发起人以及公司董事、监事和经理的身份证明文件。

(5)住所和经营场所的使用证明。包括产权证明、土地征用手续、土地使用证明以及租赁期限在一年以上的房屋租赁协议等。

(6)法律、法规规定需要提交的其他文件。

上述各类文件是各类企业在设立登记时均要提交的。此外,我国《企业法人登记管理条例》以及《公司登记管理条例》等法规,对涉外企业、有限责任公司、股份有限公司以及申请设立分支机构或办事机构等还规定了要提交的一些相关文件,企业申请登记时应遵照执行。

3. 企业名称的预先核准

企业名称的预先核准在《公司法》实施之前,只对特殊种类的企业实行,如《企业法人登记管理条例》第10条规定:“申请设立中外合资经营企业、中外合作经营企业和外资企业应当在合同、章程审批之前,向登记主管机关申请企业名称登记。”为了配合《公司法》的实施,相应发布了《公司登记管理条例》,该条例则把公司名称的预先核准作为公司设立的一项固定制度加以规定。该条例第17条规定:“设立公司应当申请名称预先核准。法律、行政法规或者国务院决定规定设立公司必须报经批准,或者公司经营范围中属于法律、行政法规或者国务院决定规定在登记前须经批准的项目的,应当在报送批准前办理公司名称预先核准,并以公司登记机关核准的公司名称报送批准。”采用这一制度的目的,在于使公司的名称在公司未正式成立之前,即在公司设立过程中就具有了确定性、合法性,从而保证公司设立工作的顺利进行。目前,我国企业的设立普遍实行了企业名称的预先核准制度。一般企业名称预先登记,要提交主办单位法定代表人签署的《企业名称预先核准申请书》、组建单位的资格证明、主办单位法定代表人签署的并加盖公章的《指定(委托)书》、申请人资格证明等文件。

公司名称预先核准的申请由公司设立人指定的代表或者其委托代理人向公司登记主管机关提出。申请公司名称预先核准应提交以下文件:有限责任公司全体股东或者股份有限公司全体发起人签署的公司名称预先核准申请书;股东或者发起人的法人资格证明或者自然人的身份证明；公司登记机关要求提交的其他文件。公司登记机关应当自收到上述文件之日起10日内作出核准或者驳回的决定。公司登记机关决定核准的，应发给《企业名称预先核准通知书》。预先核准的公司名称保留期限为6个月。预先核准的公司名称在保留期内，不得从事生产经营活动，也不得转让。

### （二）企业设立登记的审查

企业登记主管机关的重要职责就是要对企业设立申请人的资格、是否具备企业法人设立的条件进行全面的审查。登记主管机关的审查主要有两种形式。

1. 形式审查

企业设立的申请人提报申请登记文件并由登记主管机关受理后，登记主管机关应即进入形式上的审查阶段。这一阶段的主要任务是审查申请人应依法提交的申请文件是否齐备，应填报的各种表格数量是否齐全，内容是否符合要求。形式上的审查为实质上的审查创造条件。

2. 实质审查

实质审查是对企业设立申请人所填报的各项登记事项和提交的登记申请书、注册书以及其他有关文件是否真实、合法，是否具备企业设立的各项条件进行审查。如申请专利人是否具备设立企业的资格，企业的名称、住所、法定代表人、注册资本、经营范围、章程等是否符合法律规定，是否真实可靠。在进行实质性审查时，登记主管机关可依法进行相应的调查、核实工作。实质性审查是企业设立登记程序中关键性的一环。

### （三）企业设立登记的核准

企业设立登记主管机关的审查应及时并在受理后的30日内作出核准登记或者不予核准登记的决定。对于经登记主管机关核准登记的企业，根据企业的不同情况颁发不同证照：对具备企业法人条件的企业，核发企业法人营业执照；对不具备企业法人条件但具备经营条件的企业和经营单位，核发营业执照；对具备法人条件的外商投资企业，核发企业法人营业执照；对不具备企业法人条件，但具备经营条件的企业和经营单位，核发营业执照；对外商投资企业设立的办事机构，核发外商投资企业办事机构注册证。对核准的不同企业，登记主管机关分别编定注册号，在颁发的证照上加以证明，并记入登记档案。经登记主管机关颁发的上述证照是企业取得合法的生产经营资格的凭证。企业凭有关证照可以刻制公章，开立银行账户，在核准的经营范围以内开展生产经营活动。

### （四）公告

企业设立登记后，登记主管机关应发布企业登记公告。公告是登记程序的最后一环，是企业设立全部过程的终结。公告的目的是向社会公开宣告该企业的成立，同时也使社会了解该企业的基本情况。公告的内容宣布该企业的设立已正式由工商行政管理机关核准登记注册，其合法权益受法律保护。公告的具体内容应与登记注册事项一致，主要包括：企业名称、住所、企业类别、经营范围、注册资本、法定代表人姓名、有效期限、注册编号等。公告应由登记主管机关作出，公告一般在报刊、广播、电视或有关主管部门的特定公报上进行。

## 第五节 企业的变更

### 一、企业变更的定义

企业的变更是指已设立登记注册的企业在其存续期间,由于主客观情况的变化,根据生产经营活动的需要,在企业组织机构上和其他登记注册事项上的改变。企业的变更包括企业组织机构和其他登记注册事项的变更。企业的变更必须依法进行,即主体的变更或其他注册事项的变更需要符合法律规定的条件和程序。这是国家对企业进行管理和监督的要求,也是企业有效地开展生产经营活动的必要条件。

在充满竞争和优胜劣汰的市场经济汪洋大海中,企业要生存,要发展,必须适应市场的变化情况,以及国家产业政策、产业结构和产品结构的调整,与这种变化相适应,企业在组织结构上也要发生变化。这种变化就使原有的登记注册事项的相关内容发生了变化。企业变更的过程要依法进行,变更的结果要符合法律要求,并办理变更登记。

### 二、企业组织的变更

企业组织变更主要是指企业的合并和企业的分立。

#### (一)企业的合并

1. 企业合并的定义

企业合并是指两个或两个以上的企业为了生产经营活动的需要,通过协商,达成一致的协议,依法律规定的程序,合并为一个企业的法律行为。企业的合并能够在不增加投资的基础上,有效地利用现有资本存量,扩大企业规模,增强企业竞争能力,是提高企业营运效率的重要手段。

2. 企业合并的方式

企业合并有两种方式:一种是吸收合并;另一种是新设合并。所谓吸收合并是指两个或两个以上的企业合并时,其中一个企业继续存在,另一个或几个企业归于消灭,即一个企业吸收另一个或几个企业的法律行为,被吸收的企业解散。所谓新设合并是指两个或两个以上的企业合并时,各个企业同时归于消灭,另外同时创设一个新的企业的法律行为。在企业合并实践中,采取吸收合并的方式居多。

企业的合并有一个种类限制和不限制的问题。法律限制种类的叫做种类限制主义;种类不受法律限制的叫做种类不限制主义。由于企业种类不同,企业的责任形式不同,特别是对公司的合并,各国公司立法均有所规定。所谓种类不限制主义就是公司在合并时,法律不问合并的公司属何种责任形式,均可以合并。也就是说,同类型的公司可以合并,如有限公司与有限公司的合并;不同责任形式的公司同样可以合并,如无限公司与有限公司的合并,有限公司与股份有限公司的合并等。所谓种类限制主义,是指只有同类责任形式的公司才可以合并,这主要是指股份有限公司。种类限制主义又有两种情况:一种是合并公司的责任形式必须都是股份有限公司,即只有合并的主体各方均是股份有限公司,才能互相合并为新的股份有限公司;另一种是合并时的种类不加限制,但对合并后的公司种类有所限制,如果一方或双方为股份有限公司,则合并后存续或新设的公司必须是股份有限公司。

#### (二)企业的分立

1. 企业分立的定义

企业分立是指已经设立的企业按照法律规定的条件和程序,依一定的方式分为两个或两个以上企业的法律行为。

2. 企业分立的方式

企业分立有两种方式:一种是分解分立(又称创设分立);另一种是分支分立(又称存续分立)。所谓分解分立是指把一个原有的已经设立的企业分成两个或两个以上的企业,原有企业主体资格消灭,依法分立为两个或两个以上的新企业。所谓分支分立是指把一个已经设立的企业分解出一部分或若干部分,原有企业主体资格依然存在,分解出的部分依法成为新的企业。

### 三、企业注册登记事项的变更

企业其他登记注册事项的变更,主要是指企业章程的有关内容和登记注册事项的变更。

#### (一)企业名称的变更

企业名称的变更是指企业改变原来登记注册的名称,而启用新的企业名称。企业名称,可以单独变更,也可以由于企业合并、分立或其他注册事项的变更而改换企业名称。

#### (二)企业法定代表人的变更

企业法定代表人的变更是指企业原先注册登记的法定代表人,如有限责任公司或股份有限公司的董事长或者国有企业的厂长(经理)因撤职、免职、离职,或者由于其他原因丧失了原有法定代表人资格,产生了新的法定代表人。

#### (三)企业注册资本的变更

它是指企业设立注册登记时,注册资本总额的变更。企业一般要遵循资本不变原则,企业注册资本的变更一般是指企业为扩大生产经营范围,增加资本投入而带来的注册资本的变更;或者因企业合并或分立而带来的公司注册资本的变化。当然,在坚持资本不变原则的前提下,由于资本过剩而防止资本浪费,或因企业亏损,注册资本事实上已减少,企业也可以按照法定的条件和程序减少注册资本。

(四)企业生产经营范围的变更

企业成立后,随着情况的变化扩大、缩小或改变原来登记注册的经营范围,这就是企业生产经营范围的变更。

除此之外,其他事项的变更还包括:企业住所的变更、分支机构的变更、经营期限的变更,等等。这些变更同样要修订企业章程,并办理变更登记。

## 四、企业变更的程序

企业变更将导致企业组织上、主体资格上以及注册登记其他重要事项上的重大变化。法律针对变更内容的不同,在程序上也有不同的要求。综合起来,企业变更的程序大体有批准、议决、合意及变更登记等几个程序。

(一)批准

如前所述,我国企业设立大多数实行的是核准主义原则,企业的设立、企业的章程均要经过有关主管部门的批准。由于企业变更要导致企业主体资格、权利能力和行为能力的重大变化,因此,企业变更要根据变更内容的不同以及法律的不同要求,经过国家有关主管机关的批准,如国有企业的合并或者分立要经过政府或者政府主管部门的批准,国有企业由职工代表大会选举或者罢免的厂长,也须报政府主管部门批准。[4]

(二)议决

这里讲的议决程序是指法律、法规对企业变更的事项要求由企业的权力机构或其他机构作出决议,变更事项才能成立的程序。例如,我国《公司法》规定,有限责任公司和股份有限公司的合并或者分立,应当由公司的股东会或股东大会作出特别决议。上述两类公司要增加或者减少注册资本,也必须经股东会或股东大会作出特别决议,才能实施。

(三)合意

这里讲的合意,是指企业的组织变更,在变更前或变更后,涉及双方或者多方当事人时,这类变更的当事人应该就变更的诸多事项充分协商,在达成合意的基础上签订有关协议。例如,企业的合并必须由合并的双方或多方通过协商,达成合并协议,企业才能最终合并。无论吸收合并或新设合并,尽管两者最终的表现形式有别,但都必须充分反映双方或多方当事人的意志,并取得一致意见,形成一种合意,这种合并才能有效。

(四)变更登记

我国《企业法人登记管理条例》及其施行细则和《公司登记管理条例》均对企业办理变更登记的内容、时效以及变更登记的核准作了规定。企业改变名称、住所、经营场所、法定代表

---

〔4〕 参见《全民所有制工业企业法》第43条。

人、经济性质、经营范围、经营方式、注册资金、经营期限以及增设或者撤销分支机构,均应申请办理变更登记。同时要根据变更内容的不同,按要求提交相应的法律文件和证明文件。申请变更登记,应在主管部门或者审批机关批准后30日内,向登记主管机关申请办理变更登记。申请时要提交由企业法定代表人或者负责人签署的变更登记申请书,依法应作出的变更决定或决议以及主管部门审查同意的文件和登记机关要求提供的其他文件。变更事项涉及修改企业章程的,应提交修改后的章程或章程的修改草案。登记主管机关对变更登记的申请进行审查,符合变更条件的,应予以核准登记。

### 五、企业变更的法律后果

由于企业变更的内容不同,方式有别,导致的法律后果也有所区别,基本上有如下几种情况。

#### (一)企业主体资格的变更

1. 企业的消灭

企业合并以后必须有一个以上的企业已不复存在。这种企业的消灭与一般解散有所不同,一般企业的解散必须经过清算程序,因合并而消灭的企业无须经过清算程序,其法人资格即归于消灭。从形式上讲,企业的合并,形成了原企业法人人格消灭的原因,也产生了原企业法人消灭的后果;从实质上讲,企业的合并并非原企业纯粹的消灭,而只是融合到一个新的企业中而已。在企业分立中,分解分立必然引起原有企业的消灭,企业变更引起企业主体资格的消灭,企业在办理变更登记时,还须办理注销登记。

2. 企业的变更

在吸收合并中,存续的企业等于原企业的继续存在,但充实了新的内容,它属于企业的变更,如公司的合并必然产生股东人数的变更、资本总额的变更,乃至责任形式的变更,等等。为此,合并后存续的公司必须修改公司章程。

3. 企业的新设

属于新设合并的企业,原来参加合并的企业均已消灭,而在新的基础上新设了一个企业。在分解分立中,原有的企业消灭,并依法成立不同的新企业;在分支分立中,从原有企业中分出的部分,依法成为新的企业。企业变更引起新的企业产生,企业在办理变更登记时,还须办理设立登记。

上述三种后果均是因变更行为而产生的。所以,变更后要根据不同情况,分别办理有关的注销、变更或设立事宜。

#### (二)企业产权的变更

企业主体资格的变更和其他重要注册事项的变更,必然也要引起企业产权关系的变化。主要是企业的合并、分立和注册资本的变更而导致原有产权关系的改变,即产权关系的转移,包括所有权或者经营权的转移,产权数额的增加或减少,资产结构的变化,乃至产权性质的改变。再如,企业合并,采取新设合并的方式,原有企业的产权性质发生改变。例如,企业合并,采取新设合并的方式,原有企业的产权转移到新设企业,而原有企业的产权归于消灭;采用吸收合并的方式,被合并的企业产权灭失,转移到吸收企业,变更后企业财产增加,等等。无论何种情况导致产权关系变化的,均要分别办理重新登记、变更登记和注销登记的手续。

(三)企业债权债务的变更

企业的合并、分立或者经营范围的改变,必然导致企业原有债权债务关系的变化。

因企业合并而引起的债权债务关系的改变,原有的债权债务关系应由合并后存续的企业或者新设的企业继承。如我国《公司法》第174条规定:"公司合并时,合并各方的债权、债务,应当由合并后存续的公司或者新设的公司承继。"

因企业的分立而引起的债权债务关系的改变,原企业的债权、债务关系应根据平等互利的原则通过协商,按所签订的协议由分立的企业享有或承担。如我国《公司法》第175、176条规定,公司分立,其财产作相应的分割。公司分立前的债务由分立后的公司承担连带责任。但是,公司在分立前与债权人就债务清偿达成的书面协议另有约定的除外。

关于企业合并与分立后债权债务的享有与承担问题,《合同法》第90条也作了相应规定,该条规定:"当事人订立合同后合并的,由合并后的法人或者其他组织行使合同权利,履行合同义务。当事人订立合同后分立的,除债权人和债务人另有约定的以外,由分立的法人或者其他组织对合同的权利和义务享有连带债权,承担连带义务。"

## 第六节 企业的信息公示制度

前述2013年我国商事制度改革的内容当中还有两方面的情况需要说明:一是将企业年检制度改为年度报告制度,任何单位和个人均可查询,使企业相关信息透明化。建立公平规范的抽查制度,克服检查的随意性,提高政府管理的公平性和效能。二是大力推进企业诚信制度建设。注重运用信息公示和共享等手段,将企业登记备案、年度报告、资质资格等通过市场主体信用信息系统予以公示。推行电子营业执照和全程电子化登记管理,与纸质营业执照具有同等法律效力。完善信用约束机制,将有违规行为的市场主体列入经营异常的"黑名录",向社会公布,使其"一处违规、处处受限",提高企业"失信成本"。2014年10月1日,为了保障公平竞争,促进企业诚信自律,规范企业信息公示,强化企业信用约束,维护交易安全,提高政府监管效能,扩大社会监督,国务院颁布实施了《企业信息公示暂行条例》。该条例正是对上述两项改革内容的具体落实。

### 一、企业公布的信息内容

企业信息,是指在工商行政管理部门登记的企业从事生产经营活动过程中形成的信息,以及政府部门在履行职责过程中产生的能够反映企业状况的信息。具体包括以下内容:

(一)工商行政管理部门履行职责过程中产生的企业信息

条例第6条规定,工商行政管理部门应当通过企业信用信息公示系统,公示其在履行职责过程中产生的下列企业信息:(1)注册登记、备案信息;(2)动产抵押登记信息;(3)股权出质登记信息;(4)行政处罚信息;(5)其他依法应当公示的信息。前款规定的企业信息应当自产生之日起20个工作日内予以公示。

(二)工商行政管理部门以外的其他政府部门在履行职责过程中产生的企业信息

条例第7条规定,工商行政管理部门以外的其他政府部门(以下简称其他政府部门)应当公示其在履行职责过程中产生的下列企业信息:(1)行政许可准予、变更、延续信息;(2)行政处罚信息;(3)其他依法应当公示的信息。其他政府部门可以通过企业信用信息公示系统,也可以通过其他系统公示前款规定的企业信息。工商行政管理部门和其他政府部门应当按照国家社会信用信息平台建设的总体要求,实现企业信息的互联共享。

(三)企业年度报告

条例第8、9条规定,企业应当于每年1月1日至6月30日,通过企业信用信息公示系统向工商行政管理部门报送上一年度年度报告,并向社会公示。当年设立登记的企业,自下一年起报送并公示年度报告。企业年度报告内容包括:(1)企业通信地址、邮政编码、联系电话、电子邮箱等信息;(2)企业开业、歇业、清算等存续状态信息;(3)企业投资设立企业、购买股权信息;(4)企业为有限责任公司或者股份有限公司的,其股东或者发起人认缴和实缴的出资额、出资时间、出资方式等信息;(5)有限责任公司股东股权转让等股权变更信息;(6)企业网站以及从事网络经营的网店的名称、网址等信息;(7)企业从业人数、资产总额、负债总额、对外提供保证担保、所有者权益合计、营业总收入、主营业务收入、利润总额、净利润、纳税总额信息。前款第1项至第6项规定的信息应当向社会公示,第7项规定的信息由企业选择是否向社会公示。经企业同意,公民、法人或者其他组织可以查询企业选择不公示的信息。

(四)其他相关信息

条例第10条规定,企业应当自下列信息形成之日起20个工作日内通过企业信用信息公示系统向社会公示:(1)有限责任公司股东或者股份有限公司发起人认缴和实缴的出资额、出资时间、出资方式等信息;(2)有限责任公司股东股权转让等股权变更信息;(3)行政许可取得、变更、延续信息;(4)知识产权出质登记信息;(5)受到行政处罚的信息;(6)其他依法应当公示的信息。工商行政管理部门发现企业未依照前款规定履行公示义务的,应当责令其限期履行。

## 二、企业信息的更正、查询和检查

政府部门和企业分别对其公示信息的真实性、及时性负责。政府部门发现其公示的信息不准确的,应当及时更正。公民、法人或者其他组织有证据证明政府部门公示的信息不准确的,有权要求该政府部门予以更正。

企业发现其公示的信息不准确的,应当及时更正;但是,企业年度报告公示信息的更正应当在每年6月30日之前完成。更正前后的信息应当同时公示。

公民、法人或者其他组织发现企业公示的信息虚假的,可以向工商行政管理部门举报,工商行政管理部门应当自接到举报材料之日起20个工作日内进行核查,予以处理,并将处理情况书面告知举报人。

公民、法人或者其他组织对依照本条例规定公示的企业信息有疑问的,可以向政府部门申请查询,收到查询申请的政府部门应当自收到申请之日起20个工作日内书面答复申请人。

国务院工商行政管理部门和省、自治区、直辖市人民政府工商行政管理部门应当按照公平规范的要求,根据企业注册号等随机摇号,确定抽查的企业,组织对企业公示信息的情况进行检查。

工商行政管理部门抽查企业公示的信息,可以采取书面检查、实地核查、网络监测等方式。工商行政管理部门抽查企业公示的信息,可以委托会计师事务所、税务师事务所、律师事务所等专业机构开展相关工作,并依法利用其他政府部门作出的检查、核查结果或者专业机构作出的专业结论。

抽查结果由工商行政管理部门通过企业信用信息公示系统向社会公布。

工商行政管理部门对企业公示的信息依法开展抽查或者根据举报进行核查,企业应当配合,接受询问调查,如实反映情况,提供相关材料。

对不予配合情节严重的企业,工商行政管理部门应当通过企业信用信息公示系统公示。

任何公民、法人或者其他组织不得非法修改公示的企业信息,不得非法获取企业信息。

### 三、企业信用约束制度

条例第17、18条规定,有下列情形之一的,由县级以上工商行政管理部门列入经营异常名录,通过企业信用信息公示系统向社会公示,提醒其履行公示义务;情节严重的,由有关主管部门依照有关法律、行政法规规定给予行政处罚;造成他人损失的,依法承担赔偿责任;构成犯罪的,依法追究刑事责任:(1)企业未按照本条例规定的期限公示年度报告或者未按照工商行政管理部门责令的期限公示有关企业信息的;(2)企业公示信息隐瞒真实情况、弄虚作假的。

被列入经营异常名录的企业依照本条例规定履行公示义务的,由县级以上工商行政管理部门移出经营异常名录;满3年未依照本条例规定履行公示义务的,由国务院工商行政管理部门或者省、自治区、直辖市人民政府工商行政管理部门列入严重违法企业名单,并通过企业信用信息公示系统向社会公示。被列入严重违法企业名单的企业的法定代表人、负责人,3年内不得担任其他企业的法定代表人、负责人。

企业自被列入严重违法企业名单之日起满5年未再发生第一款规定情形的,由国务院工商行政管理部门或者省、自治区、直辖市人民政府工商行政管理部门移出严重违法企业名单。

县级以上地方人民政府及其有关部门应当建立健全信用约束机制,在政府采购、工程招投标、国有土地出让、授予荣誉称号等工作中,将企业信息作为重要考量因素,对被列入经营异常名录或者严重违法企业名单的企业依法予以限制或者禁入。

# 第三章　企业的终止制度

## 第一节　企业终止制度概述

### 一、企业终止的定义和条件

#### （一）企业终止的定义

企业终止，是指因企业章程或者法律规定事由的发生，致使企业停止生产经营活动，经注销登记后，企业在法律上主体资格消灭的一种法律行为或法律事实。企业终止是个过程，当法律或章程规定的事由发生时，企业的主体资格尚未终止，只是停止了企业的生产经营活动，这时企业尚需进行清算，清结债权债务关系，分配剩余财产，待清算终止后，结束了对内对外关系，办理了注销登记，企业才失去企业法人资格或其他主体资格。企业的终止分为两种：一种是任意终止，或称自愿终止；另一种是法定终止。任意终止是指企业根据自身的需要或企业章程规定终止的事由发生而导致的企业终止。法定终止是指因法律规定企业的终止事由，包括政府或法院命令其终止而发生的终止。

#### （二）企业终止的条件

企业的终止必须具有一定的条件，这些条件是企业终止的前提，主要有以下几个方面：

第一，因违反法律、法规被依法撤销。企业作为进行生产经营活动的社会组织，其活动涉及特定国家各个方面的法律、法规，企业必须依法从事各种活动，而不得违反。法律对其违法活动要看违法的性质、内容、程度给予处罚，其中包括依法责令其撤销的处罚。如我国的产品质量法、税法、劳动法、金融法、环境保护法、水法、反不正当竞争法以及企业登记方面的法律、法规，均有适用责令其撤销的处罚规定。对企业在登记管理方面的违法行为，《企业法人登记管理条例》及其施行细则以及《公司登记管理条例》就有较详细的规定。公司在办理登记时虚报注册资本，取得公司登记，情节严重的；公司办理登记时提交虚假证明文件或者采取其他欺诈手段取得公司登记，情节严重的；公司成立后无正当理由超过6个月以上未开业的；伪造、涂改、出租、转让营业执照，情节严重的，上述违法行为均可以受到吊销营业执照的处罚。[1]

---

〔1〕 参见《公司登记管理条例》第64、65、68、69、72条。

第二,因章程规定的情况发生或者企业权力机构作出决议而终止。企业章程规定的营业期限届满或者企业章程规定的其他解散事由出现时,企业应自行终止。如联营企业、合营企业、合伙企业都在有关联营协议、合营协议、合伙协议或者企业章程上规定了企业存续的期限,期限届满,有关当事人未办理延长存续的手续,就视为所签协议的终止,从而自动丧失了在法律上的主体资格。

再有一种情况是企业生产经营的事业已经完成或者根本不能实现,或者不能继续经营,企业通过一定的程序可以决定终止。这种情况发生时,企业要经过权力机构如股东大会讨论议决,合伙企业则要经过全体合伙人一致同意。此外,企业也可因合并或分立而导致终止。如两个或两个以上企业合并时,吸收合并中被吸收的企业,新设合并中的合并各方均应解散。对公司来说,此类解散,应由公司权力机构作出合并、分立的决议,相应决定有关企业办理终止事宜。

第三,因破产而终止。已经设立的企业,因经营管理不善,不能清偿到期债务,经利害关系人的申请,法院可以依法宣告其破产。因此,企业破产也是企业终止的重要原因。

第四,政府有关主管机关依法撤销企业。这种情况与企业因违法而被责令撤销不同,被撤销关闭的企业是由于国家从国民经济和社会发展的大局出发,基于工艺技术落后,浪费资源、能源,对环境和生态造成严重危害等原因,通过发布专门指令的办法,并经过必要的程序,对这些企业予以关闭和撤销,从而导致企业的终止。

## 二、企业的清算

企业的终止必须进行清算。各国企业法一般都规定,除了因企业的合并或分立需要解散之外,解散的企业必须进行清算。在此期间,企业已不具备生产经营能力,不能再继续进行生产经营活动,但必须了结企业在解散前的债权债务关系。为此,企业还应以原有的资格进行清算活动,一旦清算终结,企业即可终止,原具备法人资格的企业,其法人资格则归于丧失。

### (一)企业的终止要成立清算组织或指定清算人

企业宣告解散后,要成立清算委员会或由法院指定清算人;同时,企业股东也有权在清算范围内行使有关职权。清算工作由清算委员会或清算人主持,以了结债权、债务关系,并在清算基础上将企业剩余财产分配给有关投资者。企业因解散的原因不同,成立清算组织的主体也不同。企业自行决定解散时,应由企业自行负责成立清算组织并指定负责人;企业因宣告破产而解散,应由人民法院成立清算组织;企业因有关主管部门决定而解散,应由作出解散决定的政府主管部门负责成立清算组织。企业一经宣告解散,要及时公告,并及时通报债权、债务人进行清算。

清算组织在企业清算期间主要享有以下职权:清理企业财产,分别编制资产负债表和财产清单;通知或者公告债权人;处理和清算企业有关的未了结的业务;清缴所欠税款;清理债权、债务;处理企业清偿债务后的剩余财产;代表企业参与民事诉讼活动。

### (二)企业清算的内容

企业清算组织必须对企业的固定资产、流动资金、各项专项基金和债权、债务进行全面清理。对企业的固定资产进行全面的清理和登记,并对其进行评估和作价。对折旧完毕的固定资产,要合理地结算其残值。对流动资金要按货币形态和实物形态分别清理、登记,对实物形态的流动资金,如已购买的原材料、备品配件、成品或半成品要合理变价。对企业的债权和投资应依法收回,无法收回的,可依法转让。对企业债务则要依法定的清偿顺序进行清偿。清偿完毕有剩余财产的,由清算组织按各股东投资的比例依法分配。清算组清算终结后,必须编造资产明细表、债权债务清册及其他会计表册。

### (三)清算终结后的善后事宜

企业清算终结后,还要进行一系列的善后工作。这些工作主要是:

1. 注销登记

企业清算终结后,应由清算组织提出企业注销登记申请。申请登记时,应提交由原企业法定代表人签署的申请注销登记的报告;有关主管部门批准企业终止的文件;债务清结的证明文件及其他有关文件。企业登记主管机关经过审查,对手续齐备的注册登记的申请予以核准登记。例如,一般企业法人办理注销登记应提交下列文件:由法定代表人签署的《企业申请注销登记注册书》,该申请书要说明企业法人终止时的基本情况、终止原因、善后事宜的处理及完税证明等;主办单位或清算组织出具的负责清理债权债务的文件或清理债务完结的证明;原企业法人营业执照正本及全部副本;原企业全部印章,并填写收缴企业公章证明等。

2. 企业注销登记的法律后果

企业注销登记批准后,意味着原企业法人资格的消灭,丧失了作为生产经营活动主体的资格。登记主管机关应及时收缴企业的企业法人营业执照和企业的公章、财产专用章、合同专用章等,并通过企业的开户银行,注销企业的银行账号。企业登记主管机关应发布企业注销登记公告。至此,企业即告消灭。

## 第二节 企业破产制度的产生与发展

### 一、破产的含义

一般认为,“破产”(Bankruptcy)一词来源于拉丁语 Fallitux,其意是指失败(Failure)。其实,我国古代就有“破产”一词,《后汉书》齐武王传中说:“倾身破产,交结天下雄俊。”这里的破产是指竭尽家财的意思。

需要说明的是,破产这个定义在不同的语境中有不同的含义。在日常生活中,破产是指人们做事、实现某种愿望时所遭遇的彻底的、不可挽回的失败,通常含有贬义。在经济生活中,破产是指当事人经营失败、倾家荡产的一种经济现象。但从严格的法制意义上讲,破产则有两种含义:一是事实上的破产,即债务人不能清偿到期债务的事实状态。事实上的破产,又称为真正的破产,主要包括因“资不抵债”而不能清偿到期债务和因“财务危机”而不能清偿到期债务两种情形。二是法律上的破产,即在债务人不能清偿到期债务时,经债权人或债务人向有管辖权的法院提出申请,由法院依据《破产法》,对其进行破产宣告,强制执行其全部财产,以便全体债权人获得公平清偿的法律制度。

## 二、破产制度的法律特征

破产制度与和解制度、重整制度既有联系又有区别,破产制度主要具有以下法律特征。

第一,破产制度以债务人不能清偿到期债务为前提条件。适用破产制度的前提必须是债务人具备了破产法上所规定的破产条件(破产原因),即必须要有债务人不能清偿到期债务的事实存在,这是破产制度适用的前提、形成的动因,也是破产制度的本质属性。不能清偿到期债务是指债务人丧失了债务清偿能力,一般表现为资产状况恶化、信用能力崩溃,出现了无力清偿到期债务的情形。债务人不能清偿到期债务,不仅使债权人的利益得不到有效保护,也影响到经济秩序的稳定和商事交易的安全。破产制度正是通过对债务人不能清偿到期债务的事实的认定,来否定债务人作为商事主体的法律资格,借以保护债权人的合法权益,维护正常的社会经济秩序。

第二,破产制度是一种法定的特殊偿债制度。债务到期后,债务人必须向债权人偿还,债务人的这种偿债行为是一种最为普遍的民事法律行为。破产制度也是法定的偿债制度,但与一般偿债制度不同的是,破产制度是通过消灭债务人的主体资格来实现其偿债目的。这就意味着,通过破产制度偿债具有双重法律后果:一方面,使债务得到全部或部分清偿;另一方面,当偿债程序终结后,债务人在法律上的主体资格以及反映这种资格的权利能力和行为能力也随之消灭。这同民法上的一般偿债制度有很大的区别,因此,我们说,破产制度是一种特殊的债务清偿制度,这也体现了破产制度的基本功能。

第三,破产制度以公平受偿为宗旨。在债务人不能清偿到期债务的情形下,通常有两个或两个以上债权人,而且债务人的财产又往往不足以满足全体债权人的偿债要求,于是,破产制度确立了公平受偿的原则。公平受偿就是要确保具有相同地位的债权人的债权得到公平的清偿。这里的公平受偿并非平均分配,而是指按照债务的不同性质进行清偿,对相同性质的债务必须按照相同的比例进行清偿,不能清偿的部分则由债权人共同分担损失。破产制度最初也是为了弥补一般民事偿债制度的不足,即克服取得执行名义在先和在后债权人之间的不公平现象,平衡债权人之间的利益冲突而产生的。破产制度能使债务人的财产在债权人之间进行公正合理的分配。因此,破产制度的最大的宗旨在于使全体债权人的债权得到公平受偿。

第四,破产制度必须由法院介入并主持。如果当事人之间的偿债过程是双方自行进行的,并未诉诸法院,那么,即使债务人将其全部财产予以还债,也不具有破产制度的性质。由于破产程序的进行并非完全出于当事人的自愿,为了确保债权人之间的债权能够得到公平合理的受偿,破产制度必须以司法强制力为后盾,由法院介入并主持。破产制度自始至终都要有法院的参与,整个破产过程就是一种特殊的审判程序。因为,只有法院才能准确地查明事实,主持破产审判工作,维护当事人的合法权益。

### 三、新中国的破产法

新中国成立后，废除了国民政府时期的所有法律，破产法也不例外。在发展初期，由于私营企业的存在，司法机关曾用破产程序处理过一些破产案件。但在此后近三十年的经济生活中，破产这一定义便销声匿迹，破产法也不具备存在的土壤和条件。

在十一届三中全会以后，城市经济体制改革的一个重要目标就是让企业独立自主、自负盈亏。随着企业亏损和不能清偿债务的现象日趋严重，亟需一套法律处理机制。于是，有关破产立法的问题便提到了议事日程上来。

1980 年，我国民事诉讼法起草小组，根据当时经济体制改革的实际情况，预感到经济体制改革必然要将破产制度推上经济舞台。遂提出在《民事诉讼法（草案）》第 3 稿中增加破产程序的建议。鉴于当时“破产”二字的敏感性，便使用了“清产还债程序”的用语。该清产还债程序基本上包括了破产程序的主要内容。从结构上看，与 1986 年颁行的《企业破产法（试行）》大体相同。但该议案由于时代的局限，最终未能如愿。

1980 年 10 月，国务院发布了《关于开展和保护社会主义竞争的暂行规定》，引发了关于竞争与淘汰问题的学术讨论。1982 年，马俊驹在《北京政法学院学报》1982 年第 3 期发表了“试论我国法人独立财产和有限责任”一文，该文首次提出要在我国确立破产程序的问题，但他却认为，破产程序不宜适用于国营企业。1984 年上半年，曹思源在《瞭望》周刊 1984 年第 9 期和《经济管理丛刊》1984 年第 3 期分别发表了“试论长期亏损企业的破产处理问题”和“实行破产法，争取高效益——关于企业破产整顿法的设想方案”两篇论文。比较详细地论述了我国建立破产制度的重要性和必要性，并对企业破产制度进行了初步设计，产生了强烈的社会反映。嗣后，刘晓星在《法学研究》1984 年第 5 期发表了“论建立我国企业破产制度”一文，提出要建立具有中国特色的企业破产制度。这些在当时影响较大的论文，在倡导我国破产法的制定当中有着十分重要的意义。

1984 年 5 月，在六届全国人大二次会议上，部分人大代表首次提出了制定我国企业破产法的提案，该提案被转到国务院经济法规研究中心。同年 10 月，中共十二届三中全会通过了《关于经济体制改革的决定》，该决定明确提出，国有企业“所有权与经营权可以适当分开”，要“使企业真正成为相对独立的经济实体，成为自主经营、自负盈亏的社会主义商品生产者和经营者，具有自我改造和自我发展的能力，具有一定权利和义务的法人”。这就为制定我国的企业破产法奠定了坚实的理论依据。1984 年 12 月 29 日，国务院批准成立《企业破产法》起草小组，并于 1985 年 1 月正式开始《企业破产法》的调研和起草工作。

在国家制定统一的企业破产法的同时，作为经济体制改革试点城市的地方政府基于处理破产事件的迫切需要，也着手拟定地方性破产法规，试行企业破产制度。1985 年 2 月 9 日，沈阳市政府颁布了《沈阳市关于城市集体所有制工业企业破产倒闭处理的暂行规定》，这不仅是新中国第一部地方破产法规，而且为全国统一破产法的制定提供了有益经验。1986 年 8 月 3 日，沈阳防爆器材厂宣告破产，成为中国改革开放以来企业破产的第一案。其后，武汉、重庆、太原等城市也先后对集体或全民企业试行破产制度。

1985 年 9 月，起草小组拟出《企业破产法》（征求意见稿），在广泛征求意见和不断修改的基础上,形成了第一部《企业破产法(草案)》。1986 年 6 月,国务院将《企业破产法(草案)》正式提交全国人大常委会第十六次会议进行首次审议。1986 年 9 月,六届人大常委会第十七次会议对《企业破产法(草案)》进行第二次审议。1986 年 10 月,全国人大法制工作委员会和财经委员会在北京联合召开了近百人参加的企业破产法大型论证会。会后,全国人大法律委员会对草案进行了较大修改。1986 年 12 月,《企业破产法(草案)》又被提交六届全国人大常委会第十八次会议第三次审议。12 月 2 日付诸表决,以 0 票反对、9 票弃权、101 票赞成,通过了《企业破产法(试行)》(以下简称《企业破产法》)。这是中华人民共和国的第一部破产法,于 1988 年 11 月 1 日正式施行。

由于时代的局限和条件的限制,我国《企业破产法》具有其明显的特征:(1)该法仅适用于全民所有制企业,而不适用于集体所有制企业和其他企业法人以及公民个人;(2)在借鉴国外立法经验的基础上,紧密联系中国实际,建立了新型的预防破产制度,即和解整顿制度;(3)过分强调政府在处理破产案件中的地位和作用,带有较为浓厚的行政干预色彩;(4)保护债权人利益的力度不够,缺乏相应的制度与措施;(5)十分注重维护破产企业职工的合法权益,特别强调通过各种途径妥善安排破产企业职工的重新就业,并保障他们在待业期间的基本生活待遇。

为了弥补《企业破产法(试行)》有限的适用范围,1991 年 4 月 9 日,七届全国人大四次会议通过的《民事诉讼法》,在第二编审判程序中专设第 19 章"企业法人破产还债程序",共 8 条,适用于非全民所有制的企业法人。这就进一步扩大了破产法的适用范围。

为了进一步推动国有企业破产制度的试行,国务院于 1994 年 10 月 25 日发布了《关于在若干城市试行国有企业破产有关问题的通知》,1997 年 3 月 2 日,国务院又发布了《关于在若干城市试行国有企业兼并破产和职工再就业有关问题的补充通知》。另外,国务院有关部、委还就国有企业破产的相关问题制定并颁发了一些行政规章。在破产制度试行中发挥了应有的积极作用。为了正确适用《企业破产法》和《民事诉讼法》关于企业破产的规定,规范对企业破产案件的审理,结合人民法院审理企业破产案件的实际情况,最高人民法院于 2002 年 7 月 30 日公布了新的《关于审理企业破产案件若干问题的规定》。

我国企业破产法经过十多年的试行,对冲破国有企业不能破产的旧观念,建立优胜劣汰的企业竞争机制发挥了积极的作用。但随着市场经济的飞速发展,该法已越来越不适应市场经济的发展需要,急需修改和完善。1994 年 3 月,全国人大财经委员会根据八届人大常委会立法规划的要求,着手起草新破产法。起草小组经过调查研究和广泛征求意见,拟定了《中华人民共和国破产法(草案)》。1995 年 9 月,全国人大财经委员会将该草案提交全国人大常委会。1998 年,《企业破产法》作为"八届人大立法规划尚未完成的"立法项目,被列入九届人大立法规划,2003 年,《企业破产法》又被列入十届人大立法规划。2006 年 8 月 23 日,第十届全国人大常委会第 23 次会议通过了修订后的《企业破产法》,该法于 2007 年 6 月 1 日起施行。

## 第三节 我国《企业破产法》的一般问题

### 一、破产法的适用范围

根据我国《企业破产法》第 2 条的规定，企业法人不能清偿到期债务，并且资产不足以清偿全部债务或者明显缺乏清偿能力的，依照本法规定清理债务。由此可见，我国破产法适用于企业法人。

只有企业法人才能依据修订后的破产法破产，那么，不具备法人资格的企业、个体工商户、合伙组织和农村承包经营户怎么办呢？按照《企业破产法》第 135 条的规定，其他法律规定企业法人以外的组织的清算，属于破产清算的，参照适用本法规定的程序。

另外，该法第 134 条还对金融机构的破产进行了特别规定，对于商业银行、证券公司、保险公司等金融机构有本法第 2 条规定情形的，国务院金融监督管理机构可以向人民法院提出对该金融机构进行重整或者破产清算的申请。国务院金融监督管理机构依法对出现重大经营风险的金融机构采取接管、托管等措施的，可以向人民法院申请中止以该金融机构为被告或者被执行人的民事诉讼程序或者执行程序。金融机构实施破产的，国务院可以依据本法和其他有关法律的规定制定实施办法。

至于自然人的破产，只有等待以后我国再行制定自然人破产法了。

### 二、破产原因

#### （一）破产原因的含义

所谓破产原因，也称破产条件、破产界限。具体是指法院适用破产法时，据以宣告债务人破产的特定法律事实。因破产原因是启动破产程序和进行破产宣告的必要条件，故称其为破产条件。又因破产原因是确定债务人是否构成破产的界限，故又称为破产界限。

关于破产原因，各国主要有两种立法主义。从传统来看，英美法系奉行列举主义，大陆法系奉行概括主义。尽管英美法系曾采取列举主义，但后来则改为概括主义。如英国 1914 年《破产法》第 1 条列举了八种破产行为，但 1986 年的《英国无力偿债法》则改采概括主义，美国 1898 年《破产法》第 3 条列举了六种破产行为，但 1978 年美国《破产法》则改采概括主义。这就是说，现代各国大多采取概括主义，即以债务人不能清偿到期债务作为一般的、抽象的破产原因。

#### （二）我国关于破产原因的立法规定

根据我国《企业破产法》第 2 条的规定，企业法人不能清偿到期债务，并且资产不足以清偿全部债务或者明显缺乏清偿能力的，依照本法规定清理债务。可见，一般情况下的破产原因包括两个方面:一是对于债务人提出的破产申请,要求证明企业法人不能清偿到期债务,并且资产不足以清偿全部债务。二是对于债权人提出的破产申请,要求其证明企业法人不能清偿到期债务,并且明显缺乏清偿能力的。

另外,特别法还对特殊企业的破产原因进行了特别规定,根据我国《商业银行法》第 71 条的规定,商业银行的破产原因只有一个条件,即不能支付到期债务。

### 三、破产财产

#### (一)破产财产的含义

破产财产亦称为破产财团,有形式意义和实质意义两种定义。形式意义的破产财产是指破产人所有的、由清算人接管并依破产程序可以分配给债权人的财产集合。实质意义的破产财产是指在破产过程中所有可扣押的债务人财产的总和。由此可见,破产财产并不限于破产宣告时破产人所有而由清算组接管的财产,也不局限于破产宣告后破产程序终结前破产人取得的财产,甚至破产程序终结后追回的原属破产人的财产,也属于破产财产。一般来讲,破产财产具有以下法律特征:

第一,破产财产必须是破产人享有财产权的财产。破产人享有的财产权主要是指财产的所有权,有时也指财产的经营管理权。一般来说,破产人不享有所有权而占有的属于他人的财产,他人依法有取回权,因而不能作为破产财产。破产人虽不享有财产的所有权,但在破产程序中有权处分的财产,比如我国国有企业经营管理的财产,也属于国有企业的破产财产。

第二,破产财产是可供破产清算分配的财产。界定破产财产的目的,就在于通过破产程序将其变卖以公平地分配给每个债权人。因此,依法不能分配给债权人的财产,如已用于抵押担保的财产,就不属于破产财产。

第三,破产财产是一种财产集合体。在破产法上,破产财产并非着眼于每一单项财产本身的属性,破产财产不是破产人单项财产的简单相加,而是作为以公平清偿破产债权为目的的统一整体,即财产的集合体而存在的。正因为如此,大陆法系国家称其为破产财团。

第四,破产财产是由破产清算组织直接占有和支配的财产。债权人被宣告破产后,破产财产的管理和处分权,交由破产清算组织行使。其他任何人未经清算组织同意,不得对破产财产进行占有、使用和处分。因此,依法不能由清算组织直接占有和支配的财产,如法律规定用于维持破产人生计的豁免财产,就不属于破产财产。

第五,破产财产具有一定的地域效力。在德国、美国等实行属地主义的国家,破产财产仅局限于破产人在国内的财产。在法国、意大利等实行普及主义的国家,破产财产既包括破产人在国内的财产,也包括破产人在国外的财产。在英国等实行折中主义的国家,破产财产包括破产人在国内的财产和破产人在国外财产中的动产。

#### (二)破产财产的立法准则

关于破产财产的立法准则,传统破产法上存在固定主义和膨胀主义两种立法体例。德国、日本和美国等国采用固定主义,固定主义认为,破产财产仅以破产人在破产宣告之时的全部财产为限。其立意主要在于给破产人以重新复兴的机会。法国、意大利和英国等采用膨胀主义。膨胀主义则认为,破产财产不仅包括破产宣告时破产人所拥有的财产,而且包括破产宣告后至破产程序终结前破产人所取得的财产。其立意主要在于切实加强对债权人的保护。现代各国破产法在将法人破产与自然人破产统一立法时,一般采膨胀主义。在自然人破产方面,则有免责主义和财产豁免制度予以特别保护。

### (三)我国关于破产财产的立法规定

根据我国《企业破产法》第107条的规定,债务人被宣告破产后,债务人称为破产人,债务人财产称为破产财产。我们认为,破产财产应该由以下三部分构成:

第一,债务人在破产宣告时所有的或者经营管理的全部财产。包括有形财产、无形财产、货币和有价证券以及投资权益等形态。

第二,债务人在破产宣告后至破产程序终结前所取得的财产。包括因破产企业的债务人清偿债务而取得的财产、因清算组决定继续履行破产企业未履行的合同所取得的财产、因破产宣告前的投资行为而取得的收益、因破产财产所生的孳息、因继续破产企业的营业所取得的财产和因其他原因而合法取得的财产。

第三,应当由债务人行使的其他财产权利。这里的其他财产权利就是指上述所列财产之外具有金钱价值的请求权。主要包括应当由破产企业行使的合同债权、应当由破产企业行使的非合同债权、应当由破产企业行使的票据权利、应当由破产企业行使的股东权和应当由破产企业行使的其他财产请求权。

已作为担保物的财产不属于破产财产;担保物的价款超过其所担保的债务数额的,超过部分属于破产财产。

债务人与他人共有的物、债权、知识产权等财产或者财产权,应当在破产清算中予以分割,债务人分割所得属于破产财产;不能分割的,应当就其应得部分转让,转让所得属于破产财产。债务人的开办人注册资金投入不足的,应当由该开办人予以补足,补足部分属于破产财产。

企业破产前受让他人财产并依法取得所有权或者土地使用权的,即便未支付或者未完全支付对价,该财产仍属于破产财产。

债务人的财产被采取民事诉讼执行措施的,在受理破产案件后尚未执行的或者未执行完毕的剩余部分,在该企业被宣告破产后列入破产财产。因错误执行应当执行回转的财产,在执行回转后列入破产财产。

债务人依照法律规定取得代位求偿权的,依该代位求偿权享有的债权属于破产财产。

债务人在被宣告破产时未到期的债权视为已到期,属于破产财产,但应当减去未到期的利息。

我们认为,下列财产不属于破产财产:(1)债务人基于仓储、保管、加工承揽、委托交易、代销、借用、寄存、租赁等法律关系占有、使用的他人财产;(2)抵押物、留置物、出质物,但权利人放弃优先受偿权的或者优先偿付被担保债权剩余的部分除外;(3)担保物灭失后产生的保险金、补偿金、赔偿金等代位物;(4)依照法律规定存在优先权的财产,但权利人放弃优先受偿权或者优先偿付特定债权剩余的部分除外;(5)特定物买卖中,尚未转移占有但相对人已完全支付对价的特定物;(6)尚未办理产权证或者产权过户手续但已向买方交付的财产;(7)债务人在所有权保留买卖中尚未取得所有权的财产;(8)所有权专属于国家且不得转让的财产;(9)破产企业工会所有的财产。

## 四、破产债权

### (一)破产债权的含义

所谓破产债权是指在破产宣告前成立的、债权人对破产人享有的、能够通过破产程序从破产财产中获得公平受偿的财产请求权。根据我国《企业破产法》第107条的规定,债务人被宣告破产后,债务人称为破产人,债务人财产称为破产财产,人民法院受理破产申请时对债务人享有的债权称为破产债权。破产债权具有以下法律特征:

第一,破产债权是一种财产请求权。财产请求权是指以金钱为给付内容或虽不直接表现为金钱但能够用金钱衡量的请求权。

第二,破产债权必须成立于破产宣告之前。所谓成立于破产宣告之前,是指破产债权成立的原因在破产宣告前已经存在,而不论该债权在破产宣告时是否生效。故不论债权是否附条件、是否附期限以及是否实际生效于破产宣告后,均构成破产债权。

第三,破产债权是可以强制执行的请求权。不能通过强制执行的财产请求权,如基于不法原因产生的债权、时效已超过的债权等就不能认为是破产债权。

第四,破产债权必须是不享有财产担保的债权。享有财产担保的债权,其权利的行使不受破产清算程序的约束,可优先于破产债权受偿。如果享有财产担保的债权人放弃优先受偿权,该债权就会转化为破产债权。

第五,破产债权是非依破产程序不得行使的特殊债权。人民法院受理破产案件后,债权人只能依照破产程序提出财产请求权,在被宣告破产后,破产债权只能依照破产程序而获得公平受偿。

### (二)我国关于破产债权的立法规定

1. 破产债权的范围

我们认为,下列债权属于破产债权的范围:(1)破产宣告前发生的无财产担保的债权。凡在破产宣告前发生、以财产给付为内容、以破产人为义务主体的无财产担保的债权,在破产宣告时还没有终结的,均可构成破产债权。(2)破产宣告前发生的虽有财产担保但是债权人放弃优先受偿的债权。(3)破产宣告前发生的虽有财产担保但是债权数额超过担保物价值部分的债权。(4)票据出票人被宣告破产,付款人或承兑人不知其事实而向持票人付款或者承兑所产生的债权。(5)清算组解除合同,对方当事人依法或者依照合同约定产生的对债务人可以用货币计算的债权。(6)债务人的受托人在债务人破产后,为债务人的利益处理委托事务所发生的债权。(7)债务人发行债券形成的债权。(8)债务人的保证人代替债务人清偿债务后依法可以向债务人追偿的债权。(9)债务人的保证人按照《担保法》第32条的规定预先行使追偿权而申报的债权。(10)债务人为保证人的,在破产宣告前已经被生效的法律文书确定承担的保证责任。(11)债务人在破产宣告前因侵权、违约给他人造成财产损失而产生的赔偿责任。(12)人民法院认可的其他债权。以上第5项债权以实际损失为计算原则。违约金不作为破产债权,定金不再适用定金罚则。职工向企业的投资,不属于破产债权。债务人退出联营应当对该联营企业的债务承担责任的,联营企业的债权人对该债务人享有的债权属于破产债权。

2. 破产债权的例外

破产债权的例外,亦称除斥债权。它是指不属于破产债权的债权。根据我国破产法的规定,我们认为,下列债权不属于破产债权:(1)行政、司法机关对破产企业的罚款、罚金以及其他有关费用;(2)人民法院受理破产案件后债务人未支付应付款项的滞纳金,包括债务人未执行生效法律文书应当加倍支付的迟延利息和劳动保险金的滞纳金;(3)破产宣告后的债务利息;(4)债权人参加破产程序所支出的费用;(5)破产企业的股权、股票持有人在股权、股票上的权利;(6)破产财产分配开始后向清算组申报的债权;(7)超过诉讼时效的债权;(8)债务人开办单位对债务人未收取的管理费、承包费。上述不属于破产债权的权利,人民法院或者管理人也应当对当事人的申报进行登记。

3. 破产债权的算定

破产债权的算定,是指依法将数额不确定的债权和未到期的债权,以破产宣告为界点换算为数额确定的已到期债权。在破产程序中,除有数额确定的、以本国货币表示的和已到期的金钱债权外,还有非金钱债权、数额未定的债权、外币债权和未到期的债权。为了使破产债权人公平受偿,就必须进行破产债权的算定,将它们换算为数额确定的、以本国货币表示的已到期的金钱债权。

## 五、破产关系中的相关财产权

### (一)取回权

1. 取回权的含义

所谓取回权是指当破产清算人接管的财产中有不属于破产人的财产时,该财产的真正权利人享有的不依破产程序而直接请求将其取回的权利。取回权是一种实体法上的请求权,主要具有以下法律特征:

(1)取回权的标的物不属于破产人所有。取回权的标的物并非破产人的财产,而是权利人将其自己的财产予以取回。这是取回权与别除权的不同所在。

(2)取回权是对特定物的返还请求权。取回权的行使必须以被请求人占有自己财产的事实为前提,以特定物为请求标的,以该物的原物返还为请求内容。如果缺乏其中一个要件,就不能行使取回权。

(3)取回权必须以物权为基础。取回权的发生依据是物权关系而不是债的关系,因此,对清算人接管的财产不享有所有权或由所有权派生的其他物权的人,不得主张取回权。

(4)取回权是在破产清算程序中行使的特别请求权。行使取回权,虽不需要依破产程序进行申报,但必须在破产宣告后对破产清算人提出。

2. 取回权的种类

根据行使依据和取回权人地位的不同,取回权可分为一般取回权和特殊取回权两种类型。

(1)一般取回权。一般取回权是指权利人依据破产法的概括性规定而行使的取回权。我国《企业破产法》第38条规定的取回权,是一般取回权。依该条的规定,债务人占有的不属于债务人的财产,由该财产的权利人通过管理人取回。这里所指的"不属于债务人的财产",主要包括两项:一是合法占有的他人的财产,如因共有、委托、租赁、借用、加工承揽、寄存、寄售等法律关系交由破产人占有、未转移所有权的他人财产;二是非法占有的他人财产,如非法侵占的财产、破产人据为己有的他人遗失的财产等。

(2)特殊取回权。特殊取回权是指权利人依据破产法的特别规定而行使的取回权。特殊取回权主要有三种形式:一是出卖人取回权;二是行纪人取回权;三是代偿取回权。如我国《企业破产法》第39条规定,人民法院受理破产申请时,出卖人已将买卖标的物向作为买受人的债务人发运,债务人尚未收到且未付清全部价款的,出卖人可以取回在运途中的标的物。但是,管理人可以支付全部价款,请求出卖人交付标的物。

3. 取回权的行使

取回权是不依破产程序而行使的权利。在破产宣告后至破产程序终结前,取回权人可随时向管理人主张权利。管理人在接到取回权人的请求后,一经证明属实,即应予以返还。如果管理人否认取回权人的取回权,或者监督人有异议时,取回权人可以管理人为相对人提起诉讼,请求法院确认其权利。

需要说明的是,如果破产企业在破产宣告前已将取回权标的物转让给他人,或因债务人的故意或过失致使标的物毁损灭失,取回权人不能行使取回权时,可向破产企业请求损害赔偿,该损害赔偿请求权构成破产债权。在破产宣告后,如果管理人将取回权标的物转让给他人,或由于管理人的故意或过失致使标的物毁损灭失,取回权人依法享有的取回权亦转化为损害赔偿请求权。但该损害赔偿请求权不是作为破产债权,而是作为共益债务由破产财产优先受偿。

### (二)别除权

1. 别除权的含义

所谓别除权是指债权人不依破产程序而由破产财产中的特定财产单独优先受偿的权利。它是基于破产宣告前已存在于债务人特定财产上的担保物权而产生的一种权利。我国《企业破产法》第109条规定,对破产人的特定财产享有担保权的权利人,对该特定财产享有优先受偿的权利。

2. 别除权的行使

(1)别除权的行使条件。债权人行使别除权必须具备以下条件:一是债权和担保物权已合法成立和生效;二是债权和担保物权符合破产法的规定,即必须成立于破产宣告之前,债权必须是以破产人为债务人的债权,担保物权必须是以破产人的财产为标的物的担保物权,且债权和担保物权的成立不得违反破产法的禁止性规定;三是债权已依法申报并获得确认。

(2)别除权的行使方法。别除权人行使其权利不受破产清算程序的约束。在别除权人占有标的物,如为质权人、留置权人时,可以不经清算组同意,直接依担保法的规定,以标的物折价抵偿债务，或者将标的物拍卖、变卖后以价款偿还债务。如果别除权人未占有标的物（如为抵押权人），其别除权的行使首先要向清算组主张，并经清算组同意，取得对抵押物的占有，然后按照担保法的规定，行使其权利。

（3）别除权行使的效力。行使别除权后，如果标的物的价值大于其所担保的债权，剩余部分应当交回，作为破产财产。如果标的物的价值小于被担保的债权，则剩余的债权额可作为破产债权，依破产程序行使。

### （三）抵销权

1. 抵销权的含义

抵销权是指破产债权人在破产宣告前对破产人负有债务的，不论其债权与所负债务的种类是否相同，债权是否到期，均可于清算分配前以破产债权抵销其所负债务的权利。

根据我国《企业破产法》第 40 条规定，债权人在破产申请受理前对债务人负有债务的，可以向管理人主张抵销。但是，有下列情形之一的，不得抵销：（1）债务人的债务人在破产申请受理后取得他人对债务人的债权的；（2）债权人已知债务人有不能清偿到期债务或者破产申请的事实，对债务人负担债务的；但是，债权人因为法律规定或者有破产申请一年前所发生的原因而负担债务的除外；（3）债务人的债务人已知债务人有不能清偿到期债务或者破产申请的事实，对债务人取得债权的；但是，债务人的债务人因为法律规定或者有破产申请一年前所发生的原因而取得债权的除外。

2. 抵销权的行使

抵销权的行使，由破产债权人以抵销的单方意思表示，向管理人提出。如果管理人接受债权人的抵销请求，即发生抵销的法律效果。如果管理人对债权人的抵销权持有异议，则应通过诉讼予以解决。破产债权人除应向管理人行使抵销权外，还应在破产宣告后至破产财产分配前行使抵销权。由于债权申报是债权人参加破产程序的必要条件，所以，享有破产抵销权的债权也应当进行申报，否则不得主张抵销。抵销后的差额，如破产债权大于债务的部分，仍应作为破产债权，债权人可据此参加破产分配；如破产债权小于债务的部分，则属破产财产，管理人有权就此请求该破产债权人清偿。

### （四）撤销权

1. 撤销权的含义

所谓撤销权，又称否认权，是指破产清算人对破产人在破产宣告前一定期限内所为的损害债权人利益的行为，依法请求法院予以撤销，并追回财产的权利。

我国《企业破产法》第 31 条规定，人民法院受理破产申请前一年内，涉及债务人财产的下列行为，管理人有权请求人民法院予以撤销：（1）无偿转让财产的；（2）以明显不合理的价格进行交易的；（3）对没有财产担保的债务提供财产担保的；（4）对未到期的债务提前清偿的；（5）放弃债权的。第 32 条规定，人民法院受理破产申请前六个月内，债务人有本法第 2 条第 1 款规定的情形，仍对个别债权人进行清偿的，管理人有权请求人民法院予以撤销。但是，个别清偿使债务人财产受益的除外。对以上财产，管理人有权依破产法追回。

2. 撤销权的构成要件

(1)能够撤销的行为必须是破产人在破产宣告前所为。在破产宣告后,破产人因丧失了处分其财产的权利,所以,其处分财产的任何行为都绝对无效,不存在撤销的问题。

(2)能够撤销的行为必须是有害于债权人利益的行为。所谓有害于债权人利益是指该行为减少了破产人的现有财产或者增加了破产人的负债,从而使债权人的受偿比例受到减损。如非正常压价出售财产、放弃财产权利、赠予等行为。

(3)能够撤销的行为必须发生在法律规定的期间内。法律规定的可撤销行为发生的期间,法理上称为撤销权行使的临界期间。临界期间对撤销权的行使具有绝对意义,如果破产人的行为发生在临界期间之外,即使损害了债权人的利益,清算人也不得主张撤销。

(4)必须有基于撤销行为而实际获益的人存在。撤销权行使的主要作用在于恢复原状,追回被破产人不当处置的财产。因此,只有在实际存在获益人的情况下,破产清算人才能实际找到被追偿的主体,以达到追回破产财产的目的。如果不存在实际的行为获益人,则无法行使撤销权。

3. 撤销权的行使

(1)撤消权行使的方式。撤销权的行使由破产清算人以诉讼的方式向法院为之。如果可撤销行为系破产人的单方行为,则以破产人为被告。如系双方行为,则以行为的相对人为被告,不必以债务人和行为相对人为共同被告。若同时请求返还利益而另有受益人时,应以受益人为被告。

(2)撤消权行使的效力。行使撤销权的直接法律后果,在于使破产人在破产宣告前临界期间内所为的损害债权人利益的行为归于无效,破产人同行为相对人之间的法律关系恢复到行为成立前的状态。

## 第四节 我国《企业破产法》规定的破产程序

### 一、破产程序的开始

#### (一)破产申请

破产申请是指破产申请人请求人民法院受理破产案件的意思表示。根据我国现行规定,破产程序不是从申请开始而是从受理开始的。所以,破产申请不是破产程序开始的标志,但它是破产程序开始的形式要件。破产申请分为债权人申请和债务人申请两类。无论谁提出破产申请,都应当采用书面形式。

债务人有《企业破产法》第 2 条规定的情形,可以向人民法院提出重整、和解或者破产清算申请。债务人不能清偿到期债务,债权人可以向人民法院提出对债务人进行重整或者破产清算的申请。企业法人已解散但未清算或者未清算完毕,资产不足以清偿债务的,依法负有清算责任的人应当向人民法院申请破产清算。

向人民法院提出破产申请，应当提交破产申请书和有关证据。破产申请书应当载明下列事项：（1）申请人、被申请人的基本情况；（2）申请目的；（3）申请的事实和理由；（4）人民法院认为应当载明的其他事项。债务人提出申请的，还应当向人民法院提交财产状况说明、债务清册、债权清册、有关财务会计报告、职工安置预案以及职工工资的支付和社会保险费用的缴纳情况。

人民法院受理破产申请前，申请人可以请求撤回申请。

### （二）破产案件的受理

破产案件的受理是破产程序开始的标志。所谓破产案件的受理又称立案，具体是指法院经过审查认为破产申请符合法定条件而予以接受，并开始破产程序的司法行为。

债权人提出破产申请的，人民法院应当自收到申请之日起 5 日内通知债务人。债务人对申请有异议的，应当自收到人民法院的通知之日起 7 日内向人民法院提出。人民法院应当自异议期满之日起 10 日内裁定是否受理。除前款规定的情形外，人民法院应当自收到破产申请之日起 15 日内裁定是否受理。有特殊情况需要延长前两款规定的裁定受理期限的，经上一级人民法院批准，可以延长 15 日。

人民法院受理破产申请的，应当自裁定作出之日起 5 日内送达申请人。债权人提出申请的，人民法院应当自裁定作出之日起 5 日内送达债务人。债务人应当自裁定送达之日起 15 日内，向人民法院提交财产状况说明、债务清册、债权清册、有关财务会计报告以及职工工资的支付和社会保险费用的缴纳情况。

裁定不受理破产申请的，应当自裁定作出之日起 5 日内送达申请人并说明理由。申请人对裁定不服的，可以自裁定送达之日起 10 日内向上一级人民法院提起上诉。

人民法院受理破产申请后至破产宣告前，经审查发现债务人不符合本法第 2 条规定情形的，可以裁定驳回申请。申请人对裁定不服的，可以自裁定送达之日起 10 日内向上一级人民法院提起上诉。

## 二、破产管理人

破产管理人，又称破产清算人，是指负责破产财产的管理、清算、估价、变卖和分配的专门机构。依破产法原理，破产清算人可以是一人，也可以是数人。

### （一）管理人的构成

人民法院裁定受理破产申请的，应当同时指定管理人（第 13 条）。管理人由人民法院指定（第 22 条）。债权人会议认为管理人不能依法、公正执行职务或者有其他不能胜任职务情形的，可以申请人民法院予以更换。指定管理人和确定管理人报酬的办法，由最高人民法院规定。

根据我国《企业破产法》第 24 条的规定，管理人可以由有关部门、机构的人员组成的清算组或者依法设立的律师事务所、会计师事务所、破产清算事务所等社会中介机构担任。人民法院根据债务人的实际情况,可以在征询有关社会中介机构的意见后,指定该机构具备相关专业知识并取得执业资格的人员担任管理人。有下列情形之一的,不得担任管理人:(1)因故意犯罪受过刑事处罚;(2)曾被吊销相关专业执业证书;(3)与本案有利害关系;(4)人民法院认为不宜担任管理人的其他情形。个人担任管理人的,应当参加执业责任保险。

### (二)管理人的职责

根据我国《企业破产法》第23条的规定,管理人依照破产法的规定执行职务,向人民法院报告工作,并接受债权人会议和债权人委员会的监督。管理人应当列席债权人会议,向债权人会议报告职务执行情况,并回答询问。

根据我国《企业破产法》第25条的规定,管理人履行下列职责:(1)接管债务人的财产、印章和账簿、文书等资料;(2)调查债务人财产状况,制作财产状况报告;(3)决定债务人的内部管理事务;(4)决定债务人的日常开支和其他必要开支;(5)在第一次债权人会议召开之前,决定继续或者停止债务人的营业;(6)管理和处分债务人的财产;(7)代表债务人参加诉讼、仲裁或者其他法律程序;(8)提议召开债权人会议;(9)人民法院认为管理人应当履行的其他职责。破产法对管理人的职责另有规定的,适用其规定。

管理人应当勤勉尽责,忠实执行职务(第27条)。根据我国《企业破产法》第28、29条的规定,管理人经人民法院许可,可以聘用必要的工作人员。管理人的报酬由人民法院确定。债权人会议对管理人的报酬有异议的,有权向人民法院提出。管理人没有正当理由不得辞去职务。管理人辞去职务应当经人民法院许可。

## 三、破产费用和共益债务

根据我国《企业破产法》第41条的规定,人民法院受理破产申请后发生的下列费用,为破产费用:(1)破产案件的诉讼费用;(2)管理、变价和分配债务人财产的费用;(3)管理人执行职务的费用、报酬和聘用工作人员的费用。

根据我国《企业破产法》第42条的规定,人民法院受理破产申请后发生的下列债务,为共益债务:(1)因管理人或者债务人请求对方当事人履行双方均未履行完毕的合同所产生的债务;(2)债务人财产受无因管理所产生的债务;(3)因债务人不当得利所产生的债务;(4)为债务人继续营业而应支付的劳动报酬和社会保险费用以及由此产生的其他债务;(5)管理人或者相关人员执行职务致人损害所产生的债务;(6)债务人财产致人损害所产生的债务。

根据我国《企业破产法》第43条的规定,破产费用和共益债务由债务人财产随时清偿。债务人财产不足以清偿所有破产费用和共益债务的,先行清偿破产费用。债务人财产不足以清偿所有破产费用或者共益债务的,按照比例清偿。债务人财产不足以清偿破产费用的,管理人应当提请人民法院终结破产程序。人民法院应当自收到请求之日起15日内裁定终结破产程序,并予以公告。

## 四、债权申报

根据我国《企业破产法》第45条的规定,人民法院受理破产申请后,应当确定债权人申报债权的期限。债权申报期限自人民法院发布受理破产申请公告之日起计算，最短不得少于30日，最长不得超过3个月。

未到期的债权，在破产申请受理时视为到期。附利息的债权自破产申请受理时起停止计息。附条件、附期限的债权和诉讼、仲裁未决的债权，债权人可以申报。

根据我国《企业破产法》第48条的规定，债权人应当在人民法院确定的债权申报期限内向管理人申报债权。债务人所欠职工的工资和医疗、伤残补助、抚恤费用，所欠的应当划入职工个人账户的基本养老保险、基本医疗保险费用，以及法律、行政法规规定应当支付给职工的补偿金，不必申报，由管理人调查后列出清单并予以公示。职工对清单记载有异议的，可以要求管理人更正；管理人不予更正的，职工可以向人民法院提起诉讼。

根据我国《企业破产法》第49条的规定，债权人申报债权时，应当书面说明债权的数额和有无财产担保，并提交有关证据。申报的债权是连带债权的，应当说明。

根据我国《企业破产法》第56条的规定，在人民法院确定的债权申报期限内，债权人未申报债权的，可以在破产财产最后分配前补充申报；但是，此前已进行的分配，不再对其补充分配。为审查和确认补充申报债权的费用，由补充申报人承担。债权人未依照本法规定申报债权的，不得依照本法规定的程序行使权利。

根据我国《企业破产法》第57、58条的规定，管理人收到债权申报材料后，应当登记造册，对申报的债权进行审查，并编制债权表。债权表和债权申报材料由管理人保存，供利害关系人查阅。管理人编制的债权表，应当提交第一次债权人会议核查。债务人、债权人对债权表记载的债权无异议的，由人民法院裁定确认。债务人、债权人对债权表记载的债权有异议的，可以向受理破产申请的人民法院提起诉讼。

## 五、债权人会议

根据我国《企业破产法》第59、60条的规定，依法申报债权的债权人为债权人会议的成员，有权参加债权人会议，享有表决权。债权尚未确定的债权人，除人民法院能够为其行使表决权而临时确定债权额的外，不得行使表决权。债权人可以委托代理人出席债权人会议，行使表决权。代理人出席债权人会议，应当向人民法院或者债权人会议主席提交债权人的授权委托书。债权人会议应当有债务人的职工和工会的代表参加，对有关事项发表意见。

债权人会议设主席一人，由人民法院从有表决权的债权人中指定。债权人会议主席主持债权人会议。

### （一）债权人会议的召集和表决

第一次债权人会议由人民法院召集，自债权申报期限届满之日起15日内召开。以后的债权人会议，在人民法院认为必要时，或者管理人、债权人委员会、占债权总额1/4以上的债权人向债权人会议主席提议时召开。召开债权人会议，管理人应当提前15日通知已知的债权人。

债权人会议的决议，由出席会议的有表决权的债权人过半数通过，并且其所代表的债权额占无财产担保债权总额的1/2以上。但是，本法另有规定的除外。债权人认为债权人会议的决议违反法律规定，损害其利益的，可以自债权人会议作出决议之日起15日内，请求人民法院裁定撤销该决议,责令债权人会议依法重新作出决议。

债权人会议的决议,对于全体债权人均有约束力。

### (二)债权人会议的职权

根据我国《企业破产法》第61条的规定,债权人会议行使下列职权:(1)核查债权;(2)申请人民法院更换管理人,审查管理人的费用和报酬;(3)监督管理人;(4)选任和更换债权人委员会成员;(5)决定继续或者停止债务人的营业;(6)通过重整计划;(7)通过和解协议;(8)通过债务人财产的管理方案;(9)通过破产财产的变价方案;(10)通过破产财产的分配方案;(11)人民法院认为应当由债权人会议行使的其他职权。债权人会议应当对所议事项的决议作成会议记录。

### (三)债权人委员会

根据我国《企业破产法》第67条的规定,债权人会议可以决定设立债权人委员会。债权人委员会由债权人会议选任的债权人代表和一名债务人的职工代表或者工会代表组成。债权人委员会成员不得超过九人。债权人委员会成员应当经人民法院书面决定认可。

根据我国《企业破产法》第68条的规定,债权人委员会行使下列职权:(1)监督债务人财产的管理和处分;(2)监督破产财产分配;(3)提议召开债权人会议;(4)债权人会议委托的其他职权。

债权人委员会执行职务时,有权要求管理人、债务人的有关人员对其职权范围内的事务作出说明或者提供有关文件。

管理人、债务人的有关人员违反破产法规定拒绝接受监督的,债权人委员会有权就监督事项请求人民法院作出决定;人民法院应当在5日内作出决定。

根据我国《企业破产法》第69条的规定,管理人实施下列行为,应当及时报告债权人委员会:(1)涉及土地、房屋等不动产权益的转让;(2)探矿权、采矿权、知识产权等财产权的转让;(3)全部库存或者营业的转让;(4)借款;(5)设定财产担保;(6)债权和有价证券的转让;(7)履行债务人和对方当事人均未履行完毕的合同;(8)放弃权利;(9)担保物的取回;(10)对债权人利益有重大影响的其他财产处分行为。

未设立债权人委员会的,管理人实施前款规定的行为应当及时报告人民法院。

## 六、重整

重整指对可能或已经发生破产原因但又有挽救希望的法人企业,通过对各方利害关系人的利益协调,借助法律强制进行营业重组与债务清理,以避免破产、获得再生的法律制度。我国重整制度的适用范围为企业法人,由于其程序复杂、费用高昂、耗时很长,故实践中均适用于大型企业,中小型企业则往往采用和解程序。

债权人申请对债务人进行破产清算的,在人民法院受理破产申请后、宣告债务人破产前,债务人或者出资额占债务人注册资本1/10以上的出资人,可以向人民法院申请重整。

人民法院经审查认为重整申请符合破产法规定的,应当裁定债务人重整,并予以公告。自人民法院裁定债务人重整之日起至重整程序终止,为重整期间。

在重整期间内,管理人负责管理财产和营业事务的,可以聘任债务人的经营管理人员负责营业事务。经债务人申请,人民法院批准,债务人也可以在管理人的监督下自行管理财产和营业事务。

在重整期间,有下列情形之一的,经管理人或者利害关系人请求,人民法院应当裁定终止重整程序,并宣告债务人破产:(1)债务人的经营状况和财产状况继续恶化,缺乏挽救的可能性;(2)债务人有欺诈、恶意减少债务人财产或者其他显著不利于债权人的行为;(3)由于债务人的行为致使管理人无法执行职务。

## 七、和解

和解是指具有破产原因的债务人,通过与债权人协商,就其债务的延期清偿、减免偿还、债务人的整顿等事项达成协议,以避免被宣告破产的制度。

债务人可以依照破产法规定,直接向人民法院申请和解;也可以在人民法院受理破产申请后、宣告债务人破产前,向人民法院申请和解。债务人申请和解,应当提出和解协议草案。

人民法院经审查认为和解申请符合破产法规定的,应当裁定和解,予以公告,并召集债权人会议讨论和解协议草案。对债务人的特定财产享有担保权的权利人,自人民法院裁定和解之日起可以行使权利。

债权人会议通过和解协议的,由人民法院裁定认可,终止和解程序,并予以公告。管理人应当向债务人移交财产和营业事务,并向人民法院提交执行职务的报告。

和解协议草案经债权人会议表决未获得通过,或者已经债权人会议通过的和解协议未获得人民法院认可的,人民法院应当裁定终止和解程序,并宣告债务人破产。

因债务人的欺诈或者其他违法行为而成立的和解协议,人民法院应当裁定无效,并宣告债务人破产;债务人不能执行或者不执行和解协议的,人民法院经和解债权人请求,应当裁定终止和解协议的执行,并宣告债务人破产。

## 八、破产清算

### (一)破产宣告

所谓破产宣告是指法院对具备破产原因的债务人所作出的宣告其破产的司法行为。法院宣告债务人破产,以申请主义为原则,以职权主义为例外。破产宣告具有以下法律特征:

第一,破产宣告的基本依据是债务人已具备破产原因。如果债务人没有破产原因的事实存在,则不得宣告其破产。

第二,破产宣告依法只能由法院作出。破产事关债权人、债务人和社会利益,因此,只能由法院依法宣告。法院以外的任何机关和个人都无权宣告债务人破产。

第三,破产宣告是破产清算开始的标志。法院一旦作出破产宣告的裁定,破产程序就进入实质性阶段,债务人正式成为破产人,债权人则依清算、分配程序受偿。

人民法院依照破产法规定宣告债务人破产的,应当自裁定作出之日起五日内送达债务人和管理人,自裁定作出之日起10日内通知已知债权人,并予以公告。债务人被宣告破产后,债务人称为破产人,债务人财产称为破产财产,人民法院受理破产申请时对债务人享有的债权称为破产债权(第107条)。

破产宣告前,有下列情形之一的,人民法院应当裁定终结破产程序,并予以公告:(1)第三人为债务人提供足额担保或者为债务人清偿全部到期债务的;(2)债务人已清偿全部到期债务的。

(二)变价和分配

管理人应当及时拟订破产财产变价方案,提交债权人会议讨论。管理人应当按照债权人会议通过的或者人民法院依法裁定的破产财产变价方案,适时变价出售破产财产。

变价出售破产财产应当通过拍卖进行。但是,债权人会议另有决议的除外。破产企业可以全部或者部分变价出售。企业变价出售时,可以将其中的无形资产和其他财产单独变价出售。按照国家规定不能拍卖或者限制转让的财产,应当按照国家规定的方式处理。

管理人应当及时拟订破产财产分配方案,提交债权人会议讨论。破产财产分配方案应当载明下列事项:(1)参加破产财产分配的债权人名称或者姓名、住所;(2)参加破产财产分配的债权额;(3)可供分配的破产财产数额;(4)破产财产分配的顺序、比例及数额;(5)实施破产财产分配的方法。

债权人会议通过破产财产分配方案后,由管理人将该方案提请人民法院裁定认可。破产财产分配方案经人民法院裁定认可后,由管理人执行。

破产财产在优先清偿破产费用和共益债务后,依照下列顺序清偿:(1)破产人所欠职工的工资和医疗、伤残补助、抚恤费用,所欠的应当划入职工个人账户的基本养老保险、基本医疗保险费用,以及法律、行政法规规定应当支付给职工的补偿金;(2)破产人欠缴的除前项规定以外的社会保险费用和破产人所欠税款;(3)普通破产债权。

破产财产不足以清偿同一顺序的清偿要求的,按照比例分配。破产企业的董事、监事和高级管理人员的工资按照该企业职工的平均工资计算。根据我国《企业破产法》第114条的规定,破产财产的分配应当以货币分配方式进行。但是,债权人会议另有决议的除外。

## 九、破产程序的终结

破产人无财产可供分配的,管理人应当请求人民法院裁定终结破产程序。管理人在最后分配完结后,应当及时向人民法院提交破产财产分配报告,并提请人民法院裁定终结破产程序。人民法院应当自收到管理人终结破产程序的请求之日起15日内作出是否终结破产程序的裁定。裁定终结的,应当予以公告。

管理人应当自破产程序终结之日起10日内,持人民法院终结破产程序的裁定,向破产人的原登记机关办理注销登记。管理人于办理注销登记完毕的次日终止执行职务。但是,存在诉讼或者仲裁未决情况的除外。

破产人的保证人和其他连带债务人,在破产程序终结后,对债权人依照破产清算程序未受清偿的债权,依法继续承担清偿责任。

# 第四章 企业的法律责任

## 第一节 企业法律责任[1]的发生原因

企业违法行为是发生企业法律责任的原因和根据,企业法律责任是企业违法行为承担的法律后果。企业违法行为,即企业实施的具有社会危害性,违反法律规范,应当承担法律责任的行为。在实践中,要确定和追究企业的法律责任,必须正确界定企业违法行为,即必须分清企业的合法行为与违法行为的界限,以及企业的违法行为与其他主体的违法行为的界限。

法理认为,违法行为的一般构成要件包括:行为具有违法性;违法行为造成损害结果并且与损害结果有因果关系;行为人有法律责任能力;行为人有过错。界定各种主体的违法行为,都必须以此为标准。根据违法行为的一般构成要件和企业违法行为的特殊性,对企业违法行为的界定,应当注重下述要点。

### 一、违反企业义务的行为

行为具有违法性,即行为违反行为人所承担的义务。因而,判断企业某种行为是否违法,关键要看该行为是否违反了企业所承担的某项义务。

企业所承担的义务,就其相对人而言,可分为对国家、投资者、债权人、竞争者、消费者、劳动者的义务;就其部门法属性而言,可分为民商法义务、经济法义务、行政法义务和劳动法义务;就其标的形式而言,可分为作为义务和不作为义务。企业违反其义务,无论该义务的相对人、部门法属性和标的形式如何,都具有违法性。

企业违反义务以企业承担义务为前提。企业所承担的义务,既可能是法定的义务,也可能是依法设定的义务。企业所承担的法定义务,是指适用于本企业的法律规范对企业直接设定的义务,亦即企业无须通过法律行为而直接依据法律规范所承担的义务。判断企业是否承担

---

〔1〕 从法律的角度审视,我们在探讨企业责任时,其下位定义可以简化为四个,它们是:企业经济责任、企业社会责任、企业法律责任和企业道德责任(或企业伦理责任)。其中企业经济责任和企业社会责任相对应;企业法律责任和企业道德责任相对应。换言之,企业责任可依不同的标准进行划分:以目标的不同,可区分为企业经济责任和企业社会责任,前者主要以企业或股东利润最大化为目标,后者侧重于以追求利润最大化之外的公益为目标;以是否规定于法律中,可区分为企业法律责任和企业道德责任,前者存在于法律之中,体现的是一定社会所认可的最低限度的道德要求;后者未上升为法律规范,而是寓于一定社会的道德观念和道德传统之中,它反映的往往是较高标准的道德要求。本章仅重点探讨企业责任中的企业法律责任。

某项法定义务,只需认定设定该项义务的法律规范是否适用于该企业或者该企业是否已具备适用该法律规范的法定条件即可。企业所承担的依法设定的义务,既包括企业依据适用于本企业的规范所签订的合同或协议和制定的规章制度对自己所设定的义务,也包括有关国家机关依据适用于该企业的法律规范对该企业所设定的义务。判断企业是否承担某项依法设定的义务,除了认定据以设定该项义务的法律规范是否适用于该企业以外,还应当认定设定该项义务的法律行为是否有效。

义务在法律上的基本属性就是必须履行,违反义务就是义务人对自己所承担义务的不履行或不完全履行。企业对其义务的违反,也不例外。不履行义务是指企业完全没有实施设定义务的法律规范或法律行为所要求实施的行为;不完全履行义务,是指企业没有完全按照设定义务的法律规范或法律行为的要求实施行为,亦即企业实施的行为只部分符合设定义务的法律规范或法律行为所表明的要求。例如,按税法规定,企业有按期缴纳全部应纳税款的义务,如果企业拒绝、偷漏或逃避全部应纳税款,就是不履行纳税义务;如果企业逾期缴纳税款或仅缴纳部分应纳税款,就是不完全履行纳税义务。

## 二、企业在完全和限制法律责任能力阶段所实施的违法行为

企业的法律责任能力,又称企业的违法行为能力,即企业对自己的违法行为承担法律责任的能力。它是企业行为能力的一个方面,包括民事责任能力、行政责任能力和刑事责任能力。从企业开始设立一直到企业终止的全过程,可根据企业的法律责任能力的状态,划分为无法律责任能力、完全法律责任能力、限制法律责任能力三个阶段:

第一,无法律责任能力阶段,始于企业设立的发起,止于企业设立登记完毕。在此阶段,企业尚未取得主体资格,企业发起人或设立人所实施的与企业设立有关或以被设立企业名义所为的违法行为,都不是被设立企业的违法行为。例如,企业发起人或设立人谎称注册资金、伪造资信证明或验资证明、刻制被设立企业公章、以被设立企业名义签订经济合同进行诈骗等,都只能是企业发起人或设立人自己的违法行为,应当由企业发起人或设立人承担法律责任。在此阶段,企业虽然不具备主体资格,但企业发起人或设立人为设立企业所实施的行为,当企业设立登记以后,就对被设立企业产生法律后果,或者说,其法律后果就由企业发起人或设立人转移给被设立企业承担。因而,企业发起人或设立人在企业设立登记前为设立企业所实施的违法行为,不仅应当追究企业发起人或设立人的法律责任,而且在企业设立登记后也可以要求被设立企业承担一定法律责任。所以,我国《公司法》规定,办理公司登记时虚报注册资本、提交虚假证明文件或者采取其他欺诈手段隐瞒重要事实取得登记的,除责令改正外,应当对公司处以罚款,情节严重者还应撤销公司登记。需要指出的是,这只是表明设立登记后的企业才具备法律责任能力,并不意味着在设立登记前被设立企业就具有法律责任能力。

第二,完全法律责任能力阶段,始于企业设立登记完毕,止于企业被宣告撤销、解散、歇业或破产。在此阶段,企业违反自己所承担义务的各种行为,均为企业的违法行为。

第三,限制法律责任能力阶段,起于企业终止清算的开始,止于企业终止清算的结束。在此阶段,企业的权利能力和行为能力都只限于清算业务范围,所以,只有违反企业的清算义务的行为,如抽逃或转移企业资金,隐匿、私分或无偿转让企业财产等,才是企业的违法行为。若

是清算范围之外的违法行为，如以企业名义刊登广告、签订合同等，则不是企业的违法行为，而是行为实施者自己的违法行为。

### 三、企业成员个人以企业成员身份实施的违法行为

作为企业成员的个人，包括企业的法定代表人、董事、经营管理人员和其他职工。企业义务的履行是由企业成员个人具体实现的，企业成员个人不履行或不完全履行企业义务的行为，也就是企业的违法行为。企业成员个人具有双重身份，即企业成员的身份和本人的身份，为此，有必要区分企业成员个人以企业成员身份实施的违法行为（即企业违法行为）和以本人身份实施的违法行为（即本人的违法行为）的界限。此界限一般包括：

第一，企业违法行为必须是以企业名义实施的行为。一方面，行为人是利用表明企业名义的标志进行活动。例如，出具企业的介绍信或委托书，使用企业的银行账户、票据或发票，加盖企业的印章等。在这里，所利用的标志应当是有效的标志，并且是真实的利用；如果所利用的标志是伪造、变造、失效等无效的标志，或者属于冒用、盗用，就不能认为是以企业名义实施的行为。另一方面，行为人在实施行为时，只以企业成员的名义出现，例如，以企业的法定代表人、主管人、经办人等身份参与联系接洽、交付、验收等；企业成员个人凡是以本人名义实施的行为，都不是他所在企业的行为。

第二，企业违法行为必须是按企业意志实施的行为。一般来说，企业成员个人在企业中的职务，既表明企业已允许他代表或代理企业实施一定行为，也表明企业已分工给他履行一定的企业义务。所以，企业意志已体现于企业成员个人的职务之中。企业成员个人执行其职务的行为，如果是就其职务范围内可自主决定的事项所自行实施的行为，或者是就其职务范围内不能自主决定的事项，经企业另行批准、允许或追认而自行实施的行为，都应当认为是企业成员个人按企业意志所实施的行为。此外，企业成员个人就其职务范围之外的事项，经企业事先授权或事后追认所实施的行为，也应当认为是企业成员个人按企业意志所实施的行为。

第三，企业违法行为必须是为企业利益或职工集体利益而实施的行为。企业成员个人的违法行为，如果单纯是为自己谋取私利或假公济私，那只能是他本人的违法行为；相反，如果是为企业或职工集体谋取利益（即使同时兼有自己的牟私目的），才可认定是企业的违法行为。例如，企业采购人员私受回扣、贿赂的行为，兼有股东身份的职员利用职务之便抽逃其出资的行为，就属于其本人的违法行为；相反，企业采购人员以行贿、给回扣为手段为本企业采购紧缺物资的行为，企业负责人决定将生产性资金挪用于职工集体福利的行为，企业财务人员按企业负责人的授意将“黑金库”的款项存入私人账户的行为，则是他所在企业的违法行为。还应明确，企业成员个人在违法行为中只要为本企业或职工集体谋取了利益，无论该利益是合法利益还是非法利益，都不影响该行为属于企业违法行为；企业成员个人所实施的违法行为，只要具有为本企业或职工集体谋取利益的目的，无论该利益是否实际为本企业或职工集体所取得，也不影响该行为属于企业违法行为。

正是由于企业违法行为是企业成员个人以企业成员身份实施的行为，企业成员个人的过错亦即企业的过错，在实行过错责任原则的场合，就应当根据企业成员个人有无过错和过错程度，确定企业应否承担责任和责任大小。

## 第二节 企业法律责任的定义和类型

### 一、企业法律责任的定义

法律责任(Legal Liability),即违法行为所引起的依法应当由违法者承受的法律后果。其意义主要表现在:

第一,对于违法者来说,法律责任是一种依法应当承受的不利后果。它要求违法者交付一定财产,丧失一定可得财产,作出一定行为,不作出一定行为,丧失一定人身自由,或者接受一定警戒或谴责。这都使违法者丧失其既得或可得的某种合法利益或非法利益。

第二,对于违法行为相对人(或受害人)来说,法律责任是一种法律保护手段。通过追究违法者的法律责任,使违法行为相对人的合法权益受到保护。这既表现为被违法行为所侵害的合法权益得到恢复和补偿,还表现为违法行为相对人在精神上获得支持和慰藉。

第三,对于国家和社会来说,法律责任表明对违法行为的一种法律否定。它从反面告诉人们必须守法和不得违法,从而起到预防违法的效果。

对企业法律责任有广义、狭义两种理解。广义是指企业违法行为所引起的依法应当由企业及其责任人员承担的法律责任。狭义仅指企业违法行为所引起的依法应当由企业承担的法律责任。我们认为,对企业法律责任应做广义理解。这是因为,企业作为一种组织体,其行为(无论合法行为还是违法行为)都是由企业成员个人具体实施的,强调实施企业违法行为的个人对该行为也要承担法律责任,有助于促使企业成员个人依法从事企业的生产经营活动。

理解企业法律责任的含义,应明确下述要点:(1)企业法律责任的发生原因是企业违法行为,既包括直接违反经济法律规范的行为,也包括违反依据经济法律规范制定或签订的政策性文件、团体规章、企事业单位规章和合同的行为。(2)企业法律责任的主体是实施违法行为的企业和企业成员个人。作为企业法律责任承担者的企业成员个人,根据立法规定,只限于对企业违法行为的发生负有领导责任、管理责任或直接责任的人员(统称责任人员)。一般包括企业的法定代表人、部门负责人、主管负责人和企业违法行为的实施者。(3)企业法律责任的性质是企业违反其原义务所导致的派生义务。就广义的义务而言,既包括义务人所承担的由法律规范和法律行为所设定的义务,即原义务;又包括义务人因违反原义务所承担的新义务,即派生义务。派生义务的功能在于促使义务人履行原义务。原义务在有的法规和法律文件中被称为“责任”,派生义务一般被称为“法律责任”。因而,在理解企业法律责任的含义时,应当区分作为原义务的责任和作为派生义务的法律责任。(4)企业法律责任是企业在生产经营中的全方位法律责任。在生产经营过程中,企业多方位参与法律关系,分别从各种方位对相对人负有义务,与此相应,企业法律责任包括分别对各种方位的相对人所承担的法律责任。其中主要是:在经济行政管理关系中,作为行政相对人对国家行政机关的法律责任;在企业资产关系中,作为投资者对所投资企业以及该企业其他投资者的法律责任,作为资产经营管理者对投资者的法律责任;在市场交易关系中,作为合同一方当事人对相对方当事人的法律责任和作为生产者、销售者对用户、消费者的法律责任;在市场竞争关系中,作为竞争者对其他竞争者的法律责任;在劳动关系中,作为用人单位对职工和工会的法律责任。(5)企业法律责任是综合性法律责任。企业法律责任的综合性主要表现在:就其法律属性而言,包括民事责任、行政责任和刑事责任;就其依据而言,包括法定责任和约定责任;就其内容而言,包括财产责任和非财产责任;就其功能而言,包括补偿性责任和惩罚性责任。

## 二、企业法律责任的基本类型

企业法律责任是违法行为人必须向违法行为相对人或国家给付一定财物和其他利益,或者接受一定约束、警诫和谴责。即是说,企业法律责任对违法行为人而言,意味着一种于己不利的法律后果,这既是对违法行为的一种法律否定,也是对违法行为人的一种法律惩罚,其基本类型可分为:

### (一)民事责任

1. 企业民事责任的定义和特征

民事责任,是违法行为人依法应当承担的,以向违法行为相对人给付一定财产、作出一定行为、不作出一定行为等方式恢复其特定权益的法律责任。企业法律责任中的民事责任,较之一般民事责任具有其特点。主要表现在:(1)法定责任为主、约定责任为辅。除了在市场交易中的民事责任多为约定责任以外,在其他场合的民事责任大多是法定责任。(2)责任形式多种多样,其中还有些特殊的责任形式。既包括《民法通则》所规定的10种一般民事责任形式,还包括有关民商法规、经济法规、劳动法规所规定的若干种特殊民事责任形式,如支付经济补偿金、恢复被破坏植被、补种数倍于盗伐林木株树等。(3)政府有关部门责令履行被法定为实现民事责任的一种重要方式。例如,责令股东补缴出资,责令公司补足应当提取的公积金、公益金,责令公开更正伪造或冒用的质量标志,责令补发工资,责令赔偿损失,责令取消担保等。这就使民事责任兼有行政责任实现方式的特色。

2. 企业民事责任的责任形式

企业法律责任中的民事责任形式,归纳言之,主要有下述几类:(1)以财产给付为特征的民事责任。例如,赔偿损失、支付违约金、返还财产、提前归还贷款、双倍返还定金、补缴出资、将违法所得收归公司等。(2)以丧失可得财产为特征的民事责任。例如,丧失已付定金、扣减企业留利、停止利润留成或超收分成、停止或限制原材料或能源供应、停发贷款、削减收购数额或不予收购等。(3)以不得作出一定行为为特征的民事责任。例如,停发奖金、停止账户支付、停止使用某种结算方式、停止侵害、取消担保、停止发行股票或债券等。(4)以必须作出一定行为为特征的民事责任。例如,如数补足应当提取的公积金或公益金、改正资产负债表或财产清单中的虚伪记载、恢复原状、修理、重作、更换、恢复被破坏的植被、补种盗伐林木株树的数倍林木等。

### (二)行政责任

1. 企业行政责任的定义和特征

行政责任是违法行为人依法应当承担的,由有关行政机关或违法行为人所在单位以行政处罚和纪律处分的方式予以追究的法律责任。在企业法律责任中,行政责任较之民事责任有下述主要特点:(1)行政责任的实施者,在诉讼前只限于有关行政机关或违法行为人所在单位。其中,行政处罚由特定行政部门或政府对其所辖行政区域内的违法企业或其责任人员实施;纪律处分(行政处分)或者由有关行政机关对在其人事管理权限内的违法企业的领导人员实施,或者由企业对其职工中对企业违法行为负有责任者实施。(2)行政责任的承担者,除企业外,还包括企业中的责任人员。(3)行政责任的相对人,是作出行政处罚或纪律处分的国家机关所代表的国家,或者作出纪律处分的企业,而不是违法行为的相对人。(4)行政责任的依据,除法律规范外,还有企业或有关国家机关制定的内部规章制度,但不包括合同。(5)行政责任由实施者单方决定,不得由违法行为人与行政责任实施者或违法行为相对人双方约定。(6)行政责任中,惩罚性责任居主要地位,补偿性责任则居次要地位。

2. 企业行政责任的责任形式

企业法律责任中的行政责任形式,大致分为下述几类:(1)以财产给付为特征的行政责任。例如,没收违法所得、补缴税款、支付排污费、支付滞纳金、罚款等。(2)以丧失或降低取得某种法律资格为特征的行政责任。例如,吊销许可证或营业执照、责令停产或停业、责令企业关闭、撤销银行账号、取消企业或产品荣誉称号、降级(职)、撤职、开除、取消个人荣誉称号等。(3)以不得实施一定行为为特征的行政责任。例如,冻结存款、查封财产、行政拘留等。(4)以必须实施一定行为为特征的行政责任。例如,限期登记、限期改正、责令补办手续等。(5)以承受谴责和警诫为特征的行政责任。例如,警告、通报批评、记过、开除、留用察看、责令具结悔过等。

### (三)刑事责任

刑事责任,是犯罪人依据刑法规范应当承受刑事处罚的法律责任。在企业法律责任中,刑事责任较之民事责任和行政责任有下述主要特征:(1)刑事责任的法律依据,包括《刑法》和单行刑事法规以及有关民商法规、经济法规、劳动法规中的刑法规范。(2)刑事责任的惩罚程度最严厉。(3)刑事责任的承担前提,是企业违法行为的严重程度足以触犯刑法规范,构成犯罪,即企业犯罪。(4)刑事责任的实施主体,只限于司法机关。

根据我国《刑法》的规定,刑事责任的形式分为主刑和附加刑两类。主刑包括管制、拘役、有期徒刑、无期徒刑和死刑;附加刑包括罚金、没收财产、剥夺政治权利和驱逐出境。三种责任,根据具体情况既可以单独适用,也可以同时适用。

另外,对于各种类型的企业,由于其在经济运行的不同环节具有不同身份,要参与全方位的法律关系,根据企业所属的不同经济层次,还可以把企业法律责任的基本类型分为:企业在宏观经济层次的法律责任和企业在微观经济层次的法律责任。根据企业在不同经济层次中所属法律关系的不同,还可细分。在宏观经济层次中可分为:企业作为经济行政相对人的法律责任;企业作为社团成员的法律责任。在微观经济层次中可分为:企业作为经营者、投资者(所有者)的法律责任;企业作为交易主体的法律责任;企业作为竞争主体的法律责任;企业作为用人单位的法律责任。

## 第三节 企业法律责任的主体和实现方式

### 一、企业法律责任的主体

企业法律责任的主体,即依法承担企业违法行为所导致的法律后果的主体,即法律责任的承担者。法理和立法表明,企业法律责任的主体取决于企业违法行为的实施主体,但不完全等同于企业违法行为的实施主体。

企业违法行为具有双层实施主体,即作为整体层次的企业和作为个体层次的企业成员个人。在企业违法行为的实施过程中,一方面,企业成员个人是以企业名义、按企业意志并为企业利益进行活动的,所以,在双层主体之间,企业处于主导地位,企业成员个人处于从属地位;另一方面,企业意志非但没有否定企业成员个人的独立意志,而且还通过企业成员个人的独立意志得以实现。企业成员个人对于按企业内部分工应由其履行的企业义务不履行或不完全履行,除了受企业意志支配外,还是自己独立意志支配的结果。例如,运输企业作为承运人未能按期将货物运到目的地,其原因既可能在于企业的决策失误,也可能在于企业的运输调度人员、驾驶人员、作业人员或其他人员的过错。

正因为如此,企业法律责任的承担者也应当是双层主体,即企业和企业成员个人,只不过在立法中对二者作为法律责任主体的要求有所不同而已。主要表现在:

第一,成为法律责任主体的范围不同。企业作为企业法律责任的承担者,具有普遍性。就是说,只要是企业违法行为,就应当由企业承担该行为所引起的法律责任。而企业成员个人作为企业法律责任的承担者,只限于特定的某些场合,并非所有的企业违法行为都要由企业成员个人承担法律责任。例如,根据税法规定,在企业欠税的情况下,只要求企业承担补缴税款和支付滞纳金的责任,而未要求企业成员个人再承担法律责任;在企业偷税或抗税的情况下,既要求企业承担补缴税款和罚款的责任,还要求直接责任人员和指使、授意、怂恿偷税者,或者唆使、包庇、支持抗税者承担罚款的责任。凡是要求企业成员个人对企业违法行为承担法律责任的,必须有立法上明文规定作依据。

第二,承担法律责任的方式不同。企业直接对国家或企业违法行为相对人(如受害人、合同对方当事人)以企业名义承担法律责任;而企业成员个人直接对国家或本企业以本人名义承担法律责任,一般不直接对企业违法行为相对人以本人名义承担法律责任。例如,根据《合同法》的规定,违反合同的企业应当承担法律责任;企业中由于失职、渎职或其他行为造成重大事故或严重损失的直接责任者个人,应当承担经济、行政责任直至刑事责任。在这里,违约责任由企业作为合同一方当事人直接向合同对方当事人承担;直接责任人员的经济、行政、刑事责任,则是他个人对本企业或国家承担的法律责任。

第三,承担法律责任的项目不同。在企业法律责任中,有的项目,如纪律处分、治安处罚、自由刑等,只能由企业成员个人承担;有的项目,如民事责任、行政责任中的补缴税款、加收滞纳金、停业停产、吊销营业执照或生产许可证、撤销登记等,只能由企业承担;有的项目,如财产刑、罚款等,企业和企业成员个人均可承担。

第四,承担法律责任的条件不同。企业成员个人承担法律责任,必须以本人有过错为要件;企业承担法律责任,在许多场合则适用无过错责任的归责原则。

作为企业法律责任承担者的企业成员个人,根据法律规定,只限于对企业违法行为的发生负有领导责任、管理责任或直接责任的人员(统称责任人员)。一般包括企业的法定代表人、部门负责人、主管负责人和企业违法行为的实施者。他们对自己应当履行的企业义务,由于自己主观原因而造成未履行或未完全履行时,才是该项企业违法行为的责任人员。可见,要确定企业成员个人中谁是企业违法行为的责任人员,首先,要确定该违法行为发生于哪些或哪个企业成员个人的职务范围内,也就是说谁在其职务范围内有责任避免或阻止该违法行为的发生;其次,要进一步确定谁在其职务范围内有义务避免或阻止该违法行为的发生,由于自己主观原因而未尽到职责,唯有这种企业成员个人才是该违法行为的责任人员。

在关于企业法律责任主体的理论中,应当明确企业法人可否成为犯罪主体和刑事责任主体这一重要问题。我国关于法人犯罪的规定,经历了一个由无到有、由少到多、由司法解释规定到立法规定的过程。在1979年制定的《刑法》中,未就法人犯罪问题作明确规定。国家最早确认法人犯罪的文件是司法解释,即1985年7月18日公布的最高人民法院、最高人民检察院《关于当前办理经济犯罪案件中具体运用法律的若干问题解答(试行)》,它规定法人可成为行贿罪和投机倒把罪的主体。根据我国1997年《刑法》的规定,企业法人可以成为刑事责任主体。具体而言,可由法人作为犯罪主体的罪名有:走私罪、逃汇套汇罪;受贿罪、行贿罪;非法运输、携带制毒物品进出口罪,非法提供麻醉品罪、精神药品罪,制造毒品罪,走私、贩卖毒品罪;走私淫秽物品罪,为他人提供书号出版淫秽书刊罪;偷税罪,逃避追缴欠缴税款罪,骗取国家进出口退税款罪,诈骗国家进出口退税款罪;假冒注册商标罪,销售假冒注册商标的商品罪;生产、销售伪劣产品罪,生产、销售伪劣电器、压力容器、易燃易爆产品或其他危害人身、财产安全的伪劣化妆品罪;侵犯著作权罪和销售侵犯著作权复制品罪;虚报注册资本罪,虚假出资罪,非法募集资金罪,伪造、变造、转让金融机构经营许可证罪,非法(变相)吸收公众存款罪,金融机构非法向关系人发放贷款罪,金融机构非法向关系人以外的人发放贷款罪,诈骗集资罪,诈骗贷款罪,伪造、变造金融票据罪,金融票据诈骗罪,信用证诈骗罪,金融机构非法出具证明罪,保险诈骗罪。对于上述各种法人犯罪,现行立法中一般规定,除了对企业法人判处财产刑外,还要对企业法人内部的责任人员并处自由刑和财产刑,或者单处自由刑或财产刑。在这里,作为刑事责任主体的企业法人内部责任人员,即直接负责的主管人员和其他直接责任人员。其中,直接负责的主管人员,是指代表法人作出导致法人实施犯罪行为的决定,并直接策划、指挥、实施法人犯罪行为的法人内部领导人员;其他直接责任人员,是指在直接负责的主管人员的授意、组织下,积极参与法人犯罪的实施、完成,起着积极推动作用的法人内部成员个人。

在实践中,具体确定上述两种人员应注重下述几点:(1)法人的法定代表人如采取犯罪决定后又直接参与犯罪的实施,或者在幕后进行策划、指挥、组织犯罪行为的实施,就应确定为直接负责的主管人员。(2)法定代表人以外的法人内部各级管理人员,对于法人法定代表人与法人内部一般工作人员之间,应根据其职权范围和在实施犯罪过程中所处的地位、作用来确定其属于哪种人员。一般情况下,高级管理人员可确定为主管人员;中级、低级管理人员可确定为直接责任人员。其中,就高级管理人员而言,只有当法人犯罪的某种具体事项在其分工负责范围内,才可确定为直接负责的主管人员,如果不在分工负责范围内,但积极参与实施的,就只能确定为直接责任人员。(3)法人内部一般工作人员,如果只是依其职能消极地执行法人机关的犯罪决定,有的甚至不知道行为的性质,就不应确定为直接责任人员;如果对于法人机关的犯罪决定,在具体实施中起了一定的积极作用,就可确定为直接责任人员。

## 二、企业法律责任的实现方式

企业法律责任只能以立法所允许或要求的方式实现。往往由于责任内容、责任性质或责任主体的不同,其实现方式也有所不同。一般有下述几种方式。

### (一)法律制裁

法律制裁通常被称为国家制裁,这是指国家机关和法定仲裁机构依法向法律责任承担者追究法律责任的强制措施。其中,由司法机关实施的制裁称司法制裁;由行政机关实施的制裁称行政制裁;由仲裁机关实施的制裁,有的称准司法制裁。法律责任与法律制裁有着密切的联系,但不能将二者混为一谈。在二者的关系中,法律责任是前置式的,是抽象或具体的要求;法律制裁则是后置式的,是实现法律责任的具体措施和方式。企业法律责任的各种内容,都可以用这种方式实现,其中有的内容必须以这种方式实现。例如,企业或责任人员应当承担的法律责任,如果是刑事责任,必须由司法机关依法追究;如果是罚款、吊销营业执照、没收财物、强制收购等带惩罚性的行政处罚,必须由有关行政部门依法实施,当不服行政处罚决定时,只能由法院依法审判;如果是对不在企业人事管理权限内的责任人员的行政处分,必须按干部管理权限由有关行政部门依法作出行政处分决定。至于企业法律责任的其他内容,虽然既可以用法律制裁也可以用其他方式实现,但在用其他方式未能实现该法律责任时,法律制裁则是该项法律责任得以实现的有效手段。例如,企业如果未就其违约责任问题与对方当事人协商解决,那就只能诉诸仲裁机关或审判机关,通过仲裁或诉讼程序来追究违约责任。

### (二)自动履行

自动履行是指法律责任承担者自行向国家或违法行为相对人依法履行应当由其承担的法律责任。企业法律责任中,立法允许自动履行的,只限于民事责任和具有补偿或恢复性的行政责任。例如,当企业有侵权行为或违约行为而应当承担赔偿损失或支付违约金等民事责任时,就可以应对方当事人的要求或者与对方当事人协商约定,向对方当事人履行其应当承担的民事责任。又如,在物价、财务和税收大检查中,企业通过自查发现自己有违反物价管理法规,少交上缴利润,偷税、漏税或欠税等违法行为时,可以自动按规定将违反物价管理法规所得非法收入如数退还用户,向国家补缴利润或税款并交付滞纳金。再如《公司法》的“法律责任”专章中,有不少条款作了“责令改正”违法行为的规定。对于改正违法行为这种法律责任,违法行为人在国家作出“责令改正”的决定之前自行改正违法行为,当然为国家所允许和鼓励。

(三)企业或其投资者处理

企业或其投资者处理是指企业或其所有者依法决定对责任人员追究其应当承担的法律责任。在企业法律责任中,可用这种方式进行追究的,只限于责任人员应当承受的纪律处分(行政处分)、经济处罚和经济赔偿。在企业违法行为的责任人员中,就国有企业来说,可以由企业处理的只限于在企业人事管理权限之内者,而按规定不归企业管理的,应按干部管理权限交企业主管部门或人事管理部门处理;就公司来说,按照《公司法》的规定,各种人员一般都可以由公司处理,但对国有股东所委派的董事(及其兼任经理),在实践中也可按人事管理权限分别由公司、委派单位或人事部门处理;就集体所有制企业来说,若责任人员是由投资者委派的厂长(经理),可以由投资者依法处理,而其他责任人员则由企业处理。

(四)责任减免

这是指有权追究法律责任的主体对法律责任承担者依法应当承担的法律责任,在具备责任减免条件时,依法决定减轻或免除。在企业法律责任中,无论民事责任、行政责任还是刑事责任,也无论企业承担的法律责任还是责任人员承担的法律责任,只要具备减免条件,都可予减免。民事责任的减免条件,既可以是法定的也可以是约定的;行政责任的减免条件,除依法可以由企业规章对纪律处分减免条件作出规定外,都是法定的;至于刑事责任的减免条件,则只能是法定的。

## 第四节 企业法律责任的原则

根据企业法规和相关法规中关于企业法律责任的规定,对企业法律责任制度有普遍的指导意义和制约作用的原则,可概括为以下几项。

(一)责任法定原则

在企业法律责任制度中,责任法定原则即指什么行为属于企业违法行为以及对企业违法行为应当追究什么法律责任,都由立法明确规定并且严格依法确定。其基本要求是:

第一,法定罚则在罚则体系中具有最高效力。作为企业法律责任制度内容的罚则体系,由立法规定的罚则条款、合同约定的罚则条款和企业规章规定的罚则条款所构成。其中,法定罚则属于基本罚则,其效力高于其他形式的罚则。即企业在合同中与对方当事人关于企业违约责任的约定和在企业规章制度中关于职工违纪责任的规定,都必须符合法规中关于企业违约责任和职工违约责任的规定。凡是不符合法定罚则的合同约定罚则和企业规章规定罚则，均不具有法律效力。

第二，具体确定企业或企业成员个人应否承担法律责任和承担什么法律责任，都必须严格以法定罚则为准绳。对于任何一个企业或企业成员个人而言，都必须依据适用于该企业或企业成员个人的法定罚则来界定其行为是否违法和承担何种法律责任。既不能要求不符合承担法律责任的法定条件的企业或企业成员个人承担法律责任，也不能要求符合这种条件者承担法定形式和幅度之外的法律责任。

### （二）责任平等原则

责任平等原则，是法律面前一律平等原则在法律责任制度中的体现。它作为企业法律责任制度的原则，有下述基本内容：

第一，各种企业，不论其所有制性质、隶属关系、组织形式、经济实力、所在行业、所在区域、经营方式、经济效益因素的不同，都应当平等地对自己的违法行为依法承担法律责任。任何企业都不具有规避法律责任的特权。对于不同企业的违法行为，只要在行为的性质、情节、后果等方面是相同或相近的，就应按同样的法定尺度追究法律责任，而不能允许有例外或歧视。

第二，对于任何企业违法行为相对人，无论国家机关、企业、事业单位、社会团体，还是个体经营者、公民；也无论是企业的上级管理机关、物资供应单位、产品经销单位，还是企业的消费者（用户）、职工，企业都应当平等地依法承担法律责任。在企业违法行为的相对人中，消费者、职工、个体经营者较之企业处于相对弱势地位，为保障其合法权益，必须防止企业因他们的弱势地位而不履行或不完全履行对他们应当承担的法律责任。

第三，企业违法行为的责任人员，不论其在企业内的身份、职位、资历等，都应当平等地对企业违法行为依法承担法律责任。

### （三）责任适当原则

法律责任与违法行为相适应，谓之责任适当。在企业法律责任制度中，责任适当原则的总要求是，以企业违法行为的危害程度作为确定和追究法律责任的根本依据，使所确定和追究的法律责任在轻重程度上同企业违法行为的危害程度相适应。这主要表现在：

第一，法律责任的性质与违法行为的性质相适应。企业违法行为在法律属性上有民事违法行为、行政违法行为和犯罪行为之区分，对它们应分别确定并追究企业及责任人员应当承担的民事责任、行政责任和刑事责任。例如，企业违反经济合同，就要追究民事责任；在签订和履行经济合同过程中违反价格管理法规，就要追究行政责任；利用经济合同进行犯罪活动，就要追究刑事责任。

第二，财产责任的性质和数额与违法行为的危害后果相适应。企业法律责任中的财产责任，有补偿性或恢复性财产责任与惩罚性财产责任之区分，前者如赔偿损失、没收或退还非法所得、追缴或补缴应交税款等，后者如罚款、罚金等。企业违法行为中，相对较轻者只需追究补偿性或恢复性财产责任，相对较重者还要追究惩罚性财产责任。例如，《商标法》规定，工商行政管理部门对侵犯他人注册商标专用权者，有权责令其赔偿被侵权人的损失；对情节严重者，可以并处罚款。就惩罚性财产责任而言,其数额大小应依违法行为的危害后果大小而定。

第三,非财产责任的惩罚程度同违法行为的严重程度相适应。以行政责任为例,对企业的非财产性行政处罚的轻重程度一般依次为警告、通报批评、责令停业(停产)、吊销营业执照;对责任人员的行政处分的轻重程度一般依次为警告、记过、记大过、降级、撤职、留用察看、开除。

### (四)责任自负原则

企业和责任人员各自有其独立利益,二者因实施企业违法行为而分别承担法律责任所造成的利益减少或丧失,应当是各自独立利益的减少或丧失。也就是说,二者都应当独立负担由于承担法律责任所导致的利益减少或丧失的后果,既不得对国家和违法行为相对人逃避这种后果,也不得将这种后果转嫁给没有实施违法行为的其他人。这就是企业法律责任制度中的责任自负原则。为了防止企业和责任人员逃避和转嫁其承担法律责任的后果,在《民法通则》、《公司法》和企业登记、企业财务、企业破产、经济合同等方面的法规中,都作了相应的规定。其内容有下述要点:

第一,各种企业都必须有不低于法定最低额的注册资金,企业的投资者对注册资金登记时不得谎报,在登记后不得抽走。

第二,法人企业以归其所有或经营管理的财产承担财产责任;非法人企业以投资者或合伙人自己所有或经营管理的财产承担财产责任,法定或约定承担连带责任者应承担连带责任。

第三,破产企业在法院受理破产案件前6个月到破产宣告之日的期间内,不得隐匿、私分、无偿转让财产;不得以非正常压价出售财产;不得为原来没有财产担保的债务提供财产担保;不得提前清偿未到期债务和放弃债权。

第四,企业承担财产责任的费用必须在法定的开支范围内支出。例如,违约金、赔偿金、滞纳金、罚款、罚息或加息等,应在税后利润中开支,不得计入成本或营业外支出,不得挤占上缴财政的收入;按规定缴纳的排污费可以列入成本,但从开征后的第3年起,继续超标准排污,按规定加收的排污费和罚款,应在税后利润中列支,不得列入成本;完不成承包经营合同的上交利润,应先用企业当年留利抵交,不足时用企业自有资金抵交;在租赁经营期间达不到租赁经营合同规定的经营总目标或欠交租金的,企业只能以其风险保证金抵补,不够部分应由承租方和保证人负责。

第五,责任人员承担财产责任的费用必须由本人负担,不得转嫁给企业。例如,对责任人员的罚款和由责任人员支付的赔偿金,一律不得用公款报销,但可由所在单位从本人工资中按规定扣除;可修复的废品修理费用和不可修复的废品损失,在计入成本前须扣除责任人员的赔偿额;承包企业的经营者和领导班子其他成员因完不成合同而承担的财产责任,应从其个人年收入中扣减;租赁企业的经营者和合伙承租成员因达不到合同规定的经营总目标或欠交租金而承担的财产责任,应从经营者的预支生活费或承租成员的年收入中抵补,个人承租企业的经营者对保证人的风险补偿则应从其个人收入中支付。

# 第二编　公　司　法

# 第五章　公司制度概述

## 第一节　公司的定义与特征

### 一、公司的定义

公司是一个历史定义，它是生产力发展到一定历史阶段而出现的一种企业组织形式，是商品生产和商品交换的必然产物，并随着资本主义市场经济的发展而逐步发展、健全和趋于完善。

我国经济体制改革的目标是要建立社会主义市场经济体制，而要发展市场经济，就必须建立和完善公司这种最为普遍、最为重要的企业制度。公司是现代企业制度的典型代表，它反映了现代社会经济发展的一般规律，适应了现代市场经济的发展需要，是融生产的社会化、资本的社会化、经营的社会化和风险的社会化于一体的企业制度。它创造了股权与公司法人所有权相互分离的财产运行方式，并通过权力分立、相互制衡的组织体制，形成了一整套科学的管理制度和规范手段，既维护了股东的合法权益，又保证了公司生产经营的有序运行。

《公司法》第 2 条规定："本法所称公司是指依照本法在中国境内设立的有限责任公司和股份有限公司。"第 3 条规定，"公司是企业法人，有独立的法人财产，享有法人财产权"。

对公司进行法律界定，目的在于揭示公司的本质属性、法律地位、设立目的及与其他企业的区别。一般来讲，所谓公司就是指依照公司立法所规定的条件和程序设立的、以营利为目的的企业法人。从这一定义中，我们可以看出公司是指依照商法、公司法或其他有关法律设立的以获取经营利润为目的的一种企业法人。

根据我们对公司所下的定义和国内外有关公司的立法规定，一般来讲，公司应具有以下四个法律特征：

第一，公司必须从事经营活动。公司作为企业的一种组织形式，从事经营活动是其基本的社会职能和活动方式。所谓经营活动就是有组织、有计划、有控制地进行商品的生产、流通或服务性活动。这就将公司同从事社会管理活动的国家机关，从事党务活动的党组织，从事文化、教育、卫生、体育活动的事业单位和从事社会公益活动的社会团体区别了开来。公司从事的经营活动必须具有连续性，即公司的经营活动应是连续不断的，它不是指一次性或偶然性的经营活动；公司的经营活动必须在登记的范围内进行。经营范围由公司章程确定，并依法登记。公司的经营范围中属于法律、行政法规限制的项目，应当依法经过批准。要改变公司的经营范围,必须依照法定程序修改公司章程并经公司登记机关变更登记;公司的经营活动还应具有自主性,公司在国家宏观调控下,有权按照市场需求自主组织生产经营,不受他人的非法干预。

第二,公司以营利为目的。营利性是公司的本质特性,是其作为商事主体的,区别于一般民事主体的主要特征。发起人设立公司的目的,投资人投资于公司的目的和公司从事经营活动的目的都旨在营利。所谓以营利为目的是指公司必须通过其经营活动获得经济上的利益,并通过合理的利润分配使股东也获得收益。因此,公司必须讲究成本核算,降低消耗,充分合理地利用其资本,生产出物美价廉、适销对路的商品,为用户和消费者提供优质的服务,从而以最小的物质消耗获得最大限度的经济利益,取得营利。需要强调的是,营利泛指公司因经营而获得利益,它不仅包括盈余,而且包括剩余财产,前者是指公司净资产额超过公司资本及公司公积金的差额部分,而剩余财产则是指公司解散时在清算程序中,清理债权、债务后,所剩余的财产。因此,以营利为目的是指公司将盈余和剩余财产按照章程及有关规定分配给各位股东,而不是仅指将盈余分配给股东。

第三,公司具有法人资格。综观各国公司立法,公司在法律上都居于企业法人的地位。因此,公司是具有法人资格的企业。所谓法人是具有权利能力和行为能力,依法独立享有民事权利和承担民事义务的组织。公司之所以为法人,是因为公司具备法人的基本特征和条件。即公司是依法成立的,公司拥有独立的必要财产,公司有自己的名称、组织机构和场所,公司能够独立承担法律责任。

公司法的内容主要围绕公司法人资格的取得、条件、合并、分立、通过清算程序消灭等展开,公司具有法人资格的特征,决定了公司法的主要内容,成为深入理解公司法的一条理论红线,关于这一点,我们还将在本书的后面专节加以论述。

第四,公司的标准具有法定性。世界各国的公司立法宗旨都是为了规范公司的组织和行为,因此,公司的组织和行为必须具有法定性。我国公司法对公司的种类、组织机构、权利义务、设立、变更和终止都做了专门规定。设立公司必须根据公司法规定的公司种类以及法律对各类公司所规定的条件和程序,即法定的标准进行。公司变更、终止和清算,也要根据公司法所规定的条件和程序进行。否则,不仅不会发生相应的法律效力,还要承担一定的法律责任。

### 二、公司与个人独资企业的区别

根据我国《个人独资企业法》第2条的规定,个人独资企业是指依照《中华人民共和国个人独资企业法》在中国境内设立,由一个自然人投资,财产为投资人个人所有,投资人以其个人财产对企业债务承担无限责任的经营实体。公司和个人独资企业都是现代企业的一种组织形式,但两者却有明显的区别:

第一,法律依据不同。公司是依据公司法设立的,而个人独资企业是依据个人独资企业法设立的。

第二,法律地位不同。公司是典型的企业法人,具有法人资格,而个人独资企业则是非企业法人,不具有法人资格。

第三,责任形式不同。按我国公司法的规定,公司的股东一般对公司债务承担的都是有限责任,股东不对公司的债权人直接承担责任,而个人独资企业的投资人要以自己的全部财产对个人独资企业的债务承担无限责任。

第四,财产结构不同。公司的财产与股东的财产必须彼此分离、严格区分,而个人独资企业的财产则与业主个人的财产混为一体。

第五,设立标准不同。设立公司必须按照公司法所规定的条件、程序进行,不仅条件严格,而且程序繁多。设立个人独资企业则要按照个人独资企业法所规定的条件、程序进行,不仅条件宽松,而且程序简便。

第六,组织机构不同。公司是典型的法人,一般应依法设置权力机构、业务执行机构和监督检查机构从事经营管理活动,而个人独资企业则是以个人为本位的企业,从事经营管理活动是否设立相应的组织机构由投资人自行决定。

第七,投资人的性质不同。公司的投资人即股东,既可以是自然人,也可以是法人,甚至还可以是国家,而个人独资企业的投资人则必须是一个自然人,而且只能是中国公民。

### 三、公司与合伙企业的区别

根据我国《合伙企业法》第 2 条的规定,本法所称合伙企业,是指自然人、法人和其他组织依照本法在中国境内设立的普通合伙企业和有限合伙企业。由于公司是在合伙企业的基础上逐步发展演变而来,所以,公司和合伙企业既有十分密切的联系,又有非常显著的区别。

第一,法律地位不同。公司与合伙企业都属于市场主体的范畴,但其法律地位截然不同。公司是一种典型的企业法人,而合伙企业是一种非法人式企业。

第二,成立基础不同。公司与合伙企业都是依法成立的企业,但成立的基础完全不同。公司成立的基础是公司章程,而合伙企业成立的基础是合伙协议。

第三,出资人的称谓不同。公司与合伙企业都是由出资者缔造的,但出资者的法律称谓却不相同。公司的出资人在法律上称为“股东”,而合伙企业的出资人在法律上称为“合伙人”。

第四,财产结构不同。公司与合伙企业都有一定的财产,但其财产结构迥然不同。公司的财产属于独立型,归公司所有,而合伙企业的财产属于共有型,归全体合伙人共有。

第五,责任形式不同。股东和合伙人都要对其出资兴办的公司和合伙企业承担法律责任,但它们承担责任的形式有所区别,按我国公司法的规定,股东对公司债务一般只承担有限责任,而在合伙企业中,一般普通合伙人对合伙企业债务要承担无限连带责任,有限合伙人仅以出资额为限承担有限责任。

第六,表决办法不同。公司和合伙企业都要对法定重大事项作出决策,但决策的表决办法不尽相同。公司若无特别规定,股东采取“资本多数决”的表决办法。而合伙企业若无特别规定,合伙人采取“人头多数决”的表决办法。

第七,业务执行主体不同。公司与合伙企业的业务都必须执行,但其执行的主体有明显的差异。公司的业务由董事会或执行董事执行,而合伙企业的业务由合伙人执行。

第八,利润分配办法不同。公司与合伙企业从事生产经营都是为了获取利润,但二者对利润的分配办法不尽相同。公司的利润若无特殊规定,原则上由股东按其认缴出资比例或股份比例分配,而合伙企业的利润则按照合伙协议的约定分配。

第九,清算者的法定形式不同。公司与合伙企业解散时依法都要进行清算,但清算者的法定形式并不相同。公司的清算者为清算组,而合伙企业的清算者为清算人。

## 第二节 公司的分类

### 一、以责任形式为标准对公司的分类

按股东对公司责任形式的不同,公司可以分为无限公司、有限责任公司、两合公司、股份有限公司、股份两合公司和保证有限责任公司六种类型。

#### (一)无限公司

无限公司是无限责任公司的简称。所谓无限公司是指由两个以上的股东所组织的、股东对公司债务负无限连带清偿责任的公司。无限公司是仅由无限责任股东组成的公司,它是典型的人合公司。无限公司的所有权与经营权是合一的,并不发生分离,因此,每个股东都有权执行公司的业务。无限公司的股东必须对公司的债务负无限连带清偿责任,所谓无限连带清偿责任是股东不问其出资方式、出资数量和盈亏分配比例,就公司债务向债权人承担全部偿还的责任。因此,这里的"连带"是对股东之间而言的,而非指股东与公司之间的连带。当公司资产不足以清偿债务时,债权人可直接要求全体股东或任何一个股东以自己所有的全部资产予以全额偿还。我国《公司法》没有确认无限公司这一公司形式。

#### (二)有限责任公司

有限责任公司是指股东以其出资额为限对公司承担责任,而公司则以其全部资产对公司的债务承担责任的公司。根据我国《公司法》的规定,有限责任公司是由50个以下的股东依法出资设立的。

#### (三)两合公司

所谓两合公司是指由一人以上的无限责任股东与一人以上的有限责任股东所组织的,无限责任股东对公司债务负无限连带清偿责任,有限责任股东对公司债务仅以其出资额为限对公司负责的公司。两合公司必须由无限责任股东和有限责任股东共同组成,其中每种股东至少要有一人,这是两合公司在股东方面的特殊要求,也是两合公司成立和存续的必要条件。如果仅剩下一种股东,两合公司就要解散或变更为另一种公司。两合公司是人合兼资合的公司,既有无限公司的特征,也有有限责任公司的特征,可以说是二者的嫁接形式。因此,两合公司中至少要有一个股东负无限责任,同时,至少也要有一个股东负有限责任。在两合公司中,由于无限责任股东和有限责任股东所负责任的不同,所以,股东在公司中的地位也不尽相同,有

限责任股东不得执行公司业务及对外代表公司，公司业务的执行和对外代表公司的只能是无限责任股东。我国《公司法》未规定两合公司这一形式。

（四）股份有限公司

所谓股份有限公司是指全部资本分为等额股份，股东以其所持股份为限对公司承担责任，公司则以其全部资产对公司债务承担责任的公司。股份有限公司是典型的资合公司，与有限责任公司一样，都具有责任有限性这一特征。责任的有限性，即股东责任的有限，股东仅以其所持股份为限对公司负责。它与有限责任公司的区别，主要体现在股东人数、股份发行、组织机构、股权转让、规模大小等方面。我国的股份有限公司又有上市公司和非上市公司之分。

（五）股份两合公司

根据我国台湾地区 1980 年以前"公司法"第 2 条的规定，所谓股份两合公司，是指由 1 人以上之无限责任股东与 5 人以上之有限股份股东所共同组织的，其无限责任股东对公司债务负无限连带清偿责任，有限股份股东以其所持股份对公司负责的公司。股份两合公司是两合公司的一种特殊形式，如果说两合公司兼有无限公司和有限责任公司的特点，那么，股份两合公司则兼有无限公司和股份有限公司的特点。正是由于这一点，股份两合公司的绝大多数问题都适用无限公司及股份有限公司的有关法律规定。股份两合公司在德、日、法的公司立法中均曾有规定，但这种公司形式实际上很少采用，德、日两国已经予以废除了。由此可见，股份两合公司基本上成了一种被时代淘汰了的公司形式，所以我国大陆公司法也没有确认这种公司形式。

（六）保证有限责任公司

保证有限责任公司是英国 20 世纪后期发展起来的一种公司形式。股东对公司债务所承担的清偿责任按其所承诺的出资的一定比例（如 5 倍或 10 倍）确定。因此，保证有限责任公司不是典型意义上的有限责任公司，而是介于无限公司与有限责任公司之间的一种公司形式。从本质上讲，它更像无限公司，只不过承担责任的财产范围不同，无限公司的股东以个人所有的全部财产对公司债务负无限连带责任，而保证有限责任公司的股东则仅以其所保证的财产承担责任，而不是以自己的全部财产承担责任。这样规定的目的主要是为了维护公司的信誉和确保债权人的利益。

## 二、以组织管辖系统为标准对公司的分类

公司依据其组织管辖系统，即是否具有从属关系，可划分为本公司和分公司。

（一）本公司

本公司，也称总公司，是指在组织上统辖其系统内所有分公司的具有法人资格的公司。它的资格要在公司章程中加以确认，并经公司登记机关核准登记，它有权对分公司实行统一管理、协调指导和监督检查。按照 2012 年修订的《企业名称登记管理规定》第 14 条的规定，企业

设立分支机构的,企业及其分支机构的企业名称应当符合下列规定:在企业名称中使用“总”字的,必须下设三个以上分支机构。因此,称为总公司的,必须下设三个以上分公司。否则,不能称为总公司,只能称为本公司。

### (二)分公司

分公司是指总公司在其住所以外依照法定条件和程序设立并受其统辖的从事经营活动,不具备法人资格的分支机构。分公司是从属于本公司的分支机构,是本公司内部的组成部分。分公司不具有法人资格,它虽有相对固定的资产、营业场所、一定的组织机构和负责人,但没有独立的法律人格、独立的权利能力和行为能力,不能独立承担法律责任,其法律责任由总公司承担。

分公司是总公司在其住所以外设立的从事经营活动的机构,属于总公司的组成部分,而非独立的公司法人,其法律地位可从两个方面描述:其一,在法律上不具有法人资格,没有独立的财产、组织章程、法人机关,也不能独立承担法律责任,其民事责任由总公司承担;其二,在我国,其被认为属于“其他组织”,具有民事主体资格和诉讼主体资格,在办理营业登记并领取营业执照后可以自己的名义对外营业并参与诉讼活动(这一特征使其和公司的职能部门区别开来)。

银行、保险公司等具有高度信用特征和经营风险的企业,通常采取设立分公司而非子公司的方式来拓展业务活动空间。

我国《公司法》第 14 条第 1 款规定,公司可以设立分公司。设立分公司,应当向公司登记机关申请登记,领取营业执照。分公司不具有法人资格,其民事责任由公司承担。

## 三、以公司之间的控制关系为标准对公司的分类

公司依据其控制关系为标准,可分为母公司和子公司。

### (一)母公司

母公司又称控股公司,是指拥有另一个公司一定比例的股权或通过协议方式能够对另一公司进行实际控制的公司。母公司具有独立的法人资格,能够以自己的名义独立进行经营活动并承担法律责任。母公司在客观上实际控制了子公司,它对子公司的重大事项拥有实际上的决策权。

### (二)子公司

子公司也称被控股公司,是指其一定比例以上的股权被另一公司所拥有或通过协议方式受另一公司实际控制的公司。子公司也具有独立的法人资格,它独立于母公司而存在,拥有自己独立的财产,能够独立从事经营活动,并独立承担法律责任,这是子公司同分公司的最大区别。子公司在客观上受到母公司的控制,一般也不能拥有母公司的股权。

母子公司间法律关系的特征可表现为:(1)母公司与子公司各自具有独立的法人资格;(2)母公司持有子公司的一定股份或与子公司订有企业合同;(3)母公司对子公司享有控制权。

根据母公司对子公司的控制关系，可将子公司分为：（1）全资子公司，即母公司持有子公司的100%股份，全资子公司实际上是法人一人公司。（2）绝对控股子公司，指母公司持有子公司超过50%但不足100%的股权。（3）相对控股子公司，指母公司持有子公司的股权虽低于50%，但仅仅依赖该股份表决权足以控制子公司。从经验数据看，这一相对控股区间多为50%—20%。如果公司持有他公司的股份，但仅凭股权控制机制又不足以控制后者的话，理论上称后者为“参股公司”。

我国《公司法》第14条第2款规定，公司可以设立子公司，子公司具有法人资格，依法独立承担民事责任。

正确理解子公司与分公司的区别，对于处理法律关系，明晰权利义务具有重要意义。子公司和分公司的区别主要表现为以下几点：（1）是否具有企业法人资格不同。子公司具有独立的企业法人资格；而分公司没有。（2）是否具有自己独立的名称、章程、组织机构不同。子公司具有自己独立的公司名称、公司章程和组织机构；而分公司没有。（3）资产的来源不同。子公司的资产可全部或部分来源于母公司，若资产全部来源于母公司，则形成了母公司的全资子公司，是一人法人有限公司；而分公司的资产要全部来源于本公司。（4）债务的承担不同。子公司具有独立的企业法人资格，依法独立承担民事责任；而分公司不具有独立的法人资格，其民事责任由总公司承担。（5）经营范围不同。子公司的经营范围可超出母公司的经营范围；而分公司的经营范围不得超出公司的经营范围。[1]（6）营业执照不同。子公司领取的是《企业法人营业执照》；而分公司领取的是《营业执照》。

### 四、以对外信用基础为标准对公司的分类

根据公司对外信用基础的不同，可以将公司划分为人合公司、资合公司和人合兼资合公司。

#### （一）人合公司

人合公司是指以股东个人的名誉、地位和声望作为对外经营活动的信用基础的公司。人合公司的信用基础在于人——股东，它着重于股东的个人条件，强调的是股东相互之间的信任，而不在乎公司资本的多寡。因为人合公司的股东是以他个人的全部财产承担责任的。无限公司就是典型的人合公司。

#### （二）资合公司

资合公司是指以资本的结合作为对外经营活动的信用基础的公司。资合公司的信用基础在于公司的资本，即公司的财产数额，而不注重股东的个人条件和信用。一般来讲，资合公司的资本数额大、股东人数多、经营规模大。股份有限公司是典型的资合公司。

#### （三）人合兼资合公司

人合兼资合公司介于人合公司与资合公司之间，是指以股东的个人信用与公司的资本共

---

〔1〕 参见2014年3月1日施行的《公司登记管理条例》第46条。

同作为对外经营活动的信用基础的公司。这种公司既有人合的一面,也有资合的一面,是两者的有机结合。有限责任公司、两合公司和股份两合公司皆系人合兼资合公司。

### 五、以国籍为标准对公司的分类

按照国籍的不同,可以把公司分为本国公司和外国公司。但各国确定公司国籍的标准并不相同,有的以住所来判断,有的以股东国籍来确定,有的以准据法来认定,有的以设立行为地来确定。我国则采用“复合标准”,即以准据法和设立行为地共同确定公司的国籍。

#### (一)本国公司

本国公司就是依照本国的公司立法在本国登记成立的公司,如我国的公司就是依照我国的《公司法》和《公司登记管理条例》在中华人民共和国境内登记成立的公司。本国公司所依据的法律只能是本国的公司法,而不能是外国的公司法,而且要在本国进行登记注册,依法取得法人资格。

#### (二)外国公司

外国公司就是指依照外国法律在中国境外登记成立的公司。外国公司具有外国国籍,是依据外国的公司法设立,并在中国境外登记成立的公司。外国公司依照我国公司法所规定的条件和程序,可以在我国境内设立分支机构,从事生产经营活动。外国公司是外国法人,依法可以在中国境内开展业务活动,其在中国境内的营业资格是由我国法律所赋予的。因此,外国公司在中国境内从事生产经营活动,必须遵守中国的法律、行政法规和规章,否则,就要承担相应的法律责任。

## 第三节　公司的名称、住所与能力

### 一、公司的名称

#### (一)公司名称的定义

公司名称,是指公司用以经营并区别于其他公司或企业的标志性固定称谓。任何一个公司都必须有自己的名称,就像自然人必须有自己的姓名一样。公司的名称是公司的人格性、独立性的具体体现,是公司设立登记,从事生产经营活动,并享有权利和承担义务的基本条件。正是基于以上理由,各国的公司立法都规定,公司必须要有自己的名称,这既是保障公司合法权益,确保交易方财产安全的需要,也是维护社会正常经济秩序的要求。

### (二)我国公司名称的立法规定

在我国,公司名称的立法规定主要有《公司法》第 8 条和其他有关法规、规章,如《企业名称登记管理规定》、《企业名称登记管理实施办法》和《公司登记管理条例》,其内容主要包括:

1. 公司名称的选定规则

(1)企业只能使用一个名称,在登记主管机关辖区内不得与已登记注册的同行业企业名称相同或者近似。确有特殊需要的,经省级以上登记主管机关核准,企业可以在规定的范围内使用一个从属名称。

(2)公司名称构成。根据 2004 年 6 月国家工商行政管理总局修订的《企业名称登记管理实施办法》第 9 条规定,企业名称应当由行政区划、字号、行业、组织形式依次组成,法律、行政法规和本办法另有规定的除外。比如北京天上地下汽车销售有限公司,北京为行政区划、天上地下为字号、汽车销售为行业、有限公司为组织形式。

公司名称中的行政区划是本公司所在地县级以上行政区划的名称或地名。市辖区的名称不能单独用作公司名称中的行政区划。市辖区名称与市行政区划连用的企业名称,由市工商行政管理局核准。省、市、县行政区划连用的公司名称,由最高级别行政区的工商行政管理局核准。

除国务院决定设立的企业外,企业名称不得冠以“中国”、“中华”、“全国”、“国家”、“国际”等字样。在企业名称中间使用“中国”、“中华”、“全国”、“国家”、“国际”等字样的,该字样应是行业的限定语。使用外国(地区)出资企业字号的外商独资企业、外方控股的外商投资企业,可以在名称中间使用“(中国)”字样。

名称的行政区划一般表述为“北京”或“北京市”,北京也可以在名称中间使用,但应加上括号,例如天上地下(北京)汽车销售有限公司;天上地下汽车销售(北京)有限责任公司。经国家工商行政管理总局核准,符合下列条件之一的企业法人,可以使用不含行政区划的企业名称:一是国务院批准的;二是国家工商行政管理总局登记注册的;三是注册资本(或注册资金)不少于 5000 万元人民币的;四是国家工商行政管理总局另有规定的。

字号是区别与己方从事的主要业务相同的其他企业的标志。公司名称中的字号应当由两个以上的字组成,如北京天上地下汽车销售有限公司,字号天上地下为四个汉字;但名称中字号不能为一个汉字,如北京天汽车销售有限公司。公司有正当理由可以使用本地或者异地地名作字号,但不得使用县以上行政区划名称作字号,县以上行政区划的地名具有其他含义的除外。

公司应当根据其主营业务,依照国家行业分类标准划分的类别,在公司名称中标明所属行业或者经营特点。公司名称中的行业表述应当是反映公司经济活动性质所属国民经济行业或者公司经营特点的用语。公司名称中行业用语表述的内容应当与公司经营范围一致。公司经济活动性质分别属于国民经济行业不同大类的,应当选择主要经济活动性质所属国民经济行业类别用语表述公司名称中的行业。公司名称中不使用国民经济行业类别用语表述公司所从事行业的,应当符合以下条件:一是企业经济活动性质分别属于国民经济行业五个以上大类;二是企业注册资本(或注册资金)1 亿元以上或者是企业集团的母公司;三是与同一工商行政管理机关核准或者登记注册的企业名称中字号不相同。

企业应当根据其组织结构或者责任形式，在企业名称中标明组织形式。所标明的组织形式必须明确易懂。《公司法》第8条规定，依照本法设立的有限责任公司，必须在公司名称中标明有限责任公司或者有限公司字样。依照本法设立的股份有限公司，必须在公司名称中标明股份有限公司或者股份公司字样。

(3)名称中不得含有以下内容或文字：外国国家(地区)名称、国际组织名称；政党名称、党政军机关名称、群众组织名称、社会团体名称及部队番号；有损于国家、社会公共利益的内容或文字；可能对公众造成欺骗或误解的内容或文字；其他法律、行政法规规定禁止的。公司名称中不得含有其他法人的名称，国家工商行政管理总局另有规定的除外。

(4)公司名称应当使用汉字，民族自治地方的公司名称可以同时使用本民族自治地方通用的民族文字。公司使用外文名称的，其外文名称应当与中文名称相一致，并报登记主管机关登记注册。公司名称应当使用符合国家规范的汉字，不得使用汉语拼音字母、阿拉伯数字，法律法规另有规定的除外。公司名称需译成外文使用的，由公司依据文字翻译原则自行翻译使用，不需报工商行政管理机关核准登记。

(5)公司设立分支机构的，公司及其分支机构的公司名称应当符合下列规定：一是在公司名称中使用"总"字的，必须下设三个以上分支机构；二是不能独立承担民事责任的分支机构，其公司名称应当冠以其所从属公司的名称，缀以"分公司"的字词，并标明该分支机构的行业和所在地行政区划名称或者地名；三是能够独立承担民事责任的分支机构，应当使用独立的公司名称，并可以使用其所从属公司的公司名称中的字号；四是能够独立承担民事责任的分支机构再设立分支机构的，所设立的分支机构不得在其公司名称中使用总机构的名称。

2. 公司名称的预先核准制度

为防止拟注册的公司名称被抢注并提高公司登记效率，许多国家和地区都实行公司名称预先核准制度。我国《公司登记管理条例》及《企业名称登记管理实施办法》亦将公司名称预先核准作为一项强制性制度予以规定，而其他类型的企业可以选择申请名称预先核准。依其规定，设立公司应当申请名称预先核准。法律、行政法规或者国务院决定规定设立公司必须报经批准，或者公司经营范围中属于法律、行政法规或者国务院决定规定在登记前须经批准的项目的，应当在报送批准前办理公司名称预先核准，并以公司登记机关核准的公司名称报送批准。

设立有限责任公司，应当由全体股东指定的代表或者共同委托的代理人向公司登记机关申请名称预先核准；设立股份有限公司，应当由全体发起人指定的代表或者共同委托的代理人向公司登记机关申请名称预先核准。申请名称预先核准，应当提交下列文件：(1)有限责任公司的全体股东或者股份有限公司的全体发起人签署的公司名称预先核准申请书；(2)全体股东或者发起人指定代表或者共同委托代理人的证明；(3)国家工商行政管理总局规定要求提交的其他文件。直接到工商行政管理机关办理企业名称预先核准的，工商行政管理机关应当场对申请预先核准的企业名称作出核准或者驳回的决定。予以核准的，发给《企业名称预先核准通知书》；予以驳回的，发给《企业名称驳回通知书》。通过邮寄、传真、电子数据交换等方式申请企业名称预先核准的，按照《企业登记程序规定》执行。

预先核准的公司名称有效期为6个月,有效期满,预先核准的名称自动失效。预先核准的公司名称在有效期内,不得用于经营活动,也不得进行转让。预先核准的名称可在有效期届满前30日内,向名称核准机关申请一次名称延期,申请名称延期应由全体投资人签署《预先核准名称有效期延期申请表》,有效期延长6个月,期满后不再延长,但国家工商总局核准的名称不予延期。

3. 不予核准的公司名称

公司名称有下列情形之一的,不予核准:(1)与同一工商行政管理机关核准或者登记注册的同行业公司名称字号相同,有投资关系的除外;(2)与其他公司变更名称未满1年的原名称相同;(3)与注销登记或者被吊销营业执照未满3年的公司名称相同;(4)其他违反法律、行政法规的。

## 二、公司的住所

自然人有自己的住所,作为法人的公司也必然有自己的住所。因为公司法人是法律所赋予的商事权利主体,需要进行必要的商事活动。而要进行必要的商事活动,就离不开作为开展商事活动必要前提的长期固定的中心活动地址,即住所。我国《公司法》第10条规定:"公司以其主要办事机构所在地为住所"。因此,我国法律所指的公司住所就是公司主要办事机构所在地。

住所是公司的主要属性,是公司章程的必载内容,确立公司的住所不仅有利于维护公司的合法权益和正常的社会经济秩序,而且具有十分重要的法制意义。公司设立登记时,公司的住所是必须登记的重要事项之一;公司纳税时,依法必须在其住所地进行;人民法院确定诉讼管辖的基本标准就是公司的住所,明确了公司的住所,也就确定了有管辖权的人民法院;公司的住所,也是确定公司债务履行地的法定标准之一;人民法院为公司送达诉讼文书,公司的住所即为送达目的地。

## 三、公司的能力

### (一)公司的权利能力

1. 公司权利能力的定义

公司的权利能力是指公司立法所赋予的公司能够参加法律关系,并在其中享有权利和承担义务的资格或能力。简言之,公司的权利能力就是公司依法可以享受权利、承担义务的资格。

公司只有依法具有了权利能力,才能取得企业法人的地位,才能成为独立的法律关系的参加者,才能享有某项具体的权利或承担某项具体的义务。由此可见,公司的权利能力并不等同于公司的权利,公司的权利能力是公司取得具体权利的资格、基础或前提条件。没有权利能力,公司便不能取得具体的权利,而公司取得具体权利,又是公司具有权利能力在具体法律关系中的一种体现,即公司的权利是公司权利能力得以实现的具体体现。

2. 公司权利能力的特征

公司的权利能力主要有以下4个特征:

第一,公司的权利能力从本质上讲,是公司的法律资格。如果公司没有这种资格,就不能参加法律关系,并在其中享受权利和义务。

第二,公司的权利能力不是天赋的,而是由国家的立法所赋予的。我国《民法通则》和《公司法》直接赋予公司以权利能力,使得公司能够成为法律关系的主体、独立的法人。

第三,公司的权利能力开始于公司依法成立之日,消灭于公司依法解散之日。设立中的公司没有权利能力。所谓设立中的公司是指自订立公司章程起至设立登记完成前尚未正式成立的公司,由于它正在创设之中,还没有办理公司的设立登记手续,没有领到营业执照,故设立中的公司依法没有权利能力。

第四,公司的权利能力在不同公司之间是不平等的。公司的权利能力因公司性质、公司任务、公司所在行业或经营范围的不同而有所区别,有的公司的权利能力大一些,有的公司的权利能力小一些,有的公司的权利能力的范围广一些,有的公司的权利能力的范围则窄一些。

3. 公司权利能力的限制

公司系法人,当然具有权利能力,但由于公司与自然人的性质不同,自然人有其自然实体,而公司则没有,再加之,国家基于政策上的考虑和公司制度本身的客观要求,公司的权利能力受到了较多的限制,这些限制主要体现在性质、法律规定和经营范围三个方面。

(1)性质上的限制。公司是一种企业法人,没有自然人的自然实体,因此,凡以性别、年龄、生命、身体及亲属关系为前提的权利和义务,公司一概不能享有,也无须承担。如公司不能享有婚姻权、继承权、监护权、生命权、身体权、自由权、亲属权和抚养权等权利,自然也不必承担与这些权利相应的义务,它只能享有与自然人的自然属性无关的名称权、名誉权、荣誉权、著作权、商标权和专利权等权利。除此之外,公司的权利能力不受主体性质的限制。

(2)法律上的限制。国内外的公司立法都明确规定,公司只能在法律规定的范围内具有权利能力,即公司的权利能力要直接受法律规定的限制。这些限制主要是指以下几种情况。

第一,有限责任公司和股份有限公司公司不得向无限公司、两合公司和合伙企业投资而成为其负无限责任的股东或出资人。无限公司和合伙企业的股东或出资人依法要对公司、企业的债务承担无限连带责任。如果允许公司向它们投资,就意味着公司要将对外承担有限责任的全部财产用来清偿它们所投资的公司的债务。这就加重了公司的责任限度,从而影响了公司股东和债权人的权益,也容易造成经济秩序的紊乱。公司可以向两合公司投资而成为负有限责任的股东,但不能向两合公司投资而成为负无限责任的股东,其道理与向无限公司、合伙企业投资相同。所以,为了维护公司股本的稳固,保护股东和债权人的利益,我国《公司法》第15条明确规定,公司可以向其他企业投资;但是,除法律另有规定外,不得成为对所投资企业的债务承担连带责任的出资人。

第二,对公司资金借贷的限制。我国《公司法》第148条规定,公司董事、高级管理人员不得违反公司章程的规定,未经股东会、股东大会或者董事会同意,将公司资金借贷给他人。

第三,公司对外投资和对外担保的限制。我国《公司法》第16条规定,公司向其他企业投资或者为他人提供担保,依照公司章程的规定,由董事会或者股东会、股东大会决议;公司章程对投资或者担保的总额及单项投资或者担保的数额有限额规定的,不得超过规定的限额。公司为公司股东或者实际控制人提供担保的,必须经股东会或者股东大会决议。前款规定的股东或者受前款规定的实际控制人支配的股东,不得参加前款规定事项的表决。该项表决由出席会议的其他股东所持表决权的过半数通过。我国台湾地区“公司法”也规定,公司除依其他法律或公司章程为保证者外,不得为任何保证人。

在理解《公司法》第16条时,需注意以下几点:一是对外投资和担保的规模。公司章程对投资和担保总额及单项数额有限额规定的,不得超过规定的限额。二是对外投资的决议方式。公司向其他企业投资,按照公司章程的规定由董事会“或者”股东(大)会决议。三是对外担保的决议:公司为“他人”(非股东、非实际控制人)提供担保的,按照公司章程的规定由董事会“或者”股东(大)会决议;公司为“股东或者实际控制人”提供担保的,“必须”经股东(大)会决议。接受担保的股东或者受实际控制人支配的股东不得参加表决,该项表决由“出席”会议的“其他股东”所持表决权的“过半数”(大于1/2)通过。

关于公司为他人提供担保的合同效力问题,审判实践中裁判尺度不统一,严重影响了司法公信力,有必要予以规范。对此,《全国法院民商事审判工作会议纪要》(以下简称《会议纪要》)明确规定,在处理时应当把握以下几点:

《会议纪要》第17条明确了违反《公司法》第16条构成越权代表。为防止法定代表人随意代表公司为他人提供担保给公司造成损失,损害中小股东利益,《公司法》第16条对法定代表人的代表权进行了限制。根据该条规定,担保行为不是法定代表人所能单独决定的事项,而必须以公司股东(大)会、董事会等公司机关的决议作为授权的基础和来源。法定代表人未经授权擅自为他人提供担保的,构成越权代表,人民法院应当根据《合同法》第50条关于法定代表人越权代表的规定,区分订立合同时债权人是否善意,分别认定合同效力:债权人善意的,合同有效;反之,合同无效。

《会议纪要》第18条明确了善意的认定。前条所称的善意,是指债权人不知道或者不应当知道法定代表人超越权限订立担保合同。《公司法》第16条对关联担保和非关联担保的决议机关作出了区别规定,相应地,在善意的判断标准上也应当有所区别。一种情形是,为公司股东或者实际控制人提供关联担保,《公司法》第16条明确规定必须由股东(大)会决议,未经股东(大)会决议,构成越权代表。在此情况下,债权人主张担保合同有效,应当提供证据证明其在订立合同时对股东(大)会决议进行了审查,决议的表决程序符合《公司法》第16条的规定,即在排除被担保股东表决权的情况下,该项表决由出席会议的其他股东所持表决权的过半数通过,签字人员也符合公司章程的规定。另一种情形是,公司为公司股东或者实际控制人以外的人提供非关联担保,根据《公司法》第16条的规定,此时由公司章程规定是由董事会决议还是股东(大)会决议。无论章程是否对决议机关作出规定,也无论章程规定决议机关为董事会还是股东(大)会,根据《民法总则》第61条第3款关于“法人章程或者法人权力机构对法定代表人代表权的限制,不得对抗善意相对人”的规定,只要债权人能够证明其在订立担保合同时对董事会决议或者股东(大)会决议进行了审查,同意决议的人数及签字人员符合公司章程的规定,就应当认定其构成善意,但公司能够证明债权人明知公司章程对决议机关有明确规定的除外。

债权人对公司机关决议内容的审查一般限于形式审查,只要求尽到必要的注意义务即可,标准不宜太过严苛。公司以机关决议系法定代表人伪造或者变造、决议程序违法、签章(名)

不实、担保金额超过法定限额等事由抗辩债权人非善意的,人民法院一般不予支持。但是,公司有证据证明债权人明知决议系伪造或者变造的除外。

《会议纪要》第 19 条明确了无须机关决议的例外情况。存在下列情形的,即便债权人知道或者应当知道没有公司机关决议,也应当认定担保合同符合公司的真实意思表示,合同有效:(1)公司是以为他人提供担保为主营业务的担保公司,或者是开展保函业务的银行或者非银行金融机构;(2)公司为其直接或者间接控制的公司开展经营活动向债权人提供担保;(3)公司与主债务人之间存在相互担保等商业合作关系;(4)担保合同系由单独或者共同持有公司 2/3 以上有表决权的股东签字同意。

《会议纪要》第 20 条明确了越权担保的民事责任。依据前述 3 条规定,担保合同有效,债权人请求公司承担担保责任的,人民法院依法予以支持;担保合同无效,债权人请求公司承担担保责任的,人民法院不予支持,但可以按照担保法及有关司法解释关于担保无效的规定处理。公司举证证明债权人明知法定代表人超越权限或者机关决议系伪造或者变造,债权人请求公司承担合同无效后的民事责任的,人民法院不予支持。

《会议纪要》第 21 条明确了权利救济。法定代表人的越权担保行为给公司造成损失,公司请求法定代表人承担赔偿责任的,人民法院依法予以支持。公司没有提起诉讼,股东依据《公司法》第 151 条的规定请求法定代表人承担赔偿责任的,人民法院依法予以支持。

《会议纪要》第 22 条明确了上市公司为他人提供担保合同的效力认定。债权人根据上市公司公开披露的关于担保事项已经董事会或者股东大会决议通过的信息订立的担保合同,人民法院应当认定有效。

《会议纪要》第 23 条明确了债务加入准用担保规则。法定代表人以公司名义与债务人约定加入债务并通知债权人或者向债权人表示愿意加入债务,该约定的效力问题参照本纪要关于公司为他人提供担保的有关规则处理。

第四,对收购本公司股份的限制。我国《公司法》第 142 条明确规定,公司不得收购本公司股份,但为减少公司资本而注销股份、与持有本公司股票的其他公司合并、将股份用于员工持股计划或者股权激励、股东因对股东大会作出的公司合并、分立决议持异议、将股份用于转换上市公司发行的可转换为股票的公司债券、上市公司为维护公司价值及股东权益所必需的除外。

第五,对接受本公司的股票作为抵押权标的的限制。我国《公司法》第 142 条还明确规定,公司不得接受本公司的股票作为质押权的标的。

(3)经营范围上的限制。公司的权利能力与公司的经营范围是相适应、相一致的。公司作为法人在设立登记时必须确定其经营范围并记载于公司章程之中,公司的经营范围中属于法律、行政法规限制的项目,应当依法经过批准。

### (二)公司的行为能力

1. 公司行为能力的定义

所谓公司的行为能力就是指公司在法律规定的范围内,通过自己的意思独立进行经营活动,并取得权利和承担义务的一种资格或能力。简言之,公司的行为能力就是公司能够通过自己的行为取得权利和承担义务的资格。行为能力是公司作为法人,参加法律关系的必要条件,公司没有行为能力，就无法行使法律所规定的权利，也无法承担法律所规定的义务。由此可见，公司的行为能力同公司的权利能力一样，都是公司必须具备的一种资格或能力。

2. 公司行为能力的特征

公司的行为能力同自然人的行为能力具有明显的区别：

第一，公司的行为能力与其权利能力是同时产生并同时消灭的。公司的行为能力与其权利能力同时产生，都产生于公司的成立之日，而且同时消灭，都消灭于公司的终止之日。公司没有了行为能力，必然丧失其权利能力。

第二，公司的行为能力与权利能力在范围上是一致的。公司行为能力的范围与权利能力的范围都是法律规定和章程载明的范围，两者没有区别。这就决定了公司的行为能力不能超出权利能力的范围，即不能超越其经营范围，否则，其行为无效。

第三，各个公司的行为能力并不相同。公司的行为能力虽同其权利能力的范围相一致，但每一个公司的行为能力的范围和大小并不相同。如有的公司的行为能力大，有的公司的行为能力却十分有限，有的公司只有工业方面的行为能力，而有的则只有商业方面的行为能力，有的甚至既有工业方面的行为能力，又有商业方面的行为能力。各公司的行为能力之所以不同，一方面取决于其权利能力，同时也取决于公司的性质、资本、设备条件和管理水平等。

3. 公司行为能力的实现

公司是一种法人，其本身并不具有思维能力、识别能力，也不能亲自实施法律行为，那么，公司的行为能力又是怎样体现和实现的呢？一般来说，公司的行为能力是通过公司的机关实现的，更具体点说，是通过公司机关的自然人成员的行为实现的，公司机关的行为，就是公司的行为。公司的机关是公司的代表者，不是独立的权利主体，而是公司有机体的组成部分，公司的行为能力就是通过公司的机关实现的。公司的机关应由意思表示机关、执行机关和监督机关三部分构成。公司的意思机关是公司意志的表示机关，公司的执行机关是公司的经营管理机关，公司的监督机关则是公司的监督检查机关。公司的机关就是这三部分构成的有机体。由于公司的机关是公司的有机组成部分，同公司密不可分，故公司机关的意志就是公司的意志，公司的意志通过公司机关的自然人表示出来，公司机关的行为就是公司的行为，公司的行为通过公司机关的自然人，如法定代表人和其他成员的代表行为表现出来。因此，凡公司机关及其成员在其权利范围内代表公司执行业务的行为，在法律上就认为是公司本身的行为，公司应对其承担一切法律后果。

### （三）公司的责任能力

1. 公司责任能力的定义

所谓公司的责任能力就是公司在进行经营活动时对自己所为的违法行为承担法律责任的资格或能力。公司的责任能力同公司具体承担的法律责任是不同的，公司的责任能力是指公司有无承担法律责任的资格问题，而法律责任则是公司违反国家有关法律、法规所应承担的具体法律责任，没有责任能力，公司的法律责任就失去了存在的前提和基础。

2. 公司责任能力的产生

我国公司立法规定公司具有责任能力，是由公司所拥有的权利能力和行为能力决定的。

公司既然拥有行为能力,也就必然要有责任能力,只有这样,公司才能成为一个真正的法人,真正的法律关系主体,才能确保交易对手的合法权益。我们知道,公司法人的机关与公司法人是一个有机统一体,是不能分离和割裂的,公司机关虽然是由自然人构成的,但这些自然人只要参加公司机关,为其组成人员,则其执行公司业务的意思表示就是公司法人机关的意思表示,而其形成的决议,就成了公司的意思,否则公司就无法进行任何意思表示,也就无法进行任何经营活动,因此,公司机关相对于公司犹如人之头脑相对于身体,公司本身无意志、思维活动,只有靠其头脑——公司机关来思考、决议,表示其意志。公司机关在其意志支配下所为的行为与公司的行为是同一的、不能分离的。因此,公司机关的行为就是公司的行为,而行为本身又有合法与非法之别,因合法行为而产生的权利和义务归公司享有和承担,这是公司行为能力实现的结果,与此相适应,因非法行为而导致的法律责任自然应由公司承担,因为公司机关的意志和行为就是公司的意志和行为。公司不仅要承担公司机关为其所为的合法行为,也要承担公司机关为其所为的非法行为,这便是公司具有责任能力的体现。只有确认公司的责任能力,才能完整体现公司法人的独立性,才能体现公司机关与公司的有机统一性,才能使公司成为真正的法律关系的参加者,才能更好地维护债权人的合法权益。因此,承认公司的责任能力就是承认公司行为能力的必然结果。

3. 公司责任能力的特征

公司的责任能力主要具有以下四个特征:(1)公司的责任能力是公司具有权利能力和行为能力的必然结果,公司没有权利能力和行为能力,也就没有责任能力。既然公司有权利能力和行为能力,也必然有责任能力。(2)公司的责任能力与公司的权利能力和行为能力是同时产生、同时消灭的。即它们都产生于公司的成立、营业执照的签发之日,也都消灭于公司的解散、营业执照的缴销之日。(3)公司的责任能力的具备是以公司行为能力的实现为前提条件的。只有公司以自己的行为实施了有关行为,而且是违法行为,才能使公司承担相应的法律责任,否则,公司的责任能力就无从谈起。(4)公司的责任能力从性质上讲,包括民事责任能力、行政责任能力和刑事责任能力三种形式。

## 第四节　公司资本及其立法原则

### 一、公司资本的含义

在经济学上,资本是指能够带来剩余价值的价值,也可以说是与物质再生产过程密切关联的一种能够带来增值的生产要素,通常包括“自有资本”和“借贷资本”两部分。在公司法上,公司资本是指由公司章程确定并载明的、全体股东的出资总额,它既包括货币出资,也包括实物、工业产权、非专利技术、土地使用权等非货币出资。公司资本是由股东入股投资于公司而形成的财产,因而又称之为“股本”。公司资本是股东对公司的永久性投资,是公司赖以生存的“血液”、公司运营的物质基础，是公司对其债务的总担保，也是债权人衡量公司对外信用程度的基本依据。总之，公司的资本，对于公司企业法人资格的取得、生产经营管理活动的顺利进行、债权人利益的保障及交易安全的维护有着十分重要的意义。

在公司实务中，公司资本主要有以下几种形态：

第一，注册资本。注册资本又称额面资本或核定资本，是指公司在成立时由公司章程所确定的、经公司登记机关登记注册的资本总额。

第二，认缴资本。认缴资本又称为发行资本，是指公司实际已向股东发行的资本总额，即股东承诺以货币或非货币方式认购的资本总额。认缴资本可能等于注册资本，也可能小于注册资本，但不可能超过注册资本。在实行法定资本制的国家，由于公司章程所确定的资本应一次全部认足，所以，认缴资本一般等于注册资本。在实行授权资本制的国家，由于公司的全部资本可以分期筹集，还可以分期缴纳，所以，认缴资本会少于注册资本。

第三，实缴资本。实缴资本又称实收资本或已付资本，是指股东已经向公司实际交付的资本总额，它是公司实际拥有的资本。在实行法定资本制的国家，实缴资本与认缴资本和注册资本都应一致。在实行授权资本制的国家，实缴资本与认缴资本和注册资本并不相同。

在我国，根据公司法的有关规定，公司资本专指注册资本。《公司法》第 26 条规定，有限责任公司的注册资本为在公司登记机关登记的全体股东认缴的出资额。法律、行政法规以及国务院决定对有限责任公司注册资本实缴、注册资本最低限额另有规定的，从其规定。第 80 条规定，股份有限公司采取发起设立方式设立的，注册资本为在公司登记机关登记的全体发起人认购的股本总额。在发起人认购的股份缴足前，不得向他人募集股份。股份有限公司采取募集方式设立的，注册资本为在公司登记机关登记的实收股本总额。法律、行政法规以及国务院决定对股份有限公司注册资本实缴、注册资本最低限额另有规定的，从其规定。从构成上讲，注册资本既不包括通过发行公司债券和向银行贷款所获得的借贷资本，也不包括从公司利润中提取的公积金和公益金。

## 二、国外的公司资本制度

西方各国公司法关于公司资本的规定虽然有所不同，但归纳起来，主要有法定资本制、授权资本制和认可资本制三种不同的资本制度。

### （一）法定资本制

大陆法系传统的公司法，为了确保债权人的利益和公司的对外信用基础，关于公司资本的规定大都体现了“法定资本制”的精神。所谓法定资本制是指公司在设立时，必须在公司章程中确定公司的注册资本，并在公司成立时由发起人一次性全部认足（指发起设立）或全部募足（指募集设立）的公司资本制度。根据法定资本制的要求，首先，公司章程必须记载符合法定资本最低限额的注册资本，其次，公司章程所确定的资本总额必须在公司成立之前全部认足或募足，最后，发起人在承诺出资后，必须实际履行缴纳出资的义务。

法定资本制既有其优点，也有一定的缺陷。从优点方面来看，它不仅确保了公司资本的真实可靠，有利于防止公司设立中的欺诈、投机等不法行为，而且使公司在成立时就有了足够的运营资本,确定了公司的对外信用基础,有利于维护公司债权人的合法权益和交易的安全。从缺陷方面来看,法定资本制要求在公司设立时必须一次性地筹到大量资本,从而不利于公司的迅速成立。由于公司成立之初,经营活动尚未全面展开,可公司一成立就筹到了大量的注册资本,这就很可能导致公司资本的积压和闲置。公司注册资本的确定,使得公司变更注册资本极为不便,因为,变更注册资本不仅要具备一定的法定条件,而且还要履行繁琐的法定程序。

(二)授权资本制

法定资本制立意至善,对债权人权益之保护甚为周到,但仍有不甚合理的地方。为了方便筹资,配合证券市场的发展需要,弥补"法定资本制"的不足,英美法系国家创立了"授权资本制"。授权资本制,原指国家授予发行权能的公司在其章程中所确定的股份资本。因为在特许主义时代,股份资本的发行当然是基于国家的授权。进入准则主义后,仍遗留着国家对公司赋予特定权能的授权思想,因此,对公司发行其章程所确定的股份资本,依然沿用传统的"授权资本制"一词。所谓授权资本制是指在公司设立时,虽然要在公司章程中确定注册资本总额,但发起人只需认购部分股份,公司就可正式成立,其余的股份,授权董事会根据公司生产经营情况和证券市场行情再分次发行的公司资本制度。根据授权资本制的要求,首先,公司章程既要载明公司的注册资本又要载明公司成立之前第一次发行的股份资本。其次,在授权资本制下,注册资本、发行资本、实缴资本、授权资本,同时存在,但各不相同。最后,发起人只需认购并足额缴纳章程所规定的第一次应发行的股份数额,公司即可正式成立。

客观来讲,授权资本制并非十全十美,同法定资本制一样,也有其明显的优缺点。其优点表现为:一是便于公司的尽快成立,因为它不必一次全部筹足公司章程所规定的注册资本,只要筹足一部分即可正式成立公司;二是不易造成公司资本的闲置和浪费,因为,其余股份在董事会认为实际需要时才会发行;三是免除了修改公司章程等变更注册资本的繁琐程序,因为在公司章程规定的注册资本限额内,董事会可以根据授权随时追加发行,而不必再去履行有关程序。其缺陷主要在于,它既容易引起公司设立中的欺诈和投机等非法行为的滋生,又不利于保护公司债权人的利益。因为在授权资本制下,公司成立之初所发行的资本十分有限,公司的财产基础缺乏稳固性,这就削减了对债权人的信用担保范围,从而不利于维护交易安全和保护债权人的合法权益。

(三)认可资本制

为了吸取"法定资本制"和"授权资本制"的优点,弥补两种资本制度的不足,又形成了一种介于法定资本制和授权资本制之间的新的公司资本制度——"认可资本制"。采用认可资本制的国家主要有德国和日本。认可资本制,也称为"折中资本制",具体是指在公司设立时,虽然公司章程中所确定的注册资本总额不必一次全部筹足,其余股份可以授权董事会根据实际情况随时发行,但这种发行股份的授权必须在一定期限内行使,并且首次发行的股份不得少于法定比例的公司资本制度。如《德国股份公司法》第202条规定,股份有限公司设立时,首次发行的股份不得少于章程规定的股份总额的1/2,其余部分授权董事会在为期五年内全部发行完毕。

在认可资本制的条件下,股份可以分次发行,公司在设立时可根据实际需要发行股份,从而不仅有利于公司的迅速成立,而且也不会造成公司资本的闲置和浪费,这正弥补了法定资本制的不足。同时,由于规定公司首次发行的股份不得少于注册资本的一定比例,甚至还规定了其余股份的发行年限,因此,公司债权人的利益也获得了相当程度的保障。由于它比单纯的授权资本制胜了一筹,所以,认可资本制已经成为现代公司资本制度的发展趋势。

## 三、我国公司资本的立法原则

我国公司法采用的公司资本制度为法定资本制。但是,我国公司法关于法定资本制的规定,经过了三个发展阶段:

### (一)第一个阶段:1994 年 7 月 1 日至 2006 年 1 月 1 日

这一阶段实行的是严格的法定资本制,充分体现了传统公司法中的资本三原则。

1. 资本确定原则

资本确定原则是指公司章程必须确定符合法定资本最低限额的注册资本总额,且应由发起人全部认足或募足,否则,公司便不能成立。为了体现资本确定原则,这一阶段的公司法明确规定:(1)设立公司必须符合法定资本最低限额;(2)公司的注册资本在公司成立时必须由发起人认足、募足和缴清;(3)出资人履行出资义务后必须经法定验资机构进行验资;(4)股东对非货币形式的出资必须承担出资差额的填补责任;(5)对“虚报注册资本”、“虚假出资”、“抽逃出资”等违法行为必须承担相应的法律责任。

2. 资本维持原则

资本维持原则是指公司在其存续过程中,必须经常保持与其注册资本额相当的财产。因为它要以具体财产充实抽象资本,故又称为资本充实原则。由于公司在成立时,注册资本即代表公司的财产,但在公司从事经营活动的一定时期内,其实际资本会由于种种原因(如公司盈利、亏损或资产贬值等)而发生变化,从而与注册资本不相吻合,也无法使公司按其注册资本额对债权人承担债务清偿责任。为了预防公司注册资本的实质性减少,维护公司的资本信用基础,确保公司的健康发展和切实保护公司债权人的利益,资本维持原则便应运而生。为了体现这一原则,这一阶段的公司法明确规定:(1)公司成立后,股东不得抽回向公司的投资;(2)发起人用于抵作股款的财产的作价不得高估;(3)股票的发行价格不得低于股票的票面金额;(4)公司向其他公司的转投资额一般不能超过公司净资产的 50%;(5)公司原则上不得收购自己所发行的股票,也不得接受本公司的股票作为抵押权的标的;(6)公司分配当年税后利润时,应当提取利润的 10% 列入公司法定公积金;(7)在公司弥补亏损之前,不得向股东分配股利。

3. 资本不变原则

资本不变原则并非指资本的绝对不可变更,而是指公司的注册资本一经章程确定,并经公司登记机关登记,即不得随意变更,如需增加或减少,必须严格按法定程序进行。资本不变原则是为配合资本维持原则而设立的一项法制原则。它们的立法宗旨是一致的,都是为了防止公司注册资本的减少,保护债权人的权益。但二者的角度有所不同,资本维持原则是从公司实有资本与注册资本数额的相互吻合方面来防止公司资本的实质性减少,而资本不变原则仅从注册资本数额本身来防止公司资本在形式上的减少。资本维持原则与资本不变原则是相辅相成,缺一不可的,只有二者相互配合,才能维持资本的真正充实,并防止形式资本额的减少,以保护债权人的利益。如果只有资本维持原则,而没有资本不变原则,公司的注册资本就可随时变更,公司财产减少时,公司即可相应减少其注册资本额,那么,资本维持原则也失去了实际意义。同样,如果只有资本不变原则,而没有资本维持原则,公司的注册资本从形式上虽不能变化、减少,但却可以使公司实有资本与注册资本不相吻合,造成公司财产的实际减少。为了体现这一原则,这一阶段的公司法对于公司资本的减少作出了严格的限制:(1)必须要有资本过剩或亏损严重的事实存在;(2)公司需要减少注册资本时,必须编制资产负债表和财产清单;(3)公司减少资本后的注册资本不得低于法定的最低资本限额;(4)公司减少注册资本必须由股东会或股东大会作出决议;(5)公司减资应当在法定期限内通知债权人并作出公告;(6)债权人在法定期限内有权请求公司清偿债务或者提供相应的担保;(7)公司减资必须向公司登记机关办理变更登记手续。

我国选择法定资本制,是由我国现在正处于由计划经济向市场经济转轨时期的特征所决定的。它有利于国家实现对公司的宏观调控,防止"皮包公司"的出现,维护正常的市场秩序,切实保护债权人的合法权益。但随着我国社会主义市场经济深入发展,这种严格的法定资本制已经不适应经济发展的客观需要,因此,2005 年对此进行了修改。

(二)第二个阶段:2006 年 1 月 1 日以后

这一阶段实行的是宽松的法定资本制。

修订后的公司法一方面降低了对公司最低注册资本额的要求,有限责任公司注册资本的最低限额为人民币三万元。股份有限公司注册资本的最低限额为人民币五百万元;另一方面规定公司发起人可以有条件地分期交纳向公司的出资。有限责任公司全体股东的首次出资额不得低于注册资本的 20%,也不得低于法定的注册资本最低限额,其余部分由股东自公司成立之日起两年内缴足,其中,投资公司可以在五年内缴足;采取发起设立方式设立的股份有限公司,全体发起人的首次出资额不得低于注册资本的 20%,其余部分由发起人自公司成立之日起两年内缴足,其中,投资公司可以在五年内缴足,在缴足前,不得向他人募集股份。其他方面,除了取消公司向其他公司的转投资额一般不能超过公司净资产的 50% 的限制外,基本上没有大的变化。

(三)第三个阶段:2014 年 3 月 1 日以后

这一阶段实行认缴资本制(更加宽松的法定资本制)。

2014 年 3 月 1 日起,公司登记实行注册资本认缴制。公司股东认缴的出资总额或者发起人认购的股本总额(即公司注册资本)应当在工商行政管理机关登记。公司股东(发起人)应当对其认缴出资额、出资方式、出资期限等自主约定,并记载于公司章程。有限责任公司的股东以其认缴的出资额为限对公司承担责任,股份有限公司的股东以其认购的股份为限对公司承担责任。公司应当将股东认缴出资额或者发起人认购股份、出资方式、出资期限、缴纳情况通过市场主体信用信息公示系统向社会公示。公司股东(发起人)对缴纳出资情况的真实性、合法性负责。

放宽注册资本登记条件。除法律、行政法规以及国务院决定对特定行业注册资本最低限额另有规定的外,取消有限责任公司最低注册资本3万元、一人有限责任公司最低注册资本10万元、股份有限公司最低注册资本500万元的限制。不再限制公司设立时全体股东(发起人)的首次出资比例,不再限制公司全体股东(发起人)的货币出资金额占注册资本的比例,不再规定公司股东(发起人)缴足出资的期限。

公司实收资本不再作为工商登记事项。公司登记时,无须提交验资报告。

现行法律、行政法规以及国务院决定明确规定实行注册资本实缴登记制的银行业金融机构、证券公司、期货公司、基金管理公司、保险公司、保险专业代理机构和保险经纪人、直销企业、对外劳务合作企业、融资性担保公司、募集设立的股份有限公司,以及劳务派遣企业、典当行、保险资产管理公司、小额贷款公司实行注册资本认缴登记制问题,另行研究决定。在法律、行政法规以及国务院决定未修改前,暂按现行规定执行。

由此可见,我国对公司法中资本制度的修订还是比较保守的,经过修改,仍然没有跳出法定资本制的范围。

# 第六章　公司法律制度概述

## 第一节　公司法的定义、特征与基本原则

### 一、公司法的定义

所谓公司法就是调整公司在设立、变更和终止以及其他对内对外活动中所发生的社会关系的法律规范的总称。具体来说，公司法就是规定公司的种类、确立公司的法律地位、规范公司的组织机构，界定股东、公司的权利义务、规定公司设立、变更和终止的法定程序的法律规范的总称。

从公司法的定义中，我们可以看出，公司法既调整公司的内部关系，也调整公司的外部关系。

公司的内部关系主要有：(1)发起人之间的关系；(2)股东之间的关系；(3)发起人与公司之间的关系；(4)股东与公司之间的关系；(5)公司与其职工之间的民主管理关系；(6)公司的权力机构、业务执行机构和监督机构之间的关系等。

公司的外部关系主要有：(1)公司与债权人之间的关系；(2)公司与政府或政府有关主管部门之间的关系；(3)公司与资产评估、验资、审计和法律服务等有关专业性机构之间的关系；(4)公司与债券持有人之间的关系；(5)公司与证券交易所之间的关系；(6)关联公司之间的关系等。

需要说明的是，公司法并不调整公司所有的内外部关系，它调整的只是一定范围的社会关系，即与公司组织特点直接相关的内外关系，而不调整与公司组织特点无关的内外关系。如公司与职工之间的劳动关系、公司与其他经营者之间的商品买卖、加工承揽和信贷关系等均不由公司法调整，而由其他相应的法律予以调整。

公司法是企业法的重要组成部分。用系统论的观点来看，企业法是一个大系统，在企业法这个大系统里，又有许多分支系统，如独资企业法、合伙企业法、公司制企业法、国有企业法、外商投资企业法等。由此可见，公司法和企业法之间是相互联系、相互配合的关系。从本质上讲，企业法与公司法之间是一种母子关系，公司法是企业法中的一个重要组成部分，企业法包括了公司法。但从我国目前的立法格局来看，公司法与企业法双轨平行、并驾齐驱，两者规范的对象并不相同，公司法仅规范作为企业组织形式之一的公司，而企业法则以个人独资企业、合伙企业、国有企业、集体企业、私营企业和外商投资企业为规范对象。总之，从法理的角度来

看，公司法是企业法的一个子系统，但从现实来看，公司法与企业法又有着不同的调整对象、立法体例和侧重点，因此，公司法与企业法之间既有联系又有区别。

## 二、公司法的性质

### （一）私法公法化的性质

随着社会主义市场经济体制的确立，我国法学界开始接受了西方传统的公法与私法的二元论。一般来讲，规定公权利义务关系的法律为公法，而规定私权利义务关系的法律为私法。公司法是以规定股东之间、股东和公司之间以及公司与交易相对人之间的权利义务关系为主的法律部门，因而具有私法的性质。但在公司法中也有不少属于公法范畴的规定，例如，公司法中关于公司审批登记的规定、国家对公司的监督管理规定和惩治公司犯罪的规定都是公法性质的法律规范。所以，公司法具有私法公法化的性质。换言之，公司法是私法和公法的有机融合，是受公法限制和干预较多的一个私法领域。

### （二）成文法的性质

从法律渊源来看，公司法具有成文法的性质。无论是以成文法为特征的大陆法系，还是以判例法为特征的普通法系，都有比较详细的成文公司法。公司法采取成文法的形式，是由其所涉及的内容决定的。对于公司的法律人格、组织设置、程序性规定、实体性内容，必须以系统而又全面的规范来确认，而最适合的确认方式就是成文法。公司法的成文法性质，并不意味着公司法单指某一个立法文件。从广义上讲，凡是有关公司组织和行为的法律渊源，都属于公司法的范畴。

### （三）人格法的性质

公司是企业法人，不仅是市场经济条件下最为重要的民事主体，而且具有独立的法律人格，故公司法具有人格法的性质。公司法中关于公司名称、住所、权利能力、行为能力、法定代表人、组织机构和行为准则等规定，均系公司法具有人格法性质的具体表现。公司法之所以赋予公司以法律人格，就在于维持公司之实体、给公司以充分自主的经营权，使其具有独立性，能够参加一定的法律关系，并在其中享受权利、承担义务。公司法的内容也是围绕公司法人格独立这一核心展开的，本章第二节还要对此进行深入的论述。

## 三、公司法的基本原则

世界各国的成文公司法都明示或包含了一些基本原则，借以体现其基本价值观念。从功能来看，公司法的基本原则是公司法律规范的高度抽象和概括，是公司法的性质、目的、任务和方法的综合体现，在公司法体系中起凝聚和统帅作用，在公司立法中起依据和准则作用，在公司执法中起指导和制约作用。

公司法的基本原则，就是公司依照公司法的规定，在设立、变更和终止以及其他对内对外活动过程中所必须遵循的根本准则。它是克服公司法局限性的重要工具，是贯穿于公司运行始终、调整公司内外部关系的根本准则。它对公司的对内对外活动具有普遍的指导意义,公司的各项规章制度都必须符合它的要求,否则便没有相应的约束力。

公司法的基本原则是由公司法的本质决定的。所以,在不同的国家和同一国家的不同历史时期,公司法的基本原则也不完全相同。但公司法的基本原则不是凭空产生的,它是公司发展实践的高度总结和经验概括。因而,公司法的基本原则在国际上又有一定的通用性。确认我国公司法的基本原则,既应充分考虑国内公司实践的具体情况,又要尽量向国际惯例靠拢。

从法理上讲,确定我国公司法的基本原则应综合考虑以下八个因素:(1)公司立法的指导思想;(2)国外成功的立法经验;(3)公司运营的基本规律;(4)繁荣我国市场经济的客观需要;(5)准则的根本性;(6)效力贯彻的始终性;(7)内容的特有性;(8)对公司立法、司法活动的普遍指导意义。

正是基于上述考虑,我们认为,我国应将以下四个原则确定为公司法的基本原则:(1)保护股东、公司和债权人合法权益原则;(2)有限责任原则;(3)股权平等原则;(4)公司内部权力合理配置原则。这四项原则是相互联系、密不可分的,都是我国公司法所应奉行的基本原则。我国公司法只有坚持这些原则,才能保障和指导国有企业的公司制改造,才能维护正常的社会经济秩序,真正发挥公司法的作用。

### (一)保护股东、公司和债权人合法权益原则

在公司这种现代企业制度中,存在股东、公司和债权人三种既密切联系又相互独立的利益主体。股东是公司的缔造者,没有股东,公司就成了无源之水、无本之木,而公司一旦成立,在股东和公司之间,不仅财产相互分离,而且人格彼此独立。依法成立的公司具有民事权利能力和民事行为能力,能够独立享有民事权利和承担民事义务。为了实现其职能,达到其设立的目的,公司必然开展相应的生产经营活动,而要开展生产经营活动,就须同债权人发生一定的业务往来关系。为了协调好股东、公司和债权人之间的这种特殊利益关系,保护股东、公司和债权人合法权益就成了我国公司法的首要原则。

1. 对股东权益的法律保护

在我国的公司实践中,股东权益受到非法侵害的现象时有发生,股东权益的保护亟须加强。

(1)股东行使权利的局限性决定了强化股东权益保护的必要性。公司的独立法人资格使股东不能直接支配其作为出资投入公司的财产,股东只能通过股东会或股东大会行使自己的权利。由于股东会、股东大会是公司的非常设机关,每年一般只举行一次会议,会议结束后,则由董事会具体执掌公司业务。因此,股东行使权利的确有一定的局限性。如果不强化对股东权益的法律保护,股东的权益就极易受到非法侵害。

(2)保护股东的权益有利于调动人们的投资热情。人们之所以投资于公司,成为公司的股东,其目的就在于分享公司在生产经营中所获得的利润,实现其增值愿望。如果忽视对股东权益的保护,势必挫伤人们的投资热情,甚至可能视投资公司为畏途,这对整个社会的经济发展是极为不利的。

(3)保护股东的权益是现代公司法的发展趋势。现在各国公司法大都出现了削弱股东会

的权限而强化董事会权限的立法趋势，并以不同的方式，将公司的经营管理权力划归董事会。董事会在公司经营管理方面享有法定的“专属权限”，凡属“专属权限”范围内的事务，董事会均有作出决定的全权，不受股东会的干预。为了适应股东的股权与公司法人所有权的分离，使股东权益免受董事和经理的侵害，现代公司法又强化了对股东权益的系统性保护措施。

我国《公司法》为保护股东的合法权益，赋予了股东一系列权利：一是股东会的出席权；二是按出资额、股份行使的表决权；三是临时股东会的请求召开权；四是按投入公司的资本额享有资产受益权；五是查阅权；六是建议权、咨询权；七是对剩余财产的分配权；八是对股东大会、董事会决议的诉讼权；九是对公司负责人的选择权；十是对出资、股份的转让权。所有这些权利的规定，都是我国公司法保护股东权益原则的具体体现。

2. 对公司权益的法律保护

公司作为独立的企业法人，必须由公司法保障其权利和利益。保护公司的权益是建立公司这种现代企业制度的基础，也是进一步完善我国法人制度的关键所在。只有切实保护了公司的合法权益，才能使公司真正成为市场竞争的主体和法人实体，才能使公司与股东之间的产权关系更加明晰。保护公司的合法权益，不仅为公司实行自主经营、自负盈亏、自我发展、自我约束机制奠定了坚实的基础，而且有利于公司按照市场需求自主组织生产经营，进一步提高经济效益、劳动生产率和实现增值保值的目标。

我国公司法对公司权益的保护，主要表现在以下十个方面：(1)公司享有由股东投资形成的全部法人财产权；(2)公司享有自主经营权；(3)公司以其全部资产为限对公司的债务承担责任；(4)公司对其经营范围享有依法变更权；(5)公司享有转投资权；(6)公司享有设立子公司和分公司的权利；(7)公司有合并、分立的权利；(8)公司实行法定公积金制度；(9)公司对其负责人有索赔权；(10)公司能以自己的名义在法院起诉和应诉。

3. 对债权人权益的法律保护

债权人作为与公司交易的对手，其权益必须得到国家的切实保护。保护债权人的权益就是保护与公司进行正常业务往来的其他经营者的债权和其他相应权利，就是保护社会正常交易的安全。在股东对公司仅以出资额为限承担责任的条件下，保护与公司发生交易关系的债权人的权益尤为重要。

我国公司法保护债权人权益的规定主要体现在：公司要有住所；公司不能成立时，发起人对其设立行为所生债务和费用负连带责任；公司不得任意减少注册资本；建立上市公司的信息披露制度；严格控制发行公司债券，等等。

### （二）有限责任原则

有限责任（Limited Liability）是公司作为典型法人所具有的最为重要的本质属性，是公司之所以迅猛发展和成为“世界经济脊梁”的动力源泉。我国公司法所规范的公司是指依法在中国境内设立的有限责任公司和股份有限公司，而有限责任公司和股份有限公司在责任方面奉行的都是有限责任原则。

1. 有限责任原则的确立

有限责任原则的确立经历了一个漫长的发展过程。在公司的历史长河中，最早形成的无限公司,同个人独资企业、合伙企业一样,采用的都是无限责任原则。在无限责任原则下,股东要以自己所有的全部财产对公司债务承担责任,由于投资风险太大,限制了人们的投资热情,致使企业规模不大,无法适应社会化大生产的需要。为了弥补无限责任的缺陷,有限责任原则便应运而生。在有限责任原则下,股东仅以其出资额或持有的股份为限对公司承担责任,这就分散了投资风险,使股东投资有了安全保障,有利于吸收社会闲散资金,筹措巨额资本,扩大经营规模,从而使公司有了更加广阔的发展前景。

虽然各国确定有限责任原则的历史不尽相同,但现代公司立法大多确立了有限责任制。法国在 1807 年颁发的《法国商法典》中设立了有限责任原则,英国于 19 世纪中期、美国于 20 世纪初也相继确立了有限责任原则。值得一提的是,英国确立有限责任原则的法制过程:英国于 1855 年 8 月通过的《有限责任法案》明确规定,具备法定条件的公司一经注册完毕,股东只负有限责任,责任的限度为股东所持股份的名义价值,并要求"有限"字样必须在公司名称中反映出来。虽然该法案实施数月后,旋即被 1856 年的《合股公司法》所取代,但有限责任原则依然被该法所确认。由于有限责任原则是由布拉姆威尔(Bramwell)勋爵提出来的,立法机关采纳后,该勋爵颇感自豪,并戏剧性地宣称要将"有限"(Limited)一词刻入自己的墓碑。

我国《公司法》确立的有限责任原则,适应了社会化大生产的发展需要,对促进政企分开,转换企业经营机制,提高企业经营管理水平,筹集社会资本,进一步分散投资风险有着十分重要的积极作用。有限责任适应了我国当前建立现代企业制度的客观需要。

2. 有限责任原则的含义

有限责任原则是股东的有限责任,即股东以其认缴的出资额或所持股份为限对公司承担责任;这里需要指出的是,有限责任专指股东对公司债务和亏损所负的以认缴出资或所持股份为限的有限责任,对于公司来讲,它对债权人承担的责任不是有限,而是无限,因为公司对其债务要以自己的全部资产予以清偿。

3. 有限责任原则的缺陷

有限责任原则对公司的发展起到了巨大的推动作用。但有限责任并非十全十美,不能将其推向极端化,其不足主要在于以下两个方面。

(1)不利于维护债权人的利益。有限责任对于股东、公司来讲,确实起到了降低投资风险和经营风险的作用,因而,特别有利于维护股东和公司的利益。但对债权人来说,这有失公允,因为,在股东、公司有限责任的原则下,公司资产可能无法满足债权人的请求,对超过公司资产的债务,公司不予以清偿,因此而造成的损失将完全由公司以外的债权人自己承担,这无疑是不公平的。

(2)不利于维护受害人的利益。随着市场经济的发展,科学技术的产业化,公司为社会财富的创造立下了汗马功劳。但公司的侵权行为,甚至犯罪行为也时有发生,而且造成了一系列严重的社会问题。公司对社会造成巨大的损失,但在有限责任的条件下,受害人的赔偿请求无法获得满足。因公司造成的损失最终还要受害人自己负担,这显然有失公平,不利于维护受害人的利益。

4. 有限责任原则的完善

有限责任作为经过长期实践而确立下来的原则,不仅成了现代公司的基石,而且是社会发展和法律演进的必然结果。它虽然不利于维护债权人和受害人的利益,但在无限责任原则下这种现象依然未能得到圆满解决。因此,如果否定有限责任原则,则会障碍投资者的积极性,影响经济的大力发展,社会也将为此付出巨大的代价。所以,如何避免乃至消除有限责任原则带来的负效应,就是急需解决的重大课题。为了克服有限责任的局限性,我国公司法结合我国公司实践中的现实问题,并借鉴国外成功的法制经验,进一步完善了有限责任制度,为追究股东、公司负责人的法律责任提供了有力的法律依据。修订后的《公司法》第20条规定,公司股东应当遵守法律、行政法规和公司章程,依法行使股东权利,不得滥用股东权利损害公司或者其他股东的利益;不得滥用公司法人独立地位和股东有限责任损害公司债权人的利益。公司股东滥用股东权利给公司或者其他股东造成损失的,应当依法承担赔偿责任。公司股东滥用公司法人独立地位和股东有限责任,逃避债务,严重损害公司债权人利益的,应当对公司债务承担连带责任。

可见,修订后的公司法借鉴了国外“法人格否认”或称“刺破公司面纱”的规则,是我国公司法与国际惯例接轨的重要途径和措施。“刺破公司面纱”(piercing the corporate veil)就是弥补有限责任缺陷的一种较为理想的法律措施。所谓“公司面纱”就是公司作为法人以其全部资产独立地对其法律行为和债务承担责任,股东仅以其出资对公司承担有限责任的情况。从法律上来讲,公司与股东是既有联系又相互区别的两个独立的法律主体。当公司资产不足以清偿其债务时,法律不能透过公司的这层“面纱”要求股东承担个人责任。但在英美司法判例中,法院为了弄清事实真相,制止欺诈,维护公平,可依衡平法,刺破公司法人的面纱,直接要求股东对公司的债务或行为承担责任。关于公司法人格否认制度,本章第三节还有详细论述。

总之,既要肯定有限责任原则的积极作用,又要采取适当措施弥补其缺陷,以便使其适应社会发展的需要,这就是我们对有限责任原则应有的基本态度。

### (三)股权平等原则

为了调整股东与股东、股东与公司之间的权利义务关系,各国公司法大多确定了股权平等原则。我国《公司法》虽未明确规定股权平等原则,但其内容却体现了股权平等原则的基本要求,因此,股权平等也是我国公司法的基本原则之一。

1. 股权平等原则的含义

股权平等是现代公司立法所奉行的基本原则,是公司组建及运作的基础,缺少这一原则,公司的内部机制就失去了应有的生命力。所谓股权平等原则是指股东以其出资额或股份为基础而享有平等待遇的原则,它是指股东在出资额或股份基础上的平等,而不是所有股东都享有同等权利。也就是说,一切股东在资本面前人人平等,股东只能按其交纳的出资额或所持的股份数享有权利、承担义务,股东享有的权利大小与其向公司投入的资本额成正比。只要股东投资的性质、数额相同,公司即要对其平等对待、一视同仁,而不能厚此薄彼、有所歧视,至于股东的社会地位、名望、民族、出身等与出资无关的各种因素均在所不问。因此,从某种意义上讲,股权平等原则就是只认资本,而不认人。

2. 股权平等原则的立法体现

我国《公司法》始终贯彻了股权平等原则,主要表现在以下三个方面:

(1)“一股一权”。根据我国《公司法》第42条和第103条规定,一般情况下,有限责任公司的股东按照出资比例行使表决权,股份有限公司的股东所持每一股份有一表决权。此谓“一股一权”的表决原则。股东行使表决权以其认缴的出资额或所持的股份数为依据,股东表决权的大小与其出资多少成正比,即拥有一份出资或股份就享有一个表决权,拥有若干份出资或股份就享有若干个表决权。

(2)“同股同价”。即同次认缴的出资和同次发行的股票,都应支付相同的价格。这里着重谈一下股份有限公司的同股同价问题。我国《公司法》第126条第2款规定:“同次发行的股票,每股的发行条件和价格应当相同。任何单位或个人所认购的股份,每股应当支付相同价额。”这即股份有限公司的“同股同价”规定。需要明确的是,同股同价只限于同期发行的同种股票之间,不同种类的股票,如优先股和普通股由于它们体现的股权性质不同,故不要求同股同价;不是同一次发行的股票,如先期与后期发行的股票,由于发行时公司的经营状况、财务状况、市场供求等因素不同,故也不可能要求同股同价。由于同种股票表示同质同量的股权,故同次发行的股票,每股发行条件和价格都应当相同。只有当同期发行的同种股票价格相同时,股东每股投入的资本才能相同,每股相同的投资便会产生相同的股权,股权才能实现真正的平等。

(3)“同股同权”、“同股同利”。我国《公司法》第126条第1款规定:“股份的发行,实行公平、公正的原则,同种类的每一股份应当具有同等权利。”这意味着,股东拥有相同的股份,就必须享有相同的权利、获取相同的利益。股东基于同等股份享有的同等权利,主要体现在表决权、查阅权、建议权、质询权等方面,而股东基于同等股份获取的同等利益,主要体现在股息、红利和剩余财产的分配等方面。

3. 股权平等原则的例外

为了维护所有股东的利益,防止多数股东对公司的垄断,从而损害少数股东的利益,各国公司法大多规定了股权平等原则的例外。从法理上讲,在多数股东滥用其表决权优势并损害少数股东利益的情况下,仍然坚持“一股一权”、“资本多数决”等股权平等的原则,就是以形式上的平等掩盖事实上的不平等。只有对股权平等原则作些适当限制,才能真正维护少数股东的利益。

国外对股权平等原则的例外规定,主要表现在以下两个方面:(1)对“一股一权”表决原则的例外。一般情况下,每股有一个表决权,但一个股东持有的股份超过法定比例(如3%)时,公司就可依章程或法律的规定对其表决权加以限制,如超过部分二股有一表决权或三股有二个表决权等。(2)对发行特别股的例外。公司除发行普通股之外,还可依法发行特别股,特别股股东同普通股股东享有的权利不同,公司可依章程的规定,对特别股股东的表决权予以剥夺或限制。这既是为方便公司筹资而作的特殊规定,也是股权平等原则的例外。

### (四)公司内部权力合理配置原则

现代各国公司法大多规定了公司的组织机构,并将公司内部权力分别在股东会(股东大会,下同)、董事会和监事会之间进行配置。这种制衡机制的确立,为公司的生存和发展奠定了坚实的法律基础。我国设立的公司必须建立与之相适应的内部管理体制,而内部管理体制实质上就是公司内部各个组织机构之间的权力配置问题。综观各国公司法对公司内部权力的规定，并结合我国的公司实践，合理配置公司内部权力应严格遵循以下原则。

1. 权力分立原则

权力分立原则是由英国的洛克、法国的孟德斯鸠提出、美国的汉密尔顿等人发展的一种政治学说。资产阶级取得政权后，被确认为宪法的一项基本原则。近代以来，由于受分权学说的影响，在公司内部组织机构设置上也体现了权力分立的原则。从理论上讲，国家权力需要分立，公司的权力也需要分立，所以，权力分立应是我国合理配置公司内部权力的首要原则。按照权力分立原则的要求，公司的重大问题决策权应由作为公司权力机构的股东会行使，公司的经营管理权应由作为公司业务执行机构的董事会行使，公司的监督检查权则应由作为公司监督机构的监事会行使。公司的三种权力分别由三种机构独立行使，不受非法干预，这就是权力分立原则的实质内容。

2. 权力制衡原则

国家权力失去制衡，必然出现腐败，公司内部权力缺乏制约与平衡，公司的激励和约束机制便无法形成。因此，权力制衡也是合理配置公司内部权力的重要原则。按照权力制衡原则的要求，配置给公司内部各组织机构的权力相互间必须存在制约与平衡关系，这种关系主要体现在以下两个方面：

(1)股东会与董事会之间的制衡关系。股东会作为公司的权力机构，有权选举和更换董事会，并决定董事的报酬。董事会依法应对股东会负责并报告工作，但董事会作为公司的业务执行机构，对经营管理有专属权，股东会不能通过决议对董事会的专属权限施加限制，并不得用以对抗第三人。

(2)董事会与监事会之间的制衡关系。为了防止董事会滥用职权，监事会依法有权采取适当措施，履行对董事会的监督职责，必要时，还可对董事提起诉讼。董事会有接受监事会监督的义务，但对监事会的指控享有抗辩权。

3. 权责对应原则

权责对应也是合理配置公司内部权力结构的一项重要原则。此项原则包括权力机构的权责对应、业务执行机构的权责对应和监督机构的权责对应三个方面的内容。权力机构的权责对应即决策权与决策责任对应，是股东会正确行使权力的前提条件；业务执行机构的权责对应即经营管理权与经营管理责任对应，是董事会正确行使业务执行权的基本保障；监督机构的权责对应则是监督检查权与监督检查责任的对应。我国公司内部权力结构不合理的现象，往往同其权责不对应有关，这就需要将权责对应作为一项原则固定下来，并使之具体化。

## 第二节　公司法的核心：公司的独立法人格

### 一、公司的法人格独立

我国《公司法》第2条规定："本法所称公司是指依照本法在中国境内设立的有限责任公

司和股份有限公司。”第3条规定:“公司是企业法人,有独立的法人财产,享有法人财产权”。

从公司的实质意义来讲,“公司”是指依照法律规定的条件和程序设立并以营利为目的具有法人资格的经济组织。公司是直接从事生产经营或服务活动的实体。由于法律赋予公司以完全独立的人格,所以它可以享受权利,承担义务,因而它是具有法人资格的组织。这是世界各国和地区的公司立法一致规定的。

按照《民法通则》第36条规定,法人是指“具有民事权利能力和民事行为能力,依法独立享有民事权利和承担民事义务的组织”。具体来讲,法人应当具备以下四个条件:依法成立;有必备的财产;能够独立承担民事责任;有自己的名称、场的组织体。我国《民法通则》根据法人的设立宗旨和活动性质的不同,又细分为企业法人、机关法人、事业单位法人和社会团体法人。由于公司以营利为目的,所以,它属于企业法人。我国《公司法》第3条已明确作了规定。依据我国台湾地区“公司法”的规定,公司为社团法人,因以营利为目的,故又为营利社团法人。香港《公司条例》规定:“任何2名或多于2名为合法目的而组织起来的人士,可在一份组织章程大纲(须以英文印制)内签署其名字,并遵从本条例中关于注册的其他规定,成立一间具法团地位的有限责任公司或无限法律责任公司”(第1部4成立具有法团地位的公司的方式)。因此,中国大陆和港澳台的公司均为法人,仅在名称上略有不同而已。

在关于确认公司法律人格的相关判例中,最著名的可谓“萨洛蒙诉萨洛蒙公司案”。[1] 在1897年,英国的“萨洛蒙诉萨洛蒙公司案”中,萨洛蒙是一个多年从事皮靴业务的商人。后来萨洛蒙成立了萨洛蒙有限责任公司,公司有足够的偿付能力。根据公司章程,萨洛蒙将他的妻子和5个孩子作为了投资者,萨洛蒙将他的鞋店作价39000英镑移转于该公司。公司付给萨洛蒙现金9000英镑,公司还发行了每股1英镑的股份共20000股给投资者,另外10000英镑作为公司欠萨洛蒙的债款,由公司发行给萨洛蒙10000英镑有担保的公司债。

公司不久陷入困境,从而进入清算程序。公司债务为7000英镑,公司资产可以足额清偿有担保的债券,但是对于无担保的债权人将一无所获。

萨洛蒙所持有的有担保的公司债权应优先于公司的无担保债权受清偿。公司一经正式注册,它就是一个独立法人实体,而不是萨洛蒙的代理人或者受托人。因此,萨洛蒙可以订立合同,也就成为公司的享有担保债权的债权人。法院认为萨洛蒙没有欺骗债权人或股东,而且他以经营生意而得到的任何利润都是完全被股东披露和同意的。

迈克诺顿大法官解释到:公司是一个区别于投资者的法人;虽然公司法人成立前后的业务可能是相同的,因为它是同一经理和相同人的手中收到的利润,但该公司在法律上不为他们的投资者或受托人的代理人。作为成员,投资者也不承担该条例所规定方式以外的任何形式的责任。

这是一宗具有深远影响的著名判例。萨洛蒙胜诉的原因在于,上议院认为,“从法律角度来看,该公司一经注册,就成了一个与萨洛蒙没有关系的独立的人。”也就是说,萨洛蒙是萨洛蒙,萨洛蒙公司是萨洛蒙公司。可见,“萨案”的意义重在确认公司法人的独立人格,以表明法人的独立人格不再是所谓“没有事实基础的纯粹虚构物”了。“萨案”并不理会萨洛蒙公司是

---

〔1〕 Vanessa Stott, *Hong Kong Company Law*($12^{th}$ *Edition*), Published by Longman Company 2008, p. 2.

一人公司还是多元公司。公司有多少股东,对本案影响不大。重要的是,“公司一经注册,便成为独立的法人”。

综上所述,公司具有法律上人的资格是很容易被证明的。它是一个独立于自然人人格以外的被拟制出来的人格。它可以像自然人一样订立合同,参与法律行为,被提起诉讼,拥有财产,甚至还可以成为犯罪和侵权的主体。

此外,由于公司是一个具有独立人格的法律主体,所以,所有者的变更不会导致其消灭,它会不断地延续下去。它会一直存在,直到被解散或者破产。由此可见,公司的独立法人资格是公司区别于个人独资企业和合伙企业的一个重要特征。

## 二、公司法人格独立是公司法的核心

公司法以法律的形式赋予公司以独立的人格,这是商品经济发展到一定阶段的必然结果,也是市场经济存在的前提。公司独立的法人人格的实施,意味着公司独立于股东,成为以自己的名义和财产参与民事活动并承担民事责任的独立主体。公司法除了在公司法的总则之中,对公司企业法人格进行原则性的规定之外,还在以后各章节的具体规定中对公司的法人格的地位进行维护。

《公司法》第二章“有限责任公司的设立和组织机构”和第四章“股份有限公司的设立和组织机构”是对公司如何取得法人资格的规定。公司的设立过程,就如同自然人在母亲子宫中的胎儿时期一样,虽然还不具备法人资格,但却是法人资格取得前的不可或缺的必要阶段,没有设立阶段的公司,也就没有以后正式成立的法人公司,在公司设立过程中,除了具备法定的资本、人员、名称、经营场所等条件外,还要按照公司法的规定,建设内部的组织机构,否则,这个公司法人就是一个“死法人”,而不是一个能够正常进行经营活动的“活法人”,设立中的公司,通过建立内部的股东(大)会、董事会、监事会、经理等组织机构,通过内部授权,将决策权交给股东会,执行权交给董事会,监督权交给监事会,然后,再通过机构内的授权,将具体的执行权交给董事、监事和经理等具有一定职责的自然人代替法人从事各种公司事务,如果公司法人不通过公司组织机构的中介,将具体职权授予具体的自然人,那么,公司法人就不能运转起来,就没法从事正常经营活动。

《公司法》第三章“有限责任公司的股权转让”和第五章“股份有限公司的股份发行和转让”是对公司股东资格确认和变动规则的规定,公司股东对公司的出资是公司取得维持公司人格存在的物质基础的公司经营资本的主要方式,同时,公司决策机构人员的变动,也会直接影响公司人格的未来发展方向,所以,公司的股权转让、股份的发行活动规则也与公司法人格独立密切相关。

《公司法》第七章“公司债券”和第八章“公司财务、会计”是对公司维持法人格独立所必需的资本的筹集和管理的规定。公司发展所需要的资本,除了上述通过发行股票向股东筹集以外,在必要的情况下,还可以通过发行公司债券的方式,向债权人筹集,这是公司取得资本的另一个重要方式,另外,公司通过股权和债券集中起来的大量资本,需要科学有序的管理和使用,才能发挥最佳效益,这就需要建立公司财务、会计制度,这样才能维护公司法人格的独立和持续发展。

《公司法》第九章“公司合并、分立”和第十章“公司解散和清算”的规定,也与公司法人格密切相关。公司合并、分立,实际上是两个或两个以上具备独立人格的公司合并为一个独立人格的公司,一个具备独立人格的公司分立成为两个或两个以上的独立人格的公司;公司解散和清算则是公司法人格正常或非正常消灭的过程。

## 第三节 公司人格否认制度

公司人格是独立的,法律也尽力维护公司人格独立的各种要求,但是,任何事物都不是绝对的,公司人格独立制度不能任由不法之徒恶意滥用,因此,公司法上就有了公司人格否认制度,其实,公司人格否认制度也是对公司人格独立的维护,一方面原因是否认公司人格的前提是有一个独立的人格存在;另一方面的原因是公司人格否认制度是通过对“坏人格”的否认,来确认对“好人格”的保护。

### 一、公司人格否认制度的概念

公司人格否认制度(disregard of corporate personality),是大陆法系国家的术语,在美国,该概念一般称为“刺破公司的面纱”(piercing the corporation' s veil);在英国,该概念一般称为“揭开公司面纱”(lifting the veil of the corporation),在德国一般称为公司“直索责任”,日本法上称为“法人格否认”,指在公司依法成立后,为阻止公司独立法人人格的滥用和保护公司债权人利益及社会公共利益,就具体法律关系中的特定事实,否认公司与其背后的股东各自独立的人格及股东的有限责任,责令公司的股东(包括自然人股东和法人股东)对公司的债权或公共利益直接负责,以实现公平、正义目标之要求而设置的一种法律措施。

公司人格否认的目的在于,防止或制裁滥用公司独立人格,以保护社会公共利益、维护公平交易及保护公司债权人。其所直接维护之主体,是公司债权人;其所直接指向的对象,是公司背后的股东;其所间接指向的对象,是社会公共利益;其所要达到的最终目的,是排除股东有限责任的法律适用。现该制度已被世界大多数国家接受并确立。

但这里应当指出的是,公司人格否认在一定意义上是否认公司独立人格,它仅是公司人格独立制度的补充,它的产生是由于公司人格独立制度的缺陷,这也正是法律设立公司人格否认制度的价值取向。公司人格否认不是对公司独立人格全面的永久的剥夺,亦不是对法人制度本身的否定,效力范围仅限于特定法律关系中,是典型的个案否认,不及于公司与其他当事人之间形成的法律关系。

### 二、公司人格否认制度的特征

公司人格否认作为在特定情形下对股东有限责任的修正和维护,是对公司、股东与债权人一种风险与权利的平衡,以实现“矫正的公平”。它具有以下特征:

第一,公司已取得独立法律人格,具有独立承担法律责任的能力。这是适用公司人格否认制度的前提。至于公司法律人格之取得是否具有合法性,则不作要求。公司人格否认制度具有个案性忽略公司法律人格而直锁股东责任的功能,其针对的是具有独立人格且人格被滥用的公司。若一公司未取得合法独立人格,则不存在适用公司人格否认制度的必要,因为只有具有独立人格的公司才存在法律人格被滥用的情况。因此,公司人格否认制度既不是对公司法律人格独立原则的否认,也不是对公司独立责任的否认,而恰恰是对公司法律人格独立与责任独立原则的恪守,是对实际上已经丧失独立人格的公司的一种揭示和确认。

第二,只适用于个案中的特定法律关系,而不具有普遍性。公司人格否认制度只是一种例外。通常情况下,公司独立法人人格和有限责任制度被适用于任何公司。只有当公司人格被滥用而损害到债权人和社会公共利益时,法院才可以在个案中对公司人格予以否定,直接追索股东责任。正如英美学者描绘的那样,公司人格被否认只用于特定情况下,好比在某些情形下以公司形式所竖立起来的有限责任之墙上被钻了一个孔,但对于被钻孔之外的所有其他目的而言,这堵墙依然矗立着。

第三,公司人格否认是对法人人格被滥用的一种事后规制。人格否认通过追究法人人格滥用者的责任,使滥用公司人格者对公司债务负无限连带责任,对公司债权人受损的一种救济,以体现法律所要求的将利益和负担公平、合理的分配。

第四,公司人格否认制度的适用具有被动性。公司人格否认制度适用的被动性,即法官不应主动采用该项制度否认公司法人人格,应该采取不告不理的原则,由利害关系人主动提起,法官被动审理。

### 三、《公司法》关于公司人格否认的立法规定

公司人格独立和股东有限责任是公司法的基本原则。否认公司独立人格,由滥用公司法人独立地位和股东有限责任的股东对公司债务承担连带责任,是股东有限责任的例外情形,旨在矫正有限责任制度在特定法律事实发生时对债权人保护的失衡现象。《公司法》关于公司人格否认的规定体现在两个条文中,分别是第 20 条第 3 款和第 63 条。《公司法》第 20 条第 3 款规定:“公司股东滥用公司法人独立地位和股东有限责任,逃避债务,严重损害公司债权人利益的,应当对公司债务承担连带责任。”对该条规定,《全国法院民商事审判工作会议纪要》中强调,在审判实践中,要准确把握《公司法》第 20 条第 3 款规定的精神。一是只有在股东实施了滥用公司法人独立地位及股东有限责任的行为,且该行为严重损害了公司债权人利益的情况下,才能适用。损害债权人利益,主要是指股东滥用权利使公司财产不足以清偿公司债权人的债权。二是只有实施了滥用法人独立地位和股东有限责任行为的股东才对公司债务承担连带清偿责任,而其他股东不应承担此责任。三是公司人格否认不是全面、彻底、永久地否定公司的法人资格,而只是在具体案件中依据特定的法律事实、法律关系,突破股东对公司债务不承担责任的一般规则,例外地判令其承担连带责任。人民法院在个案中否认公司人格的判决的既判力仅仅约束该诉讼的各方当事人,不当然适用于涉及该公司的其他诉讼,不影响公司独立法人资格的存续。如果其他债权人提起公司人格否认诉讼,已生效判决认定的事实可以作为证据使用。四是《公司法》第 20 条第 3 款规定的滥用行为,实践中常见的情形有人格混

同、过度支配与控制、资本显著不足等。在审理案件时,需要根据查明的案件事实进行综合判断,既审慎适用,又当用则用。

《公司法》第63条规定,“一人有限责任公司的股东不能证明公司财产独立于股东自己的财产的,应当对公司债务承担连带责任。”此即法人资格滥用推定制度。法院有权推定一人股东滥用法人资格的事实,但允许一人股东通过反证推翻。

对于《公司法》第20条第3款与第63条之间的相互关系问题,可以从以下四个方面理解:(1)两条规定适用的公司类型不同。根据立法框架,第20条第3款的规定位于第一章“总则”部分,其规定适用于所有的公司类型,既包括有限责任公司,也包括股份有限公司;而第63条的规定位于第二章“有限责任公司的设立和组织机构”第三节“一人有限责任公司的特别规定”中,其规定仅适用于一人有限责任公司这种公司类型。(2)适用公司人格否认的情形不同。第20条第3款适用于公司人格否认的所有情形,包括公司资本显著不足,利用公司法人人格逃避法律义务、人格混同等情形;而第63条仅适用公司人格否认的财产混同情形。(3)构成要件不同。第20条第3款要求公司股东滥用公司法人独立地位和股东有限责任的行为,目的是逃避债务,后果要求严重损害债权人利益,即行为要件、目的要件、后果要件要同时具备;而第63条仅要求股东财产与公司财产混同,目的是否是逃避债务、后果是否严重损害债权人利益在所不问,即只满足行为要件即可。(4)原告的举证责任不同。第20条第3款适用“谁主张,谁举证”原则,由作为原告的债权人承担举证责任;而第63条适用举证责任倒置原则,由被告一人公司股东承担举证责任,证明股东财产和公司财产没有混同。

## 四、公司人格否认制度的一般适用情形

### (一)公司资本显著不足

公司资本是公司独立承担民事责任的物质基础,也是公司人格否认中需要考量的重要因素。因此公司资本显著不足,往往是导致公司人格否认的重要因素。资本显著不足指的是,公司设立后在经营过程中,股东实际投入公司的资本数额与公司经营所隐含的风险相比明显不匹配。股东利用较少资本从事力所不及的经营,表明其没有从事公司经营的诚意,实质是恶意利用公司独立人格和股东有限责任把投资风险转嫁给债权人。不过,由于现代各国对公司注册的最低资本额都规定的比较低,在英美国家甚至不作规定,因而不能以公司注册的法定最低资本额为准,而应以公司设立或新业务开展时的注册资本为准。股东的出资必须符合公司经营事业、规模或经营风险的最低要求。公司资本应与其经营的事业和隐含的风险或经营规模相比较,明显不足时,才适用公司法人格否认制度。此外,作为公司法律人格要素的财产独立的时间应以公司设立之时为准。因此,衡量公司资本是否充足,也应以公司设立之时为时间标准。需要注意的是,如果公司设立时虽具有足额资本,但因控股股东的不当或不法行为(如抽逃出资)发生公司资本不足之事实,则仍应视为公司资本不足。

由于资本显著不足的判断标准有很大的模糊性,特别是要与公司采取“以小博大”的正常经营方式相区分,因此在适用时要十分谨慎,应当与其他因素结合起来综合判断。

### （二）利用公司法人人格规避合同义务或法律义务

这种情形表现为：(1)利用公司法人资格规避公司，如为规避竞业禁止义务而作为控股股东另设公司从事竞业交易等行为。(2)利用公司法人资格规避税法，股东滥用公司人格，通过利润转移、恶意破产等手段达到逃税目的。(3)利用公司法人资格规避强制执行法，为逃避执行公司，将公司财产转移至个人，其目的在于逃避执行等。

例如，为防止公司业务的不法行为可能导致的巨额赔偿，将本属于一体化的企业财产分散设立若干公司，使每一公司资产只达到法定的最低标准，并只投保最低限额的保险，因而难以补偿受害人之损失；或者利用公司形式逃避税务责任、社会保险责任或其他法定义务等。

### （三）股东与公司人格混同

股东与公司人格混同，是在审判实践中否认公司法人格案件适用情况最多的情形。《全国法院民商事审判工作会议纪要》第10条明确规定，认定公司人格与股东人格是否存在混同，最根本的判断标准是公司是否具有独立意思和独立财产，最主要的表现是公司的财产与股东的财产是否混同且无法区分。在认定是否构成人格混同时，应当综合考虑以下因素：(1)股东无偿使用公司资金或者财产，不作财务记载的；(2)股东用公司的资金偿还股东的债务，或者将公司的资金供关联公司无偿使用，不作财务记载的；(3)公司账簿与股东账簿不分，致使公司财产与股东财产无法区分的；(4)股东自身收益与公司盈利不加区分，致使双方利益不清的；(5)公司的财产记载于股东名下，由股东占有、使用的；(6)人格混同的其他情形。在出现人格混同的情况下，往往同时出现以下混同：公司业务和股东业务混同；公司员工与股东员工混同，特别是财务人员混同；公司住所与股东住所混同。人民法院在审理案件时，关键要审查是否构成人格混同，而不要求同时具备其他方面的混同，其他方面的混同往往只是人格混同的补强。

### （四）过度支配与控制

公司控制股东对公司过度支配与控制，操纵公司的决策过程，使公司完全丧失独立性，沦为控制股东的工具或躯壳，严重损害公司债权人利益，应当否认公司人格，由滥用控制权的股东对公司债务承担连带责任。实践中常见的情形包括：(1)母子公司之间或者子公司之间进行利益输送的；(2)母子公司或者子公司之间进行交易，收益归一方，损失却由另一方承担的；(3)先从原公司抽走资金，然后再成立经营目的相同或者类似的公司，逃避原公司债务的；(4)先解散公司，再以原公司场所、设备、人员及相同或者相似的经营目的另设公司，逃避原公司债务的；(5)过度支配与控制的其他情形。控制股东或实际控制人控制多个子公司或者关联公司，滥用控制权使多个子公司或者关联公司财产边界不清、财务混同，利益相互输送，丧失人格独立性，沦为控制股东逃避债务、非法经营，甚至违法犯罪工具的，可以综合案件事实，否认子公司或者关联公司法人人格，判令承担连带责任。

关于股东滥用公司人格的行为是否需要具备主观标准，一直存在主观滥用论和客观滥用论之争。主观滥用论认为，为了确保法的安定性，防止公司人格否认法理之被滥用，支配股东的主观滥用意图即主观目的要件必须确定,即公司背后的人格利用者必须具有违法或不当目的。客观滥用论则认为,强调主观要件不合乎社会的需要,而且会导致受害债权人的举证困难。因此,为真正体现权利滥用禁止的法律精神之本意,并减轻人格滥用目的的举证困难,人民法院在公司人格否认诉讼中不宜过分强调权利滥用的主观要件。

## 五、公司人格否认制度的适用原则

### (一)穷尽救济原则

通过上面的分析可以看出,公司人格否认制度实质上是一种事后规制而非事先预设,仅仅是一种事后的补救手段,并且是最后的补救手段。在承认公司人格否认规则的同时,应尽量限定和缩小该规则的适用范围,如果能在合同、侵权等其他现行法律制度中解决问题,则尽量不要适用该规则,即使万不得已需要适用该制度时,也要严格界定适用条件。唯如此,才能有效防止该制度被滥用,从而不致动摇整个公司制度的根本。

### (二)被动适用原则

与公司人格否认制度的事后规制性质相关联,究其本质,公司人格否认是一种司法规制而非立法规制。虽然包括我国在内的一些国家在立法上都对该制度予以了确认,但是正如一些学者所说:“作为衡平性制度,公司人格否认具有模糊性,立法仅为法官指出了一个方向,要它朝着这个方向去进行裁判,至于在这个方向上到底可以走多远,则全凭法官自己去判断。”从这个意义上说,立法上确立此制度,其最重要的目的在于是对法官的一种授权,为其在具体案件中适用公司人格否认来解决特定问题提供一个正当化依据。这也就是为什么一般在立法上对此制度予以确立的国家(基本上是大陆法系国家)往往都仅限于作一种原则性的规定而大多不制定具体化的操作准则,从而赋予法官在具体案件中极大的自由裁量权的原因所在。可以说,公司人格否认制度的重心和核心环节不在于立法而在于司法。

### (三)实际有效原则

应该看到,公司人格否认制度作为一种最终的事后补救措施,其自身能够发挥的作用也是有限的,绝非万能。例如公司人格否认理论在对上市公司进行规制时就难以有所作为。“从英、美、德、日等国的司法实践来看,在上市公司中适用法人格否认理论的比率是零。上市公司中,控股股东经常通过不公平关联交易等滥用人格的方式掏空公司资产,在最需要追究控股股东责任的地方,法人格理论出于成本效率的考虑而无所作为。”另外,通过适用公司人格否认制度,让股东承担无限责任也未必就能实现对债权人利益的保护,在许多时候股东的财力也许比公司还要差得多。并且股东自身还可以采取种种规避债务的措施。因此,在那些即使适用公司人格否认制度仍难以实现对债权人利益的保护的场合,适用该制度在事实上没有意义。

## 六、公司人格否认纠纷中当事人的诉讼地位

根据《全国法院民商事审判工作会议纪要》第13条的规定,人民法院在审理公司人格否

认纠纷案件时,应当根据不同情形确定当事人的诉讼地位:(1)债权人对债务人公司享有的债权已经由生效裁判确认,其另行提起公司人格否认诉讼,请求股东对公司债务承担连带责任的,列股东为被告,公司为第三人;(2)债权人对债务人公司享有的债权提起诉讼的同时,一并提起公司人格否认诉讼,请求股东对公司债务承担连带责任的,列公司和股东为共同被告;(3)债权人对债务人公司享有的债权尚未经生效裁判确认,直接提起公司人格否认诉讼,请求公司股东对公司债务承担连带责任的,人民法院应当向债权人释明,告知其追加公司为共同被告。债权人拒绝追加的,人民法院应当裁定驳回起诉。

**判例分析**　徐工集团工程机械股份有限公司诉成都川交工贸有限责任公司等买卖合同纠纷案

(最高人民法院审判委员会讨论通过　2013年1月31日发布)

关键词:民事　关联公司人格混同　连带责任

裁判要点:(1)关联公司的人员、业务、财务等方面交叉或混同,导致各自财产无法区分,丧失独立人格的,构成人格混同。(2)关联公司人格混同,严重损害债权人利益的,关联公司相互之间对外部债务承担连带责任。

相关法条:《中华人民共和国民法通则》第4条;《中华人民共和国公司法》第3条第1款、第20条第3款

**【基本案情】**

原告徐工集团工程机械股份有限公司(以下简称徐工机械公司)诉称:成都川交工贸有限责任公司(以下简称川交工贸公司)拖欠其货款未付,而成都川交工程机械有限责任公司(以下简称川交机械公司)、四川瑞路建设工程有限公司(以下简称瑞路公司)与川交工贸公司人格混同,三个公司实际控制人王永礼以及川交工贸公司股东等人的个人资产与公司资产混同,均应承担连带清偿责任。请求判令:川交工贸公司支付所欠货款10916405.71元及利息;川交机械公司、瑞路公司及王永礼等个人对上述债务承担连带清偿责任。

被告川交工贸公司、川交机械公司、瑞路公司辩称:三个公司虽有关联,但并不混同,川交机械公司、瑞路公司不应对川交工贸公司的债务承担清偿责任。

王永礼等人辩称:王永礼等人的个人财产与川交工贸公司的财产并不混同,不应为川交工贸公司的债务承担清偿责任。

法院经审理查明:川交机械公司成立于1999年,股东为四川省公路桥梁工程总公司二公司、王永礼、倪刚、杨洪刚等。2001年,股东变更为王永礼、李智、倪刚。2008年,股东再次变更为王永礼、倪刚。瑞路公司成立于2004年,股东为王永礼、李智、倪刚。2007年,股东变更为王永礼、倪刚。川交工贸公司成立于2005年,股东为吴帆、张家蓉、凌欣、过胜利、汤维明、武竟、郭印,何万庆2007年入股。2008年,股东变更为张家蓉(占90%股份)、吴帆(占10%股份),其中张家蓉系王永礼之妻。在公司人员方面,三个公司经理均为王永礼,财务负责人均为凌欣,出纳会计均为卢鑫,工商手续经办人均为张梦;三个公司的管理人员存在交叉任职的情形,如过胜利兼任川交工贸公司副总经理和川交机械公司销售部经理的职务,且免去过胜利川交工贸公司副总经理职务的决定系由川交机械公司作出;吴帆既是川交工贸公司的法定代表人,又是川交机械公司的综合部行政经理。在公司业务方面,三个公司在工商行政管理部门登记的经营范围均涉及工程机械且部分重合,其中川交

工贸公司的经营范围被川交机械公司的经营范围完全覆盖;川交机械公司系徐工机械公司在四川地区(攀枝花除外)的唯一经销商,但三个公司均从事相关业务,且相互之间存在共用统一格式的《销售部业务手册》、《二级经销协议》、结算账户的情形;三个公司在对外宣传中区分不明,2008年12月4日重庆市公证处出具的《公证书》记载:通过互联网查询,川交工贸公司、瑞路公司在相关网站上共同招聘员工,所留电话号码、传真号码等联系方式相同;川交工贸公司、瑞路公司的招聘信息,包括大量关于川交机械公司的发展历程、主营业务、企业精神的宣传内容;部分川交工贸公司的招聘信息中,公司简介全部为对瑞路公司的介绍。在公司财务方面,三个公司共用结算账户,凌欣、卢鑫、汤维明、过胜利的银行卡中曾发生高达亿元的往来,资金的来源包括三个公司的款项,对外支付的依据仅为王永礼的签字;在川交工贸公司向其客户开具的收据中,有的加盖其财务专用章,有的则加盖瑞路公司财务专用章;在与徐工机械公司均签订合同、均有业务往来的情况下,三个公司于2005年8月共同向徐工机械公司出具《说明》,称因川交机械公司业务扩张而注册了另两个公司,要求所有债权债务、销售量均计算在川交工贸公司名下,并表示今后尽量以川交工贸公司名义进行业务往来;2006年12月,川交工贸公司、瑞路公司共同向徐工机械公司出具《申请》,以统一核算为由要求将2006年度的业绩、账务均计算至川交工贸公司名下。

另查明,2009年5月26日,卢鑫在徐州市公安局经侦支队对其进行询问时陈述:川交工贸公司目前已经垮了,但未注销。又查明徐工机械公司未得到清偿的货款实为10511710.71元。

**【裁判结果】**

江苏省徐州市中级人民法院于2011年4月10日作出(2009)徐民二初字第0065号民事判决:一、川交工贸公司于判决生效后10日内向徐工机械公司支付货款10511710.71元及逾期付款利息;二、川交机械公司、瑞路公司对川交工贸公司的上述债务承担连带清偿责任;三、驳回徐工机械公司对王永礼、吴帆、张家蓉、凌欣、过胜利、汤维明、郭印、何万庆、卢鑫的诉讼请求。宣判后,川交机械公司、瑞路公司提起上诉,认为一审判决认定三个公司人格混同,属认定事实不清;认定川交机械公司、瑞路公司对川交工贸公司的债务承担连带责任,缺乏法律依据。徐工机械公司答辩请求维持一审判决。江苏省高级人民法院于2011年10月19日作出(2011)苏商终字第0107号民事判决:驳回上诉,维持原判。

**【裁判理由】**

法院生效裁判认为,针对上诉范围,二审争议焦点为川交机械公司、瑞路公司与川交工贸公司是否人格混同,应否对川交工贸公司的债务承担连带清偿责任。

川交工贸公司与川交机械公司、瑞路公司人格混同。一是三个公司人员混同。三个公司的经理、财务负责人、出纳会计、工商手续经办人均相同,其他管理人员亦存在交叉任职的情形,川交工贸公司的人事任免存在由川交机械公司决定的情形。二是三个公司业务混同。三个公司实际经营中均涉及工程机械相关业务,经销过程中存在共用销售手册、经销协议的情形;对外进行宣传时信息混同。三是三个公司财务混同。三个公司使用共同账户,以王永礼的签字作为具体用款依据,对其中的资金及支配无法证明已作区分;三个公司与徐工机械公司之间的债权债务、业绩、账务及返利均计算在川交工贸公司名下。因此,三个公司之间表征人格的因素(人员、业务、财务等)高度混同,导致各自财产无法区分,已丧失独立人格,构成人格混同。

川交机械公司、瑞路公司应当对川交工贸公司的债务承担连带清偿责任。公司人格独立是其作为法人独立承担责任的前提。《公司法》第3条第1款规定:"公司是企业法人,有独立的法人财产,享有法人财产权。公司以其全部财产对公司的债务承担责任。"公司的独立财产是公司独立承担责任的物质保证,公司的独立人格也突出地表现在财产的独立上。当关联公司的财产无法区分,丧失独立人格时,就丧失了独立承担责任的基础。《公司法》第20条第3款规定:"公司股东滥用公司法人独立地位和股东有限责任,逃避债务,严重损害公司债权人利益的,应当对公司债务承担连带责任。"本案中,三个公司虽在工商登记部门登记为彼此独立的企业法人,但实际上相互之间界限模糊、人格混同,其中川交工贸公司承担所有关联公司的债务却无力清偿,又使其他关联公司逃避巨额债务,严重损害了债权人的利益。上述行为违背了法人制度设立的宗旨,违背了诚实信用原则,其行为本质和危害结果与《公司法》第20条第3款规定的情形相当,故参照《公司法》第20条第3款的规定,川交机械公司、瑞路公司对川交工贸公司的债务应当承担连带清偿责任。

## 第四节　公司股东的权利和义务

公司的独立法人格,拥有人和物的两面性:公司财产属于公司所有,公司法人格对物或者说公司财产起着人的作用;而对公司的股东则起着物的作用,公司法人格是公司股东所有权的标的物。[2] 公司股东是指在公司成立时出资或者公司成立后合法取得公司股份(股权)并对公司享有权利和承担义务的人。股东是公司成立人的因素,也是成立公司的最基本要素之一。

### 一、股东资格的取得

就取得股东资格的时间及原因而论,股东资格的取得可分为原始取得和继受取得两种。

#### (一)股东资格的原始取得

股东资格的原始取得,是指直接向公司认购股份,包括设立取得和增资取得。凡在公司成立时就因创办公司或认购公司首次发行的股份而成为股东的,属原始取得之设立取得,这些股东即为原始股东。在有限责任公司与发起设立的股份有限公司中,原始股东包括公司的创办人与发起人;在募集设立的股份有限公司中,还包括公司设立时既已认购了公司股份的非发起人的认股人。此外,在公司成立后认购公司新增资本而取得股东资格的,属于股东资格原始取得之增资取得。

#### (二)股东资格的继受取得

股东资格的继受取得,又称传来取得或派生取得,包括转让取得、继承取得、赠与取得和因

〔2〕［日］神田秀树:《公司法的理念》,朱大明译,法律出版社2013年版,第7页。

公司合并而取得股东资格。其中转让取得是最常见的一种继受取得方式。无论何种类型的公司,股东的出资均可转让,但因公司的性质不同,法律对股东转让出资的限制也宽严有别。依次取得股东资格者即为继受股东。

## 二、股东资格的认定

股东资格,又称股东地位、股东身份,是投资人行使权利并承担股东义务的基础。在司法实践中,股东资格的确认经常是股东出资纠纷、股东名册记载纠纷、请求变更公司登记纠纷、股权转让纠纷及股东盈利分配请求权等纠纷判案的前提,又因股东资格的确认常关涉到股东、公司、债权人等各方利益的平衡,因此,股东资格的有无,不仅对投资人的影响深远,而且其判断标准的探讨对司法实践中公司其他纠纷的妥善解决意义重大。在此仅依《公司法》及《公司法司法解释(三)》的相关规定,结合我国公司实践进行简要阐述。

### (一)《公司法》对股东资格确认标准之考量

我国《公司法》并未明确规定股东资格的确认标准,但从相关条文分析,我们可得出股东资格的确认有以下六项标准:

第一,认缴或实缴出资。公司是以股东的投资行为为基础设立的,公司的资本是公司成立和存续的基础,出资是股东的法定义务,也应是取得股东资格的首要条件。需要思考的是,瑕疵出资(包括出资不实、出资虚假、抽逃出资等)是否影响股东资格的取得?可以明确的是,瑕疵出资不影响股东资格的取得,但影响股东权利的行使。其自益权,如股东红利分配请求权,若公司章程没有特别约定,按其实缴出资比例行使,但其共益权,如表决权,如公司章程没有特别约定,并不受瑕疵出资的影响。

第二,行使股权。从逻辑上讲,行使股权应是股东资格取得的结果,而不是股东资格取得的原因或判断标准。因此,在股东资格和股权确认时,实际行使股权只能起到辅助性的作用。但是,因为公司具有社团性,公司相关行为的发生,其效力往往不仅涉及股东和公司的利益,而且经常牵涉到公司雇员、公司债权人、公司所在社区的利益等。为了维护公司和社会的稳定,若当事人已实际享有股东权利,原则上应认定其具有股东身份;若否认其股东身份的存在,将导致公司中的许多行为无效,使已经确定的诸多法律关系发生改变,从而使各种利益无法达到和谐与平衡状态,进而影响交易安全和社会稳定。因此,对实际享有股东权利的当事人,原则上应认定其股东资格,但应责令补办相关手续。

第三,公司交付的出资证明书。出资证明书,是有限责任公司向股东签发的证明股东身份的文件。有限公司的出资证明书,其地位相当于股份有限公司的股票,其作用是表明股东履行了出资义务,是股东据以行使股东权利的凭证。根据《公司法》第 31 条的相关规定,向股东签发出资证明书是有限公司成立后的公司法定义务。因此,出资证明书具有证明股东资格的效力。

第四,公司章程的记载。有限责任公司的设立条件之一,是由全体股东共同制定公司章程;在股份公司中,则由全体发起人共同制定公司章程,且股东要在公司章程上签名、盖章。公司章程的制定和签署,说明行为人有成为公司股东的真实意思。因此,记载于公司章程上的有关股东姓名或名称、出资额等内容可作为确定股东身份的依据。

第五,股东名册。股东名册,指公司依法设置的记载股东及其所持股权的簿册,是有限责任公司必须置备的重要法律文件。《公司法》第32条第1款规定:有限责任公司应当置备股东名册,记载股东的姓名或者名称及住所。在无相反证明的情形下,公司股东名册的效力主要表现在以下三个方面:其一,推定效力。即在股东名册上记载为股东的,可推定为公司股东。《公司法》第32条第2款规定,记载于股东名册的股东,可以依股东名册主张行使股东权利。其二,对抗效力。即公司可以拒绝承认未在册的股东。这意味着当股东将其股权转让给第三人时,即使完成了股权转让款的支付,如果没有进行股东名册的变更,公司仍可拒绝承认股权受让人为公司的股东。其三,免责效力。即公司依法对在册股东履行了通知、送达、公告、支付股利等义务后,即可免除公司的相应责任,而不管股东名册上记载的是真实股东,还是傀儡股东。基于股东名册的权利推定效力,因此股东名册的记载具有证明股东资格的效力。实际上,纵观世界其他国家,股东名册在确认股东资格过程中常起着决定性的作用。如澳大利亚、德国。我国法律并未明确股东资格的确认标准中,哪项证据起着决定性的作用,这无疑是立法的一大缺憾,这一缺憾也造成了司法审判中的诸多困扰。

第六,工商登记。《公司法》第32条第3款的规定:公司应当将股东的姓名或者名称向公司登记机关登记;登记事项发生变更的,应当办理变更登记。未经登记或者变更登记的,不得对抗第三人。对公司外部的第三人而言,股权工商登记具有公信力,其有理由信赖公司股东工商登记的真实性,即使登记存在瑕疵,第三人仍可按照商法公示主义与外观主义的原则,认为登记是真实的。

### (二)实务界对股东资格确认标准之考量

审判实践中,由于公司立法对股东资格的确认标准缺乏明确规定,导致各地法院理解不同,并形成了处理该问题不同的见解和主张。关于股东资格的确认标准,实务界主要有以下三种观点:形式主义、实质主义和折中主义。

第一,形式主义。形式主义也称公示主义、外观主义,该观点认为,公司应当以对外公示的材料作为确认股东资格的基本标准,即在公司对外公示的材料中,登记为公司股东的人,即为公司股东。即使向公司出资,但在公司对外材料中不具备股东名义的人,不认定为公司股东。江苏省高级人民法院采形式主义,其认为工商登记在确认股东资格时具有较高效力。

第二,实质主义。实质主义又称意思主义、真意主义,是指在确认股东资格时,应探求相关当事人的真实意思,而不能以外在表示行为作为判断股东资格的基础。依此主张,无论公司名义上的股东是谁,但事实上向公司作出出资行为,且愿意加入公司,行使股东权利承担股东义务的人才是公司股东。因此,当实际股东与名义股东并存时,应以实际股东为公司股东。北京市高级人民法院采实质主义,核心观点是探求当事人的真实意思。

第三,折中主义。折中主义又称区分主义。该种主张认为,在处理公司内部股东权利义务方面,即在处理实际股东、名义股东、公司之间的法律关系时,应以实质主义为标准,以实际股东为公司股东。在涉及公司外部法律关系方面,即在处理实际股东、名义股东与第三人之间的法律关系时,应以形式主义为标准,以名义股东为公司股东,名义股东对外承担股东义务后,可依其与实际股东之间的内部协议,行使相应的追偿权。上海市高级人民法院采折中主义,核心观点为区别内外关系而采用不同标准。

### (三)《公司法司法解释(三)》关于股东资格确认标准之新考量

第一,在处理公司内部争议当事人之间的纠纷时,突出实际出资义务标准。在处理公司内部争议当事人纠纷,如实际出资人与显名股东的股东资格确认纠纷时,股东实际出资对于股东资格的取得具有更高的证明力,这主要从以下条文中予以体现,即《公司法司法解释(三)》第22、23条及第24条第2款。《公司法司法解释(三)》第22条规定,当事人之间对股权归属发生争议,一方请求人民法院确认其享有股权的,应当证明以下事实之一:其一,已经依法向公司出资或者认缴出资,且不违反法律法规强制性规定;其二,已经受让或者以其他形式继受公司股权,且不违反法律法规强制性规定。第23条规定,当事人依法履行出资义务或者依法继受取得股权后,公司未根据《公司法》第31条、第32条的规定签发出资证明书、记载于股东名册并办理公司登记机关登记,当事人请求公司履行上述义务的,人民法院应予支持。由此可知,当股东实质出资后,其形式要件如出资证明书的签发、股东名册的记载等方面有所欠缺时,公司负有补正形式要件的义务。第24条第2款规定,前款规定的实际出资人与名义股东因投资权益的归属发生争议,实际出资人以其实际履行了出资义务为由向名义股东主张权利的,人民法院应予支持。名义股东以公司股东名册记载、公司登记机关登记为由否认实际出资人权利的,人民法院不予支持。

若实际出资人想显名,即转为显名股东,实质上相当于显名股东的股权对外转让给实际出资人,应和股权对外转让的立法精神保持一致,因此,《公司法司法解释(三)》第24条第3款规定,实际出资人未经公司其他股东半数以上同意,请求公司变更股东、签发出资证明书、记载于股东名册、记载于公司章程并办理公司登记机关登记的,人民法院不予支持。《全国法院民商事审判工作会议纪要》第28条规定,实际出资人能够提供证据证明有限责任公司过半数的其他股东知道其实际出资的事实,且对其实际行使股东权利未曾提出异议的,对实际出资人提出的登记为公司股东的请求,人民法院依法予以支持。公司以实际出资人的请求不符合《公司法司法解释(三)》第24条的规定为由抗辩的,人民法院不予支持。

第二,在处理公司与争议股东之间纠纷时,突出股东名册标准。即在处理公司与争议股东之间关系时,股东名册对于股东资格的取得具有更高的证明力,主要体现在《公司法》第32条规定中。《公司法》第32条规定,有限责任公司应当置备股东名册,记载下列事项:一是股东的姓名或者名称及住所;二是股东的出资额;三是出资证明书编号。记载于股东名册的股东,可以依股东名册主张行使股东权利。公司应当将股东的姓名或者名称向公司登记机关登记;登记事项发生变更的,应当办理变更登记。未经登记或者变更登记的,不得对抗第三人。

第三,在处理公司的外部关系,即涉及公司外部第三人时,突出工商登记标准。在处理公司的外部关系时,即在股东资格确认过程中,涉及外部第三人时,突出形式主义,工商登记具有更高的证明效力。由于工商登记证据在处理对外关系上具有很强的公示公信力,因此,工商登记在股东资格确认过程中对抗第三人效力的规定,在《公司法司法解释(三)》中得到了进一步的明确和强化。《公司法司法解释(三)》第26条规定,公司债权人以登记于公司登记机关的股东未履行出资义务为由，请求其对公司债务不能清偿的部分在未出资本息范围内承担补充赔偿责任，股东以其仅为名义股东而非实际出资人为由进行抗辩的，人民法院不予支持。由此可知，当涉及公司债务，即公司外部的债权人行使请求权时，工商登记再次彰显其处理公司外部关系纠纷最高的证据证明力作用。

将以上三种股东资格的确认标准结合起来，我们发现，公司股东资格实际上可分为对内资格和对外资格，当涉及外部第三人时，工商登记具有判断股东资格的最高效力；当仅涉及公司和公司内部股东时，出资义务的履行和股东名册实际上发挥了更高的判断效力。这种颇具操作性的规定将对各地法院审理各类股东资格确认之诉纠纷提供良好的法律依据，有利于司法审判的高效和统一。

### 三、股权的概念和性质

股权，股东权利的简称，指股东基于股东身份在法律上对公司享有的权利总称。我国《公司法》第4条对此作了概括性规定，即“公司股东依法享有资产收益、参与重大决策和选择管理者等权利”。

关于股权的性质，理论上颇有争论，其观点主要有社员权说（王保树、刘俊海赞成）、股东地位说、所有权说、债权说、独立民事权利说（范建、赵旭东、周友苏赞成）等观点，大陆法系通说认为股权是兼具财产性权利和非财产性权利的一种社员权，本书亦持此观点，但对其争论性不再分析。

### 四、股权的分类

分类是出于简化和分析的必要。任何一种分类，都不可能非常精确。股权分类尤其如此。一般而言，常见的股权分类包括：

#### （一）自益权与共益权

依照股东行使股权是单纯为自己利益还是兼为公司、其他股东利益为标准。此种分类方法是公司法理对股权所作出的最基本的分类，也是公司实践中最常见的股权分类。自益权，是指专为股东自己利益而行使的权利。如股利分配请求权、剩余财产分配请求权、优先认缴增资权、股权外部转让的优先购买权等。共益权，是指股东为自己的利益并兼为公司的利益而行使的权利。如股东会议召集请求权、提案权、出席会议权、表决权、知情权、公司决议撤销权等。

自益权与共益权主要有如下区别点：第一，自益权重在保护股东个人利益，而共益权重在保护公司和全体股东的利益。第二，自益权主要是财产权，是股东投资的本来目的所在；而共益权主要是公司事务的参与权，实际上是为了更好地实现投资收益权而必不可少的管理性权利。第三，所有的自益权均是单独股东权，但共益权中既有单独股东权，又有少数股东权。

#### （二）固有权和非固有权

依据股权是否可受到法律之外的剥夺或者限制为标准进行的分类。固有权，又称法定股东权,是公司法赋予股东的,不得以公司章程或公司决议予以剥夺或加以限制的权利,比如投票权。非固有权,又称为非法定股东权,是可以由公司章程或公司决议加以限制、剥夺的股东权利。一般而言,共益权多属固有权,自益权多属非固有权。

这一分类的意义,在于明确哪些权利可依章程或公司决议予以剥夺、限制,哪些权利不得以此方法予以剥夺、限制,以增强有关当事人的权利意识和守法意识。凡对固有权加以限制的行为均为违法行为,股东可依法主张其权利,并采取相应的补救措施。

### (三)单独股东权和少数股东权

依据股权行使是否须具备一定的股权比例为标准进行的分类。单独股东权,是指只要具备股东身份就可单独行使的权利,而不问其持股数额多寡。少数股东权,指持有一定比例股权的股东才能行使的权利,具体比例由法律或者公司章程规定。少数股东权的核心要求是"股权达到一定比例",故行使少数股东权的股东既可以是持股之和达到该比例的数个股东,也可为持股比例达到该比例的单个股东。

在性质上,股东的自益权均属单独股东权,共益权中既有单独股东权,也有少数股东权。如《公司法》第 151 条是关于股东代表诉讼的规定,董事、高级管理人员有本法第 149 条规定的情形的,有限责任公司的股东、股份有限公司连续 180 日以上单独或者合计持有公司 1% 以上股份的股东,可以书面请求监事会或者不设监事会的有限责任公司的监事向人民法院提起诉讼。在该项权利中,有限责任公司股东享有的股东代表诉讼权利是单独股东权,公司任一股东均可享有,而股份有限公司股东享有的则是少数股东权,要连续 180 日以上单独或合计持有公司 1% 以上股份的股东方能提起股东代表诉讼。

立法上对于少数股东权的规定,一方面是为了赋予小股东对抗大股东的机会,起到防止大股东滥用股东权的作用。因为一般情况下,小股东势单力薄,若不联合,根本不可能对抗大股东。特别是小股东持股比例达到一定程度的集合,表达的是一种并非单个股东的意愿,容易引起公司关注;另一方面,这种制度也有利于防止股东滥用权利,导致公司运营成本过度增加。因为大部分的少数股东权之规定,大都与公司召集或者主持股东(大)会的请求权,或者质询权、提案权,或者股东代表诉讼权的行使有关。这些权利的行使,虽然对中小股东的利益保护十分重要,但也需要付出相应成本,如不加限制,公司运营成本会极大提高。

### (四)财产性权利与管理性权利

这是美国学者常常使用的划分。作为投资者的股东权利,常常和财产权利相结合,也称为财产权,如股利分配请求权、公司剩余财产分配请求权。而作为参与公司治理甚至行使控制权的股东权利,则称为管理性权利,如参加股东会的权利、表决权等。

## 五、股东权利

### (一)知情权

股东知情权即法律、公司规章等赋予股东通过查阅公司的财务报告资料、账簿等有关公司经营、决策、管理的相关资料以及询问与上述有关的问题，实现了解公司的运营状况和公司高级管理人员的业务活动的权利。股东要参与公司重大事项的决策，其前提是了解公司的经营状况和相关信息，以便做出判断。实际上，股东知情权是与公司信息披露义务相对应的一项权利，若公司主动履行信息披露义务足够充分，信息在股东和公司之间不存在不对称时，股东无需行使知情权，因此，从这个角度来看，知情权是一项被动获取公司信息而行使的股东权利。

世界各国的公司立法中并没有“股东知情权”这个名词，它是对一组股东权利集合、抽象之后的理论概念。我国《公司法》也没有出现这个称谓。股东知情权由多种权利构成，不存争议，但究竟包含哪些权利，分歧很大。观点一，股东知情权是股东依法行使资产收益、参与重大决策和选择管理者等权利的基础性权利，包括查账权、复制权、建议权、质询权。

观点二，股东知情权作为一个上位、集合概念，在外延上包括查阅权、质询权、检查人选任权与信息接收权，分别对应公司法上的查阅权制度、质询权制度、公司调查程序（我国无）以及公司法、证券法上的信息披露制度。本书在此并不深入探讨两种观点的利弊，从我国公司立法的角度，在本书中笔者采用了第一种观点。

至于股东知情权在我国《公司法》中的体现，关于有限责任公司股东知情权的规定为第33条；关于股份有限公司股东知情权的规定为第96、97、116条；而第150、165条是所有公司（有限责任公司和股份有限公司）股东知情权的共同规定。股东知情权最重要的一个部分是股东的查阅权，股东只有通过查阅才能知情，查阅权是股东知情权的重要体现。股东的查阅权主要体现在《公司法》第33、97条的规定。《公司法》第33条规定：“股东（指有限责任公司股东）有权查阅、复制公司章程、股东会会议记录、董事会会议决议、监事会会议决议和财务会计报告。股东可以要求查阅公司会计账簿。股东要求查阅公司会计账簿的，应当向公司提出书面请求，说明目的。公司有合理根据认为股东查阅会计账簿有不正当目的，可能损害公司合法利益的，可以拒绝提供查阅，并应当自股东提出书面请求之日起15日内书面答复股东并说明理由。公司拒绝提供查阅的，股东可以请求人民法院要求公司提供查阅。”由此可见，在有限责任公司，股东有权自由查阅公司会计账簿之外的财务信息，有正当目的时，股东也有权查阅公司的会计账簿。

《公司法》第97条规定：“股东（股份有限公司股东）有权查阅公司章程、股东名册、公司债券存根、股东大会会议记录、董事会会议决议、监事会会议决议、财务会计报告，对公司的经营提出建议或者质询。”对于有限责任公司股东和股份有限公司股东知情权的行使，主要有三点区别：一是查阅的内容不同，股份有限公司股东查阅的文件多于有限责任公司股东，主要是多了股东名册和公司债券存根两个文件。二是股东是否享有复制权不同，股份有限公司的股东只有查阅权，没有复制权。三是是否可查阅公司账簿不同，有限责任公司的股东可以提出书面请求查阅公司的会计账簿，而股份有限公司股东不享有此项得利。在司法实践中，对于股东知情权诉讼审判的重点和争议焦点在于是否允许股东在查阅公司会计账簿的同时查阅公司的原始凭证，为更好地保护中小股东利益，审判实践中已越来越多地倾向于允许股东查阅公司的原始凭证。

股东知情权是公司法赋予股东的固有权，属于法定知情权，是股东权利中的基础性权利，依法应当严格保护。《公司法司法解释（四）》针对适用《公司法》第33、97条两个条文规定中

遇到的争议较多的问题,作出了如下规定:

第 7 条结合诉的利益原则,明确了股东享有的知情权诉权,并规定了有限责任公司原股东享有的有限诉权。即"股东依据公司法第 33 条、第 97 条或者公司章程的规定,起诉请求查阅或者复制公司特定文件材料的,人民法院应当依法予以受理。公司有证据证明前款规定的原告在起诉时不具有公司股东资格的,人民法院应当驳回起诉,但原告有初步证据证明在持股期间其合法权益受到损害,请求依法查阅或者复制其持股期间的公司特定文件材料的除外。"

第 8 条结合司法实践经验,对股东查阅公司会计账簿可能有的不正当目的作了列举,明确划定了公司拒绝权的行使边界。即"有限责任公司有证据证明股东存在下列情形之一的,人民法院应当认定股东有公司法第 33 条第 2 款规定的'不正当目的':(一)股东自营或者为他人经营与公司主营业务有实质性竞争关系业务的,但公司章程另有规定或者全体股东另有约定的除外;(二)股东为了向他人通报有关信息查阅公司会计账簿,可能损害公司合法利益的;(三)股东在向公司提出查阅请求之日前的三年内,曾通过查阅公司会计账簿,向他人通报有关信息损害公司合法利益的;(四)股东有不正当目的的其他情形"。

第 9 条明确规定公司不得以公司章程、股东间协议等方式,实质性剥夺股东的法定知情权。公司以此为由拒绝股东行使法定知情权的,人民法院不予支持。即"公司章程、股东之间的协议等实质性剥夺股东依据公司法第 33 条、第 97 条规定查阅或者复制公司文件材料的权利,公司以此为由拒绝股东查阅或者复制的,人民法院不予支持"。

在司法实践中,对于股东知情权的行使主体,是只能由股东亲自行使,还是可以委托他人代为行使存有疑义。有学者指出,股东知情权若由股东行使,则为知情权;若股东委托专业人员(如注册会计师)行使,则行使的为审计权。对此疑义,《公司法司法解释(四)》第 10 条为保障股东知情权的行使,对股东聘请中介机构执业人员辅助查阅作出了明确规定。即"人民法院审理股东请求查阅或者复制公司特定文件材料的案件,对原告诉讼请求予以支持的,应当在判决中明确查阅或者复制公司特定文件材料的时间、地点和特定文件材料的名录。股东依据人民法院生效判决查阅公司文件材料的,在该股东在场的情况下,可以由会计师、律师等依法或者依据执业行为规范负有保密义务的中介机构执业人员辅助进行。"

第 11、12 条就股东可以请求未依法履行职责的公司董事、高级管理人员赔偿损失作了规定,以防止从根本上损害股东知情权。第 11 条规定:"股东行使知情权后泄露公司商业秘密导致公司合法利益受到损害,公司请求该股东赔偿相关损失的,人民法院应当予以支持。根据本规定第 10 条辅助股东查阅公司文件材料的会计师、律师等泄露公司商业秘密导致公司合法利益受到损害,公司请求其赔偿相关损失的,人民法院应当予以支持。"

第 12 条规定:"公司董事、高级管理人员等未依法履行职责,导致公司未依法制作或者保存公司法第 33 条、第 97 条规定的公司文件材料,给股东造成损失,股东依法请求负有相应责任的公司董事、高级管理人员承担民事赔偿责任的,人民法院应当予以支持。"

### (二)利润分配请求权

股东投资的主要目的就是获得盈利,即通过公司盈余分配获得股利。利润分配请求权,指股东基于公司股东身份请求公司分配利润的权利。利润分配请求权属于期待权,能否转为既得权取决于两个条件：一是公司具备利润分配的条件，即在一个财务会计年度公司有利润，且在弥补亏损、依法提取公积金之后尚有剩余；二是公司股东会（或股东大会）依法作出了分配利润的决议。我国《公司法》第166条规定，公司分配当年税后利润时，应当提取利润的10%列入公司法定公积金。公司法定公积金累计额为公司注册资本的50%以上的，可以不再提取。公司的法定公积金不足以弥补以前年度亏损的，在依照前款规定提取法定公积金之前，应当先用当年利润弥补亏损。公司从税后利润中提取法定公积金后，经股东会或者股东大会决议，还可以从税后利润中提取任意公积金。公司弥补亏损和提取公积金后所余税后利润，有限责任公司依照本法第34条的规定分配；股份有限公司按照股东持有的股份比例分配，但股份有限公司章程规定不按持股比例分配的除外。股东会、股东大会或者董事会违反前款规定，在公司弥补亏损和提取法定公积金之前向股东分配利润的，股东必须将违反规定分配的利润退还公司。公司持有的本公司股份不得分配利润。

公司是否分配和如何分配公司利润，原则上属于商业判断和公司自治的范畴，人民法院一般不应介入。因此，《公司法司法解释（四）》第14条规定："股东提交载明具体分配方案的股东会或者股东大会的有效决议，请求公司分配利润，公司拒绝分配利润且其关于无法执行决议的抗辩理由不成立的，人民法院应当判决公司按照决议载明的具体分配方案向股东分配利润。"这意味着，股东请求公司分配利润的，应当提交载明具体分配方案的股东会或者股东大会决议；未提交的，人民法院原则上应当不予支持。

但近年来，公司大股东违反同股同权原则和股东权利不得滥用原则，排挤、压榨小股东，导致公司不分配利润、损害小股东利润分配权的现象时有发生，严重破坏了公司自治。比如，公司不分配利润，但董事、高级管理人员领取过高薪酬，或者由控股股东操纵公司购买与经营无关的财物或者服务，用于其自身使用或者消费，或者隐瞒或者转移利润，等等。为此，《公司法司法解释（四）》第15条规定："股东未提交载明具体分配方案的股东会或者股东大会决议，请求公司分配利润的，人民法院应当驳回其诉讼请求，但违反法律规定滥用股东权利导致公司不分配利润，给其他股东造成损失的除外。"该但书规定意味着若公司股东滥用权利，导致公司不分配利润给其他股东造成损失的，股东可以向法院提起诉讼请求强制分配，此时司法可以适当干预，以实现对公司自治失灵的矫正。但即使判决分配利润，却缺少公司完成利润分配的时限要求，对中小股东的利润分配请求权真正落到实处也会产生实质性影响。因此，《公司法司法解释（五）》第4条规定："分配利润的股东会或者股东大会决议作出后，公司应当在决议载明的时间内完成利润分配。决议没有载明时间的，以公司章程规定的为准。决议、章程中均未规定时间或者时间超过1年的，公司应当自决议作出之日起1年内完成利润分配。决议中载明的利润分配完成时间超过公司章程规定时间的，股东可以依据公司法第22条第2款规定请求人民法院撤销决议中关于该时间的规定。"

### （三）剩余财产分配请求权

剩余财产分配请求权，指股东对公司清算时的剩余财产所享有的请求分配的权利。剩余财产分配请求权，是股东向公司得以主张的最后的权利，以公司清偿全部债务后尚有剩余财产为前提。我国《公司法》第186条第2款规定，公司财产在分别支付清算费用、职工的工资、社会保险费用和法定补偿金,缴纳所欠税款,清偿公司债务后的剩余财产,有限责任公司按照股东的出资比例分配,股份有限公司按照股东持有的股份比例分配。

### (四)股权(股份)转让权

指股东依照法律和公司章程转让其股权或所持股份的权利。我国《公司法》第71条是关于有限责任公司股东股权转让的规定。有限责任公司的股东之间可以相互转让其全部或者部分股权。股东向股东以外的人转让股权,应当经其他股东过半数同意。股东应就其股权转让事项书面通知其他股东征求同意,其他股东自接到书面通知之日起满30日未答复的,视为同意转让。其他股东半数以上不同意转让的,不同意的股东应当购买该转让的股权;不购买的,视为同意转让。公司章程对股权转让另有规定的,从其规定。第138条是关于股份有限公司股东股份转让的规定,股东持有的股份可以依法转让。

### (五)公司增资(新股认购)优先认购权

这是指股东在公司新增资本或发行新股时对新增资本、新股有优先认购的权利。我国《公司法》第34条规定,公司新增资本时,股东有权优先按照实缴的出资比例认缴出资。但是,全体股东约定不按照出资比例优先认缴出资的除外。第133条规定,公司发行新股时,向原有股东发行新股的种类及数额应当由股东大会作出决议。据此,股份有限公司股东亦享有对新股的优先认购权,但是认购的种类及数额按股东大会作出的决议执行。

### (六)出席股东会议及选举和被选举权

股东(大)会是公司的最高权力机构,也是股东参与公司事务的重要渠道。特别是在股权比较分散的股份有限公司中,由于公司所有权与经营权的分离,股东一般并不直接经营公司,股东(大)会为股东提供了一个参与公司经营管理的机会与场所。因此,出席股东(大)会并行使表决权是股东参与公司经营决策和管理的重要手段。股东(大)会由全体股东组成,因此,每个股东不论出资多少,都有权出席股东(大)会,并且有权选举非职工代表充任的董事、监事,也有权被选举为董事、监事。我国《公司法》第37条规定,股东会行使下列职权:……(2)选举和更换非由职工代表担任的董事、监事,决定有关董事、监事的报酬事项……股份有限公司股东(大)会的职权同于有限责任公司股东会的职权。

### (七)表决权及相关权利

1. 表决权

表决权是股东就股东(大)会的决议事项表明自己的意见,包括赞成、反对或弃权,进而形成股东(大)会决议的权利。股东参与公司经营管理的法定模式就是通过表决权来表示意思,所以,表决权是股东参与公司经营管理的核心权利,是我国《公司法》第4条规定的“参与重大决策和选择管理者等权利”的具体体现。《公司法》第42条规定,股东会会议由股东按照出资比例行使表决权;但是,公司章程另有规定的除外。第103条规定,股东出席股东大会会议,所持每一股份有一表决权。

关于有限责任公司股东表决权行使，司法实践中主要有两个争议点。争议一，股东表决权的行使比例是按“认缴出资比例”还是按“实缴出资比例”。因为《公司法》仅规定由股东按照出资比例行使表决权，但未明确是“认缴出资比例”还是“实缴出资比例”，而公司资本制度改革取消了股东出资期限的法定限制，股东出资期限由公司章程自由规定，这致使股东认缴出资与股东实缴出资可能存在较大的时间差，按“认缴出资比例”还是按“实缴出资比例”对股东权益的影响很大。但按照《公司法》第 34 条关于股东按照实缴出资比例分取红利和认缴增资的立法精神，在公司立法中未明确规定实缴出资比例的，按认缴出资比例理解和适用似更加妥当。争议二，股东表决权能否受限。该争议由最高人民法院在《全国法院民商事审判工作会议纪要》中予以明确。其第 7 条规定，股东认缴的出资未届履行期限，对未缴纳部分的出资是否享有以及如何行使表决权等问题，应当根据公司章程来确定。公司章程没有规定的，应当按照认缴出资的比例确定。如果股东（大）会作出不按认缴出资比例而按实际出资比例或者其他标准确定表决权的决议，股东请求确认决议无效的，人民法院应当审查该决议是否符合修改公司章程所要求的表决程序，即必须经代表 2/3 以上表决权的股东通过。符合的，人民法院不予支持；反之，则依法予以支持。

2. 提议权

即少数股东在一定条件下提议召开临时股东会、临时董事会的权利。我国《公司法》第 39 条规定，股东会会议分为定期会议和临时会议。定期会议应当依照公司章程的规定按时召开。代表 1/10 以上表决权的股东，提议召开临时会议的，应当召开临时会议。第 100 条规定，股东大会应当每年召开一次年会。单独或者合计持有公司 10% 以上股份的股东请求时，应当在两个月内召开临时股东大会。第 110 条规定，董事会每年度至少召开两次会议。代表 1/10 以上表决权的股东，可以提议召开董事会临时会议。

3. 召集权和主持权

即少数股东在一定条件下可以自行召集和主持股东（大）会的权利。我国《公司法》第 38 条规定，首次股东会会议由出资最多的股东召集和主持，依照本法规定行使职权。第 40 条第 3 款规定，董事会或者执行董事不能履行或者不履行召集股东会会议职责的，由监事会或者不设监事会的公司的监事召集和主持；监事会或者监事不召集和主持的，代表 1/10 以上表决权的股东可以自行召集和主持。第 101 条第 2 款规定，董事会不能履行或者不履行召集股东大会会议职责的，监事会应当及时召集和主持；监事会不召集和主持的，连续 90 日以上单独或者合计持有公司 10% 以上股份的股东可以自行召集和主持。

4. 提案权

即持有一定股权比例的股东向股东大会提出临时提案的权利。提案权的初衷是预防资本多数决的滥用，提高中小股东参与公司经营、监督的积极性，保护中小股东利益。我国《公司法》第 102 条第 2 款规定，单独或者合计持有公司 3% 以上股份的股东，可以在股东大会召开 10 日前提出临时提案并书面提交董事会；董事会应当在收到提案后 2 日内通知其他股东，并将该临时提案提交股东大会审议。

### (八)股东诉权

股东诉权,是指股东向人民法院起诉和应诉,请求人民法院行使审判权以保护其权益的权利。根据各国公司法关于股东诉权规定的情形来看,股东行使诉权有两种形式:一种是股东直接诉讼,另一种是股东代表诉讼。

股东直接诉讼,是指股东为了自己的利益,以自己名义对公司或其他权利侵害人提起的诉讼。这类诉讼包括股东会或董事会决议撤销之诉、决议无效之诉、股东知情权请求之诉、损害赔偿之诉等。我国《公司法》第20条第2款规定,公司股东滥用股东权利给公司或者其他股东造成损失的,应当依法承担赔偿责任。第22条规定,公司股东会或者股东大会、董事会的决议内容违反法律、行政法规的无效。股东会或者股东大会、董事会的会议召集程序、表决方式违反法律、行政法规或者公司章程,或者决议内容违反公司章程的,股东可以自决议作出之日起60日内,请求人民法院撤销。第33条规定,股东有权查阅、复制公司章程、股东会会议记录、董事会会议决议、监事会会议决议和财务会计报告。股东可以要求查阅公司会计账簿。股东要求查阅公司会计账簿的,应当向公司提出书面请求,说明目的。公司有合理根据认为股东查阅会计账簿有不正当目的,可能损害公司合法利益的,可以拒绝提供查阅,并应当自股东提出书面请求之日起15日内书面答复股东并说明理由。公司拒绝提供查阅的,股东可以请求人民法院要求公司提供查阅。第152条规定,董事、高级管理人员违反法律、行政法规或者公司章程的规定,损害股东利益的,股东可以向人民法院提起诉讼。

股东代表诉讼,〔3〕也可称为股东代位诉讼,是指公司管理层、他人侵害公司利益,间接侵害股东利益时,若公司不能或怠于提起诉讼,股东为了公司利益可以提起的诉讼。我国《公司法》第151条规定,董事、高级管理人员有本法第149条规定的情形的,有限责任公司的股东、股份有限公司连续180日以上单独或者合计持有公司1%以上股份的股东,可以书面请求监事会或者不设监事会的有限责任公司的监事向人民法院提起诉讼;监事有本法第149条规定的情形的,前述股东可以书面请求董事会或者不设董事会的有限责任公司的执行董事向人民法院提起诉讼。监事会、不设监事会的有限责任公司的监事,或者董事会、执行董事收到前款规定的股东书面请求后拒绝提起诉讼,或者自收到请求之日起30日内未提起诉讼,或者情况紧急、不立即提起诉讼将会使公司利益受到难以弥补的损害的,前款规定的股东有权为了公司的利益以自己的名义直接向人民法院提起诉讼。他人侵犯公司合法权益,给公司造成损失的,本条第1款规定的股东可以依照前两款的规定向人民法院提起诉讼。

股东代表诉讼与股东直接诉讼在诉讼目的和诉讼结果等方面均有所不同,其区别主要表现在:

---

〔3〕 关于股东代表诉讼的详细阐述,请参见董事、监事、高级管理人员的资格和义务一节。

| 区别点 | 股东代表诉讼 | 股东直接诉讼 |
|---|---|---|
| 侵害的利益 | 公司利益受到侵害 | 股东利益受到侵害 |
| 诉讼目的 | 为公司利益提起的诉讼,这种为公司利益提起诉讼的权利应当属于股权中的共益权内容 | 是股东为了自身利益提起的诉讼,股东享有的直接诉讼权利在本质上应当属于股权中的自益权内容 |
| 诉讼中的原告 | 有限责任公司的股东、股份有限公司连续180日以上单独或者合计持有公司1%以上股份的股东 | 公司股东 |
| 诉讼中的被告 | 适用范围比较广泛,凡是公司依法享有的诉权,只要公司机关不能或者怠于行使,股东均可以为了公司利益提起诉讼。因此,该诉讼中被告除了股东直接诉讼的被告外,还可以是侵害公司利益的其他主体 | 股东直接诉讼只适用于公司及其内部人员侵害股东利益的情况,即诉讼的被告只能是公司、控股股东、公司实际控制人、董事、经理、监事和其他公司高级管理人员 |
| 诉讼结果的归属 | 胜诉的利益归属于公司,作为原告的股东只能与其他股东一起间接地分享公司由此获得的利益,如果股东败诉,则由败诉的股东承担诉讼费用 | 胜诉或败诉的结果均由作为原告的股东承担 |

(九)公司司法解散请求权

在法定的特殊情形下,股东可以申请法院强制解释公司。这一权利的实质,是股东在极端情形下凭借单方意思借助司法权消灭公司,可以视作股东参与公司经营管理权的变态表现与威慑手段。我国《公司法》第182条规定,公司经营管理发生严重困难,继续存续会使股东利益受到重大损失,通过其他途径不能解决的,持有公司全部股东表决权10%以上的股东,可以请求人民法院解散公司。

(十)其他权利

根据我国《公司法》第23条第3项之规定,有限责任公司股东有共同制定公司章程的权利。第71条规定,有限责任公司股东向股东以外的人转让股权,经股东同意转让的股权,在同等条件下,其他股东有优先购买权。第74条是关于异议股东股权回购请求权的规定,有下列情形之一的,对股东会该项决议投反对票的股东可以请求公司按照合理的价格收购其股权:(1)公司连续5年不向股东分配利润,而公司该5年连续盈利,并且符合本法规定的分配利润条件的;(2)公司合并、分立、转让主要财产的;(3)公司章程规定的营业期限届满或者章程规定的其他解散事由出现,股东会会议通过决议修改章程使公司存续的。自股东会会议决议通过之日起60日内,股东与公司不能达成股权收购协议的,股东可以自股东会会议决议通过之日起90日内向人民法院提起诉讼。

实际上,除了上述法定的股东权利外,公司章程在不与法律、法规相抵触的情况下还可以规定股东享有的其他权利。

## 六、股东义务

股东义务是股东基于其股东资格而向公司承担的义务。一般而言,股东对公司负有下列义务。

（一）出资义务

股东之所以成为股东，根本原因在于其出资，因此出资是股东的首要义务。股东出资义务的主要内容如下：

1. 按照法律规定的出资方式出资

根据《公司法》第 27、82 条之规定，股东可以用货币出资，也可以用实物、知识产权、土地使用权等可以用货币估价并可以依法转让的非货币财产作价出资；但是，法律、行政法规规定不得作为出资的财产除外。对作为出资的非货币财产应当评估作价，核实财产，不得高估或者低估作价。法律、行政法规对评估作价有规定的，从其规定。

2. 按期足额缴纳出资

其中包括：(1)股东应当按期足额缴纳公司章程中规定的各自所认缴的出资额。股东以货币出资的，应当将货币出资足额存入有限责任公司在银行开设的账户；以非货币财产出资的，应当依法办理其财产权的转移手续。(2)以发起设立方式设立股份有限公司的，发起人应当书面认足公司章程规定其认购的股份，并按照公司章程规定缴纳出资。以非货币财产出资的，应当依法办理其财产权的转移手续。(3)以募集设立方式设立股份有限公司的，发起人认购的股份不得少于公司股份总数的百分之三十五；但是，法律、行政法规另有规定的，从其规定。(4)发起人向社会公开募集股份，必须公告招股说明书，并制作认股书。认股书应当载明《公司法》第 86 条所列事项，由认股人填写认购股数、金额、住所，并签名、盖章。认股人按照所认购股数缴纳股款。

3. 股东瑕疵出资的责任

股东瑕疵出资的表现形式大体分为两类：一类是出资时间的瑕疵（未按期）；另一类是出资财产的瑕疵。包括未出资、货币出资的不足额、非货币出资的质量瑕疵、非货币出资的权利瑕疵等。瑕疵出资的股东，按其瑕疵程度可承担民事责任、行政责任和刑事责任，本书仅以其民事责任为讨论重点。按照相对方的身份不同，瑕疵出资股东的民事责任可分为：其一，对公司的责任，具体有资本充实责任、出资差额填补责任、股权限制、股东除名制度。其二，对足额出资股东、发起人的责任，主要是违约责任。其三，对债权人的责任，主要是补充清偿责任。

(1)瑕疵出资股东对公司的民事责任。

责任形式一：资本充实责任［条文体现在《公司法》第 28 条、第 93 条第 1 款和《公司法司法解释（三）》第 13 条第 1 款］。

《公司法》第 28 条规定，股东应当按期足额缴纳公司章程中规定的各自所认缴的出资额。股东以货币出资的，应当将货币出资足额存入有限责任公司在银行开设的账户；以非货币财产出资的，应当依法办理其财产权的转移手续。股东不按照前款规定缴纳出资的，应当向公司足额缴纳出资。

《公司法》第 93 条第 1 款规定，股份有限公司成立后，发起人未按照公司章程的规定缴足出资的，应当补缴；其他发起人承担连带责任。

《公司法司法解释（三）》第 13 条第 1 款规定，股东未履行或者未全面履行出资义务，公司或者其他股东请求其向公司依法全面履行出资义务的，人民法院应予支持。

责任形式二：出资差额填补责任（条文体现在《公司法》第30条和第93条第2款）。

《公司法》第30条规定，有限责任公司成立后，发现作为设立公司出资的非货币财产的实际价额显著低于公司章程所定价额的，应当由交付该出资的股东补足其差额；公司设立时的其他股东承担连带责任。在理解该条款时应注意两点：其一，只是由“设立时”的其他股东承担连带责任，与设立后再加入的新股东无关；其二，该责任为发起人股东的资本充实责任，是法定责任，不因发起人协议的约定、公司章程的规定或股东会的决议而免除。

《公司法》第93条第2款规定，股份有限公司成立后，发现作为设立公司出资的非货币财产的实际价额显著低于公司章程所定价额的，应当由交付该出资的发起人补足其差额；其他发起人承担连带责任。

责任形式三：股东权利限制［条文体现在《公司法司法解释（三）》第16条］。

《公司法司法解释（三）》第16条规定，股东未履行或者未全面履行出资义务或者抽逃出资，公司根据公司章程或者股东会决议对其利润分配请求权、新股优先认购权、剩余财产分配请求权等股东权利作出相应的合理限制，该股东请求认定该限制无效的，人民法院不予支持。需要注意的是，此处对股东权利的限制，主要是对股东财产权的限制，对于股东的管理权，若公司章程没有特别约定的话，原则上不应受到股东瑕疵出资的影响。

责任形式四：股东催告失权制度（除名制度）［条文体现在《公司法司法解释（三）》第17条］。

《公司法司法解释（三）》第17条第1款规定，有限责任公司的股东未履行出资义务或者抽逃全部出资，经公司催告缴纳或者返还，其在合理期间内仍未缴纳或者返还出资，公司以股东会决议解除该股东的股东资格，该股东请求确认该解除行为无效的，人民法院不予支持。此处需要注意的是，股东除名制度只针对两种情况，即股东完全未履行出资义务或抽逃全部出资的情况，这两种都是股东出资瑕疵达到了非常严重的承担，普通的出资瑕疵不能适用股东的除名制度，因为这是对股东权利的根本性剥夺。

《公司法司法解释（三）》第17条第2款规定，在前款规定的情形下，人民法院在判决时应当释明，公司应当及时办理法定减资程序或者由其他股东或者第三人缴纳相应的出资。在办理法定减资程序或者其他股东或者第三人缴纳相应的出资之前，公司债权人依照本规定第十三条或者第十四条请求相关当事人承担相应责任的，人民法院应予支持。

（2）瑕疵出资股东对出资到位股东的民事责任。

其主要责任形式为违约责任（条文体现在《公司法》第28、83条）。《公司法》第28条规定，股东应当按期足额缴纳公司章程中规定的各自所认缴的出资额。股东以货币出资的，应当将货币出资足额存入有限责任公司在银行开设的账户；以非货币财产出资的，应当依法办理其财产权的转移手续。股东不按照前款规定缴纳出资的，除应当向公司足额缴纳外，还应当向已按期足额缴纳出资的股东承担违约责任。

《公司法》第83条规定，以发起设立方式设立股份有限公司的，发起人应当书面认足公司章程规定其认购的股份，并按照公司章程规定缴纳出资。以非货币财产出资的，应当依法办理其财产权的转移手续。发起人不依照前款规定缴纳出资的，应当按照发起人协议承担违约责任。

需思考的是,为什么在募集设立股份公司时,发起人之间不存在违约责任?因为募集设立的股份公司,公司成立时的注册资本为实缴资本,不存在股东分期出资问题。

(3)瑕疵出资股东对债权人的民事责任。

其主要责任形式为补充清偿责任[条文体现在《公司法司法解释(三)》第13条第2、3款和《公司法司法解释(二)》第22条]。

《公司法司法解释(三)》第13条第2款规定,公司债权人请求未履行或者未全面履行出资义务的股东在未出资本息范围内对公司债务不能清偿的部分承担补充赔偿责任的,人民法院应予支持;未履行或者未全面履行出资义务的股东已经承担上述责任,其他债权人提出相同请求的,人民法院不予支持。

公司在登记机关所登记的注册资本,可以视为公司对外公示的债务担保,交易相对人基于对这种债务承担能力的信任而与公司进行交易,但股东恶意的虚假出资行为却使得公示的债务担保能力与实际的偿付能力不符。因此,股东的出资不实实际上是对不特定交易相对人的欺诈。其应该在出资不实的范围内对公司债务承担补充赔偿责任。对于补充清偿责任,我们应予以正确理解:其一,对债权人责任的承担,第一责任人是公司;其二,当公司无法清偿债务时,股东仅在其未出资范围内承担有限责任,相对于公司的责任来说,股东的责任是补充责任;其三,股东的赔偿责任范围仅限于债权人的损失。

《公司法司法解释(三)》第13条第3款规定,股东在公司设立时未履行或者未全面履行出资义务,依照本条第一款或者第二款提起诉讼的原告,请求公司的发起人与被告股东承担连带责任的,人民法院应予支持;公司的发起人承担责任后,可以向被告股东追偿。

瑕疵出资股东在公司解散和清算过程中的责任,主要体现在《公司法司法解释(二)》第22条的规定中。该条规定,公司解散时,股东尚未缴纳的出资均应作为清算财产。股东尚未缴纳的出资,包括到期应缴未缴的出资,以及依照《公司法》第26条和第80条的规定分期缴纳尚未届满缴纳期限的出资。公司财产不足以清偿债务时,债权人主张未缴出资股东,以及公司设立时的其他股东或者发起人在未缴出资范围内对公司债务承担连带清偿责任的,人民法院应依法予以支持。

4. 股东出资义务原则上不能加速到期

股东出资能否加速到期,在理论界和实务界长期争论不断,法院也出现“同案不同判”现象。为解决这一争议,《全国法院民商事审判工作会议纪要》第6条规定,在注册资本认缴制下,股东依法享有期限利益。债权人以公司不能清偿到期债务为由,请求未届出资期限的股东在未出资范围内对公司不能清偿的债务承担补充赔偿责任的,人民法院不予支持。但是,下列情形除外:(1)公司作为被执行人的案件,人民法院穷尽执行措施无财产可供执行,已具备破产原因,但不申请破产的;(2)在公司债务产生后,公司股东(大)会决议或以其他方式延长股东出资期限的。

### (二)不得抽回出资的义务

根据这一义务,股东于公司成立后不得抽回其出资或者不得退股。这一义务源于公司资本维持原则,即公司在存续期间应当经常保持与其资本额相当的财产,以维持公司成立后的正常运营和保护债权人的利益。我国《公司法》第 35 条规定，公司成立后，股东不得抽逃出资。《公司法司法解释(三)》第 12 条规定，公司成立后，公司、股东或者公司债权人以相关股东的行为符合下列情形之一且损害公司权益为由，请求认定该股东抽逃出资的，人民法院应予支持：(1)制作虚假财务会计报表虚增利润进行分配；(2)通过虚构债权债务关系将其出资转出；(3)利用关联交易将出资转出；(4)其他未经法定程序将出资抽回的行为。《公司法》第 91 条规定，发起人、认股人缴纳股款或者交付抵作股款的出资后，除未按期募足股份、发起人未按期召开创立大会或者创立大会决议不设立公司的情形外，不得抽回其股本。第 200 条规定，公司的发起人、股东在公司成立后，抽逃其出资的，由公司登记机关责令改正，处以所抽逃出资金额 5% 以上 15% 以下的罚款。

### (三)遵守公司章程的义务

公司章程是公司的基本法律文件，是公司的自治法。对于有限责任公司而言，公司章程由全体股东制定，这表明公司章程是股东就设立有限责任公司做出的共同承诺，因此股东遵守公司章程是理所当然的事情。对于股份有限公司而言，公司章程是由发起人制定的，在公司通过发起设立方式成立的情况下，发起人就是全体股东，自然应遵守公司章程。而在公司通过募集设立方式成立的情况下，发起人之外的认股人在认股的同时也就表明其接受公司章程的约束，因此，也应当遵守公司章程。我国《公司法》第 11 条规定，设立公司必须依法制定公司章程。公司章程对公司、股东、董事、监事、高级管理人员具有约束力。

### (四)对公司债务承担有限责任的义务

《公司法》第 3 条规定，公司是企业法人，有独立的法人财产，享有法人财产权。公司以其全部财产对公司的债务承担责任。有限责任公司的股东以其认缴的出资额为限对公司承担责任；股份有限公司的股东以其认购的股份为限对公司承担责任。

# 第七章　有限责任公司法律制度

## 第一节　有限责任公司的设立

### 一、有限责任公司的概念和特征

有限责任公司，是指由50个以下股东共同出资设立，股东以其认缴的出资额为限对公司债务承担责任，公司以其全部财产对公司债务承担责任的企业法人。我国有限责任公司与其他公司类型相比，具有以下特征：

第一，股东人数的有限性。我国《公司法》第24条规定，有限责任公司由50个以下股东出资设立。各国公司法对有限责任公司股东作出最高人数的限制，是由有限公司的封闭性决定的。有限责任公司封闭性要求其要由相对稳定、相互信任的若干股东组成，这就决定了其股东人数不可能太多，有必要作出上限的规定。股东最高人数的限制，制约了公司的发展规模，但有利于股东参与公司的经营管理。

第二，股东责任的有限性。有限责任公司各股东对公司债务所负责任，仅以其认缴的出资额为限，除此之外，股东对公司及公司债权人不负任何财产责任，公司的债权人亦不得直接向股东主张债权或请求清偿。这是有限公司与无限公司的主要区别点。

第三，公司资本的封闭性。有限责任公司设立时，其全部注册资本只能由发起人认购，不能向社会募集股份，不能发行股票。公司发给股东的出资证明书（相当于股份公司的股票）不能在证券市场上自由流通转让。由于有限责任公司不向社会募集股份，其财务会计资料也无须向社会公众公开，其股权的外部转让有一定限制。

第四，设立程序简便，公司组织机构灵活。有限责任公司设立程序简便，只有发起设立，没有募集设立，2013年的《公司法》取消了公司最低注册资本的限制，取消了股东首次出资比例和出资期限的规定，只需股东认足公司注册资本，无须验资，公司即可成立。对于组织机构，一人有限责任公司和国有独资公司，由于其股东具有唯一性，所以，不成立股东会；对于股东人数少和规模小的有限责任公司，也无须成立董事会、监事会，经理亦为其任设机构。而在股份有限公司，股东大会、董事会、监事会和经理都是必设机构，比较起来，有限公司的组织机构更具灵活性。

### 二、有限责任公司的设立条件

根据《公司法》和有关法律、法规的规定，设立有限责任公司应当具备下列条件：

### （一）股东符合法定人数（主体条件）

1. 股东人数

《公司法》第23条第1项规定，设立有限责任公司，股东必须符合法定人数。第24条规定，有限责任公司由50个以下股东出资设立，因此有限责任公司的股东人数为1—50人。根据股东人数的多少，又可以将有限责任公司分为：投资主体多元的有限责任公司（股东人数为2—50人）和投资主体单一的有限责任公司（股东人数仅为1人）。在我国，投资主体单一的有限责任公司又可分为由国务院或地方政府授权的机构设立的国有独资公司和由一个自然人或一个法人设立的一人有限责任公司。

2. 股东类型

股东，是指基于对公司的出资或其他合法原因，持有公司资本一定份额，依法享有股东权利并承担股东义务的人。

根据股东的主体资格不同，可以把股东分为：

（1）自然人股东。自然人股东若作为公司发起人，应具有完全民事行为能力，包括中国公民、港澳台居民、外国人、海外华侨、无国籍人等。但发生股权继承时，无民事行为能力人或限制民事行为能力人可成为公司股东。法律禁止设立公司的自然人，不能成为公司的股东，如国家公务员、[1]党政干部、现役军人等。

（2）法人或团体股东。原则上，企业法人、事业单位法人、社会团体法人、有投资能力的城市居民委员会、农村集体经济组织或村民委员会、外国法人等，都可以投资设立有限责任公司，但法律另有规定的除外。

根据现行法律、法规及相关规定，以下组织不能成为企业的投资人（股东）：①各级党政机关（含政法机关）、军队、武警部队。②各级党政机关所属事业单位，除非其属于以下性质：属于新闻、出版、科研、设计、医院、院校、图书馆、博物馆、公园、影剧院、演出团体类性质的，或本市各区县所设乡镇集体资产运营中心可以成为企业投资者。国务院各委办所属机关后勤服务中心可作为本系统提供相关后勤服务类企业的投资者，但其所办企业不得再投资兴办企业。③党政机关（含政法机关）主办的社会团体，除非符合以下情形：市或区县社团管理部门登记的社会团体，经市民政局出具非党政机关主办证明的；国务院社团管理部门登记的社会团体，设立时出资人为会员的，可以作为企业投资者。不能提供社会团体设立时出资人性质材料的，该社团章程中明确规定资金来源包含会员提供的，可以作为企业投资者。④合伙企业、个人独资企业不能成为一人有限公司股东。⑤律师事务所。[2]

---

[1] 《公务员法》第59条规定，公务员必须遵守纪律，不得有下列行为：……（16）违反有关规定从事或者参与营利性活动，在企业或者其他营利性组织中兼任职务。

[2] 对于律师事务所，《律师法》第27条规定："律师事务所不得从事法律服务以外的经营活动"，直接限制了律所对外投资。而对于会计师事务所，尽管《公司登记管理若干问题的规定》（1998年1月7日）第21条曾明文规定"会计师事务所、审计事务所、律师事务所和资产评估机构不得作为投资主体向其他行业投资设立公司"，但该规章已于2006年被废止。此后，上位法中的《公司登记管理条例》、《公司法》、《注册会计师法》以及财政部的针对性规章《会计师事务所审批和监督暂行办法》均未言及该事项。亦根据《合同法司法解释（一）》第4条明确规定"合同法实施以后，人民法院确认合同无效，应当以全国人大及其常委会制定的法律和国务院制定的行政法规为依据，不得以地方性法规、行政规章为依据"。所以对于会计师事务所，资产评估机构是否可以成为投资主体，目前无相关定论。

依《商业银行法》第43条规定,商业银行在中华人民共和国境内不得从事信托投资和证券经营业务,不得向非自用不动产投资或者向非银行金融机构和企业投资,但国家另有规定的除外。这也意味着商业银行不得充当这些规定范围内的有限责任公司的股东。

(3)国家股东。国家作为有限责任公司的股东时,需由其授权的机构或部门作为代表。改革开放以来,我国积极探索国有资产管理和经营的合理形式。当前,我国对国有财产实行国务院统一领导下的分级管理,中央和地方政府分别代表国家授权各级国有资产监督管理部门对国有企业、公司行使所有权职责。国有企事业单位团体和经中央或地方授权的机关等均可依法设立或投资于公司,依"谁投资,谁拥有产权"的原则,对所投资的公司享有股东权益并承担相应的义务。

另外,根据股东取得公司资本份额的时间、原因不同,股东也可分为:参与公司设立的原始股东;公司成立后的继受股东(如转让、继承、公司合并等继受方式);公司成立后因公司增资而加入的股东。

### (二)有符合公司章程规定的全体股东认缴的出资额(出资条件或财产条件)

1. 注册资本

注册资本,是指公司成立时由公司章程记载并在公司登记机构注册登记的资本总额。它相对公司资产而言,是一个静态的范畴,是股东出资的货币体现,并不随公司的经营而随时处于变化之中。公司的注册资本是其承担责任的保证,股东必须在其认缴额度范围内承担有限责任。

《公司法》第26条规定,有限责任公司的注册资本为在公司登记机关登记的全体股东认缴的出资额。法律、行政法规以及国务院决定对有限责任公司注册资本实缴、注册资本最低限额另有规定的,从其规定。我国2005年《公司法》曾对各类公司的最低注册资本额〔3〕有明确规定:股东为2—50人的有限责任公司,注册资本最低限额为3万元;一人有限责任公司,注册资本最低限额为10万元;股份有限公司的注册资本最低限额为500万元。但在2013年12月底,全国人大常委会对《公司法》进行修改时,取消了各类公司最低注册资本限额的规定,不再限制公司设立时股东(发起人)的首次出资比例和缴足出资的期限,公司实收资本也不再作为工商登记事项。对于公司注册资本登记制度的改革,有利于降低创业成本,进一步激活中小企业、小微企业的活力,特别是代表新兴生产力发展的企业。

但对于一些特殊行业或从事某种特定业务的公司,仍有关于注册资本最低限额的规定,我们可将之称为"个别最低资本额",该资本额是判断公司是否获得某种资质或能否从事某种行业的标尺。目前看来,其他法律、法规、规章有关"个别最低资本额"的规定主要集中于以下几类公司:(1)外商投资股份有限公司;(2)与证券业务相关的公司,如证券公司、〔4〕证券登记结

〔3〕 最低注册资本额制度,是指公司立法对公司的注册资本设定最低要求,只有满足最低注册资本要求,公司才能无瑕疵地成立。

〔4〕 《证券法》(2019年修订)第120条规定:经国务院证券监督管理机构核准,取得经营证券业务许可证,证券公司可以经营下列部分或者全部证券业务:(1)证券经纪;(2)证券投资咨询;(3)与证券交易、证券投资活动有关的财务顾问;(4)证券承销与保荐;(5)证券融资融券;(6)证券做市交易;(7)证券自营;(8)其他证券业务。第121条规定:证券公司经营本法第120条第1款第1项至第3项业务的,注册资本最低限额为人民币5000万元;经营第4项至第8项业务之一的,注册资本最低限额为人民币1亿元;经营第4项至第8项业务中两项以上的,注册资本最低限额为人民币5亿元。证券公司的注册资本应当是实缴资本。

算机构、证券交易服务机构、证券投资基金、社保基金管理人和托管人等;(3)信托投资公司;(4)与期货交易相关的公司;(5)与银行业相关的公司;[5](6)与保险业相关的公司;[6](7)外商投资公司、投资创业公司等。

2. 出资形式

《公司法》第27条规定,股东可以用货币出资,也可以用实物、知识产权、土地使用权等可以用货币估价并可以依法转让的非货币财产作价出资;但是,法律、行政法规规定不得作为出资的财产除外。对作为出资的非货币财产应当评估作价,核实财产,不得高估或者低估作价。法律、行政法规对评估作价有规定的,从其规定。

(1)货币。也叫现金出资,是最基本、最具效用的公司资本形态,股东以货币出资,既可以准确计算出资额,也可以直接使用,具有方便快捷的优点。货币是最常见、最受立法支持的出资形式,同时也是所涉法律关系最为简单、最少发生纠纷的出资形式。作为一般等价物,货币出资只需交付即可。这里所指的货币是广义的,既可以是本国货币,也可以为外币;而且在允许以外币出资的国家里,也大多把外币限定为可自由兑换的外币,以便与本国货币进行可比价值的计算。我国2005年《公司法》曾规定,有限责任公司全体股东的货币出资金额不得低于有限责任公司注册资本的30%,股份有限公司发起人的出资形式,同于有限责任公司。但在2013年底《公司法》关于资本制度改革的修订中,从法律层面上取消了货币出资占注册资本的比例限制,因此,货币出资是否需占注册资本的一定比例以及具体比例如何确定,可由公司章程自由确定。

(2)实物。实物出资是指股东用建筑物、厂房、机器设备、车辆等有形财产作价出资。一般认为,用于出资的实物应当满足三个条件:全体发起人同意;对公司的有用性(经营所需或变现);出资人的独立处分性。对于部分实物出资,只需交付即可;而对于以房产、车辆等实物出资,既需实物交付,同时还需进行权属变更登记。

(3)知识产权。知识产权是基于创造性智力成果和工商业标记依法产生的权利,包括专利权、商标权、版权(如计算机软件)、集成电路布图设计专有权、药品独占权、农业化学药品独占权等。对于以专利权、商标权的出资,不仅要求专利技术、商标的实际转移,还需办理相应的申请核准、变更登记与公告手续。

(4)土地使用权。我国法律规定,土地归国家或集体所有,所以股东只能以土地使用权出资。具体包括建设用地使用权和经营性土地承包经营权。其中划拨的建设用地使用权用于出资受到严格限制,家庭土地承包经营权不被允许用于出资。

除货币出资外,非货币出资必须具备以下三个条件:其一,可用货币估价,即具有价值上的

---

[5] 《商业银行法》第13条规定:"设立全国性商业银行的注册资本最低限额为十亿元人民币。设立城市商业银行的注册资本最低限额为一亿元人民币,设立农村商业银行的注册资本最低限额为五千万元人民币。注册资本应当是实缴资本。国务院银行业监督管理机构根据审慎监管的要求可以调整注册资本最低限额,但不得少于前款规定的限额。"

[6] 《保险法》第69条规定:"设立保险公司,其注册资本的最低限额为人民币二亿元。国务院保险监督管理机构根据保险公司的业务范围、经营规模,可以调整其注册资本的最低限额,但不得低于本条第一款规定的限额。保险公司的注册资本必须为实缴货币资本。"

确定性;其二,可依法转让,即具有流通性,可以变现;其三,法律、行政法规不禁止。如股权、债权、采矿权等。根据《公司法司法解释(三)》第11条规定,出资人以其他公司股权出资,符合下列条件的,人民法院应当认定出资人已履行出资义务:一是出资的股权由出资人合法持有并依法可以转让;二是出资的股权无权利瑕疵或者权利负担;三是出资人已履行关于股权转让的法定手续;四是出资的股权已依法进行了价值评估。股权出资不符合前款第1、2、3项的规定,公司、其他股东或者公司债权人请求认定出资人未履行出资义务的,人民法院应当责令该出资人在指定的合理期间内采取补正措施,以符合上述条件;逾期未补正的,人民法院应当认定其未依法全面履行出资义务。

根据《公司登记管理条例》第14条规定,股东的出资方式应当符合《公司法》第27条的规定,但股东不得以劳务、信用、自然人姓名、商誉、特许经营权或者设定担保的财产等作价出资。

3.《公司法》及司法解释中关于股东出资的相关规定[7]

(1)关于股东以违法犯罪所得货币出资的规定。《公司法司法解释(三)》第7条第2款规定,以贪污、受贿、侵占、挪用等违法犯罪所得的货币出资后取得股权的,对违法犯罪行为予以追究、处罚时,应当采取拍卖或者变卖的方式处置其股权。

(2)关于股东以瑕疵土地使用权出资的规定。《公司法司法解释(三)》第8条规定,出资人以划拨土地使用权出资,或者以设定权利负担的土地使用权出资,公司、其他股东或者公司债权人主张认定出资人未履行出资义务的,人民法院应当责令当事人在指定的合理期间内办理土地变更手续或者解除权利负担;逾期未办理或者未解除的,人民法院应当认定出资人未依法全面履行出资义务。

(3)关于股东以未依法评估作价的非货币财产出资的规定。《公司法司法解释(三)》第9条规定,出资人以非货币财产出资,未依法评估作价,公司、其他股东或者公司债权人请求认定出资人未履行出资义务的,人民法院应当委托具有合法资格的评估机构对该财产评估作价。评估确定的价额显著低于公司章程所定价额的,人民法院应当认定出资人未依法全面履行出资义务。

(4)关于有限责任公司股东申请设立登记的规定。《公司法》第29条规定,股东认足公司章程规定的出资后,由全体股东指定的代表或者共同委托的代理人向公司登记机关报送公司登记申请书、公司章程等文件,申请设立登记。

4.股东出资证明书

股东出资证明书是有限责任公司成立后,由公司向股东签发的证明其出资及相关权利的证书。《公司法》第31条规定,有限责任公司成立后,应当向股东签发出资证明书。出资证明书应当载明下列事项:(1)公司名称;(2)公司成立日期;(3)公司注册资本;(4)股东的姓名或名称、缴纳的出资额和出资日期;(5)出资证明书的编号和核发日期。出资证明书由公司盖章。

股东出资证明书表明公司设立人已履行了缴付所认缴的出资的义务,已成为该有限责任公司的股东,其性质上属于股单,不能流通,股东依法转让出资时,可随出资一同转让。

---

[7] 关于股东瑕疵出资的民事责任,详细阐述请参见第二章第四节公司股东的权利和义务。

5. 股东名册

股东名册是记载股东及出资有关事项的名册。它是以记载股东为核心内容的法定必备账册,对股东身份具有确定的效力。《公司法》第 32 条规定,有限责任公司应当置备股东名册,记载下列事项:(1)股东的姓名或名称及住所;(2)股东的出资额;(3)出资证明书编号。

股东名册对股东来说,是主张权利的依据。记载于股东名册的股东,可以依股东名册主张行使股东权利。对公司来说,股东名册是公司主张免责的依据。只有登记在册的股东才能对公司主张权利。但股东名册的效力仅针对公司和股东之间,对于公司外部的第三人来说,要查阅公司的登记事项来确定其股东身份。

6. 小结

2013 年 12 月 28 日新修订的《公司法》在公司注册资本方面作了以下修改:(1)取消了公司最低注册资本额的规定。(2)取消了股东首次出资的规定。(3)取消了股东出资期限的规定。(4)取消了货币出资占公司资本总额最低比例的限制。(5)除募集设立的股份有限公司外,取消了验资的规定。旧《公司法》第 29 条规定,股东缴纳出资后,必须经依法设立的验资机构验资并出具证明。新《公司法》取消了股东首次出资最低比例的规定,不再需要公司登记前的验资,工商登记的申请材料也取消了验资证明这一要求。公司实收资本不再作为工商登记事项。

### (三)股东共同制定公司章程(章程条件)

公司章程,是指公司必备的由公司股东或发起人共同制定并对公司、股东、公司经营管理人员具有约束力的调整公司内部关系和经营行为的自治规则,它是以书面性质固定下来的反映全体股东共同意思表示的基本法律文件。公司章程是规定公司的组织及行为的基本规则的重要文件,是公司的灵魂,它既是公司成立的前提,也是公司运营的基础。基于公司章程在调整公司组织关系中的核心地位,学者们甚至称之为“公司的宪法”。

1. 公司章程的制定方式

公司章程要由全体股东共同制定,并在章程上签名盖章,公司章程应以书面形式订立。

2. 公司章程的记载事项

《公司法》第 25 条规定,有限责任公司章程应当载明下列事项:(1)公司名称和住所;(2)公司经营范围;(3)公司注册资本;(4)股东的姓名或者名称;(5)股东的出资方式、出资额和出资时间;(6)公司的机构及其产生办法、职权、议事规则;(7)公司法定代表人;(8)股东会会议认为需要规定的其他事项。

根据记载事项对公司章程效力的影响,可分为绝对必要记载事项、相对必要记载事项和任意记载事项。

绝对必要记载事项,是指公司法规定的公司章程必须记载的事项,缺少其中任何一项或任何一项记载不合法,将导致整个章程无效。由于章程是公司设立的必要条件,因此章程无效会导致公司不能成立或已成立的公司被宣告无效或被撤销。

相对必要记载事项,是指由法律列举,但公司章程可以选择是否记载的事项。如予以记载,则发生效力;如不予记载,也不影响整个章程的效力;如所记载的事项不合法,则仅该部分无效,并不导致整个章程无效。

任意记载事项,是指除绝对必要记载事项和相对必要记载事项外,在不违反法律和公序良俗的前提下,发起人认为有必要记入章程,作为共同遵守的行为规则的事项。任意记载事项,虽可由发起人任意选择,但一经载入被核准的章程,该事项即发生法律效力,全体股东也要一体遵行,不能任意变更,如需变更,应修改章程,并办理变更登记。

根据我国《公司法》第25条的规定,(1)—(7)为绝对必要记载事项,(8)为任意记载事项。

3. 公司章程的效力

(1)时间效力。公司章程的时间效力,是指公司章程的生效时间与失效时间。

我国《公司法》未对公司章程的生效时间作明确规定,对此,理论界主要有以下几种争议观点。观点一:公司章程自股东签字时生效。观点二:公司章程自获得登记注册时生效。观点三:应区别对待公司章程的生效时间。该说认为,章程中调整发起设立公司的投资者之间关系的内容,相当于公司设立协议,可以适用合同法的一般规则,故自签字时成立并生效;章程中调整尚未成立的公司、尚未产生的董事、监事、经理以及未来可能加入公司的其他股东的内容,则自公司成立时生效。观点四:公司章程的生效时间因公司的性质和设立方式不同而有所不同。具体来说,在有限责任公司和发起设立的股份有限公司,公司章程应当自全体股东或发起人签名、盖章时生效;在募集设立的股份有限公司,则应在创立大会上通过时生效。

大陆法系国家和地区的公司法多明确规定,章程依法经公证后生效。但我国《公司法》未规定公司章程的公证程序,实践中一般也不予以公证。在我国司法实践中,最高人民法院曾在司法判决文书中对公司章程的生效时间予以了明确表述。其认为,公司章程是股东在协商一致的基础上所签订的法律文件,具有合同的某些属性,在股东对公司章程生效时间约定不明,而公司法又无明确规定的情况下,可以参照适用合同法的相关规定来认定章程的生效问题。参照合同生效的相关规定,最高人民法院认为公司设立时制定的初始章程应报经工商部门登记后才能生效;而经法定程序修改的章程,自股东达成修改章程的合意后即发生法律效力。[8]我国虽不是判例法国家,但最高人民法院先后发布了十期指导判例(截至2015年4月23日),可见最高人民法院在判决文书中所阐述的观点,对各地人民法院的审判、执行工作具有重要的参考示范作用和指导意义。

公司章程的失效时间。我国《公司法》同样未对公司章程的失效时间作明确规定。对此,理论界的认识较为统一,即认为公司终止则公司章程自动失效。不过,若公司未能依法成立,则其失效时间应为公司设立失败之时。

(2)对人的效力。公司章程对人的效力,是指其发生效力的对象。我国《公司法》第11条规定,公司章程对公司、股东、董事、监事、高级管理人员[9]具有约束力。

4. 英美法系公司章程简介

在大陆法系国家和地区,公司章程由一份单一的法律文件构成;而在英美法系国家,公司

---

〔8〕 参见最高人民法院(2014)民提字第00054号民事判决书:万家裕与丽江宏瑞水电开发有限公司股东资格确认纠纷案。

〔9〕《公司法》第216条第1项规定,高级管理人员是指公司的经理、副经理、财务负责人、上市公司董事会秘书和公司章程规定的其他人员。

章程则由两个法律文件组成。

（1）公司章程大纲（memorandum of association 或 articles of incorporation）。章程大纲，亦称公司设立证书，是规定公司对外事务的公开文件，通常要求记载公司的名称、住所、股东的有限责任、拟发行的资本和股份、经营范围和股东签名等内容，称为公司外部宪章。（external constitution）。这部分章程内容是公司对社会和政府的承诺，事关社会交易安全，法律对其有强制性规定，当事人必须严格遵守，公司申请设立时应将其提交给政府主管机关。

（2）公司章程细则（articles of association 或 by laws）。亦称公司细则，是在章程大纲的基础上制定的，用来调整公司内部事务的内部文件，包括股份的持有及其权益、股份的转让、股东会和董事会的召开及其程序、董事会的权限、公司财务和审计、公司清算等条款，相当于股东相互间的契约及公司与股东间的契约。章程细则规定的是公司内部事务的管理规则，仅对公司内部的事务有约束力。章程细则不是公司注册的文件，不必提交登记主管机关备案，也不必向公众公布，被称为公司内部宪章（internal constitution）。

从法律效力上说，章程细则只是对章程大纲的补充，二者内容有抵触时，须以大纲的规定为准，即章程大纲具有优于章程细则的效力。总的来说，在英美法系国家和地区，章程大纲和章程细则合起来相当于大陆法系国家的公司章程。

## 思　考　公司章程的自由边界

公司法修订的历史脚步，彰显了对股东意思自治的日趋尊重，但公司章程的自治空间有多大，边界在哪里，如何与公司法的立法规定协调一致又彰显股东意思自治，亦值得仔细考量。笔者尝试着选取一些有代表性的条文从以下几种情况分析考量公司章程的自治空间。

1. 公司法做出规定，由公司章程做出具体化规定。

（1）法定代表人的规定。《公司法》第 13 条规定，公司法定代表人〔10〕依照公司章程的规定，由董事长、执行董事或者经理担任，并依法登记。

（2）对外投资、对外担保的规定。《公司法》第 16 条第 1 款规定，公司向其他企业投资或者为他人提供担保，依照公司章程的规定，由董事会或者股东会、股东大会决议；公司章程对投资或者担保的总额及单项投资或者担保的数额有限额规定的，不得超过规定的限额。

（3）董事任期的规定。《公司法》第 45 条第 1 款规定，董事任期由公司章程规定，但每届任期不得超过三年。董事任期届满，连选可以连任。

（4）监事会职工代表比例的规定。《公司法》第 51 条第 2 款规定，监事会应当包括股东代表和适当比例的公司职工代表，其中职工代表的比例不得低于 1/3，具体比例由公司章程规定。监事会中的职工代表由公司职工通过职工代表大会、职工大会或者其他形式民主选举产生。《公司法》第

〔10〕《民法通则》第 38 条规定，依照法律或者法人组织章程规定，代表法人行使职权的负责人，是法人的法定代表人。公司的法定代表人对内出于公司管理核心的地位，对外代表公司，以公司的名义对外实施行为是公司的行为，该行为的法律后果由公司承担。法定代表人是个人。但法定代表人不同于法人代表。法人代表也是个人，是法人单独授权行使某项具体职责的人。法定代表人是经过工商登记的，行使职权不需要法人授权，而法人代表没有工商登记，需要法人另行授权，超出授权范围或期限就不再是法人代表。

70 条第 1 款规定,国有独资公司监事会成员不得少于 5 人,其中职工代表的比例不得低于 1/3,具体比例由公司章程规定。

2. 公司法做出规定,但允许公司章程做出补充规定。

(1)《公司法》第 37 条第 11 项规定,股东会行使下列职权:……(11)公司章程规定的其他职权。

(2)《公司法》第 46 条第 11 项规定,董事会对股东会负责,行使下列职权:……(11)公司章程规定的其他职权。

(3)《公司法》第 48 条第 1 款规定,董事会的议事方式和表决程序,除本法有规定的外,由公司章程规定。

(4)《公司法》第 49 条第 2 款规定,公司章程对经理职权另有规定的,从其规定。

(5)《公司法》第 53 条第 7 项规定,监事会、不设监事会的公司的监事行使下列职权:……(7)公司章程规定的其他职权。

(6)《公司法》第 55 条第 2 款规定,监事会的议事方式和表决程序,除本法有规定的外,由公司章程规定。

3. 公司法虽做出规定,但允许公司章程另行规定,且不适用公司法的规定。

(1)红利分配、增资认缴的规定。《公司法》第 34 条规定,股东按照实缴的出资比例分取红利;公司新增资本时,股东有权优先按照实缴的出资比例认缴出资。但是,全体股东约定不按照出资比例分取红利或者不按照出资比例优先认缴出资的除外。

(2)股东会召集程序的规定。《公司法》第 41 条第 1 款规定,召开股东会会议,应当于会议召开 15 日前通知全体股东;但是,公司章程另有规定或者全体股东另有约定的除外。

(3)股东表决权的规定。《公司法》第 42 条规定,股东会会议由股东按照出资比例行使表决权;但是,公司章程另有规定的除外。

(4)经理职权的规定。公司章程对经理职权另有规定的,从其规定。

(5)股权转让的规定。《公司法》第 71 条规定,有限责任公司的股东之间可以相互转让其全部或者部分股权。股东向股东以外的人转让股权,应当经其他股东过半数同意。股东应就其股权转让事项书面通知其他股东征求同意,其他股东自接到书面通知之日起满 30 日未答复的,视为同意转让。其他股东半数以上不同意转让的,不同意的股东应当购买该转让的股权;不购买的,视为同意转让。经股东同意转让的股权,在同等条件下,其他股东有优先购买权。2 个以上股东主张行使优先购买权的,协商确定各自的购买比例;协商不成的,按照转让时各自的出资比例行使优先购买权。公司章程对股权转让另有规定的,从其规定。

(6)股东资格继承的规定。《公司法》第 75 条规定,自然人股东死亡后,其合法继承人可以继承股东资格;但是,公司章程另有规定的除外。

(7)《公司法》第 166 条第 4 款规定,公司弥补亏损和提取公积金后所余税后利润,有限责任公司依照本法第 34 条的规定分配;股份有限公司按照股东持有的股份比例分配,但股份有限公司章程规定不按持股比例分配的除外。

4. 公司法不做规定,完全由公司章程规定。

(1)公司的经营范围。《公司法》第 12 条第 1 款规定,公司的经营范围由公司章程规定,并依法登记。公司可以修改公司章程,改变经营范围,但是应当办理变更登记。

(2)有限公司董事长、副董事长的产生。《公司法》第 44 条第 3 款规定,董事会设董事长一人,可以设副董事长。董事长、副董事长的产生办法由公司章程规定。

(3)执行董事的职权。《公司法》第50条规定,股东人数较少或者规模较小的有限责任公司,可以设一名执行董事,不设董事会。执行董事可以兼任公司经理。执行董事的职权由公司章程规定。

### (四)有公司名称,建立符合有限责任公司要求的组织机构(组织条件)

关于公司名称的具体规定,详见第一章公司制度概述,此处不再赘述。符合有限责任公司要求的组织机构,是指公司股东会、董事会和监事会的构建,详见本章第二节的有限责任公司组织机构的论述。

### (五)有公司住所(住所条件)

公司住所,亦称公司法定住所,在英美法系国家称为公司注册办事处或公司注册办公室,是指公司据以开展业务、进行商事交易活动的中心场所。公司住所与公司的经营场所不同。经营场所是公司进行业务活动所必需的一切场地,是公司进行经营的必要条件。公司经营场所可能是住所,也可能是住所之外的各种固定地点和设施,如生产场地、销售网点。一般来说,公司住所都是公司经营场所。

各国均要求,在设立公司时,必须在章程中载明公司住所,并经公司登记机关核准登记。登记注册的公司住所只有一个,公司住所一经确定,非依法定程序办理变更登记手续,不得擅自变更,否则不得以其变更事项对抗第三人。

1. 公司住所的确定标准

对于公司来讲,其住所的确定存在不同的标准:

(1)管理中心主义。即以公司登记时常设管理机关所在地为住所。日本、韩国及我国台湾地区皆为此例。该立法模式的主要优点在于容易确定,其缺点主要在于公司容易通过将管理中心迁到海外的办法,来达到避税、逃避严格的公司监管等目的。

(2)营业中心主义。即以公司的业务执行地为住所。该立法模式的主要优点在于便于控制公司的主要财产收入,缺点则在于,若公司有多个营业中心,则不易确定公司住所。

(3)由公司章程确定。即公司住所的确定由公司章程规定。

我国对于公司住所的确定实质上采管理中心主义。我国《公司法》第10条规定:“公司以其主要办事机构所在地为住所。”经公司登记机关登记的公司的住所只能有一个。公司的住所应当在其公司登记机关辖区内。确定是否为公司主要办事机构所在地,一般依公司登记,公司登记的住所即为主要办事机构所在地。

2. 确立公司住所的法律意义

(1)确定诉讼管辖地。我国《民事诉讼法》第21条第2款规定:“对法人或者其他组织提起的民事诉讼,由被告住所地人民法院管辖。”可见,确定公司的住所,是明确地域管辖的重要前提条件。

(2)确定法律文书及其他文书的送达地点。在诉讼程序中,诉讼文书应直接送达,直接送达有困难的可邮寄送达。而无论何种送达方式,对公司而言,均以住所地为接收法律文书的处所。

(3)确定登记、税收等管理机关。我国公司的登记主管机关是各级工商行政管理局,登记主管机关依照法律规定,对企业实行分级登记管理。向省、市、县级工商行政管理机关申请登记,其前提条件就是确定公司的住所地。另外,在申报纳税时,依税法规定,公司所得税等许多税种都实行"属地管理",应向公司所在地税务机关申报纳税。

(4)确定债务履行地。在合同关系中,如果当事人没有明确指明债务履行地点,公司住所往往是确定其履行地的主要因素。

(5)在涉外民事及经济法律关系中,公司住所是确认准据法的依据之一。

需要注意的是:作为企业住所(经营场所)的房屋必须办理了房屋所有权证,而且房屋所有权证记载的房屋用途与企业从事的经营活动一致,简单地说,就是"权属明确,用途一致"。所以,住宅不能作为企业住所(经营场所)。

## 三、有限责任公司的设立登记

### (一)公司登记管理机关

公司登记的管理机关,是指按照公司立法的规定,接受公司登记申请,并具体办理公司登记的国家主管机构。

1. 世界各国公司登记机关设置的模式

(1)法院是公司登记的主管机关。在德国、波兰、韩国,公司登记由地方法院办理。(2)法院和行政机关均为商事登记机关。在法国,公司登记由法院及行政机关分别办理。关于公司设立,法院应于受理登记后1个月内,另将原申请书件一份,移送全国性的工业所有权局,办理商业登记。(3)行政机关或专门设立的附属行政机构为公司登记机关。英美法国家及日本、我国台湾地区和澳门地区采之。如在美国,商事登记机关为州务卿办公室;澳大利亚的公司登记机关为联邦财政部下属证券与投资委员会。(4)专门注册中心和商会为公司登记机关。例如,荷兰《商事注册法》规定地方商会负责保管当地商事注册文件。

2. 我国的登记机关

在我国,公司登记的主管机关是工商行政管理机关。[11] 国家工商行政管理机关独立行使公司登记管理权,并实行分级登记管辖的原则。

根据《公司登记管理条例》第6条规定,国家工商行政管理总局负责下列公司的登记:(1)国务院国有资产监督管理机构履行出资人职责的公司以及该公司投资设立并持有50%以上股份的公司;(2)外商投资的公司;(3)依照法律、行政法规或者国务院决定的规定,应当由国家工商行政管理总局登记的公司;(4)国家工商行政管理总局规定应当由其登记的其他公司。

第7条规定,省、自治区、直辖市工商行政管理局负责本辖区内下列公司的登记:(1)省、

〔11〕 2018年国务院进行机构改革,组建国家市场监督管理总局,不再保留国家工商行政管理总局、国家质量监督检验检疫总局、国家食品药品监督管理总局。但《公司登记管理条例》在2016年修订后,没有结合国务院机构改革进行相应修改,因此,本书仍按照现行的《公司登记管理条例》行文。

自治区、直辖市人民政府国有资产监督管理机构履行出资人职责的公司以及该公司投资设立并持有50%以上股份的公司；(2)省、自治区、直辖市工商行政管理局规定由其登记的自然人投资设立的公司；(3)依照法律、行政法规或者国务院决定的规定，应当由省、自治区、直辖市工商行政管理局登记的公司；(4)国家工商行政管理总局授权登记的其他公司。

第8条规定，设区的市(地区)工商行政管理局、县工商行政管理局，以及直辖市的工商行政管理分局、设区的市工商行政管理局的区分局，负责本辖区内下列公司的登记：(1)本条例第6条和第7条所列公司以外的其他公司；(2)国家工商行政管理总局和省、自治区、直辖市工商行政管理局授权登记的公司。前款规定的具体登记管辖由省、自治区、直辖市工商行政管理局规定。但是，其中的股份有限公司由设区的市(地区)工商行政管理局负责登记。

### (二)公司设立的立法原则

在经济发展的不同时期，国家对公司设立的干预情况有所不同，即在不同时期对公司设立奉行不同的立法原则。从各国公司设立立法的历史情况来看，有四种主要的立法原则：

第一，自由主义。自由主义，又称放任主义，它是指国家对公司的设立不加任何限制，允许当事人自由设立公司，且无须履行任何法律手续，公司是否设立、设立何种公司、怎样设立，完全由设立人自行决定，法律对之不予干涉。该原则出现于公司制度萌芽时期，在欧洲大陆自由贸易时代较为盛行。

第二，特许主义。这是一种只有经过国家元首或专门法律的特别许可，才能设立公司的立法原则。特许主义又可分为两种：一是元首特许主义，指设立公司须经国家元首的许可，获得元首颁发的特许状；二是法律特许主义，指国家专门为拟设立的公司制定特许条例，公司设立时必须在符合该特许条例规定的基础上，再经过特许，才能取得法人资格。如英国1600年设立的东印度公司。这种公司盛行于17—19世纪之间。特许主义主要是应对自由主义而产生的，其目的是纠正自由主义之下的公司滥设现象。但其弊端是导致对公司设立的过度管制。

第三，核准主义(许可主义)。核准制度，又称行政许可制度或审批制度，是指公司的设立除依据一般法律所规定的条件外，还须经过行政主管机关的审查批准才能成立。这种制度创立于法国路易十四时代，首见于法国的商事条例。如中国投资有限责任公司(China Investment Corporation，简称中投公司)于2007年9月29日在北京成立，是经中国国务院批准设立的从事外汇资金投资管理业务的国有独资公司。该公司的注册资本金为2000亿美元。[12]

第四，准则主义(登记主义)。准则主义又可分为单纯准则主义和严格准则主义。单纯准则制度由1862年的英国公司法所创设，19世纪西方各国普遍采用。单纯准则主义是指公司的设立只要符合国家公司立法所规定的条件，就可成立公司并取得法律上之独立人格。由于当时法律所规定的设立条件过于简单，故称之为单纯准则主义。

严格准则主义相对于单纯准则主义来说，严格了公司设立的法定条件；加重了设立人的法律责任；加强了司法机关、行政主管机关对公司的监督。在严格准则制度之下设立程序的最后步骤，须在公司登记机关办理注册登记手续。

---

〔12〕 参见百度百科，http://baike.baidu.com/view/129686.htm，2015年5月25日访问。

我国《公司法》第 6 条规定,设立公司,应当依法向公司登记机关申请设立登记。符合本法规定的设立条件的,由公司登记机关分别登记为有限责任公司或者股份有限公司;不符合本法规定的设立条件的,不得登记为有限责任公司或者股份有限公司。法律、行政法规规定设立公司必须报经批准的,应当在公司登记前依法办理批准手续。公众可以向公司登记机关申请查询公司登记事项,公司登记机关应当提供查询服务。

根据以上规定,可知我国公司法规定的公司(有限责任公司和股份有限公司)设立的立法原则是严格准则主义和核准主义的结合。具体是:(1)设立普通公司,适用严格准则主义,只要符合法定的条件和程序,可以直接向登记机关申请设立登记。(2)设立属于法律、行政法规规定的特殊行业的公司,适用核准主义,在申请设立登记前须先取得主管机关的批准。此处的特殊行业主要集中在现代金融行业,包括商业银行、保险与证券等。如《商业银行法》(2015 年修正)第 11 条规定,设立商业银行,应当经国务院银行业监督管理机构审查批准。未经国务院银行业监督管理机构批准,任何单位和个人不得从事吸收公众存款等商业银行业务,任何单位不得在名称中使用"银行"字样。《证券法》(2019 年修订)第 118 条规定,设立证券公司,应当具备下列条件,并经国务院证券监督管理机构批准。未经国务院证券监督管理机构批准,任何单位和个人不得以证券公司名义开展证券业务活动。《保险法》(2015 年修正)第 67 条规定,设立保险公司应当经国务院保险监督管理机构批准。国务院保险监督管理机构审查保险公司的设立申请时,应当考虑保险业的发展和公平竞争的需要。

### (三)有限公司的设立程序

根据《公司法》和《公司登记管理条例》的有关规定,设立有限责任公司一般要履行以下程序:

1. 订立发起人协议

发起人协议又称公司设立协议,是在公司设立过程中,由发起人订立的关于公司设立事项的协议。其作用在于确定所设公司的基本性质和结构,协调发起人之间的关系及其权利和义务。发起人协议为非要式法律文件和任意性文件,作为当事人之间的契约,主要根据当事人的意思表示形成,在性质上,一般认为发起人协议属于合伙契约。各国公司法对于发起人协议一般都未作明确规定,我国《公司法》对有限公司的发起人协议也未作规定,从这个意义上说,订立发起人协议不是设立有限公司的法定程序。

2. 制定公司章程

公司章程是公司经营活动的基本准则,制定公司章程是任何一个国家设立公司的必经程序。我国《公司法》规定,有限责任公司章程由全体股东制定,并签名盖章。有的国家还要求章程必须经过公证手续才能生效,如德国、日本、韩国等。我国公司立法并无公证的强制要求。

3. 申请公司名称预先核准

《公司登记管理条例》第 17 条规定,设立公司应当申请名称预先核准。法律、行政法规或者国务院决定规定设立公司必须报经批准,或者公司经营范围中属于法律、行政法规或者国务院决定规定在登记前须经批准的项目的,应当在报送批准前办理公司名称预先核准,并以公司登记机关核准的公司名称报送批准。

4. 股东认缴及缴付出资

缴纳出资是股东所负的法定义务，是其取得股东资格的对价和前提。公司章程记载了股东的出资方式、出资额和出资时间。在公司章程确定以后，股东应当按期足额缴纳公司章程中规定的各自所认缴的出资额。股东以货币出资的，应当将货币出资足额存入有限责任公司在银行开设的账户；以非货币财产出资的，应当依法办理其财产权的转移手续。股东不按照前款规定缴纳出资的，除应当向公司足额缴纳外，还应当向已按期足额缴纳出资的股东承担违约责任。

由于2013年底新修改的《公司法》已取消了首次缴纳出资的比例和期限的规定，因此，2005年《公司法》规定的首次出资需验资的规定已取消。

5. 选举或确定公司机关

公司法明确将建立符合要求的组织机构作为成立公司的必备条件，由此推断，公司机关应在申请公司成立登记之前确定。公司发起人应当及时在公司章程中确定公司机关及其组成人员。公司董事、监事、经理可以由发起人出任，也可以由发起人之外的民事主体出任。

6. 办理登记前置的行政审批程序

我国公司设立原则上实行严格准则主义，特殊的公司才实行核准主义，因此，此处的需要办理前置行政审批程序的公司，仅限于部分特殊公司，不是所有公司设立的必经程序。《公司法》第6条第2款规定，“法律、行政法规规定设立公司必须报经批准的，应当在公司登记前依法办理批准手续。”《公司登记管理条例》第22条规定，“公司申请登记的经营范围中属于法律、行政法规或者国务院决定规定在登记前须经批准的项目的，应当在申请登记前报经国家有关部门批准，并向公司登记机关提交有关批准文件。”

7. 申请公司设立登记

《公司法》第29条规定：“股东认足公司章程规定的出资后，由全体股东指定的代表或者共同委托的代理人向公司登记机关报送公司登记申请书、公司章程等文件，申请设立登记。”

根据《公司登记管理条例》第20条的规定，申请设立有限责任公司，应当向公司登记机关提交下列文件：(1)公司法定代表人签署的设立登记申请书；(2)全体股东指定代表或者共同委托代理人的证明；(3)公司章程；(4)股东的主体资格证明或者自然人身份证明；(5)载明公司董事、监事、经理的姓名、住所的文件以及有关委派、选举或者聘用的证明；(6)公司法定代表人任职文件和身份证明；(7)企业名称预先核准通知书；(8)公司住所证明；(9)国家工商行政管理总局规定要求提交的其他文件。法律、行政法规或者国务院决定规定设立有限责任公司必须报经批准的，还应当提交有关批准文件。

8. 公司登记机关颁发《企业法人营业执照》

依法设立的公司，由公司登记机关发给《企业法人营业执照》。公司营业执照签发日期为公司成立日期。公司营业执照应当载明公司的名称、住所、注册资本、经营范围、法定代表人姓名等事项。公司凭公司登记机关核发的《企业法人营业执照》刻制印章，开立银行账户，申请纳税登记。公司经公司登记机关依法登记，领取《企业法人营业执照》，方取得企业法人资格。未经公司登记机关登记的，不得以公司名义从事经营活动。在我国，公司设立登记与营业登记合并进行,并由同一机关主管,发给一个登记证书即企业法人营业执照。

(四)设立登记的法律效力

关于公司设立的登记效力,世界上主要有两种立法例。其一,成立要件主义,即指公司非经登记不得成立,故设立登记是公司成立的生效要件,如德国。其二,对抗要件主义,即公司一经成立,即使未经登记,也具有法人资格,登记只发生成员对于团体的债务承担有限责任,并借此对抗第三人的效力,如法国、日本。世界上多数国家采成立要件主义,我国亦是。

有限责任公司设立申请,经公司登记机关核准登记注册,即发生以下法律效力:取得从事生产经营活动的合法凭证(即取得营业资格);取得法人资格;取得名称专用权。

## 第二节 有限责任公司的组织机构

### 一、有限责任公司的组织机构概述

(一)公司组织机构与公司治理结构

公司是一种法人组织体,不具有自然人那样的生理机能,因而公司自身无法表达意思和实施行为。公司的治理必须依赖于公司机关(或称为公司组织机构)。

公司的组织机构是指设置在公司内部的对公司各项事项进行实际操作的各个部门。公司治理(Corporation Governance)这一概念是1932年由美国学者伯利与米恩斯出版的名著《现代公司与私有财产》中提出。从法学角度讲,公司治理结构就是为维护股东、公司债权人以及社会公共利益,保证公司正常有效的运营,由法律和公司章程规定的有关公司组织机构之间权力分配与制衡的制度体系。它是公司制的核心。公司治理以分权为前提,公司组织机构在公司治理中处于核心位置。判断一个公司治理是否良好的基本标准为:该公司的组织机构的设置是否完善及其各组织机构之间的关系是否协调、有效率。

(二)公司治理结构的主要模式

公司治理结构模式,是依据公司组织机构设置及其制度安排,对各国公司治理结构的基本特征所作的抽象归纳。由于各国的法律传统不同,在构建公司治理结构时也存在较大差异。分析西方主要国家治理结构及其制度安排,可以概括为三种模式:英美国家的单轨制模式、德国的双轨制模式、日本和法国的自由选择模式。

1. 英美的单轨制(或单层制)

单轨制是指在股东会之下仅设董事会,而不设监事会,公司经营管理的权限集中于董事会。董事会是公司的经营决策、业务执行、内部监督和对外代表机关。典型代表国家为美国和英国。在美国,股东会为公司权力机关,股东会选任董事,由董事构成董事会负责公司的业务经营和事务管理。董事会聘任经理,并同时负有对公司经理层业务执行的监督职能。公司不单独设立监督机构,具体由独立董事组成专门委员会专司监督,其中审计委员会专司财务监督。

英国设置公司机关的理念与美国基本上相同。最大的区别是,英国公司法要求公司设置专门的审计员,负责对公司财务进行监督。

英美的单轨制模式表现出如下特点:(1)股东主导型治理模式。公司治理的主体仅限于股东,股东会是公司的权力机关,雇员、债权人等不参与公司治理。(2)董事会中心主义。公司股东会的权力仅限于公司法和章程列举部分,除此之外的权力都由董事会行使。董事会兼有公司战略决策和日常经营管理决策权、执行权和监督权,无论立法上还是事实上都是公司治理的中心。董事会在事实上处于核心地位,这种模式是在董事会内部实行经营权与监督权的分离。(3)市场为治理导向。由于公众公司在英美经济社会中的影响力占有压倒性优势,而公众公司的股权分散,公司融资主要依赖资本市场,产品/要素市场、经理市场、金融/资本市场、购并/控制权市场等高度发达,公众公司的治理高度依赖外部市场压力机制,具有突出的市场导向型特征。

2. 德国的双轨制(或双层制)

双轨制是指公司在股东会之下不仅设立董事会,还设立监事会(即公司设立具有上下级关系的股东会、董事会和监事会),其特征在于吸收劳方参与公司管理,强调公司的稳定发展。

在德国,股东会下设监事会,监事会向股东会负责并报告工作,监事会下设董事会,董事会向监事会负责并报告工作。监事会由股东选举的资方代表与工会选举的劳方代表组成,其中后者一般有1/3或1/2席位,体现了股东与雇员的共同治理理念。董事会负责公司的经营管理,监事会除负责选任董事外,还负责对董事会的业务执行状况进行监督。

德国的双轨制模式表现出如下特点:(1)体现了共同治理的理念。从公司机关的产生程序看,股东和雇员共同选举代表组成监事会,再由监事会选任管理者,至少从形式上体现了资方和劳方共同治理的理念。(2)董事会中心主义。虽然监事会权力很大,拥有诸如对董事会的监督权、任免董事会并决定其报酬权、重大业务批准权等,但其不能干涉公司的经营管理,经营管理权集中在董事会,因此,形成了事实上的“董事会中心主义”。(3)银行主导。公司融资对象主要是银行,并且一个公司的主要融资对象相对固定在一个银行,实行主银行制。由于法律对银行在公司持股少有限制,主银行对公司贷款一般为长期投资行为,由此成为公司的股东。加之银行通常兼做个人股东所持股票的保管人从而获得大量代理投票权,因此,银行身兼公司的大股东、主要债权人双重身份,从而左右公司治理。

3. 日本和法国的自由选择模式

在日本,传统上股东会和董事会是公司必设机构。至于监督机构,则区分不同情况:大型股份公司设立监事会负责对公司董事会监督;其他公司只需要设立检查人即可,并只负责财务监督。日本的监事会与董事会地位平行,并同时隶属于股东会。2005年日本《公司法》对公司组织机构的设置进行了重大变革,采用更具灵活性、适应性的自由选择模式。首先将股份公司区分为公开公司和非公开公司(即发行的股份有转让限制的股份公司,类似于有限公司),再区分为大小公司。分别采取不同的治理结构模式,而且同类公司也可以选择不同的组织机构。

日本公开大公司治理模式表现出如下特点:(1)董事会中心主义。虽然董事会隶属于股东会,但公司法明确规定股东会仅就公司法典和公司章程规定的事项决议,其余决议事项皆归董事会决策。因此,董事会身兼决策、执行两类权力,在不设监事(会)的公司还负有监督权力。这在一定程度上"架空"了股东会。(2)监督机构单设。在股东会之下,与董事会平行设立监督机构,专司对经营管理者的监督职权,并另设会计检查人专司财务会计报表的检查。(3)银行主导。与德国类似,日本的企业贷款也实行主银行制。由于法律对银行在公司持股少有限制,对证券市场的限制很严格,直接融资居次要地位,外部治理机制不发达,因此,主银行成为公司股东是常态。银行是公司的股东(往往是大股东),同时又是公司的主贷款人,这些都决定了银行在公司治理中的主导作用。

在法国,法律对公司机关的设置要求较为灵活:既可以采取单轨制,也可以采取双轨制。采取何种模式,由公司自己选择。单层制多适用于中小企业,只设董事会,不设监事会,董事会享有最充分的权力,内部监督也由董事会负责。双层制多适用于大型公司,同时设立董事会和监事会,内部监督主要由监事会负责。

#### (三)我国的公司治理模式

尽管各国(地区)公司组织机构的设置有所不同,但基本上都由不同机关分享三种权力、担负三种职责:股东会作为权力机关享有重大事项决策权,担负选择管理层与重大事项决策职能;董事会作为执行机关,享有经营管理决策权与执行权,担负经营管理决策与监督经理人的职责;至于监督权及监督职责,或者由董事会兼职享有、担当,或者由另设的独立机构享有、担当。实际上,关于股东会、董事会的设置及权力运行,各国(地区)的差别不大,但对于监督机构的设置及权力运行,则存在较大的差异。如果三种权力、职责分别由三个不同的机关享有、担当,公司组织机构的典型架构就是股东会、董事会和监事会。我国采取的是双轨制治理模式:股东会是权力机构,选举产生董事会、监事会的主要成员;董事会是执行机构,董事会选聘经理,经理辅助董事会执行公司业务,同时,董事会的独立董事担负监督经理的职责;监事会是监督机构,对董事、经理执行业务情况以及公司财务进行监督。股东会下设平行的董事会和监事会,这一模式总体上更接近于日本及我国台湾地区。

### 二、我国有限责任公司的组织机构

#### (一)股东会

1. 股东会的概念、组成和性质

股东会是依照公司法和公司章程的规定,由公司全体股东组成的对公司经营管理、各种涉及股东和公司利益的事项拥有最高决策权的公司权力机构。有限责任公司股东会由全体股东组成,是公司的意思形成机构和最高权力机构。它不是公司的常设机构,只是一个通过开会和投票方式存在的权力机构。

2. 股东会职权

《公司法》第 37 条规定,股东会行使下列职权:(1)决定公司的经营方针和投资计划;

(2)选举和更换非由职工代表担任的董事、监事,决定有关董事、监事的报酬事项;(3)审议批准董事会的报告;(4)审议批准监事会或者监事的报告;(5)审议批准公司的年度财务预算方案、决算方案;(6)审议批准公司的利润分配方案和弥补亏损方案;(7)对公司增加或者减少注册资本作出决议;(8)对发行公司债券作出决议;(9)对公司合并、分立、解散、清算或者变更公司形式作出决议;(10)修改公司章程;(11)公司章程规定的其他职权。对前款所列事项股东以书面形式一致表示同意的,可以不召开股东会会议,直接作出决定,并由全体股东在决定文件上签名、盖章。

3. 股东会会议种类

股东会会议分为首次股东会会议、定期会议和临时会议三种情形。

(1)首次股东会会议。首次股东会会议也可以称为出资人会议,是指公司成立之初为组建公司而专门举行的由全体股东参加的会议。它的明确的职责就是为设立公司而完成必要的事项。之所以由出资最多的股东召集,是因为还没有产生公司股东会的召集机构——董事会,公司成立的标志之一是董事会的组建,因此公司一经成立就应当由董事会负责召集股东会会议而不是由出资最多的股东召集。

(2)定期会议。定期会议,又称普通会议、股东常会,指在法律、章程规定的特定期间内必须召开的股东会议。定期股东会是全体股东行使最高决议权的基本形式,主要决定股东会职权范围内的例行重大事项,如公司的年度财务预算和决算方案,年度利润分配或亏损弥补方案、董事会和监事会所作的年度报告等,通常是一年一次。

(3)临时会议。临时会议,或称特别会议,是指在定期会议以外,由于发生法定事由或者根据法定人员或机构的提议而召开的股东会会议。《公司法》第39条第2款规定,定期会议应当依照公司章程的规定按时召开。代表1/10以上表决权的股东,1/3以上的董事,监事会或者不设监事会的公司的监事提议召开临时会议的,应当召开临时会议。

4. 股东会会议的召集和主持

(1)会议召集人和主持人。对于首次股东会,我国《公司法》第38条规定,“首次股东会会议由出资最多的股东召集和主持”,这是国际通例的借鉴。对于定期股东会和临时股东会,《公司法》第40条规定:“有限责任公司设立董事会的,股东会会议由董事会召集,董事长主持;董事长不能履行职务或者不履行职务的,由副董事长主持;副董事长不能履行职务或者不履行职务的,由半数以上董事共同推举一名董事主持。有限责任公司不设董事会的,股东会会议由执行董事召集和主持。董事会或者执行董事不能履行或者不履行召集股东会会议职责的,由监事会或者不设监事会的公司的监事召集和主持;监事会或者监事不召集和主持的,代表十分之一以上表决权的股东可以自行召集和主持。”

《公司法》对于公司股东会的召集和主持人作了层次递进的规定,即按董事会—监事会—股东依次确定召集和主持人。这样,可以有效避免无法召集和主持股东会议的尴尬情形。

(2)会议的召集程序。对于首次股东会的召开时间,我国《公司法》没有明确规定,但从《公司登记管理条例》第20条的规定看,申请设立有限责任公司,应当向公司登记机关提交的文件中包括“载明公司董事、监事、经理的姓名、住所的文件以及有关委派、选举或者聘用的证明”、“公司法定代表人任职文件和身份证明”等事项,可见在申请设立公司时,公司的首次股东会应当已经召开完毕。否则,上述人员的任职不可能产生也就没有证明文件可以被提交。因此,由出资最多的股东召集的首次股东会会议应当在公司的首次出资完成后,全体股东指定的代表或者委托的代理人向公司登记机关报送公司设立申请文件前的期限内召开。

对于定期股东会和临时股东会,我国《公司法》第 41 条规定,召开股东会会议,应当于会议召开 15 日前通知全体股东;但是,公司章程另有规定或者全体股东另有约定的除外。股东会应当对所议事项的决定作成会议记录,出席会议的股东应当在会议记录上签名。实际上,股东会会议的召开通知应写明股东会会议召开的日期、时间、地点、目的,并列明股东会的审议事项。但目前我国《公司法》规定比较笼统,并未明确规定需要在通知中列明股东会的审议事项及会议通知的形式。

5. 股东会议事规则

为了使股东会形成公平、有效率的决议,提高中小股东参与公司治理的积极性,防止大股东利用控股地位侵害中小股东的权利,各国公司法对股东会议事规则的规范均很重视。

(1)股东出席会议比例。股东法定出席比例是指召开合法有效的股东会,出席会议的股东所代表的公司有表决权的股份数量应满足的法定标准。为了最广泛地集思广益以利于股东会作出正确的决策,也为了尽量避免少数股东操纵股东会可能损害其他股东利益的现象出现,各国或地区的公司法一般规定参加股东会的股东必须达到法定人数,股东会才能合法召开,通过的决议才能有效。例如,美国《标准公司法》规定,除公司章程另有规定外,有表决权的股份之多数拥有者亲自或由代理人出席会议,应构成股东会议的法定人数;但在任何情况下,法定人数也不应少于在会议上有表决权股份的 1/3。我国《公司法》并未规定股东会的法定出席比例,这自然是一种严重的缺失,不利于健全公司法人治理结构。

(2)股东行使表决权的原则。股东会的决议通过股东投票表决的方式作出。股东表决权,是指股东基于股东地位而享有的、就股东会的议案作出一定意思表示的权利。表决权是公司股东权利的中心内容,是股东基于其股东地位而享有的一种固有权利,除非依据法律规定,不得以公司章程或股东会决议予以剥夺或限制。

由公司的资合性特点所决定,多数国家的公司立法都确立了股东行使表决权的基本原则,即资本多数决原则或一股一票原则。我国《公司法》第 42 条规定:“股东会会议由股东按照出资比例行使表决权;但是,公司章程另有规定的除外。”

(3)股东会决议通过的法定比率。根据股东会表决的事项的重要性不同,股东会的决议可以分为普通决议和特别决议。对于不同的决议事项,各国公司法规定了不同的多数标准。

第一,普通决议。普通决议是指决定公司的普通事项时采用的,以“简单多数”通过即可有效的决议。我国《公司法》第 43 条规定,“股东会的议事方式和表决程序,除本法有规定的外,由公司章程规定”。《公司法》并未明确规定有限责任公司股东会普通决议通过的法定比率,参考关于股份有限公司普通决议通过的法定比例,我们可以理解为,有限责任公司股东会普通决议经全体股东表决权的过半数通过即可,此处的“过半数”指的是公司全体表决权的“过半数”。

第二,特别决议。特别决议是指决定公司的特别事项时采用的,以绝对多数通过方为有效的决议。《公司法》第 43 条第 2 款规定,股东会会议作出修改公司章程、增加或者减少注册资本的决议，以及公司合并、分立、解散或者变更公司形式的决议，必须经代表2/3以上表决权的股东通过。此处的2/3表决权，指的是有限公司全体股东表决权的2/3，而不同于股份有限公司股东大会特别决议的2/3，股份公司是以出席会议的股东所持表决权为计算依据的。

(4)会议记录和签名制度。为了明确股东会会议参加人的责任，公司法还规定了会议记录和签名制度。《公司法》第41条第2款规定，股东会应当对所议事项的决定作成会议记录，出席会议的股东应当在会议记录上签名。

### (二)董事会(the board of directors)

董事会是指依法由股东会选举产生，对外代表公司并行使经营决策权的公司常设执行机关。它是股东会的执行机关，是公司的经营决策、日常管理和对外代表机关。董事会是由全体董事共同组成的集体决策机构，是法定常设机构。

1. 董事会组成

(1)董事会的人数。各国公司法对于董事会组成人数规定有所不同，但无论人数多少，董事会成员人数都应是单数，因为董事会决议的通过实行"人数多数决"原则。我国《公司法》第44条规定，有限责任公司设董事会，其成员为3人至13人。股东人数较少或者规模较小的有限责任公司，可以设一名执行董事，不设董事会。执行董事可以兼任公司经理。执行董事的职权由公司章程规定。

(2)成员结构及董事的产生方式。董事可以由公司的股东出任，也可以由非股东担任；可以由职工出任，也可以由非职工出任。不同身份的董事，其产生方式不同。对于非职工董事，股东会有权选举和更换，并决定公司中所有董事、监事的报酬事项。两个以上的国有企业或者两个以上的其他国有投资主体投资设立的有限责任公司，其董事会成员中应当有公司职工代表；其他有限责任公司董事会成员中可以有公司职工代表。董事会中的职工代表(即职工董事)由公司职工通过职工代表大会、职工大会或者其他形式民主选举产生。

(3)董事长。我国《公司法》第44条第3款规定，董事会设董事长一人，可以设副董事长。董事长、副董事长的产生办法由公司章程规定。董事长的职权有两项，一是召集和主持董事会会议，二是检查董事会决议的实施情况。

2. 董事任期

董事任期由公司章程规定，但每届任期不得超过三年。董事任期届满，连选可以连任。为保障公司管治的有效、平稳，《公司法》第45条第2款规定，董事任期届满未及时改选，或者董事在任期内辞职导致董事会成员低于法定人数(即3人)的，在改选出的董事就任前，原董事仍应当依照法律、行政法规和公司章程的规定，履行董事职务，我们经常把这种董事称之为"留守董事"或"看守董事"。董事违反此规定，一旦给公司造成损失，要承担赔偿责任。

针对公司章程明确规定董事任期，但董事在任期届满前被股东会以决议形式解任职务是否合法的问题，公司法中没有明确规定，实践中易产争议。为解决这一争议，《公司法司法解释(五)》第3条规定，董事任期届满前被股东会或者股东大会有效决议解除职务，其主张解除不发生法律效力的，人民法院不予支持。董事职务被解除后，因补偿与公司发生纠纷提起诉讼的，人民法院应当依据法律、行政法规、公司章程的规定或者合同的约定，综合考虑解除的原因、剩余任期、董事薪酬等因素,确定是否补偿以及补偿的合理数额。

3. 董事会职权

关于世界各国董事会职权的立法例,主要有两种。(1)排除法。大多数国家采用排除法,凡是法律和公司章程没有明确界定给股东(大)会的事项,均属董事会的职权。这有利于塑造董事会的权威性,但因其具体职责不甚明了,不少董事会往往不知所措。(2)列举法。仅少数国家采用,如德国和我国,而我国最为典型。

我国董事会的职权分为两个部分:一是法定职权部分;二是章程授权的部分。《公司法》第46条规定,董事会对股东会负责,行使下列职权:(1)召集股东会会议,并向股东会报告工作;(2)执行股东会的决议;(3)决定公司的经营计划和投资方案;(4)制订公司的年度财务预算方案、决算方案;(5)制订公司的利润分配方案和弥补亏损方案;(6)制订公司增加或者减少注册资本以及发行公司债券的方案;(7)制订公司合并、分立、解散或者变更公司形式的方案;(8)决定公司内部管理机构的设置;(9)决定聘任或者解聘公司经理及其报酬事项,并根据经理的提名决定聘任或者解聘公司副经理、财务负责人及其报酬事项;(10)制定公司的基本管理制度;(11)公司章程规定的其他职权。值得注意的是,第11项与其他10项法定的董事会职权有所不同,这里为公司章程对董事会授予更多职权预留了空间,公司可以在章程中适当扩大对董事会的赋权。并且,依照该项赋予董事会的职权应当属于章定职权。

4. 董事会会议

(1)董事会会议种类。董事会作为一个机构是通过召开会议并形成决议的方式行使职权的。董事会的会议可以分为定期会议(普通会议)和临时会议(特别会议)。定期会议,是在公司章程规定的固定时间召开的例会。临时会议,是应符合法律规定的提议人提议而临时召开的董事会会议。我国《公司法》对有限责任公司定期会议的召开次数和临时董事会的召开条件均没有规定,而在股份公司中均有规定。

(2)董事会会议的召集和主持。《公司法》第47条规定,董事会会议由董事长召集和主持;董事长不能履行职务或者不履行职务的,由副董事长召集和主持;副董事长不能履行职务或者不履行职务的,由半数以上董事共同推举一名董事召集和主持。

(3)董事会的议事规则。《公司法》第48条规定,董事会的议事方式和表决程序,除本法有规定的外,由公司章程规定。董事会应当对所议事项的决定作成会议记录,出席会议的董事应当在会议记录上签名。董事会决议的表决,实行一人一票。

我国《公司法》对于有限责任公司董事会的议事方式和表决程序之所以留给公司章程去规定,主要是考虑到多数有限责任公司本身规模小,社会关注度不强,企业的情况差别很大,千篇一律地强制性规定如果不能有效地适应各个公司的具体情况,反而会对《公司法》的权威造成损害,对公司的运行造成不便。因此,在董事会的活动方式上留有必要的空间,让公司的投资者通过章程予以规定,不仅是必要的,而且还会收到培养投资者权利意识和规则意识的效果。

### (三)经理

经理,又称经理人,是指由董事会聘任的、负责组织日常经营管理活动的公司常设业务执行机关。与股东会、董事会、监事会不同,经理机关并非会议形式的机关,其隶属于公司董事会,行为不需要通过会议以多数原则形成意志和决议,而是以担任总经理的高级管理者的最终意志为准。

《公司法》规定,有限责任公司可以设经理,因此,经理为有限责任公司的任设机关。经理由董事会决定聘任或者解聘、决定其报酬,经理属于公司高级管理人员。

《公司法》第 49 条规定,经理对董事会负责,行使下列职权:(1)主持公司的生产经营管理工作,组织实施董事会决议;(2)组织实施公司年度经营计划和投资方案;(3)拟订公司内部管理机构设置方案;(4)拟订公司的基本管理制度;(5)制定公司的具体规章;(6)提请聘任或者解聘公司副经理、财务负责人;(7)决定聘任或者解聘除应由董事会决定聘任或者解聘以外的负责管理人员;(8)董事会授予的其他职权。公司章程对经理职权另有规定的,从其规定。经理列席董事会会议。

### (四)监事会

监事会是依法产生,对董事和经理的经营管理行为及公司财务进行监督的常设机构。尽管各国公司法对监事会这一机构的称谓不同,有的称为监事会,有的称为监察委员会,也有的叫会计监察人或监察人,但其实质并无差别,即监事会代表全体股东对公司经营管理进行监督,行使监督职能,是公司的监督机构。

在我国,股东会授权董事会执行公司的决策和领导公司,但同时也授权监事会对董事会和总经理管理系统实施监督,以充分、有效地保障全体股东的利益和股东会决议的执行。因此,监事会并不隶属于董事会,而是独立于董事会并对股东会负责的机构。

1. 监事会的组成

(1)监事会的人数。《公司法》第 51 条第 1 款规定,有限责任公司设监事会,其成员不得少于 3 人。股东人数较少或者规模较小的有限责任公司,可以设 1 至 2 名监事,不设监事会。

(2)成员结构及监事的产生方式。监事会应当包括股东代表和适当比例的公司职工代表,监事会中的股东代表监事由股东会选举产生,为普通决议事项,原则上由全体股东表决权的过半数选举产生即可。而监事会中的职工代表监事比例不得低于监事会人数的三分之一,具体比例由公司章程规定。监事会中的职工代表由公司职工通过职工代表大会、职工大会或者其他形式民主选举产生。由于监事开展工作的监督对象是公司的董事、经理及其他高管人员,因此,法律规定董事、高级管理人员不得兼任监事,以杜绝职责冲突的任职情况发生,从而保障监督的纯洁性和有效性。

(3)监事会主席。《公司法》第 51 条第 3 款规定,监事会设主席一人,由全体监事过半数选举产生。

2. 监事任期

《公司法》第 52 条规定,监事的任期每届为 3 年。监事任期届满,连选可以连任。监事任期届满未及时改选,或者监事在任期内辞职导致监事会成员低于法定人数的,在改选出的监事就任前,原监事仍应当依照法律、行政法规和公司章程的规定,履行监事职务。此即"留守监事"或"看守监事"的规定。

3. 监事会职权

《公司法》第 53 条规定,监事会、不设监事会的公司的监事行使下列职权:(1)检查公司财务;(2)对董事、高级管理人员执行公司职务的行为进行监督,对违反法律、行政法规、公司章程或者股东会决议的董事、高级管理人员提出罢免的建议;(3)当董事、高级管理人员的行为损害公司的利益时,要求董事、高级管理人员予以纠正;(4)提议召开临时股东会会议,在董事会不履行本法规定的召集和主持股东会会议职责时召集和主持股东会会议;(5)向股东会会议提出提案;(6)依照本法第 151 条的规定,对董事、高级管理人员提起诉讼;(7)公司章程规定的其他职权。

监事可以列席董事会会议,并对董事会决议事项提出质询或者建议。这一规定实质上使董事会会议变成了董事会扩大会议,列席会议的监事虽然不能投票,但"提出质询或建议"的确把监事的监督功能设计到事中监督而非事后监督,如此,董事会强行通过危害公司利益的决议案的概率会大大降低。监事会、不设监事会的公司的监事发现公司经营情况异常,可以进行调查;必要时,可以聘请会计师事务所等协助其工作,费用由公司承担。监事会、不设监事会的公司的监事行使职权所必需的费用,由公司承担。

4. 监事会会议

(1)监事会的召集和主持人。监事会主席召集和主持监事会会议;监事会主席不能履行职务或者不履行职务的,由半数以上监事共同推举一名监事召集和主持监事会会议。

(2)监事会会议召开次数。监事会每年度至少召开一次会议,监事可以提议召开临时监事会会议。

(3)监事会的议事规则。监事会的议事方式和表决程序,除本法有规定的外,由公司章程规定。监事会决议应当经半数以上监事通过。

(4)会议记录。监事会应当对所议事项的决定作成会议记录,出席会议的监事应当在会议记录上签名。

## 三、公司决议的无效、撤销和不成立

公司召开股东会或者股东大会、董事会会议,就公司经营事项作出决议,是公司治理的主要方式。因此,关于决议效力的争议也是公司治理纠纷的主要类型。

### (一)公司决议效力瑕疵的分类

对公司决议效力瑕疵的分类,各国立法例大致存在"二分法"与"三分法"的分野,前者包括决议无效和决议可撤销两种决议效力瑕疵,后者则在此基础上还规定了决议不成立或者决议不存在。我国《公司法》第 22 条规定了确认决议无效和撤销决议之诉,均系针对已经成立的决议,未涵盖决议不成立的情形。从体系解释出发,不成立的决议当然不具有法律约束力,应是公司法的默示性规定。因此,《公司法司法解释(四)》第 5 条规定了决议不成立之诉,与决议无效之诉和撤销决议之诉一起,共同构成了"三分法"的格局。

1. 公司法关于公司决议无效和撤销的规定

《公司法》第 22 条规定:"公司股东会或者股东大会、董事会的决议内容违反法律、行政法规的无效。股东会或者股东大会、董事会的会议召集程序、表决方式违反法律、行政法规或者公司章程,或者决议内容违反公司章程的,股东可以自决议作出之日起60日内,请求人民法院撤销。”依此,我国《公司法》所确立的公司决议的无效和撤销制度具有以下特点:

第一,《公司法》将股东会决议瑕疵和董事会决议瑕疵一并规定,并赋予完全相同的法律效力与救济措施。其他国家和地区则一般仅确立股东会决议的无效与撤销制度,而未规定董事会决议的无效与撤销制度。原因在于董事会决议瑕疵可通过股东代表诉讼制度寻求救济。我国明确规定了董事会决议的无效与撤销制度,能使董事会决议瑕疵获得更为坚实的救济制度。

第二,《公司法》根据决议瑕疵的不同性质确定决议为无效或可撤销的不同法律效力:决议内容违反法律、行政法规的,系违反实体性规范,属于决议实质瑕疵,被赋予无效的法律后果;决议内容违反公司章程的,系对公司内部自治规则的违背,未被纳入决议实质瑕疵范畴,被赋予可撤销的法律后果;会议召集程序、表决方式违反法律、行政法规或者公司章程,系违反程序性规范,属于决议程序瑕疵,被赋予可撤销的法律后果。由此可见,我国《公司法》将决议内容违反公司章程与法律、行政法规作了绝对化的区分处理。

若属召集程序违反法律、行政法规或者公司章程,通常是撤销该次会议所作出的全部决议。若属表决方式违反法律、行政法规或者公司章程,则分为两种情形:其一,全部事项的表决方式违反法律、行政法规或者公司章程,应撤销该次会议所作出的全部决议;其二,仅特定事项的表决方式违反法律、行政法规或者公司章程,则只撤销该特定事项的决议。若决议内容违反公司章程,则撤销就该内容所作决议。

2.《公司法司法解释(四)》关于公司决议不成立的规定

《公司法司法解释(四)》第5条规定,股东会或者股东大会、董事会决议存在下列情形之一,当事人主张决议不成立的,人民法院应当予以支持:(1)公司未召开会议的,但依据《公司法》第37条第2款或者公司章程规定可以不召开股东会或者股东大会而直接作出决定,并由全体股东在决定文件上签名、盖章的除外;(2)会议未对决议事项进行表决的;(3)出席会议的人数或者股东所持表决权不符合公司法或者公司章程规定的;(4)会议的表决结果未达到公司法或者公司章程规定的通过比例的;(5)导致决议不成立的其他情形。

3.公司决议撤销之诉和不成立之诉的区别

| 序号 | 区别点 | 撤销之诉 | 不成立之诉 |
|---|---|---|---|
| 1 | 决议是否成立 | 已成立 | 未成立 |
| 2 | 瑕疵严重程度 | 相对弱 | 强 |
| 3 | 瑕疵可否补正 | 可补正 | 不可补正 |
| 4 | 原告不同 | 起诉时具有股东资格 | 公司股东、董事、监事等 |
| 5 | 适用情形不同 | 《公司法》第22条 | 《公司法司法解释(四)》第5条 |
| 6 | 适用期限不同 | 决议作出之日起60日内 | 一般诉讼时效 |
| 7 | 是否可裁量驳回 | 部分可以 | 不可以 |

### (二)公司决议纠纷之诉的司法裁判规则

1. 公司决议无效、撤销和不成立之诉的原告

为维护公司稳定经营和交易安全,在诉的利益原则的基础上,各国公司法对决议效力确认之诉的原告范围多有限制。我国《公司法》第 22 条亦就此作了适当限制。但由于该规定较为原则,司法实践中对其具体含义存在一定争议。《公司法》第22 条第2 款将提起决议撤销之诉的原告限定为股东,《公司法司法解释(四)》在严格贯彻《公司法》第 22 条立法宗旨的基础上,其第 2 条对股东资格进行了限定性规定,即"依据公司法第 22 条第 2 款请求撤销股东会或者股东大会、董事会决议的原告,应当在起诉时具有公司股东资格"。

《公司法》未对提起决议无效之诉的原告进行规定。对此,英美法系国家及我国台湾地区均将决议无效和撤销之诉的原告限定为股东,德国、日本、韩国等大陆法系国家则大多将原告规定为股东、董事及监事。《公司法司法解释(四)》第 1 条规定:"公司股东、董事、监事等请求确认股东会或者股东大会、董事会决议无效或者不成立的,人民法院应当依法予以受理。"

由此可知,决议无效之诉的原告为与股东会或者股东大会、董事会决议内容有利害关系的公司股东、董事、监事、公司职员;而撤销之诉的原告仅限于股东,[13]且该股东应在会议决议形成并至起诉时持续具有公司股东身份。

2. 公司决议无效、撤销和不成立之诉的被告

《公司法司法解释(四)》第 3 条规定:"原告请求确认股东会或者股东大会、董事会决议不成立、无效或者撤销决议的案件,应当列公司为被告。对决议涉及的其他利害关系人,可以依法列为第三人。一审法庭辩论终结前,其他有原告资格的人以相同的诉讼请求申请参加前款规定诉讼的,可以列为共同原告。"

3. 诉讼担保制度

为防止股东恶意[14]提起股东会决议的无效和撤销之诉,有些国家公司法确立了诉讼担保制度,如韩国、日本。通过设定诉讼担保,可以使恶意提起股东会决议无效、撤销和不存在之诉的公司因此所受损害获得赔偿保障。各国均未对诉讼担保的金额作明确规定,实践中以公司可能受到的损害为标准,由法院具体裁决。诉讼担保制度的功能在于担保因诉讼而可能给公司造成的损失,以提高诉讼成本的方式试图遏制滥诉的发生。目前我国法院仅依公司请求即可要求股东提供担保,公司无需证明股东起诉存在恶意,担保数额应以公司可能遭受的损失为标准,并结合其他因素由法院自由裁量予以确定。

我国《公司法》对股东会决议无效和撤销之诉的诉讼担保作了明确规定。该法第 22 条第 3 款规定:"股东依照前款规定提起诉讼的,人民法院可以应公司的请求,要求股东提供相应担保。"

---

〔13〕 令人费解的是,参加董事会的董事,若在董事会召开时明确表明异议,为何不具有提起董事会撤销之诉的主体资格?

〔14〕 此处所为的恶意,是指明知不存在股东会决议无效、撤销和不存在的事由而提起诉讼。

4. 公司决议之诉的提诉期间

各国公司法大多不对决议无效之诉和不成立之诉的行使作特别限制，也不设置提起诉权的期限，故应适用民法一般诉讼时效，我国亦然。但各国大多对决议撤销之诉规定了明确的提诉期间，该期间的性质为除斥期间。我国《公司法司法解释（一）》第3条规定，原告以《公司法》第22条第2款规定事由，向人民法院提起诉讼时，超过公司法规定期限的，人民法院不予受理。我国《公司法》第22条第2款将股东会决议撤销之诉的除斥期间明确规定为60日，即股东可以自决议作出之日起60日内，请求人民法院撤销公司决议。

5. 公司决议撤销之诉的裁量驳回规则

《公司法司法解释（四）》第4条规定："股东请求撤销股东会或者股东大会、董事会决议，符合公司法第二十二条第二款规定的，人民法院应当予以支持，但会议召集程序或者表决方式仅有轻微瑕疵，且对决议未产生实质影响的，人民法院不予支持。"该条规定延续了《公司法》的瑕疵决议救济模式，通过引入裁量驳回规则补充并完善因"瑕疵过度救济"而引发的决议不稳定，有效地平衡了瑕疵救济与决议稳定之间的利益冲突，是一种合理的容错机制。裁量驳回规则的核心是明确瑕疵类型、确定可驳回的瑕疵程度与瑕疵效果。在瑕疵类型上，仅限于会议召集程序或者表决方式，而不涉及撤销之诉中的决议内容违反公司章程。因内容瑕疵无治愈空间，由此裁量驳回规则不应适用于内容瑕疵。瑕疵程度上仅限于轻微瑕疵，瑕疵效果要求对决议未产生实质影响。但在司法实践中，如何认定轻微瑕疵及未产生实质影响，则是审判实践中的难点。

6. 明确决议无效或撤销之诉裁决的法律效力

关于决议无效和撤销之诉的法律效力，各国（地区）公司法的规定不尽相同，有的作了明确规定，有的则未予规定。关于公司内部规定或者决议的外部效力问题，我国《民法总则》通过第61、85条等规定予以了明确，基本确立了内外有别、保护善意相对人合法利益的原则。《公司法》第22条第4款规定："公司根据股东会或者股东大会、董事会决议已办理变更登记的，人民法院宣告该决议无效或者撤销该决议后，公司应当向公司登记机关申请撤销变更登记。"依此，我国《公司法》未对股东会决议无效和撤销之诉的法律效力作直接规定，但该规定实际上隐含了涉及公司变更登记事项的股东会决议，其无效和撤销裁决具有溯及力。《公司法司法解释（四）》第6条规定，"股东会或者股东大会、董事会决议被人民法院判决确认无效或者撤销的，公司依据该决议与善意相对人形成的民事法律关系不受影响。"

7. 请求召开股东（大）会不可诉

关于原告是否可以提起公司决议有效之诉，司法实务中有争议，全国还没有形成统一意见。有的法院受理，认为原告有诉的利益；有的法院不受理，认为公司决议原则上自作出就有效，若对公司决议效力有争议，可以提起公司决议无效之诉、撤销之诉或不成立之诉，而不用提起确认公司决议有效之诉。但对原告请求召开会议之诉不具有可诉性态度明确。《全国法院民商事审判工作会议纪要》第29条规定，公司召开股东（大）会本质上属于公司内部治理范围。股东请求判令公司召开股东（大）会的，人民法院应当告知其按照《公司法》第40条或者第101条规定的程序自行召开。股东坚持起诉的，人民法院应当裁定不予受理；已经受理的，裁定驳回起诉。

## 判例分析 李建军诉上海佳动力环保科技有限公司公司决议撤销纠纷案

(最高人民法院审判委员会讨论通过2012年9月18日发布)

关键词:民事 公司决议撤销 司法审查范围

裁判要点:人民法院在审理公司决议撤销纠纷案件中应当审查:会议召集程序、表决方式是否违反法律、行政法规或者公司章程,以及决议内容是否违反公司章程。在未违反上述规定的前提下,解聘总经理职务的决议所依据的事实是否属实,理由是否成立,不属于司法审查范围。

相关法条:《中华人民共和国公司法》第22条第2款

**【基本案情】**

原告李建军诉称:被告上海佳动力环保科技有限公司(简称佳动力公司)免除其总经理职务的决议所依据的事实和理由不成立,且董事会的召集程序、表决方式及决议内容均违反了公司法的规定,请求法院依法撤销该董事会决议。

被告佳动力公司辩称:董事会的召集程序、表决方式及决议内容均符合法律和章程的规定,故董事会决议有效。

法院经审理查明:原告李建军系被告佳动力公司的股东,并担任总经理。佳动力公司股权结构为:葛永乐持股40%,李建军持股46%,王泰胜持股14%。三位股东共同组成董事会,由葛永乐担任董事长,另两人为董事。公司章程规定:董事会行使包括聘任或者解聘公司经理等职权;董事会须由三分之二以上的董事出席方才有效;董事会对所议事项作出的决定应由占全体股东三分之二以上的董事表决通过方才有效。2009年7月18日,佳动力公司董事长葛永乐召集并主持董事会,三位董事均出席,会议形成了“鉴于总经理李建军不经董事会同意私自动用公司资金在二级市场炒股,造成巨大损失,现免去其总经理职务,即日生效”等内容的决议。该决议由葛永乐、王泰胜及监事签名,李建军未在该决议上签名。

**【裁判结果】**

上海市黄浦区人民法院于2010年2月5日作出(2009)黄民二(商)初字第4569号民事判决:撤销被告佳动力公司于2009年7月18日形成的董事会决议。宣判后,佳动力公司提出上诉。上海市第二中级人民法院于2010年6月4日作出(2010)沪二中民四(商)终字第436号民事判决:(1)撤销上海市黄浦区人民法院(2009)黄民二(商)初字第4569号民事判决;(2)驳回李建军的诉讼请求。

**【裁判理由】**

法院生效裁判认为:根据《中华人民共和国公司法》第22条第2款的规定,董事会决议可撤销的事由包括:(1)召集程序违反法律、行政法规或公司章程;(2)表决方式违反法律、行政法规或公司章程;(3)决议内容违反公司章程。从召集程序看,佳动力公司于2009年7月18日召开的董事会由董事长葛永乐召集,三位董事均出席董事会,该次董事会的召集程序未违反法律、行政法规或公司章程的规定。从表决方式看,根据佳动力公司章程规定,对所议事项作出的决定应由占全体股东2/3以上的董事表决通过方才有效,上述董事会决议由三位股东(兼董事)中的两名表决通过,故在表决方式上未违反法律、行政法规或公司章程的规定。从决议内容看,佳动力公司章程规定董事会有权解聘公司经理,董事会决议内容中“总经理李建军不经董事会同意私自动用公司资金在二级市场炒股,造成巨大损失”的陈述,仅是董事会解聘李建军总经理职务的原因,而解聘李建军总经理职务的决议内容本身并不违反公司章程。

董事会决议解聘李建军总经理职务的原因如果不存在,并不导致董事会决议撤销。首先,公司法尊重公司自治,公司内部法律关系原则上由公司自治机制调整,司法机关原则上不介入公司内部事务;其次,佳动力公司的章程中未对董事会解聘公司经理的职权作出限制,并未规定董事会解聘公司经理必须要有一定原因,该章程内容未违反公司法的强制性规定,应认定有效,因此佳动力公司董事会可以行使公司章程赋予的权力作出解聘公司经理的决定。故法院应当尊重公司自治,无须审查佳动力公司董事会解聘公司经理的原因是否存在,即无须审查决议所依据的事实是否属实,理由是否成立。

综上,原告李建军请求撤销董事会决议的诉讼请求不成立,依法予以驳回。

## 第三节　一人有限责任公司的特别规定

### 一、一人公司的概念和特征

所谓一人公司(或称独资公司),指仅有一个股东持有全部出资额或股份,并且股东承担有限责任的公司。一人公司具有设立便捷、管理成本低,内部关系简单等优点,但也存在为一人股东所控制,缺乏内部的相互制约机制的缺陷,极易产生公司财产和股东个人财产的混淆,股东滥用公司法人地位和股东有限责任损害公司债权人利益的情形。

一人公司的特征:(1)股东的唯一性。无论是一人发起设立的一人公司,还是有限公司的出资或股份公司的股份全部转归一人持有而形成的一人公司,在其成立或存续期间,公司股东仅为一人。(2)资本的单一性。一人公司中,不同于一般公司资本由两个以上股东出资形成,公司的全部资本均由单一股东出资形成。(3)责任的有限性。一般公司股东固然都承担有限责任,但独资企业的业主要承担无限责任。在一人公司中,虽然股东仅有一人,股权结构上类似于独资企业,但其股东仍与一般公司股东一样,仅以其出资为限对公司债务承担有限责任,而公司以其全部资产为限对公司债务独立承担责任。

### 二、一人公司的种类

#### (一)自然人独资公司、法人独资公司和国有独资公司

这是依据一人公司投资者身份的不同所进行的分类。自然人投资的一人公司(自然人独资公司)系由一个自然人投资单独设立的公司,这种类型的公司为难以或不愿寻求合作伙伴而又希望利用公司的独立人格和股东有限责任好处的投资者提供了广阔的空间。法人投资的一人公司(法人独资公司)是指由具有法人资格之实体单独投资设立,或通过收购而拥有该公司全部股份的一人公司,即母公司的全资子公司。法人独资公司的存在,为公司或公司集团分散投资风险或尝试在高风险新技术领域投资等目的提供了便利。国家投资的一人公司(国家独资公司)是较为特殊的一人公司,是指国家作为唯一股东的公司,根据我国现行《公司法》第

64 条第 2 款规定,本法所称国有独资公司,是指国家单独出资、由国务院或者地方人民政府授权本级人民政府国有资产监督管理机构履行出资人职责的有限责任公司。

(二)原生型一人公司和继发型一人公司

这是依据一人公司的产生形式所进行的分类。原生型一人公司(成立时的一人公司),是指公司设立时,公司章程记载或公司登记股东为一人的公司。继发型一人公司(成立后的一人公司),是指公司设立时,股东虽非一人,但在公司存续期间,因出资(或股份)的转让、赠与等原因使公司的全部出资或股份转移归一人的公司。

(三)一人有限责任公司和一人股份有限公司

这是依据一人公司的资本性质所进行的分类。相对而言,有限责任公司规模较小,设立程序简便,适合于中小型企业,所以大部分一人公司属于此种类型。而股份有限公司规模较大,股东人数较多,但因股份具有流动性,并不排除公司资本转移于一人之手,全部归属于一个股东所有,形成继发型一人股份有限公司。当然,根据有些国家的商法或公司法的规定,既允许设立一人有限责任公司,也允许设立一人股份有限公司,因而,原生型一人股份有限公司也可以诞生。在我国,只允许设立一人有限责任公司,而不允许设立一人股份有限公司。

(四)形式意义上的一人公司和实质意义上的一人公司

这是目前在学界普遍采用的最为通行的分类方法。形式意义上的一人公司,是指全部出资或股份仅为一个股东持有的公司。具体包括原生型一人公司和继发型一人公司两种情形,也被称为狭义上的一人公司。实质意义上的一人公司,即表面上公司股东为多数人,但实质上公司股份或出资额的持有人只有一人(真正股东),其他股东不过是为配合真正股东之目的充任其傀儡的挂名股东的公司。

广义的一人公司包括形式意义上的一人公司和实质意义上的一人公司两种,但理论界对一人公司的研究一般只限于形式意义上的一人公司。实质意义上的一人公司并不违反法律的规定,不管英美法系还是大陆法系国家对其多持肯定态度。

## 三、一人公司的立法演进

考察西方主要国家关于一人公司的立法,普遍经历了"禁止存在"—"有条件确认"—"允许设立"的发展演变过程。列支敦士登是最早以立法承认一人公司的国家,其在 1925 年 11 月 5 日制定了《自然人和公司法》,并于 1926 年 1 月 20 日颁布施行。它规定股份有限公司和有限责任公司都可由一人设立,并可由一个股东维持公司的存续,而股东不承担个人责任。自此以后,许多国家的公司成文立法陆续认可了一人公司。

目前为止,完全禁止一人公司的国家为数不多,大多数国家公司立法对一人公司持完全肯定或附条件承认的态度。但由于各国立法传统和国情各异,其对一人公司的立法模式也不尽相同,大致有以下几种。

完全承认模式,即公司立法不仅承认继发型一人公司,而且允许出资人设立原生型一人公司，如列支敦士登、欧盟、日本、加拿大即属此模式。当然，完全承认也有差异，有些国家对一人公司的类型没有任何限制，承认一人有限责任公司，也承认一人股份有限公司；但有些国家对一人公司类型作出了限制，如我国只承认一人有限责任公司。

有限制承认模式，即在公司成立时必须有两个以上股东，不允许设原生型一人公司，但其后如果公司只剩下一名股东，则附条件地给予承认。采取此种模式的如奥地利、丹麦、法国、荷兰、瑞士等国。

完全禁止模式，即公司法不仅禁止设立原生型一人公司，而且规定当公司股东仅剩一人时必须解散，否则股东对公司债务承担无限责任。采取这一模式的国家认为，社团性是公司不可或缺的特征，所以通常明确规定公司最低股东人数为复数，如阿根廷、智利等国。

## 四、我国公司法对一人有限责任公司的立法规定

就性质而言，一人公司和普通有限责任公司并无区别，但一人公司存在种种弊端却是有目共睹的。在一人公司中，通常是唯一股东掌控公司，总揽公司全部重要事项，公司治理结构，尤其是基于多元股东构建的监督与制衡机制不复存在。公司虽有独立人格，但其意思形成只能依赖于与其不属同一人格之唯一股东，公司的法人人格极易遭到滥用，从而伤害债权人利益和社会公共利益。而且这种情况在目前我国现阶段信用体系不够完备，信用约束较为困难的情况下更为严重。所以，权衡一人公司利与弊，我国公司法在承认一人公司之法律地位的同时，为抑其弊扬其利，对一人公司作出了比较严格的特殊规定。

### （一）概念

一人有限责任公司，是指只有一个自然人股东或者一个法人股东的有限责任公司。

### （二）对自然人一人公司设立的限制

为防止自然人将自己的财产无限制地细化为若干份，以少量资本承担较大经营风险，滥用一人公司的法律人格和股东的有限责任而损害债权人利益，应禁止自然人设立多个一人公司。同时，还应禁止自然人设立之一人公司转投资设立另外的一人公司，以防止出现自然人设立之一人公司的连锁结构而使债权债务关系复杂化，或者滋生公司间非法关联交易等不利因素。如我国《公司法》第58条规定："一个自然人只能投资设立一个一人有限责任公司。该一人有限责任公司不能投资设立新的一人有限责任公司。"这就是我们俗称的"计划生育"和"断子绝孙"政策。法人独资的一人公司，不适用"计划生育"政策，如果投资法人是公司的，则所投资成立的公司就是全资子公司。法人可以投资设立多个一人公司，法人独资的一人公司还可以继续设立一人公司。

### （三）一人公司股东的登记公示制度

为了最大限度地提醒善意的对方交易人和防止对方交易人因不知其为一人公司而承担过高的经营风险，应明确要求一人股东设立公司时，将一人股东之姓名、地址及相关情况予以登记，并记载于公司登记机关登记簿。《公司法》第59条规定，一人有限责任公司应当在公司登记中注明自然人独资或者法人独资，并在公司营业执照中载明。

(四)一人公司内部组织机构的特别要求

由于一人公司只有一个股东,无设立股东会之必要。但为了规范一人公司的内部组织机构运行机制,《公司法》第60条规定,一人有限责任公司章程由股东制定。第61条规定,一人有限责任公司不设股东会。股东作出本法第37条第1款所列决定时,应当采用书面形式,并由股东签名后置备于公司。显然,如此之规定,实际上是针对一人股东在行使股东会职权时可能发生的滥权现象,并通过书面形式、股东签名和置备于公司的具体要求,将其决策行为置于阳光之下予以监督,即该股东行使股东会的各项职权必须正当、合理。

(五)法定强制审计

公司的财务会计可以反映公司财务状况和经营成果,是加强内部经营管理,维护资本充实原则的一种重要制度。实践中,常发生公司之控制股东利用财务会计掩盖其掏空公司、损害公司和其他股东以及公司债权人利益的行为,一人公司更易发生这样的不法行为,因为一人公司中股东唯一且具有绝对控制公司的权利。所以,为避免一人公司会计账簿记录不真实和会计处理违法,防止股东个人向公司转移风险,向自己输送过度利益,逃避税收等行为发生,我国《公司法》要求一人公司必须进行强制审计,其第62条规定,一人有限责任公司应当在每一会计年度终了时编制财务会计报告,并经会计师事务所审计。但该条规定实际上并非一人有限公司的特有规定,《公司法》第164条第1款规定,公司应当在每一会计年度终了时编制财务会计报告,并依法经会计师事务所审计。因此,在每一会计年度终了时编制财务会计报告,并经审计是所有公司所负的义务。

(六)法人格滥用推定制度

一人投资者之所以喜爱利用公司这种形式,原因之一在于"公司面纱"的存在,在"公司面纱"(即公司的独立人格)的保护下,其唯一股东不必承担公司的债务,它保护股东个人的财产不因公司对外债务或公司不法行为而减损。但是,由于一人公司场合下,公司独立人格极易被一人股东之人格所吸收,这无疑会增加股东无视公司独立人格维护之必要,肆无忌惮地向公司转嫁风险,甚或明目张胆地滥用公司人格逃避债务,损害债权人利益。因此,一人公司场合下,为有效遏制一人股东滥用有限责任原则,致公司人格形骸化,强调运用"揭开公司面纱"措施来平衡和调整这种失衡的利益关系实属必要。鉴于此,我国《公司法》第20条第3款规定,"公司股东滥用公司法人独立地位和股东有限责任,逃避债务,严重损害公司债权人利益的,应当对公司债务承担连带责任",这是实行"法人格否认"的一般条件和原则。同时又在第63条作出了针对一人公司的特殊规定,即"一人有限责任公司的股东不能证明公司财产独立于股东自己的财产的,应当对公司债务承担连带责任"。需要明确的是,《公司法》第63条与第20条第3款具有关联性:两者属于特殊与一般的关系,即当一人公司出现财产混同的情形时,适用第63条的特别规则,并且实行举证责任倒置;但是,当一人公司有其他滥用公司独立人格和股东有限责任的情形时,则应当适用第20条第3款的一般规则。

**思　考**　《公司法》及其司法解释规定的连带责任的几种情形

公司的最大魅力在于股东完成对公司的出资后，即可以认缴的出资额为限对公司的债务承担有限责任。但在一些特殊情况下，股东的有限责任被突破，股东与其他主体对外部债务共同承担了无限连带责任。此处，笔者试图梳理《公司法》及司法解释中有关连带责任的规定，有些规定是对股东有限责任的突破，有些是由于当事人之间的关系，如发起人之间的类似于合伙人关系，此处总结中连带责任的承担主体不再局限于股东，还包括其他主体，如有过错的董事、实际控制人等。

1. 公司转投资的规定。《公司法》第15条规定，公司可以向其他企业投资；但是，除法律另有规定外，不得成为对所投资企业的债务承担连带责任的出资人。

2.《公司法》第20条第3款规定，公司股东滥用公司法人独立地位和股东有限责任，逃避债务，严重损害公司债权人利益的，应当对公司债务承担连带责任。

3. 有限公司发起人出资不足的规定。《公司法》第30条规定，有限责任公司成立后，发现作为设立公司出资的非货币财产的实际价额显著低于公司章程所定价额的，应当由交付该出资的股东补足其差额；公司设立时的其他股东承担连带责任。

4.《公司法》第63条规定，一人有限责任公司的股东不能证明公司财产独立于股东自己的财产的，应当对公司债务承担连带责任。

5. 股份公司发起人出资不足的规定。《公司法》第93条规定，股份有限公司成立后，发起人未按照公司章程的规定缴足出资的，应当补缴；其他发起人承担连带责任。股份有限公司成立后，发现作为设立公司出资的非货币财产的实际价额显著低于公司章程所定价额的，应当由交付该出资的发起人补足其差额；其他发起人承担连带责任。

6. 公司不能设立时，股份公司发起人的责任。《公司法》第94条规定，股份有限公司的发起人应当承担下列责任：(1)公司不能成立时，对设立行为所产生的债务和费用负连带责任；(2)公司不能成立时，对认股人已缴纳的股款，负返还股款并加算银行同期存款利息的连带责任。

7. 公司分立后的责任。《公司法》第176条规定，公司分立前的债务由分立后的公司承担连带责任。但是，公司在分立前与债权人就债务清偿达成的书面协议另有约定的除外。

8. 股东怠于履行义务，致无法进行清算。《公司法司法解释(二)》第18条第2款规定，有限责任公司的股东、股份有限公司的董事和控股股东因怠于履行义务，导致公司主要财产、账册、重要文件等灭失，无法进行清算，债权人主张其对公司债务承担连带清偿责任的，人民法院应依法予以支持。

9. 出资不到位。《公司法司法解释(二)》第22条第2款规定，公司财产不足以清偿债务时，债权人主张未缴出资股东，以及公司设立时的其他股东或者发起人在未缴出资范围内对公司债务承担连带清偿责任的，人民法院应依法予以支持。

10.《公司法司法解释(三)》第4条第1款规定，公司因故未成立，债权人请求全体或者部分发起人对设立公司行为所产生的费用和债务承担连带清偿责任的，人民法院应予支持。

11.《公司法司法解释(三)》第13条第3款规定，股东在公司设立时未履行或者未全面履行出资义务，依照本条第一款或者第二款提起诉讼的原告，请求公司的发起人与被告股东承担连带责任的，人民法院应予支持；公司的发起人承担责任后，可以向被告股东追偿。

12.《公司法司法解释(三)》第14条规定，股东抽逃出资，公司或者其他股东请求其向公司返还出资本息、协助抽逃出资的其他股东、董事、高级管理人员或者实际控制人对此承担连带责任的，人民法院应予支持。

公司债权人请求抽逃出资的股东在抽逃出资本息范围内对公司债务不能清偿的部分承担补充赔偿责任、协助抽逃出资的其他股东、董事、高级管理人员或者实际控制人对此承担连带责任的,人民法院应予支持。

13.《公司法司法解释(三)》第18条第1款规定,有限责任公司的股东未履行或者未全面履行出资义务即转让股权,受让人对此知道或者应当知道,公司请求该股东履行出资义务、受让人对此承担连带责任的,人民法院应予支持;公司债权人依照本规定第13条第2款向该股东提起诉讼,同时请求前述受让人对此承担连带责任的,人民法院应予支持。

## 第四节 国有独资公司的特别规定

### 一、国有独资公司的概念和特征

国有独资公司(wholly state - owned companies),是指国家单独出资、由国务院或者地方人民政府授权本级人民政府国有资产监督管理机构履行出资人职责的有限责任公司。这里的地方人民政府主要是指省级人民政府。

国有独资公司是我国公司法上特有的概念,也是为适应国情而设定的一种特殊类型的有限公司。与普通有限公司相比,其具有以下特征:(1)它是国有一人有限公司。投资主体为中央或某一级人民政府授权的本级国有资产监督管理机构。(2)它是有限责任公司的一种。(3)出资人须经国家特别授权。经营领域往往涉及关系国计民生、国防、社会安全或者国家专营的产品、行业,或者承担投资、控股等特殊职能。

国有独资公司的产权关系可总结为:国家出资,政府代表国家依法授权国资委享有股权,履行出资者职责;公司享有法人财产权。国有资产由国家统一所有,中央和地方政府分级管理。

### 二、国有独资公司的特别规定

#### (一)公司章程

国有独资公司章程由国有资产监督管理机构制定,或者由董事会制订报国有资产监督管理机构批准。

#### (二)组织机构

1. 权力机关

由于国有独资公司的股东是国家,投资主体的单一性不需要设立股东会协调股东之间的事宜,故法律规定不设股东会。在国有独资公司中,相当于普通有限责任公司股东会的职权由三个机构分享:(1)国有资产监督管理机构行使股东会职权;(2)国有资产监督管理机构可以授权公司董事会行使股东会的部分职权，决定公司的重大事项，这种授权应当在公司章程中有所体现，或可通过签发授权书的方式予以明确。但公司的合并、分立、解散、增加或者减少注册资本和发行公司债券，必须由国有资产监督管理机构决定，不得授权；(3)重要的国有独资公司合并、分立、解散、申请破产的，应当由国有资产监督管理机构审核后，报本级人民政府批准。前款所称重要的国有独资公司，按照国务院的规定确定。

2. 董事会

国有独资公司设董事会，其成员应为3—13人，董事每届任期不得超过三年。与普通有限责任公司相比，其特殊性表现在以下几个方面：(1)为必设机构。不存在像普通有限责任公司因为股东人数较少或规模较小而不设董事会，只设一名执行董事的情况。(2)必须有职工代表董事。《公司法》第67条规定，董事会成员中应当有公司职工代表，董事会成员中的职工代表由公司职工代表大会选举产生。但没有比例要求。(3)非职工代表董事的产生办法是委派。《公司法》第67条第2款规定，董事会成员由国有资产监督管理机构委派，而普通有限责任公司的非职工董事是由股东会选举产生。(4)董事长的产生办法是指定。《公司法》第67条第3款规定，董事会设董事长一人，可以设副董事长，董事长、副董事长由国有资产监督管理机构从董事会成员中指定。而普通有限责任公司董事长、副董事长的产生办法由公司章程规定。(5)董事会享有更大的职权。国有独资公司的董事会除行使《公司法》第46条规定的普通有限责任公司董事会的职权外，还可以根据国有资产监督管理机构的授权"行使股东会的部分职权，决定公司的重大事项"。

3. 经理

与普通有限责任公司相比，其职权相同，特殊性表现在：(1)必设机构。《公司法》第68条规定，国有独资公司设经理，由董事会聘任或者解聘。(2)严格限制兼职。经国有资产监督管理机构同意，董事会成员可以兼任经理。在普通有限责任公司中，董事会可以决定董事兼任经理。

4. 监事会

与普通有限责任公司相比，两者的一致性在于监事会中都必须要有职工代表监事，且比例不得低于三分之一，具体比例由公司章程规定。国有独资公司监事会的特殊性表现在：(1)为必设机构。不存在像普通有限责任公司因为股东人数较少或规模较小而不设监事会，只设一至两名监事的情况。(2)监事会成员不得少于五人。而普通有限责任公司设监事会的，成员不得少于三人。(3)非职工代表监事的产生办法是委派。《公司法》第70条规定，监事会成员由国有资产监督管理机构委派，而普通有限责任公司的非职工监事是由股东会选举产生。(4)监事会主席的产生办法是指定。监事会主席由国有资产监督管理机构从监事会成员中指定。而普通有限责任公司的监事会主席由全体监事过半数选举产生。(5)职权。其职权有两部分，一是普通有限责任公司监事会的部分职权，《公司法》第53条规定监事会的职权共7项，国有独资公司监事会可行使其中前三项；二是国务院规定的其他职权。

5. 负责人专任原则

《公司法》第69条规定，国有独资公司的董事长、副董事长、董事、高级管理人员，未经国有资产监督管理机构同意，不得在其他有限责任公司、股份有限公司或者其他经济组织兼职。

这一规定与管理层的竞业禁止义务并不相同,之所以严格限制国有独资公司管理层兼职,旨在防止因管理层兼职而疏于对公司的管理,并因此造成国有资产流失。

## 第五节 有限责任公司的股权转让

股权转让,指公司股东将股权移转给受让人,由受让人取得股权、成为股东的法律行为。根据股权受让人的不同,股权转让可分为股东间转让(内部转让)、向公司外第三人转让(外部转让)和公司回购。

### 一、股权的内部转让

股权的内部转让,是指股权在股东之间转让。大陆法系公司法一般不限制有限公司股权的内部转让,理由是内部转让不影响有限公司的封闭性和股东的稳定性。但内部转让会引起股东持股比例与股权结构的改变,甚至导致控制权的移转,因而可能导致股东间利益格局的动荡和人身信任基础的动摇。

为保持有限公司的稳定,尊重公司自治,各国公司法多允许公司章程对内部转让作出特别规定。例:关于股权的内部转让,A 公司原有甲、乙、丙、丁 4 个股东,持有股权比例分别为 45%、29%、20%、6%。现丙转让股权,乙表示有意购买,丁表示不购买,甲犹豫不决。甲的犹豫,即可能源于对公司控制权的取舍;一旦乙购买,则乙为多数股东,自己的多数股东地位不保;如果自己购买,将成为毫无争议的控股股东,但丙的要价又太高,或者自己的财务能力有限。当然,对甲而言最佳的方案或许是只购买其中 6% 的股权。

关于我国股权的内部转让,我国《公司法》第 71 条第 1 款规定,有限责任公司的股东之间可以相互转让其全部或者部分股权。第 4 款规定,公司章程对股权转让另有规定的,从其规定。从法律规定中我们可知:(1)股权内部转让以自由转让原则;(2)公司章程可以对股权的内部转让作出特别限制。

### 二、股权的外部转让

股权的外部转让,是指股东将其所持股份向公司股东以外的人转让的行为。有限责任公司虽然在本质上属于资合性公司,但又兼具人合性的特点,一般股东人数较少,股东之间的人身信用程度较高,股东内部关系的稳定对公司具有至关重要的意义。当股东将其股权转让给公司外第三人时,虽然股东之间的股权结构没有发生改变,但股东之间和谐稳定、相互信赖的关系却遭到了破坏。因此,为保证有限责任公司的内部稳定,绝大多数国家(地区)公司法对有限公司股权的外部转让多进行较严格的限制。

但是,立法规制不能过分影响有限公司股东对股权的处分权,构成对股权转让的实质性障碍。所以,立法需要在保障出资转让自由与维护有限公司的封闭性、股东间的信任关系之间寻求一种平衡。实现这种平衡的法律机制有:(1)外部转让须经其他股东的多数同意;(2)赋予其他股东优先购买权。关于我国股权的外部转让,《公司法》第 71 条第 2 款规定,股东向股东以外的人转让股权,应当经其他股东过半数同意。股东应就其股权转让事项书面通知其他股东征求同意,其他股东自接到书面通知之日起满 30 日未答复的,视为同意转让。其他股东半数以上不同意转让的,不同意的股东应当购买该转让的股权;不购买的,视为同意转让。第 3 款规定,经股东同意转让的股权,在同等条件下,其他股东有优先购买权。两个以上股东主张行使优先购买权的,协商确定各自的购买比例;协商不成的,按照转让时各自的出资比例行使优先购买权。第 4 款规定,公司章程对股权转让另有规定的,从其规定。

从上述规定,我们可以得出股东对股权的外部转让可以以三种同意态度出现:(1)明示同意。股东向股东以外的人转让股权,应当经其他股东过半数同意。(2)默示同意。股东应就其股权转让事项书面通知其他股东征求同意,其他股东自接到书面通知之日起满 30 日未答复的,视为同意转让。(3)推定同意。其他股东半数以上不同意转让的,不同意的股东应当购买该转让的股权;不购买的,视为同意转让。从实践的角度看,如果意欲转让股权的股东,能够找到愿意受让股权的第三人,则不论通过哪种同意方式均可转让其股权。此条规定实际上大大加强了转让股东的权益。

## 三、股权外部转让中的优先购买权

有限责任公司具有较强的人合性,股东之间基于相互信任而共同投资。为此,我国《公司法》第 71 条第 3 款规定:"经股东同意转让的股权,在同等条件下,其他股东有优先购买权。两个以上股东主张行使优先购买权的,协商确定各自的购买比例;协商不成的,按照转让时各自的出资比例行使优先购买权。"这是股东维护其人合性利益的主要法律依据。该规定从有限责任公司的人合性出发,为维护公司内部信用联系,明确规定了股东优先购买权。这里我们已经明晰三个问题:(1)只有当某个股东要将出资转让给股东以外的人时,其他股东才享有这种优先权,如果只是股东之间的内部转让,则不存在优先购买权的问题。(2)这种优先购买权只能是同等条件下的优先权,如果转让给股东以外的人的条件优于本公司的股东,则本公司股东不得以行使优先权为由要求转让给自己。(3)两个以上股东主张行使优先购买权的,协商确定各自的购买比例;协商不成的,按照转让时各自的出资比例行使优先购买权,即按照转让时股东的实缴出资必须行使。但关于股东优先购买权的行使通知、行使方式、行使期限、损害救济等,公司法没有具体规定,而《公司法司法解释(四)》进行了补充规定。

### (一)细化了行使股东优先购买权的程序规则

#### 1. 同意规则

《公司法司法解释(四)》第 17 条第 1 款规定,有限责任公司的股东向股东以外的人转让股权,应就其股权转让事项以书面或者其他能够确认收悉的合理方式通知其他股东征求同意。其他股东半数以上不同意转让,不同意的股东不购买的,人民法院应当认定视为同意转让。

2.“同等条件”的判定

(1)“同等条件”的判断因素

《公司法司法解释(四)》第18条规定,人民法院在判断是否符合《公司法》第71条第3款及本规定所称的“同等条件”时,应当考虑转让股权的数量、价格、支付方式及期限等因素。

(2)“同等条件”的通知方式

《公司法司法解释(四)》第17条第2款规定,经股东同意转让的股权,其他股东主张转让股东应当向其以书面或者其他能够确认收悉的合理方式通知转让股权的同等条件的,人民法院应当予以支持。

3. 优先购买权的行使期限

《公司法》第72条规定,人民法院依照法律规定的强制执行程序转让股东的股权时,应当通知公司及全体股东,其他股东在同等条件下有优先购买权。其他股东自人民法院通知之日起满20日不行使优先购买权的,视为放弃优先购买权。此20日为股东行使优先购买权的行使期限。

《公司法》第71条规定,股东向股东以外的人转让股权,应当经其他股东过半数同意。股东应就其股权转让事项书面通知其他股东征求同意,其他股东自接到书面通知之日起满30日未答复的,视为同意转让。经股东同意转让的股权,在同等条件下,其他股东有优先购买权。此30日不是股东行使优先购买权的行使期限。

目前我国《公司法》并没有规定优先购买权的行使期限。但规定优先购买权的行使期限是有必要的。因为实践中有些股东明确表示行使优先购买权,但拖延了相当长的时间后才购买股权,迫使转让股东无法及时将股权变现收回投资,而且受让人的期待利益得不到保护,不利于交易的稳定。或者转让股东无法忍耐等待的漫长而先行将股权转让给了他人,从而引发一系列矛盾和纠纷。另外,当其他股东迟迟不表态是否行使优先购买权,使整个股权转让处在一个极不确定的状态,不符合法律的经济性原则和公司的经营发展,这些现象都是对有限责任公司人合性的严重毁坏。这一缺陷在《公司法司法解释(四)》中得到弥补。其第19条规定,有限责任公司的股东主张优先购买转让股权的,应当在收到通知后,在公司章程规定的行使期间内提出购买请求。公司章程没有规定行使期间或者规定不明确的,以通知确定的期间为准,通知确定的期间短于30日或者未明确行使期间的,行使期间为30日。

### (二)明确了股东优先购买权的行使边界和损害救济制度

1. 转让股东的反悔权

股东优先购买权制度的立法宗旨,在于维护公司股东的人合性利益,而非保障其他股东取得转让股权。据此,《公司法司法解释(四)》明确了转让股东的反悔权,亦即其他股东不具有强制缔约的权利。第20条规定,有限责任公司的转让股东,在其他股东主张优先购买后又不同意转让股权的,对其他股东优先购买的主张,人民法院不予支持,但公司章程另有规定或者全体股东另有约定的除外。其他股东主张转让股东赔偿其损失合理的,人民法院应当予以支持。

2. 自然人股东继承原则上不适用优先购买权

《公司法司法解释(四)》第16条规定,有限责任公司的自然人股东因继承发生变化时,其他股东主张依据《公司法》第 71 条第 3 款规定行使优先购买权的，人民法院不予支持，但公司章程另有规定或者全体股东另有约定的除外。

3. 损害优先购买权的损害救济

《公司法司法解释（四）》第 21 条第 1 款规定，有限责任公司的股东向股东以外的人转让股权，未就其股权转让事项征求其他股东意见，或者以欺诈、恶意串通等手段，损害其他股东优先购买权，其他股东主张按照同等条件购买该转让股权的，人民法院应当予以支持，但其他股东自知道或者应当知道行使优先购买权的同等条件之日起 30 日内没有主张，或者自股权变更登记之日起超过 1 年的除外。

### （三）解决了关于损害股东优先购买权的股权转让合同效力的实践争议

对此类合同的效力，公司法并无特别规定，不应仅仅因为损害股东优先购买权认定合同无效、撤销合同，而应当严格依照合同法规定进行认定。正是基于此类合同原则上有效，因此人民法院支持其他股东行使优先购买权的，股东以外的受让人可以请求转让股东依法承担相应合同责任。《公司法司法解释（四）》第 21 条第 2 款规定，前款规定的其他股东仅提出确认股权转让合同及股权变动效力等请求，未同时主张按照同等条件购买转让股权的，人民法院不予支持，但其他股东非因自身原因导致无法行使优先购买权，请求损害赔偿的除外。第 3 款规定，股东以外的股权受让人，因股东行使优先购买权而不能实现合同目的的，可以依法请求转让股东承担相应民事责任。

审判实践中，部分人民法院对《公司法司法解释（四）》第 21 条规定的理解存在偏差，往往以保护其他股东的优先购买权为由认定股权转让合同无效。因此，为准确理解该条规定，《全国法院民商事审判工作会议纪要》进一步强调了侵犯股东优先购买权的股权转让合同效力问题，其规定既要注意保护其他股东的优先购买权，也要注意保护股东以外的股权受让人的合法权益，正确认定有限责任公司的股东与股东以外的股权受让人订立的股权转让合同的效力。一方面，其他股东依法享有优先购买权，在其主张按照股权转让合同约定的同等条件购买股权的情况下，应当支持其诉讼请求，除非出现该条第 1 款规定的情形。另一方面，为保护股东以外的股权受让人的合法权益，股权转让合同如无其他影响合同效力的事由，应当认定有效。其他股东行使优先购买权的，虽然股东以外的股权受让人关于继续履行股权转让合同的请求不能得到支持，但不影响其依约请求转让股东承担相应的违约责任。

## 四、异议股东股权回购请求权

### （一）公司收购股份（股权回购）的含义和法律特征

公司回购股份，也可称为股权回购，是指公司作为本公司股份的受让方所进行的股权转让，即股东向其股份所在公司转让股份。

股权回购的法律特征：第一，它是一种特殊的股权转让行为。股权回购当事人一方是公司，另一方是股东，客体是公司自己的股权，是公司从股东手中买回自己的股权。第二，有严格的法定程序和条件。因为股权回购往往涉及公司注册资本的减少，因此各国公司法都对股权回购有所限制,包括回购对象、回购事由、回购程序、回购价格确定等,公司回购股权必须遵守法定的条件和程序。

(二)异议股东股份回购请求权的概念

异议股东股份收购请求权,又称异议评估权、股份评估回购请求权、退股权,是指当公司股东大会基于多数表决,就有关公司重大事项作出决议时,持异议的少数股东要求对其所持股份的价值进行评估,并由公司以公平价格予以购买的权利。它属于股权回购的一种情形。

现代公司制度中,确立异议股东股份回购请求权十分必要,这将使那些持股比例较低、在公司决议中人微言轻、又缺乏退出公司的市场渠道的小股东,在他们对公司的重大决策持有异议,或者受到公司不公平的对待时,可以通过行使异议股东股份回购请求权而体面地退出公司。该制度的价值主要在于保护中小股东的利益,使异议股东选择以获得合理而公平的股份补偿的方式"走开",而不再受到"多数决"形成的决议的约束。同时,该制度还有助于公司提升决策水平、改进经营管理。

(三)异议股东股份回购请求权的行使条件

《公司法》第74条规定了有限责任公司股东行使异议股东股份回购请求权的三种情形:(1)长期不分红,公司连续五年不向股东分配利润,而公司该五年连续盈利,并且符合本法规定的分配利润条件的;(2)公司合并、分立、转让主要财产的;(3)延长公司寿命,公司章程规定的营业期限届满或者章程规定的其他解散事由出现,股东会会议通过决议修改章程使公司存续的。

(四)异议股东股份回购请求权纠纷的司法裁判规则

在异议股东股份回购请求权诉讼中,原告为异议股东,被告为公司,控股股东既不是被告,也不是诉讼第三人。

原告提起该诉讼时,有两个前提要件:一是原告股东参加了股东会,并对股东会的该项决议投了反对票;二是自股东会会议决议通过之日起六十日内,股东与公司先行协商,但未达成股权收购协议。在该诉讼中,股权收购合理价格的确定是法院裁判的重点。

自股东会会议决议通过之日起六十日内,股东与公司不能达成股权收购协议的,股东可以自股东会会议决议通过之日起九十日内向人民法院提起诉讼,超过该法定期限的,人民法院不予受理。

(五)有限责任公司的公司回购与股份有限公司的股份回购的区别(第74条与第142条)

公司回购也可称股份回购。两个概念的差异在于抽象角度不同:公司回购是从回购主体的角度抽象出的概念,股份回购是从回购客体的角度抽象出的概念。为区分的方便,本章暂时将有限公司的股份回购称为公司回购,股份公司的回购称为股份回购。

第一,回购的出让方不同。股份回购是公司对发行在外的股份购回的行为,股份的出让方一般为公司不特定的股东,即通过证券市场购买公司股票的股东;公司回购虽然也是公司购回股份的行为,但股份的出让方只能是特定的股东,即"对符合法定情形的股东会决议投反对票的股东”。

第二,回购的原因不同。按照《公司法》第 142 条的规定,引起股份有限公司股份回购的原因是减资、公司合并、股权激励、异议股东行使股份回购请求权、将股份用于转换上市公司发行的可转换为股票的公司债券、上市公司为维护公司价值及股东权益所必需。而按照《公司法》第 74 条的规定,引起有限责任公司股份回购的原因只能是异议股东行使股份回购请求权的情况。但从具体内容上看,股份有限公司的股份回购中异议股东行使股份回购请求权只有“对股东大会作出的公司合并、分立决议持异议”的情形,而有限责任公司的公司回购中异议股东行使股份回购请求权除了上述情形外,还包括其他几种法定的情形。

第三,公司在回购中所处地位不同。在股份有限公司的股份回购中,除异议股东股份回购请求权外,因减资、公司合并、股权激励、将股份用于转换上市公司发行的可转换为股票的公司债券、上市公司为维护公司价值及股东权益所必需而产生的回购都是属于公司的主动行为,或者说在回购行为中处于主动的地位;而在有限责任公司的公司回购中,公司则是因股东行使请求权不得不采取的行为,公司在回购行为处于被动的地位。

第四,回购的价值目标不同。股份有限公司的股份回购主要作为一种经营手段在公司实践中采用,其价值目标在于提高公司效率,增强公司凝聚力和向心力,保护公司及全体股东的利益;有限责任公司的公司回购作为一种针对特定股东采取的行为,其价值目标主要在于保护特定股东,更准确地说是保护公司中小股东的利益。

### 五、股权转让中的其他相关问题

#### (一)股权转让的特殊方式

1. 因强制执行程序而发生的股权转让

《公司法》第 72 条规定:“人民法院依照法律规定的强制执行程序转让股东的股权时,应当通知公司及全体股东,其他股东在同等条件下有优先购买权。其他股东自人民法院通知之日起满 20 日不行使优先购买权的,视为放弃优先购买权。”

2. 因继承而发生的股权转让

《公司法》第 75 条规定:“自然人股东死亡后,其合法继承人可以继承股东资格;但是,公司章程另有规定的除外。”这表明只要公司章程未另作规定,自然人股东死亡后,合法继承人无须其他股东同意即可继承股东资格。

#### (二)股权转让程序

我国《公司法》并未对股权转让的程序作明确规定,仅在《公司法》第 73 条简要地规定了当有限公司的股东完成股权转让后,还应当履行变更程序。即依照本法第 71、72 条转让股权后,公司应当注销原股东的出资证明书,向新股东签发出资证明书,并相应修改公司章程和股东名册中有关股东及其出资额的记载。对公司章程的该项修改不需再由股东会表决。根据《公司登记管理条例》第 34 条规定,有限责任公司变更股东的,应当自变更之日起 30 日内申请变更登记,并应当提交新股东的主体资格证明或者自然人身份证明。有限责任公司的自然人股东死亡后,其合法继承人继承股东资格的,公司应当依照前款规定申请变更登记。有限责任公司的股东或者股份有限公司的发起人改变姓名或者名称的,应当自改变姓名或者名称之日起30日内申请变更登记。

### (三)股权转让的法律后果

1. 瑕疵出资股东转让股权的责任承担

如果有限公司的股东未履行或者未全面履行出资义务即转让股权(可称为瑕疵股权转让),那么,受让股东是否也对公司负有补足出资的义务,是司法实践中经常遇到的问题。当受让人知道或应当知道股东瑕疵出资时,《公司法司法解释(三)》予以明确规定。根据《公司法司法解释(三)》第17条规定,有限责任公司的股东未履行或者未全面履行出资义务即转让股权,受让人对此知道或者应当知道,公司请求该股东履行出资义务、受让人对此承担连带责任的,人民法院应予支持;公司债权人依照本规定第13条第2款向该股东提起诉讼,同时请求前述受让人对此承担连带责任的,人民法院应予支持。受让人根据前款规定承担责任后,向该未履行或者未全面履行出资义务的股东追偿的,人民法院应予支持。但是,当事人另有约定的除外。

2. 名义股东转让股权的法律后果

《公司法司法解释(三)》第25条规定,名义股东将登记于其名下的股权转让、质押或者以其他方式处分,实际出资人以其对于股权享有实际权利为由,请求认定处分股权行为无效的,人民法院可以参照《物权法》第106条的规定处理。名义股东处分股权造成实际出资人损失,实际出资人请求名义股东承担赔偿责任的,人民法院应予支持。

3. 一股二卖的法律后果

《公司法司法解释(三)》第27条规定,股权转让后尚未向公司登记机关办理变更登记,原股东将仍登记于其名下的股权转让、质押或者以其他方式处分,受让股东以其对于股权享有实际权利为由,请求认定处分股权行为无效的,人民法院可以参照《物权法》第106条的规定处理。

# 第八章　股份有限公司法律制度

## 第一节　股份有限公司的定义与特征

### 一、股份有限公司的定义

所谓股份有限公司，是指由一定数量的股东投资设立，全部资本分为等额股份，股东以其所持股份为限对公司承担责任，公司以其全部资产对其债务承担责任的企业法人。

在我国，"股份有限公司"常常被简称为"股份公司"，甚至有人称其为"股份制企业"，股份公司还可细分为上市股份公司和非上市股份公司。与前述有限责任公司不同，股份公司的资本要划分成等额股份，而有限责任公司则没有这一要求，有限责任公司是德国等大陆法系国家特有的公司形态，英美法系国家没有有限责任公司，他们的公司绝大多数就是股份公司，股份公司可分为私营公司（封闭式公司）和公众公司（公开式公司），大体相当于我国的非上市股份公司和上市股份公司。

### 二、股份有限公司的特征

股份有限公司作为现代企业中最典型的组织形式，除具有公司的一般特征（如公司具有法人资格）外，还具有自身的特别属性。其特征主要表现在：

#### （一）股份有限公司的资合性

股份有限公司实行有限责任制，即股东以其出资额为限对公司负责，公司以其全部资产对其债务承担清偿责任，股东一旦向公司缴纳其所认缴的出资额，即免除对公司所欠债务的责任，加之股份的频繁流动性与股东的不断增减性，因此，股份有限公司本身对外信用的基础不在于股东的个人资信如何，而在于公司资产额的多少。换言之，公司的信用与股东的信用保持着绝对的分离状态，公司不注重个人的地位、声望和信用，同时，股东与股东之间的关系也只是依赖出资来维持，彼此之间并不存在信任，股份有限公司的资产就是其清偿债务的总担保。所以，股份有限公司被认为是最典型的资合公司。但是，任何事情都不是绝对的，上市公司可以说是纯粹的资合公司，而有些股东较少的非上市的股份公司可能带有一些人合色彩。

#### （二）股东人数的广泛性

为了集聚大量的社会资金，发挥公司的规模效应，世界各国的公司立法一般都对设立股份有限公司的股东人数作了规定。从有关国家或地区的公司立法情况来看,设立股份有限公司的股东人数都只有最低限制,而无最高限制。我国《公司法》第 78 条规定:"设立股份有限公司,应当有 2 人以上 200 人以下为发起人,其中须有半数以上的发起人在中国境内有住所。"上述规定,确保了股份有限公司股东的多元性。并且,世界各国或地区的公司立法对股份有限公司设立后增加股东人数没有限制,这更是保证了股份有限公司股东人数的广泛性。

### (三)股份的等额和可自由转让性

股份有限公司的全部资本分为等额股份,股份以一定的金额表示,成为公司资本的最小构成单位,每股面额与已发行股份总数的相乘结果即为公司资本总额。每个股东所持有的股份数额可以有所不同,但每股所代表的资金额必须完全相同。同时,在股份有限公司里,股东权的计算、行使、转让均以股份为单位,每一股份表示的股权相等,一股一权,数股数权,权数与持股数成正比例;股份不可分割,但可共有。[1] 这种法律制度的设定,有利于公司根据市场的发展变化,确立合理的股票面额,从而向社会募集资本,实现集资程序的规范化和运营活动的高效化。一般情况下,股份可自由转让,而不像有限责任公司股权转让那样受限制。

### (四)所有权与经营权的分离性

股份有限公司可以在社会上公开发行股票,募集资本,其股票也可以在证券市场上转让。这是股份有限公司开放性特点的集中体现。此外,由于股东人数具有广泛性,多数股东本身不参与公司经营,加之潜在的投资者只有在对公司的经营状况知悉的前提下才能做到理性投资,因此,这必然提出社会公众利益的保护问题。所以,立法上通常要求公司公开其公司章程、股东大会决议及公司财务会计报告等公司内部信息,以供股东查阅,并接受股东监督,实现对投资者利益的保护。比如,股份有限公司在募集股份时,必须向社会公众提供有关发起人和公司的信息,以便投资者了解公司状况;公司存续期间,应当依法向社会公众公开公司的经营状况与财务状况;股份有限公司的股份要经过上市程序才能在证券交易市场进行公开交易。

## 第二节　股份有限公司的设立

股份有限公司的设立,是指旨在成立股份有限公司,并使其取得法人资格的行为的总称。在理论上,股份有限公司的设立和股份有限公司的成立是既有联系,又相区别的两个定义。股份有限公司的设立,是为股份有限公司的成立而进行的一系列准备活动,而股份有限公司的成立,实际是设立股份有限公司的行为被法律认可后的法律后果或事实状态。没有股份有限公司的设立,就没有股份有限公司的成立;而股份有限公司设立的直接目的,是使股份有限公司

---

〔1〕 江平主编:《新编公司法教程》,法律出版社 1994 年版,第 164 页。

在法律上得以成立。

我国《公司法》对股份有限公司设立的规定，包括两方面的内容，即设立条件和设立程序。

## 一、股份有限公司的设立条件

根据我国《公司法》第76条的规定，设立股份有限公司，必须满足以下六个基本条件：发起人符合法定人数；有符合公司章程规定的全体发起人认购的股本总额或者募集的实收股本总额；股份发行、筹办事项符合法律规定；发起人制订公司章程，采用募集方式设立的经创立大会通过；有公司名称，建立符合股份有限公司要求的组织机构；有公司住所。

《公司法》第78条规定，设立股份有限公司，应当有2人以上200人以下为发起人，其中须有过半数的发起人在中国境内有住所。第79条规定，股份有限公司发起人承担公司筹办事务。发起人应当签订发起人协议，明确各自在公司设立过程中的权利和义务。

股份有限公司采取发起设立方式设立的，注册资本为在公司登记机关登记的全体发起人认购的股本总额。在发起人认购的股份缴足前，不得向他人募集股份。股份有限公司采取募集方式设立的，注册资本为在公司登记机关登记的实收股本总额。法律、行政法规以及国务院决定对股份有限公司注册资本实缴、注册资本最低限额另有规定的，从其规定。股东可以用货币出资，也可以用实物、知识产权、土地使用权等可以用货币估价并依法转让的非货币财产作价出资；但是，法律、行政法规规定不得作为出资的财产除外。对作为出资的非货币财产应当评估作价，核实财产，不得高估或者低估作价。法律、行政法规对评估作价有规定的，从其规定。

以发起设立方式设立股份有限公司的，发起人应当书面认足公司章程规定其认购的股份，并按照公司章程规定缴纳出资。以非货币财产出资的，应当依法办理财产权的转移手续。发起人不依照前款规定缴纳出资的，应当按照发起人协议承担违约责任。发起人认足公司章程规定的出资后，应当选举董事会和监事会，由董事会向公司登记机关报送公司章程以及法律、行政法规规定的其他文件，申请设立登记。以募集设立方式设立股份有限公司的，发起人认购的股份不得少于公司股份总数的35%；但是，法律、行政法规另有规定的，从其规定。

## 二、股份有限公司的设立方式

公司设立的方式，实质上是指公司设立时的资本筹集方式，即公司注册资本的形成方式。依据公司资本是否全部由发起人认购，分为发起设立和募集设立。

发起设立，也称为单纯设立，是指由发起人认购公司应发行的全部股份而设立公司。由于发起设立方式认股是在发起人中进行，无须向社会其他公众发行股票。因此，公司资本的筹集无须履行复杂的招股程序，设立程序简单，公司设立周期较短，减少公司设立费用低，由于不涉及公众认股，政府无须进行严格监管。但由于发起设立方式要求发起人认购公司的全部资本，其出资责任较重，对于采取此种方式筹建大型公司仍具有一定难度，其更适用于中小企业的设立。

募集设立，也可称为渐次设立、复杂设立，是指由发起人认购公司应发行股份的一部分，其余股份向社会公开募集或者向特定对象募集而设立公司。前者称为公开募集；后者称为非公开募集,根据《证券法》第9条的规定,有下列情形之一的,为公开发行:(1)向不特定对象发行证券;(2)向累计超过200人的特定对象发行证券,但依法实施员工持股计划的员工人数不计算在内;(3)法律、行政法规规定的其他发行行为。非公开发行证券,不得采用广告、公开劝诱和变相公开方式。

采取募集设立方式设立的公司,其资本筹集分为两步。第一步是发起人认缴部分资本,第二步是采取公募或私募的方式向其他人筹集公司资本。与发起设立相比,募集设立具有募集对象开放性的特点,它可以通过发行股份的方式充分吸收社会闲散资金,因此,其往往能在短期内筹集公司所需的巨额资本。但由于其两步走的资本筹集方式,并且往往涉及众多认股人的利益,因此其设立程序更为复杂,设立周期较长,设立费用较高,政府监管更严格。

《公司法》第84条规定,以募集设立方式设立股份有限公司的,发起人认购的股份不得少于公司股份总数的35%;但是,法律、行政法规另有规定的,从其规定。世界各国大多有此比例的限制性规定,一是防止发起人依赖他人资本开办公司,从而降低其财产风险;二是保证股份公司的公众性。

在我国,有限责任公司只能采取发起设立的方式。而股份有限公司既可采取发起设立方式,也可采取募集设立方式。采取哪种设立方式,一般由发起人自行决定,适用私法自治的原则。

### 三、股份有限公司的设立程序

根据《公司法》第77条的规定,股份有限公司的设立,可以采取发起设立或者募集设立的方式。采取不同的设立方式,其设立程序是不完全相同的。

#### (一)制定公司章程

股份有限公司的章程由发起人制订,并采用书面形式,依据《公司法》第81条的规定,股份有限公司章程应当载明下列事项:(1)公司名称和住所;(2)公司经营范围;(3)公司设立方式;(4)公司股份总数、每股金额和注册资本;(5)发起人的姓名或者名称、认购的股份数、出资方式和出资时间;(6)董事会的组成、职权、和议事规则;(7)公司法定代表人;(8)监事会的组成、职权、和议事规则;(9)公司利润分配办法;(10)公司的解散事由与清算办法;(11)公司的通知和公告办法;(12)股东大会会议认为需要规定的其他事项。

#### (二)申请名称预先核准

按照我国《公司登记管理条例》规定,设立股份有限公司,应当由全体发起人指定的代表或者共同委托的代理人向公司登记机关,通常是向设立该公司所在地的国家工商行政管理机关,申请名称预先核准,除了提交由全体发起人签署的公司名称预先核准申请书以外,还应该提交发起人的法人资格证明或自然人的身份证明以及公司登记机关要求提交的其他文件。

公司登记机关自收到公司名称预先核准申请之日起10日内,做出核准或者驳回的决定。决定核准的,由登记机关发给申请人《企业名称预先核准通知书》,预先核准的名称保留期限为六个月,在此期限内不得用该名称从事经营活动,也不得转让。

(三)认购股份

认购股份首先是股份有限公司发起人的一项义务,发起人可以通过多种出资方式向设立中的股份公司转让资本,从而取得相应的股份。关于股份有限公司的发起人的出资方式,已经在本节第一个问题"股份有限公司的设立条件"中进行了介绍。发起人应当足额缴纳公司章程中规定的各自所认缴的出资额。以货币出资的,应当将货币出资足额存入准备设立的股份有限公司在银行开设的临时账户;以实物、工业产权、非专利技术或者土地使用权等可以用货币估价并可以依法转让的非货币财产作价出资的,应当依法办理财产权的转移手续。

股份的认购,包括认定股份和缴纳股款,由于股份有限公司的设立方式不同,所以在不同的设立条件下,股份认购的具体要求也不尽相同:

1. 发起设立条件下公司股份的认购

股份公司以发起方式设立的,应由公司章程规定发行的全部股份的数额,发起人要以书面形式自行认购,并立即缴纳全部股款;以实物、工业产权、非专利技术或者土地使用权等抵作股款的,应当依法办理财产权的转移手续。

2. 募集设立条件下公司股份的认购

股份公司以募集方式设立的,其股份的认购分两步进行:

第一步是由发起人自行认购股份,即先由发起人自行认购一部分。根据《公司法》第84条的规定,发起人认购的股份不得少于公司应发行股份总数的35%。

第二步是由发起人向社会公开募集股份。发起人在自行认购一部分股份之后,可以将其余股份向特定对象募集或者向社会公开募集。发起人向社会公开募集股份,必须公告招股说明书,并制作认股书。其中发起人向社会公开募集股份应按下列程序进行:

(1)制作并公告招股说明书、签订承销协议和代收股款协议。依据我国《公司法》第86条的规定,招股说明书应当附有发起人制订的公司章程,并载明下列事项:发起人认购的股份数;每股的票面金额和发行价格;无记名股票的发行总数;募集资金的用途;认股人的权利、义务;本次募股的起止期限及逾期未募足时认股人可撤回所认股份的说明。并且,要按证券法和证监会的要求更新公告。

发起人还应分别同证券经营机构和银行签订承销协议和代收股款协议。具体与谁来签订以上协议,由发起人自行选择。(《公司法》第87、88条)

发起人同证券经营机构签订的承销协议的内容包括:当事人的名称、住所及法定代表人姓名;代销、包销证券的种类、数量、金额及发行价格;代销、包销的期限及起止日期;代销、包销的付款方式及日期;代销、包销的费用和结算办法;违约责任;国务院证券监督管理机构规定的其他事项。(《证券法》第28条)

发起人同银行签订代收股款协议,就银行代收和保存股款的具体事项做出规定。代收股款的银行应当按照协议代收和保存股款,向缴纳股款的认股人出具收款单据,并负有向有关部门出具收款证明的义务。

(2)向证券监督管理部门提出申请。设立股份有限公司公开发行股票,应当符合《公司法》规定的条件和经国务院批准的国务院证券监督管理机构规定的其他条件,向国务院证券监督管理机构报送募股申请和下列文件:一是公司章程;二是发起人协议;三是发起人姓名或者名称,发起人认购的股份数、出资种类及验资证明;四是招股说明书;五是代收股款银行的名称及地址;六是承销机构名称及有关的协议。依照证券法规定聘请保荐人的,还应当报送保荐人出具的发行保荐书。法律、行政法规规定设立公司必须报经批准的,还应当提交相应的批准文件。

发行人向国务院证券监督管理机构或者国务院授权的部门报送的证券发行申请文件,必须真实、准确、完整。

(3)向国务院证券管理机构或者国务院授权的部门申请注册。根据《证券法》第21、22条的规定,国务院证券监督管理机构或者国务院授权的部门依照法定条件负责证券发行申请的注册。按照国务院的规定,证券交易所等可以审核公开发行证券申请,判断发行人是否符合发行条件、信息披露要求,督促发行人完善信息披露内容。

国务院证券监督管理机构或者国务院授权的部门应当自受理证券发行申请文件之日起三个月内,依照法定条件和法定程序作出予以注册或者不予注册的决定,发行人根据要求补充、修改发行申请文件的时间不计算在内。不予注册的,应当说明理由。

公开发行证券,必须符合法律、行政法规规定的条件,并依法报经国务院证券监督管理机构或者国务院授权的部门注册。未经依法注册,任何单位和个人不得公开发行证券。

(4)公开募集。发起人向社会公开募集股份,必须公告招股说明书,并制作认股书。认股书应当载明招股说明书的全部记载事项。应当采取间接发行的方式,与证券经营机构签订承销协议,由证券经营机构承销。

认股人认股,应在认股书上填写所认股数、金额、住所,并签名、盖章。认股人认股后,应当按所认股数缴纳股款。认股人缴纳的股款,应当由发起人选定的银行代收。代收股款的银行,应当按照代收股款的协议,代收和保存股款,向缴纳股款的认股人出具收款单据,并负有向有关部门出具收款证明的义务。

(5)由法定机构验资并出具验资证明。当发行股份的股款缴足后,必须经法定的验资机构(如注册会计师事务所)验资,并由其出具验资证明。

### (四)建立公司机关

根据股份公司设立方式的不同,设立过程中公司机关的建立应有以下两种方式:

1. 发起设立条件下公司机关的建立

以发起方式设立的股份公司,在发起人交足股款,并经法定验资机构验资之后,应该由全体发起人选举董事和监事。

2. 募集设立条件下公司机关的建立

以募集方式设立的股份公司,不是由发起人,而是由创立大会对公司的第一任董事和监事进行选举,此时的创立大会,是股份有限公司在募集设立过程中的决议机构。

发行股份的股款缴足,并经过验资后,发起人应当在30日内主持召开公司创立大会。创立大会由认股人组成。发行的股份超过招股说明书规定的截止期限尚未募足的,或者发行股份的股款缴足后,发起人在30日内未召开创立大会的,认股人可以按照所缴股款并加算银行同期存款利息,要求发起人返还。

发起人应当在创立大会召开 15 日前将会议日期通知各认股人或者予以公告。创立大会应有代表股份总数过半数的认股人出席,方可举行。

创立大会行使下列职权:审议发起人关于公司筹办情况的报告;通过公司章程;选举董事会成员;选举监事会成员;对公司的设立费用进行审核;对发起人用于抵作股款的财产的作价进行审核;发生不可抗力或者经营条件发生重大变化直接影响公司设立的,可以作出不设立公司的决议。创立大会对前款所列事项作出决议,必须经出席会议的认股人所持表决权的半数以上通过。

发起人、认股人缴纳股款或者交付抵作股款的出资后,除未按期募足股份、发起人未按期召开创立大会或者创立大会决议不设立公司的情形外,不得抽回其股本。

(五)设立登记并公告

以发起方式设立的公司,在选出董事、监事后;以募集方式设立的公司应于创立大会结束后 30 日内,董事会应向公司登记机关报送下列文件,申请设立登记:公司登记申请书;创立大会的会议记录;公司章程;验资证明;法定代表人、董事、监事的任职文件及其身份证明;发起人的法人资格证明或者自然人身份证明;公司住所证明。以募集方式设立股份有限公司公开发行股票的,还应当向公司登记机关报送国务院证券监督管理机构的核准文件。

公司登记机关自接到股份有限公司设立登记申请之日起 30 日内作出是否予以登记的决定。对符合本法规定条件的,予以登记,发给公司营业执照;对不符合本法规定条件的,不予登记。

公司营业执照签发日期,为公司成立日期。公司成立后,应当进行公告。

股份有限公司经登记成立后,采取募集设立方式的,应当将募集股份情况报国务院证券管理部门备案。

## 四、发起人的法律地位和责任

(一)发起人的地位

关于发起人的界定,《公司法司法解释(三)》第 1 条规定,为设立公司而签署公司章程、向公司认购出资或者股份并履行公司设立职责的人,应当认定为公司的发起人,包括有限责任公司设立时的股东。在公司成立前,发起人之间属于合伙关系;公司成立后,发起人的权利义务归属于公司。发起人的法律地位表现在以下两个方面:

第一,发起人作为个人,是发起人合伙中的成员。为了设立公司,发起人之间需要签订设立公司的协议,由于设立中的公司尚不具备法人资格,这一协议的性质属于合伙合同,所以,发起人之间的关系是合伙关系,每个发起人都是发起人合伙中的成员,当公司不能成立时,对公司设立过程中产生的债务承担无限的连带责任。

第二,发起人作为整体,是设立中公司的机关。发起人作为设立中公司的机关,对内履行设立义务,对外代表设立中的公司,发起人的行为属于一种职务上的行为,所以,因其行为而给公司带来损害时,应该承担法律责任。公司一旦成立,发起人作为一个整体,便不复存在了。由于设立中的公司与成立后的公司,如同出生前的胎儿与出生后的婴儿一样,两者是承前启后的同一实体,所以,发起人为设立公司而已得的权利和承担的义务,应该自然归属于成立后的公司。

(二)发起人的责任

关于发起人的责任,《公司法》中主要体现在第93、94、199、200条,《公司法司法解释(三)》进行了更为细化和补充的规定。

《公司法》第93条规定,股份有限公司成立后,发起人未按照公司章程的规定缴足出资的,应当补缴;其他发起人承担连带责任。股份有限公司成立后,发现作为设立公司出资的非货币财产的实际价额显著低于公司章程所定价额的,应当由交付该出资的发起人补足其差额;其他发起人承担连带责任。

《公司法》第94条规定,股份有限公司的发起人应当承担下列责任:(1)公司不能成立时,对设立行为所产生的债务和费用负连带责任;(2)公司不能成立时,对认股人已缴纳的股款,负返还股款并加算银行同期存款利息的连带责任;(3)在公司设立过程中,由于发起人的过失致使公司利益受到损害的,应当对公司承担赔偿责任。

《公司法》第199条规定,公司的发起人、股东虚假出资,未交付或者未按期交付作为出资的货币或者非货币财产的,由公司登记机关责令改正,处以虚假出资金额5%以上15%以下的罚款。

《公司法》第200条规定,公司的发起人、股东在公司成立后,抽逃其出资的,由公司登记机关责令改正,处以所抽逃出资金额5%以上15%以下的罚款。

《公司法司法解释(三)》第2条规定,发起人为设立公司以自己名义对外签订合同,合同相对人请求该发起人承担合同责任的,人民法院应予支持。公司成立后对前款规定的合同予以确认,或者已经实际享有合同权利或者履行合同义务,合同相对人请求公司承担合同责任的,人民法院应予支持。

《公司法司法解释(三)》第3条规定,发起人以设立中公司名义对外签订合同,公司成立后合同相对人请求公司承担合同责任的,人民法院应予支持。公司成立后有证据证明发起人利用设立中公司的名义为自己的利益与相对人签订合同,公司以此为由主张不承担合同责任的,人民法院应予支持,但相对人为善意的除外。

《公司法司法解释(三)》第4条规定,公司因故未成立,债权人请求全体或者部分发起人对设立公司行为所产生的费用和债务承担连带清偿责任的,人民法院应予支持。部分发起人依照前款规定承担责任后,请求其他发起人分担的,人民法院应当判令其他发起人按照约定的责任承担比例分担责任;没有约定责任承担比例的,按照约定的出资比例分担责任;没有约定出资比例的,按照均等份额分担责任。因部分发起人的过错导致公司未成立,其他发起人主张其承担设立行为所产生的费用和债务的,人民法院应当根据过错情况,确定过错一方的责任范围。

《公司法司法解释(三)》第5条规定,发起人因履行公司设立职责造成他人损害,公司成立后受害人请求公司承担侵权赔偿责任的，人民法院应予支持；公司未成立，受害人请求全体发起人承担连带赔偿责任的，人民法院应予支持。公司或者无过错的发起人承担赔偿责任后，可以向有过错的发起人追偿。

## 第三节　股份有限公司的组织机构

关于股份有限公司组织机构概述，已在有限责任公司部分有所论述，由于其法理基础相同，此不赘述，此处主要论述股份有限公司与有限责任公司相比，其立法规定的特别之处。

### 一、股东大会

#### （一）股东大会的定义和特征

股东大会是由股份有限公司全体股东所组成的最高意思决定机关或权力机关。其特征是：

第一，股东大会由全体股东组成。公司股东出资人格化形成公司财产，作为对价，股东取得了出资收益权和议事表决权等权利。为了保证股东的权益能在一定场合得到尊重并付诸实现，各国公司法都确认了每个股东都有权参加股东大会，并通过股东大会表达自己的意思，从而形成公司法人的意志。值得思考的是，无表决权的优先股股东是否亦可成为股东大会的组成成员？有学者认为，无表决权之特别股股东，仍然为公司成员，他们应该享有除表决权之外的出席股东大会、提出议案和提出质询及陈述意见的参与权。[2] 应当说，这一观点有其合理性。

第二，股东大会是公司的最高意思机关。股东大会是股份有限公司股东聚集在一起依照法定方式和程序决定公司投资计划、经营方针、选举和更换董事、监事并决定其报酬等公司重大事项或方案的公司权力机关。各股东出资形成公司法人财产，从而成为公司发展的基础力量。作为公司的缔造者，股东们组成股东大会，对公司的前途命运进行决策，其形成的意思自然居于最高地位，没有比其更高的意思机关存在。尽管现代公司由于股票所有权的高度分散，呈现出公司法人产权与经营权分离、股东大会权力缩小的态势，但有一点不容置疑：股东大会产生董事、股东监事，并对其他重大事项享有决策权。[3] 因此，股东大会的决议即为公司的意思，股东大会之上别无其他更高的机关，故股东大会是公司的最高意思机关。

第三，股东大会是法定非常设机构。[4] 股东由于出资而享有控制公司的这种特殊权力是

---

〔2〕 柯芳枝：《公司法论》，台湾三民书局1993年版，第241页。

〔3〕 根据我国《公司法》第37条规定，关于监事的任免问题，股东大会职权仅限于“选举和更换非由职工代表担任的董事、监事”。

〔4〕 股份有限公司的股东大会分为股东年会和临时股东会。股东年会应每年召开一次。遇有下列情形之一，公司可以在2个月内召开临时股东大会：董事人数不足本法规定的人数或者公司章程所定人数的2/3时；公司未弥补的亏损达股本总额1/3时；持有公司股份10%以上的股东请求时；董事会认为必要时；监督会提议召开时。

法定的,因而作为行使股东权的股东大会,亦应当是法定的。然而,现代股东人数众多,居住分散,经常召集不太容易;同时,股东大会只是公司的最高意思机关,而非公司业务的执行机关或代表机关,申言之,股东大会只对公司重大事项做出决策,而这种活动并非随时进行,所以,出于节约经济成本的考虑,股东大会自然无常设之必要。[5]

(二)股东大会的职权

股东大会的职权又称"股东大会的权限",是指股东大会作为公司的最高权力机关具有对公司整体产生根本性、全局性、最终性影响的权能。[6] 在公司法的发展历史长河中,股东大会曾被各国公司立法尊崇为权力之颠,地位显赫,并被赋予广泛的议决权。但是,伴随所有权与经营权的分离,股东大会的权力呈现出缩小的情势。如美国《标准商事公司法》第 35 条规定:"除本法令或公司章程另有规定外,公司的一切权力都应当由董事会行使或由董事会授权行使,公司的一切业务活动和事务都应在董事会的指导下进行。"但是,不可否认的是,即便如此,股东大会仍不失为权力机关,它不仅拥有决定公司生死的大权,而且主宰着董事会与监事会的命运。

根据我国《公司法》第 99 条规定,本法第 37 条第 1 款关于有限责任公司股东会职权的规定,适用于股份有限公司股东大会。前文对有限责任公司股东会职权已有详细论述,此不赘述。当然,我国《公司法》并不禁止公司在其章程中规定必须由股东大会决定的其他事项。所以,股东大会的职权,实际还包括公司章程所授予股东大会的权力。

(三)股东大会的召开

股东大会应当每年召开一次年会。有下列情形之一的,应当在 2 个月内召开临时股东大会:董事人数不足本法规定的人数或者公司章程所定人数的 2/3 时;公司未弥补的亏损达股本总额 1/3 时;单独或者合计持有公司股份 10% 以上的股东请求时;董事会认为必要时;监事会提议召开时;公司章程规定的其他情形。

1. 召集权人

股东大会上的召集权人,法律有明确规定。无论股东年会还是临时股东会,召集权人原则上都是董事会。在召集方式上,分为两种:一是董事会自动召集;二是基于他人请求而进行的召集。《公司法》规定:"股东大会会议由董事会召集,董事长主持;董事长不能履行职务或者不履行职务的,由副董事长主持;副董事长不能履行职务或者不履行职务的,由半数以上董事共同推举一名董事主持。董事会不能履行或者不履行召集股东大会会议职责的,监事会应当及时召集和主持;监事会不召集和主持的,连续 90 日以上单独或者合计持有公司 10% 以上股份的股东可以自行召集和主持。"这在法律意义上为股东大会的召开确定了相应

---

〔5〕 股东大会是常设机关还是非常设机关,学者之间存有争议。有人认为,股东大会虽为必要机关,但没有必要经常集会形成决议,故每年召开一次常会以及适当的临时大会即可,故属非常设机关。有人认为,股东大会权限之行使,必须以召集会议的方式进行。因而,股东大会属于经常存在而可随时召集开会的机关,以保证公司业务的开展,故应属常设机关。

〔6〕 梅慎实:《现代公司治理结构规范运作论》,中国法制出版社 2001 年版,第 401 页。

的保障。

2. 召开程序

《公司法》规定，召开股东大会会议，应当将会议召开的时间、地点和审议的事项于会议召开 20 日前通知各股东；临时股东大会应当于会议召开 15 日前通知各股东；发行无记名股票的，应当于会议召开 30 日前公告会议召开的时间、地点和审议事项。单独或者合计持有公司 3% 以上股份的股东，可以在股东大会召开 10 日前提出临时提案并书面提交董事会；董事会应当在收到提案后 2 日内通知其他股东，并将该临时提案提交股东大会审议。临时提案的内容应当属于股东大会职权范围，并有明确议题和具体决议事项。股东大会不得对前两项通知中未列明的事项作出决议。无记名股票持有人出席股东大会会议的，应当于会议召开 5 日前至股东大会闭会时将股票交存于公司。

3. 股东大会的法定人数或表决权数

按照一些国家的公司法，参加股东大会的人数必须达到法定要求，股东大会才能合法召开，通过的决议才是有效决议。股东出席股东大会，既可以亲力亲为，也可以委托代理。综观各国的公司立法，不少国家的公司法都要求出席的股东人数达到一定之比例（包括亲自出席与委托代理出席），股东大会方能举行。之所以这样立法，其着眼点在于保护广大股东的利益。遗憾的是，我国公司立法并未对此作出只言片语的规定，这在某种程度上给股东权益的保护带来了困难。

值得欣慰的是，1994 年 7 月由国务院第 22 次常务会议通过的《关于股份有限公司境外募集股份及上市的特别规定》中对境外募集股份及上市的股份有限公司召开股东大会上的法定人数作了明确要求。该法规第 22 条规定："拟出席会议的股东所代表的有表决权的股份数达到公司有表决权的股份总数 1/2 以上的，公司可以召开股东大会；达不到的，公司应当于 5 日内将会议拟审议的事项、会议日期和地点以公告形式再次通知股东，经公告通告，公司可以召开股东大会。"

4. 股东大会的决议

股东大会属于一种合议制机构，其行使职权，主要采用决议的形式。决议由股东通过行使其表决权而形成，这也是股东参与公司经营管理的主要方式。股东出席股东大会，所持的每一股份有一表决权。股东大会选举董事、监事，可以根据公司章程的规定或者股东大会的决议，实行累积投票制。所谓称累积投票制，是指股东大会选举董事或者监事时，每一股份拥有与应选董事或者监事人数相同的表决权，股东拥有的表决权可以集中使用。股东大会坚持"多数决原则"，即依表决权数的多数作出决定，形成决议，约束全体股东。根据具体的决定事项与多数标准，股东大会的决议分为普通决议与特别决议。

（1）普通决议。这是针对公司的一般事项作出并只要求简单多数表决权即可通过的决议。此所谓公司的一般事项，是指法律明确规定的特别事项以外的所有公司事项。在我国，按照《公司法》规定，它们包括：决定公司的经营方针和投资计划；选举和更换董事以及由股东代表出任的监事，决定其报酬；审议批准董事会和监事会的报告；审议批准公司的年度财务预算方案、结算方案，公司的利润分配方案和亏损弥补方案；决议发行公司债。股东大会对上述事项作出决议，经出席会议的股东所持表决权的半数以上通过。

(2)特别决议。这是针对公司的特别事项作出并要求绝对多数表决权通过的决议。按照我国《公司法》规定,对公司增加或者减少注册资本、合并、分立或者解散公司、变更公司形式作出决议以及修改章程,必须经过出席会议的股东所持表决权 2/3 以上通过,方可生效。

## 二、董事会与经理

股份有限公司作为所有权与经营权分离的典型范式,其最大特点就是公司财产的原始提供者远离对公司运营的控制。“虽然公司股东大会可以行使公司的一切权力,但是,让一部运转不便的机器(a cumbersome piece of machinery)来承受日常管理工作,显然缺乏可行性(本质上可归入合伙性或独资性的小公司除外)”。[7] 这种现实的存在,客观上要求设计出一种机制,确保资本提供者的原始财产的保值、增值。从而,“谁投资,谁管理”演变成为了“谁投资,谁选举管理者”,公司的发展中也形成了现代意义上的董事会和经理。

### (一)董事会的职权

各国公司立法对于董事会的职权规定,通常采取了列举式(在公司法中明确列举董事会的职权)和排除式(除股东大会行使的权力之外的一切职权)等方式规定。我国《公司法》采用的是列举式与排除式并用的方式。一方面,《公司法》第 37 条对股东大会职权的规定,明确排除了董事会可以涉及的领域;另一方面,第 46 条又明确列举了董事会的法定职权。根据《公司法》第 108 条第 4 款规定,本法第 46 条关于有限责任公司董事会职权的规定,适用于股份有限公司董事会。前文对有限责任公司董事会职权已有详细论述,此不赘述。除此之外,如公司章程明文赋予董事会一定范围内的职能,亦属合法。

### (二)董事会的组成、董事的任职资格和任期

我国《公司法》规定,股份有限公司董事会成员为 5 至 19 人,董事由股东大会或创立大会以出席会议的股东所持半数以上的表决权同意选举产生,并由全体董事组成董事会。关于董事的身份条件,除了德国、意大利等国规定董事只能是自然人外,大多国家都允许法人成为公司董事。比如,法国《商事公司法》允许法人充当董事,并由该法人委任一名常任代理人。[8] 从理论上讲,法人董事是有其合理性的。对此,我国《公司法》并无规定,但根据《上市公司章程指引》和《到境外上市公司章程必备条款》的规定,董事只能是自然人。

根据《公司法》第 109 条的规定,董事会设董事长一人,可以设副董事长。董事长和副董事长由董事会以全体董事的过半数选举产生。董事长行使下列职权:主持股东大会和召集、主持董事会会议;检查董事会决议的实施情况。副董事长协助董事长工作,董事长不能履行职权时,由董事长指定的副董事长代行其职权。副董事长不能履行职务或者不履行职务的,由半数以上董事共同推举一名董事履行职务。

---

〔7〕 L. C. B. Gower, *Gower's Principles of Modern Company Law* (5th ed.), Sweet & Maxwell, Ltd, London, 1992, p. 15.

〔8〕 卞耀武主编:《当代外国公司法》,法律出版社 1995 年版,第 411 页。

无论公司董事会的组成如何，要想当选为董事，必须具备相应的任职资格。根据我国《公司法》第 146 条的规定，有下列情形之一的，不能出任公司董事：(1)无民事行为能力或者限制民事行为能力；(2)因犯有贪污、贿赂、侵占财产、挪用财产罪或者破坏社会经济秩序罪，被判处刑罚，执行期满未逾 5 年，或者因犯罪被剥夺政治权利，执行期满未逾 5 年；(3)担任因经营不善破产清算的公司、企业的董事或者厂长、经理，并对该公司、企业的破产负有个人责任的，自该公司、企业破产清算完结之日起未逾 3 年；(4)担任因违法被吊销营业执照的公司、企业的法定代表人，并负有个人责任的，自该公司、企业被吊销营业执照之日起未逾 3 年；(5)个人所负数额较大的债务到期未清偿。公司违反上述规定选举、委派董事的，该选举、委派或者聘任无效。

董事任期由公司章程规定，但每届任期不得超过 3 年。董事任期届满，连选可以连任。董事在任期届满前，股东大会不得无故解除其职务。

### (三)董事会的会议

股份有限公司的董事会会议分为临时会议与定期会议。董事会的定期会议每年度至少召开 2 次，每次会议应于会议召开 10 日以前通知全体董事。为了保证公司生产运营的需要，董事会可以另行召开临时会议，以就有关事项及时作出决策。董事会召开临时会议，可以另定召集董事会的通知方式和通知时限。

根据我国《公司法》规定，董事会会议应当由 1/2 以上的董事出席方可举行。董事会作出决议，必须经全体董事的过半数通过。董事会会议，应由董事本人出席。董事因故不能出席，可以书面委托其他董事代为出席董事会，委托书中应载明授权范围。为了强化董事的责任，《上市公司章程指引》第 99 条规定，董事连续 2 次未能亲自出席，也不委托其他董事出席董事会会议，视为不能履行职责，董事会应当建议股东大会予以撤换。

同时，董事会应当对会议所议事项的决定作出会议记录，出席会议的董事和记录员在会议记录上签名。董事应当对董事会的决议承担责任。董事会的决议违反法律、行政法规或者公司章程，致使公司遭受严重损失的，参与决议的董事对公司负赔偿责任。但经证明在表决时曾表明异议并记载于会议记录的，该董事可以免除责任。值得思考的是，如果董事中途退场，是视为弃权还是视为不到会。有学者认为，应当视为弃权。其理由是，公司有关法定人数的召开，说明是有人数要求的，而且弃权也不影响决议的效力。有学者认为，应当视为不到会。因为，根据我国法律规定，董事应当在会议记录上签名。既然没有签名，则视为未到会。这一问题，有待法律明确。

### (四)经理

股份有限公司的经理是负责公司日常经营管理工作的高级管理人员。根据《公司法》的规定，经理由董事会聘任或者解聘，并列席董事会会议。经理对董事会负责，行使的是执行事务权。《公司法》第 113 条规定，股份有限公司设经理，由董事会决定聘任着解聘。本法第 49 条关于有限责任公司经理职权的规定，适用于股份有限公司经理。由此可知，股份有限公司的经理是必设机关，不同于有限责任公司的任设机关，但经理的任职资格、对公司的义务与责任，与董事大体相同,此不赘述。

### 三、监事会

英美国家通过设立独立董事来进行公司经营的监督,与此不同的是,大陆法系国家通常在公司中设立监事会作为公司业务活动的监督机构,并根据历史、文化传统等方面的不同,分为二元制与二级制两种。所谓二元制,是指由股东大会产生董事会与监事会这两个并列的常设机关,比如中国、日本规定的监事会和监察人制度,均属此种模式。所谓二级制,是指由股东大会(一些大型公司包括职工大会)选出监事会作为常设的决策和监督机关,再由监事会产生董事会,董事会负责向监事会报告工作,对监事会负责,德国、奥地利等国即实行该种模式。

在我国,根据法律规定,股份有限公司的监事会为法定必设机关。由股东代表和适当比例的公司职工代表组成,具体比例由公司章程规定。其中,监事会中的职工代表由公司职工民主选举产生,董事、经理及财务负责人不得兼任监事。

作为监督董事会权力的机关,监事会拥有哪些权力呢?对此,世界各国的规定差别较大:有的国家的监事会权力强大,足以与董事会相抗衡,并干预公司的经营;有的国家的监事会权力弱小,监事候选人提名权完全由董事会操纵,其事实上成为董事会的附庸。我国《公司法》第 118 条规定,本法第 53 条、第 54 条关于有限责任公司监事会职权的规定,适用于股份有限公司监事会。前文对有限责任公司监事会的职权已有详细论述,此不赘述。监事可以列席董事会会议,并对董事会决议事项提出质询或者建议。监事会发现公司经营情况异常,可以进行调查;必要时,可以聘请会计师事务所等协助其工作,费用由公司承担。

### 四、股份有限公司组织机构运作中的少数派股东权益保护

#### (一)侵犯少数派股东权益的行为

少数派股东又被称为小股东,它是与多数派股东(或大股东、控制股东)相对应的一个定义,是指在公司中的持股比例居于绝对或相对少数,因而对公司的经营管理没有控制权的股东。与此对应,在公司中的持股比例居于绝对或相对多数,因而对公司的经营管理拥有控制权的股东,为多数派股东(或大股东)。由于少数派股东在公司中不拥有控制权,处于弱势地位,因而侵犯少数派股东权益乃各国存在的一个普遍现象。对少数派股东权益的侵犯行为,既可能来自多数派股东,也可能来自公司的董事会、董事和其他高级管理人员(以下简称经营者)。前者即多数派股东滥用其在公司中的优势地位,通过控制股东大会或董事会等途径,直接或间接地为自己谋取私利,损害少数派股东的利益;后者是经营者滥用其职权,或成为为多数派股东谋取利益的工具而损害少数派股东的利益。现实中,侵犯少数派股东权益的行为的具体表现是多种多样的,其中尤其典型的形式有:(1)阻扰少数派股东在公司中任职,任意罢免少数派股东在公司中所任职务;(2)恶意追加资本,致少数派股东无力认购新股而使其持股比例进一步降低;(3)操纵公司股票,致少数派股东损失或低价出售其股票;(4)隐瞒或拒不向少数派股东提供有关公司经营、财务状况和其他相关信息、资料;(5)不合理地向董事及高级管理人员支付高额报酬和提供福利待遇;(6)用公司的资金为多数派股东提供优惠借款、担保或高价

租用其财产;(7)剥夺少数派股东参加股东大会的权利,或者为少数派股东参加股东大会附加不合理的条件。[9]

## (二)少数派股东权益的法律保护制度

1. 概说

少数派股东权益的法律保护是伴随着少数派股东权益受损的日益严重而在传统公司法的基础上提出的新制度。首先,在传统公司法中,少数派股东不满公司的经营方针,不满董事的行事方法,可以通过转让自己的股份退出公司来保护自己的利益。这即是现代公司法中的"用脚投票"规则。在某种意义上,这也不妨是保护少数派股东的一种方法。但实际上,这毕竟是一种最无可奈何的选择。更何况,很多时候少数派股东往往被迫以一个并不公平合理的价格将其股份转让给予他们意见不合的多数派股东或被排挤出公司之外。所以,从法律上给予少数派股东以特别保护,无疑是一项必要的选择。其次,在西方国家,尽管侵犯少数派股东权益的现象十分普遍,但立法是否为少数派股东权益提供切实的保护,对此各国长期犹豫不决。人们担心这样做会对公司内部事务带来过度干预。因此,早期公司法一般都实行"多数决规则(Majority Rule,又称资本多数决规则)",即认定多数派股东、经营者的行为是否合法有效,完全取决于持有多数表决权的股东的意志,只要该行为被持有多数表决权的股东所认可,即使事实上侵犯了少数派股东的权益,也是合法的。这一规则于1843年由英国的"Foss v. Harbottle"案最早确立。然而,随着时间的推移,"多数决规则"日益成为侵犯少数派股东权益的借口,成为影响众多中小投资者投资积极性的因素。于是,各国立法不得不规定一些保护少数派股东权益的特别措施,作为"多数决规则"的例外。

2. 少数派股东权益的程序法保护制度

程序法是实体法的保障。少数派股东的权益在遭受董事或多数派股东损害时,如何从程序上给予救济呢?根据各国公司法规定,对此股东可提起两种诉讼:

(1)股东直接诉讼(Shareholder's Direct Suit)。这是指股东(包括少数派股东)在其权益遭受侵害时,以自己的名义对加害人提起的诉讼。直接诉讼又分为个人诉讼(Personal Suit)和代表诉讼(Representative Suit)。前者旨在维护提起诉讼的股东的自身权益;后者则旨在维护提起诉讼的股东和其他所有遭受同样损害的股东的权益。我国《公司法》第152条规定:"董事、高级管理人员违反法律、行政法规或者公司章程的规定,损害股东利益的,股东可以向人民法院提起诉讼。"本条规定的诉讼,实际上就是直接诉讼。

(2)股东派生诉讼(Shareholder's Derivative Suit)。这是指当公司的合法权益遭受持多数表决权的股东、经营者和其他人员的侵害而公司怠于起诉时,符合法定要件的股东为公司的利益而以自己的名义对加害人提起的诉讼。股东派生诉讼尽管以维护公司利益为目的,但由于公司利益乃股东的利益,因而,股东派生诉讼被视为保护股东(尤其是少数派股东)权益的一

---

[9] 这在我国表现较为突出。例如,有的股份有限公司在章程中规定,公司设股东代表大会而非股东大会;有的股份有限公司虽然在章程中规定设立股东大会,但又规定只有大股东才有权参加股东大会;有的公司虽然规定少数派股东可参加股东大会,但少数派股东须自愿组合达到相当数量的股份限额,方可委托1名代表出席股东大会。

种手段,其真正意义在于平衡股东与经营者、多数派股东与少数派股东之间的利益。显然,这种诉讼实质上是代替公司行使诉权,股东的诉权仍是派生于公司诉权的。实践证明,“这一方式被认为是最有效的方法之一”。[10] 因为它可以使少数派股东摆脱资本多数决规则的限制,得以依法代表公司并代表受压迫的其他股东直接向侵害公司权益的人(包括损害公司权益的多数派股东、公司经营者)主张权利,尤其是它能够解决公司因被加害人操纵而不能提起诉讼的难题,使公司权益及少数派股东的权益获得程序法上的救济手段。正如一位英国学者所说:“任何对由市场和法院来执行控制股东或董事忠实义务的比较都必须考虑到司法程序是如何进行的。股东派生诉讼制度为法院提供了一种机制来为那些因公司被不忠实董事、管理人员及多数股东所控制而投诉无门的受欺压的小股东主持正义。”[11]

我国修订后的公司法也引入了这一制度,第 151 条规定,董事、高级管理人员有本法第 149 条规定的情形的,有限责任公司的股东、股份有限公司连续 180 日以上单独或者合计持有公司 1% 以上股份的股东,可以书面请求监事会或者不设监事会的有限责任公司的监事向人民法院提起诉讼;监事有公司法第 150 条规定的情形的,前述股东可以书面请求董事会或者不设董事会的有限责任公司的执行董事向人民法院提起诉讼。监事会、不设监事会的有限责任公司的监事,或者董事会、执行董事收到前款规定的股东书面请求后拒绝提起诉讼,或者自收到请求之日起 30 日内未提起诉讼,或者情况紧急、不立即提起诉讼将会使公司利益受到难以弥补的损害的,前款规定的股东有权为了公司的利益以自己的名义直接向人民法院提起诉讼。他人侵犯公司合法权益,给公司造成损失的,本条第 1 款规定的股东可以依照前 2 款的规定向人民法院提起诉讼。

3. 少数派股东权益的实体法保护制度

各国实体法上的少数派股东权益保护制度是比较多的,这里主要概述以下几项保护少数派股东权益的取向明显的制度:

(1)表决权代理制度。这是指股东将其在股东大会上行使表决的权利依法委托给他人代为行使的制度。由于股份有限公司的股份高度分散,股东散居各地,一些股东不愿为出席股东大会付出金钱、时间等方面的代价,一些股东则因主客观原因而不能亲自出席股东大会。表决权代理制度就是为了解决此等问题而在各国应运而生的。在现实中,不愿和不便出席股东大会的多为少数派股东,因此,表决权代理制度无疑对少数派股东权益的保护具有重大意义。表决权代理制度在我国已得到承认,《公司法》第 106 条规定:“股东可以委托代理人出席股东大会,代理人应当向公司提交股东授权委托书,并在授权范围内行使表决权。”

(2)多数派股东的表决权限制制度。前已述及,在现实中,侵害少数派股东的权益,有的源自董事等经营者滥用职权,有的缘于多数派股东滥用控制权。从一定意义上讲,多数派股东滥用控制权对少数派股东造成的损害,比经营者滥用职权对少数派股东造成的损害更为普遍。因为经营者的行为或决定违反了法律、公司章程,或违背了诚信原则,侵害了少数派股东的权益,有时难以获得股东大会的追认(Ratification),而对于拥有控制性股权的股东来说,纵使面

---

〔10〕 [日]保欣哉:“公司法之理念”,载《台大法学评论》第 41 卷,第 11 页。

〔11〕 Easterbrook . F. H. & Fischel, D. R. , *The Economic Structure of Corporate Law*, Harv. Univ. Press, 1991, p. 100.

对少数派股东的强烈反对，其行为或决定仍能轻易地强行通过。这种建立在股权平等基础上"资本多数决"及"一股一权"原则，事实上已背离了其确立初衷，是以形式上的"股权平等"掩盖实质上的股权不平等。为此，一些国家对"一股一权"进行修正，以限制多数派股东的表决权。股东表决权的限制有两个途径：一是直接由法律或公司章程规定对多数派股东表决权加以限制。限制表决权的具体方式，一般采取对超过法定比例股份折合计算表决权的办法，如超过部分之股二股折合一个表决权等。二是发行无表决权股。无表决权股是指在公司章程中对股东应有之表决权予以剥夺与限制的股份。〔12〕 作为补偿，各国公司法一般也规定赋予无表决权股股东以分派盈余的优先权，或给予优厚的股息。这就不仅使无表决权股因其享有利益上的特别待遇而对投资型股东具有吸引力，而且也使股权平等从实质上得到体现。

(3)股东大会召集权及提案权制度。股东大会一般由董事会召集，但如果有股东认为有必要召集股东大会时，可以请求董事会召集股东大会；若董事会怠于或拒绝召集，则股东可自行召集股东大会，这是各国《公司法》所采取的保护少数派股东权益的措施之一。为了避免股东对公司经营的过度干预，平衡少数派股东权益保护与公司经营效率之间的关系，股东大会召集请求权的行使也有一定的持股比例要求，如意大利、比利时为 20%，美国、英国、法国为 10%，日本和我国台湾地区为 3%，股东提出召集股东大会的请求之后，若董事会在法定期限内（如两个月）不召开股东大会，则在期限届满后，股东可自行召集或经法院许可召集股东大会。当然，仅赋予少数派股东召集权是不够的，还必须赋予少数派股东提案权，即少数派股东在股东大会上提出议案的权利。如奥地利公司法规定，代表公司资本 5% 的股东可以要求把一些附加议题列入会议议程。〔13〕

(4)表决权排除制度。这是指当某股东与股东大会讨论的决议事项有特别利害关系时，该股东不得就该事项行使表决权的制度。表决权排除制度在大陆法系许多国家的公司立法中都有规定。欧共体在 1983 年《关于公司法的第 5 号指令草案》也规定，在股东大会决议事项涉及公司与股东间的利益冲突时，股东及其代理人不得行使表决权。我国台湾地区"公司法"第 178 条也有类似规定。在英美法系，传统上并无表决权排除制度。按照传统英美法的观念，表决权是股东的个人财产权，得由股东自由行使，即使行使表决权使少数派股东的权益受损，也只导致股东大会决议无效，而表决权本身不得排除。但是，这种法律传统正在转变。英国在欧共体指令的影响下态度已有所改变；美国也已出现表决权排除制度的规定。表决权排除制度是对"资本多数决"滥用的一种事前防范。因为，根据表决权排除制度，只要某一股东与股东大会的决议事项存有利益冲突，不问其是多数派股东还是少数派股东，也不问其在表决时是赞成或反对该决议，皆一律剥夺其表决权；违反表决权排除制度的投票一律无效，这无疑有利于堵住多数派股东"资本多数决"损害少数派股东权益的漏洞。

(5)累积投票制度。累积投票制是美国公司法专家参照政党选举中的比例投票制而设计出的专门适用于股份有限公司股东大会选举公司董事的一项制度。根据累积投票制，在股东大会选举两名以上的董事时，每一股份的表决权不是一个，而是与所选董事的人数相同，并且，

---

〔12〕 梁宇贤：《公司法论》，台北三民书局股份有限公司 1970 年版，第 286 页。
〔13〕 ［英］梅因・哈特：《欧洲十二国公司法》，法律出版社 1995 年版，第 31 页。

股东可将全部表决权投向一人或数人。通过这种投票方式,少数派股东也有可能选出自己满意的董事,而多数派股东却无法垄断全部董事人选。[14] 累积投票制在美国产生后,被一些国家和地区的立法所接受,并被扩展运用至监事的选举。

修订后的我国公司法也引入了这一制度,第105条规定,股东大会选举董事、监事,可以根据公司章程的规定或者股东大会的决议,实行累积投票制。本法所称累积投票制,是指股东大会选举董事或者监事时,每一股份拥有与应选董事或者监事人数相同的表决权,股东拥有的表决权可以集中使用。

(6)股东知情权保护制度。赋予少数派股东以知情权,无疑将增加公司内务的透明度,有利于少数派股东权益的保护。所谓"知情权",即指出席股东大会的股东有查询相关资料并请求董事会等公司机关就会议事项中的有关问题做出说明的权利,与此相对应的是董事会等公司机关出席股东大会,提供相关资料备查和做出有关的说明的义务。规定股东的知情权,可以使股东尤其是少数派股东在表决前获得更为充分的信息,了解公司的经营状况,以减少表决时的盲目性。英、美、德等国的《公司法》都有这方面的规定。为防止董事以需时间为由回避说明义务,各国《公司法》中还规定了事前书面质询制度,即欲在股东大会上质询的股东可以在股东大会召开前一定时间以书面形式通知其将要在股东大会质询的事项,要求董事会等公司机关做出说明。

(7)股东协会制度。少数派股东的权益受到侵害时,往往因其持股比例小,损害不大而且自身力量弱小、分散的特点而怠于寻求救济与保护。为此,德国、荷兰、印度等国家建立了股东协会制度。股东协会是由股东自愿组成的旨在对股东权进行自我保护的自治性社会团体。其主要活动内容是:征得若干少数派股东的同意,代表结合在一起的股东行使具有法定持股量要求的少数股东权;[15]代表股东要求董事会停止或纠正其侵害股东权益的行为;对公司财产和业务情况进行调查等。我国台湾地区也设有一个基金会,负责投资者对公司董事的渎职行为提起诉讼,基金会可以在所有上市公司中都买一股,以便以股东身份对违法的多数派股东或董事提起诉讼。

## 第四节　董事、监事、高级管理人员的资格和义务

本节主要介绍的是公司法中关于董事、监事、高级管理人员的资格和义务的规则,我国公

---

〔14〕 例如,设某公司拟选5名董事,公司股份共100股,股东20名,其中2名大股东共持有51股,其他18名小股东共持有49股。若按通常的投票方法,则2名大股东就可使他们如意的5名董事人选全部当选,每名人选得51票。若实行累积投票法,则每股表决权是5个,两名大股东总计表决权为255个,其他小股东245个,这时,小股东们便有可能使自己如意的2名董事人选当选,1名得122票,一名得123票,而大股东只能选上3名自己的董事。

〔15〕 少数股东权是与单独股东权相对应的一个定义。前者指持有公司已发行股份一定比例以上的股份的股东才能行使的股东权。"少数股东权"中的"少数股东",可以是一人,也可以是数人。后者指可以由股东一人单独行使的股东权,即只要持有一个股份,就可享有的股东权。

司法把这一部分放在第六章单独规定,适用于有限责任公司和股份有限公司,可见立法者对这一问题的重视,笔者将其作为一节,放在股份公司组织机构之后,不是仅仅适用于股份公司,而是还适用于有限责任公司,在此作出特别说明,请读者注意。

## 一、董事、监事与高级管理人员的资格

董事、监事与高管的资格,即担任其职务的条件,包括积极资格和消极资格。积极资格指担任其职务必须具备的条件,消极资格指具备什么情况就不能担任其职务。由于公司立法对董事、监事、高级管理人员资格规定的同一性,为了阐述方便起见,下文将董事、监事、高级管理人员的资格,简称董事的资格。

### (一)董事的积极资格

早期各国公司法曾对董事的积极资格提出多种强制要求,包括是否具有股东身份、是否必须为自然人等,但在现代公司法上,这些要求多被取消或者成为任意要求。我国公司法仅对董事的消极资格予以规定,而对积极资格未做明确规定。

1. 是否具有股东身份

早期公司法普遍要求董事持有一定股份即"资格股"。持有一定股份要求遭遇的困境是:如要求过高,即与董事职业化的潮流相悖,也有违平等原则;如要求过低,因流于形式而无实际意义。各国立法对此有三种处理:(1)强制要求董事持股,具体数量由公司章程、细则规定,如英国、法国;(2)法律不做要求,允许公司章程要求董事持股,如德国;(3)法律、公司章程均不得要求董事持股,如美国、日本。另外,随着职工监事的普及以及经理人职业化趋势,各国公司法对于监事、高管均无持股要求。这一立法潮流被认为是落实现代公司的"所有权与经营权"两权分离原则的需要。[16] 尽管我国实践中公司董事持有公司股份,具有股东身份十分普遍,但公司立法无明确规定。

2. 是否必须为自然人

法人可否担任董事,即董事是否必须由自然人担任,对此也有三种不同规定:(1)多数公司法规定董事限于自然人,法人不能担任董事;(2)少数公司法规定法人可以担任董事,但须指定一名自然人为其常任代表,如英国、比利时、我国台湾地区;(3)法国规定,单层制下的董事可由法人担任,但双层制下不可。

从董事行权的实际状态看,法人不宜担任董事。作为公司业务的执行人,应当具有自然人的亲力亲为能力,法人董事履行职务时再授权他人代理行权,徒增一层法律关系,不利于公司业务的执行。从我国涉诉的司法案例中,未见法人担任公司董事的情形。

3. 年龄

各国公司法均禁止未成年人担任董事,也即限定了董事的年龄下限。对年龄上限,多数国家公司法不作限制,少数国家公司法对高龄董事附加了一定条件。如英国规定,於七旬者出任董事,需由股东会通过决议作特别说明;法国规定,逾七旬的董事不能超过董事会成员的1/3,

---

〔16〕 王文宇:《公司法论》,中国政法大学出版社2004年版,第279页。

董事长不能超过 65 岁。我国公司法对董事年龄上限未作规定,但规定无民事行为能力人、限制民事行为能力人不能担任董事,因此,可以推导出我国董事年龄的下限原则上为年满 18 周岁。当然,若年满 16 周岁不满 18 周岁的未成年人,以自己的劳动收入为主要生活来源的,在民事主体上视为完全民事行为能力人,应理解为可担任公司董事。

4. 国籍、住所

除个别公司法外,多数国家公司法对董事的国籍、住所没有限制。我国亦然。

### (二)董事的消极资格

为避免股东所托非人,多数国家公司法都严格限定董事的消极资格。我国《公司法》第 146 条规定,有下列情形之一的,不得担任公司的董事、监事、高级管理人员:(1)无民事行为能力或者限制民事行为能力;(2)因贪污、贿赂、侵占财产、挪用财产或者破坏社会主义市场经济秩序,被判处刑罚,执行期满未逾 5 年,或者因犯罪被剥夺政治权利,执行期满未逾 5 年;(3)担任破产清算的公司、企业的董事或者厂长、经理,对该公司、企业的破产负有个人责任的,自该公司、企业破产清算完结之日起未逾 3 年;(4)担任因违法被吊销营业执照、责令关闭的公司、企业的法定代表人,并负有个人责任的,自该公司、企业被吊销营业执照之日起未逾 3 年;(5)个人所负数额较大的债务到期未清偿。此外,依据《公司法》第 51、117 条规定,本公司的监事不得担任公司的董事和高级管理人员。

公司违反前款规定选举、委派董事、监事或者聘任高级管理人员的,该选举、委派或者聘任无效。

## 二、董事、监事、高级管理人员的义务

《公司法》第 147 条规定,董事、监事、高级管理人员应当遵守法律、行政法规和公司章程,对公司负有忠实义务和勤勉义务。

### (一)忠实义务

董事、高级管理人员的忠实义务是指董事、高级管理人员对公司负有忠诚尽力、殚精竭虑,当自身利益与公司利益存在冲突时,必须以公司的最佳利益为重,不得将自身利益置于公司利益之上的义务。实质上,忠实义务是为管理层设置的一条入法的"道德准则",也是民法的诚实信用原则在公司领域的具体表现。

关于董事(包括高级管理人员,下同)忠实义务的立法规定,《公司法》第 147、148 条详细列举了公司法禁止的失信行为。

第一,侵占公司财产。公司对其全部财产享有法人财产权,包括所有权,公司的财产独立于股东,也独立于董事、监事和高管。为避免公司内部人监守自盗的现象,《公司法》第 147 条第 2 款规定,董事、监事、高级管理人员不得利用职权收受贿赂或者其他非法收入,不得侵占公司的财产。

第二,挪用公司资金。此种行为是指公司高管违反法律、公司章程规定的权限和程序,擅自将公司资金用于背离公司资金特定使用目的的行为。

第三,将公司资金以其个人名义或者以其他个人名义开立账户存储。公司资金,应以公司名义存储,不应以个人名义存储。否则,既易导致公司高管或其亲朋好友赚取公司的资金利息,又易导致公司资金的不法流失,还易导致公权力对公司监管的失序现象(如公司的偷漏税现象)。

第四,违反公司章程的规定,未经股东会、股东大会或者董事会同意,将公司资金借贷给他人或者以公司财产为他人提供担保。公司高管擅自将公司资金借贷给他人,非法剥夺了公司的资金所有权尤其是控制权,增加了公司讨债的风险和成本。由于此种借贷行为往往缺乏合法有效的担保手段,公司债权很容易沦为呆坏账甚至死账。擅自将公司资金借贷给他人,实际上为公司创设了或然债务。这一规定并非限制公司法人借贷或担保的权利能力、行为能力,而是对于董事、高级管理人员个人的权力限制。这一规定是对公司董事和高管的相对禁止义务,若符合公司章程或经股东(大)会或董事会同意,是可以将公司资金借贷给他人或者以公司财产为他人提供担保的。

第五,违反公司章程的规定或者未经股东会、股东大会同意,与本公司订立合同或者进行交易。此款也可简称"董事自我交易条款"。依反对解释,只要公司高管与本公司订立合同或进行交易的行为遵循了公司章程的规定或者经过股东会、股东大会的合法决策程序(包括事先批准程序与事后追认程序),则此种合同行为或交易行为的效力就应予以尊重。这里所说的"与本公司订立合同或者进行交易",可解释成两种基本形式:一是直接自我交易,即公司董事、高管自己与本公司订立合同或者进行交易,二是间接自我交易,即包括公司高管的配偶、子女或其他利益相关者与本公司订立合同或者进行交易。

第六,篡夺公司商业机会。《公司法》第 148 条禁止董事和高级管理人员未经股东会或者股东大会同意,利用职务便利为自己或者他人谋取属于公司的商业机会。该条规定乃源于英美法尤其是美国判例法,也具有很强的针对性。篡夺公司商业机会的构成要件:一是主体,董事和高级管理人员,不包括监事;二是行为要件,未经股东(大)会同意,且利用职务便利为自己或者他人谋取属于公司的商业机会。

第七,擅自开展同业竞争。关于董事的竞业(指竞争营业)义务,多数国家公司法的政策立场是:未经公司同意而与公司竞业被视为一种不忠实的行为,故完全放任之不利于维护公司利益;但完全禁止属于对市场竞争的过度限制,有违营业自由的公共政策。所以,立法普遍采用竞业限制的政策,经过公司同意的竞业被认为具有合法性。我国 1993 年《公司法》第 61 条第 1 款绝对禁止董事、经理的竞业行为,2005 年版的《公司法》采取了限制立法政策(2013 年版的《公司法》仍沿用了这一政策),第 148 条规定,禁止董事和高级管理人员未经股东会或者股东大会同意,自营或者为他人经营与所任职公司同类的业务。这一立法变化更切合社会经济生活的现实,减少了立法与现实的落差,降低了立法预设的制度运行成本。

第八,接受商业贿赂。《公司法》第 147 条第 2 款明文规定,董事、监事、高级管理人员不得利用职权收受贿赂或者其他非法收入,侵占公司的财产。《公司法》第 148 条禁止董事和高级管理人员接受他人与公司交易的佣金归为己有。根据《反不正当竞争法》第 8 条,经营者不得采用财物或者其他手段进行贿赂以销售或者购买商品。在账外暗中给予对方单位或者个人回扣的,以行贿论处;对方单位或者个人在账外暗中收受回扣的,以受贿论处。经营者销售或者购买商品,可以以明示方式给对方折扣,可以给中间人佣金。经营者给对方折扣、给中间人佣金的,必须如实入账。接受折扣、佣金的经营者必须如实入账。

第九,擅自披露公司秘密。公司高管擅自向公司外部第三人披露公司的秘密,是一种有悖诚信的行为。不管泄密行为是有偿的,还是无偿的,都伤害了公司的竞争力。此处所说的“商业秘密”是一个广义的概念,包括但不限于《反不正当竞争法》第10条所界定的商业秘密。根据《反不正当竞争法》第10条第3款之规定,“本条所称的商业秘密,是指不为公众所知悉、能为权利人带来经济利益、具有实用性并经权利人采取保密措施的技术信息和经营信息。”可见,商业秘密具有四个特点:私密性、财产性、实用性和加密性。技术信息包括技术诀窍,经营信息包括客户名单、业务渠道、营销方式等。除了狭义的商业秘密,《公司法》第148条禁止公司高管披露的公司秘密还包括上市公司尚未公开披露的董事会决议、财务会计数据、董事长或总经理健康状况等。

第十,违反对公司忠实义务的其他行为。为避免挂一漏万,新《公司法》第148条设计了兜底条款,从而涵盖了公司高管的其他失信行为。例如,公司高管浪费公司资产的不当职务消费行为就是违法忠实义务的行为。尽管公司高管的失信行为多种多样,但其实质均以牺牲公司利益为代价,换取公司高管或其背后利益相关者的不法利益,而且公司利益之损失与公司高管或其幕后人员利益之实现存在因果关系。

### (二)勤勉义务

#### 1. 勤勉义务的含义和判断标准

公司高管的勤勉义务又称“善良管理人的注意义务”、“勤勉、注意和技能义务”或“注意和技能义务”,指公司高管在从事公司经营管理活动时应当恪尽职守,敬业精进,深思熟虑,尽到普通谨慎的同行中同类公司、同类相关情形中所应具有的经营管理水平。

董事注意义务不同于忠实义务。一般而言,忠实义务属于不作为义务,注意义务属于作为义务。另一区别为,董事、高管任期届满后在一定期限内可能还承担忠实义务,如对公司的保密义务、竞业禁止义务等,该期限长短取决于义务本身与公司关系的密切程度。但根据法律、契约的规定以及公平原则,董事、高管的注意义务随任职结束而结束。

要衡量董事是否履行了勤勉义务,必须设计相应的衡量标准。此种衡量标准既不能过于宽松,也不能过于苛刻。单纯的主观标准仅注重公司高管是否忠诚地贡献了其实际拥有的全部能力。如此一来,公司高管的经营能力越低,法律对其勤勉义务的要求越低;反之,公司高管的经营能力越高,法律对其勤勉义务的要求越高,其不足之处是迁就了庸才。

单纯的客观标准将公司高管个人的实际知识、经验或资格弃之一隅,仅关注法律假定的一个处于相同或类似位置的普通谨慎之人在相同或类似环境下所应尽到的注意程度,但该种标准不足之处是加重了庸才高管的勤勉义务。

有鉴于单纯的主观标准与单纯的客观标准均有缺憾,衡量公司高管勤勉义务不宜采取单纯的主观标准或单纯的客观标准,而应当采取客观为主的综合性标准。即判断公司高管勤勉义务的履行状况,应当以普通谨慎的公司高管在同类公司、同类职务、同类相关情形中所应具有的注意、知识和经营程度作为衡量标准;倘若有证据表明某公司高管的知识、经验和资格明显高于此种标准的证明时，应当以该公司高管是否诚实地贡献出了他（她）实际拥有的全部能力作为衡量标准。[17]

与董事的勤勉义务密切联系的另一项规则，是美国法院在长期司法实践中发展起来的经营判断规则，这一规则确立了董事的商业决定不受司法干涉的原则，其实质是为法官提供了较具体的勤勉义务判断标准。

2. 经营判断原则

经营判断规则，指董事在善意且充分了解相关信息的情况下，为公司最大利益作出了商业决策，即使事后看来这一决策是错误的或给公司带来了损害，法院也拒绝追究董事责任。

公司高管倘若违反了对公司所负的忠实义务和勤勉义务，则应对公司承担相应的民事责任。从公司角度而言，公司对失信高管享有归入权与损害赔偿请求权。美国法学会《公司治理原则：分析与建议》第 4.01 条（c）的界定被认为是经营判断原则的经典描述。按其规定，凡符合下列三个条件，即使决策失误导致公司损失，董事也不被追究责任：（1）与决策事项无利害关系。这是适用该原则的基本前提。如果董事与某项交易存在利害关系，则属于忠实义务的适用问题。（2）对有关决策事项了解的程度达到在当时情况下有其理由相信为适当的程度。这是对程序审查的要求，要求董事作为一个谨慎的理性人在最低限度上对公司业务有一个基本了解。（3）理性地相信此项决策符合公司最佳利益。这是对实质审查的要求，要求董事决策时运用本身所具有的知识、经验和技能进行判断，并理性地相信其决定符合公司最佳利益。

3. 我国的规定与实践

1993 年《公司法》没有规定勤勉义务，因而产生很多流弊。2005 年版《公司法》第 148 条第 1 款（2013 年版《公司法》第 147 条第 1 款）原则规定了勤勉义务，但未进一步规定适用标准，也未规定经营判断原则。建议在以后的《公司法》司法解释中阐释董事勤勉义务适用的一般标准，并导入经营判断规则，以做到董事和高管的责、权、利的统一。

**经典案例**　弗兰西斯诉联合杰西银行案（Francis V. United Jersey Bank ，1981）[18]

Pritchard 夫人和其两个儿子是一家公司的股东和董事，该公司从事再保险经纪业务。公司业务的一部分是从保险公司向其他保险公司的投保中来回收取佣金，由于在保险公司和再保险公司之间将保险金倒来倒去，意味着在某一特定的时期，公司对其所有客户都欠了大量的债务。在 Pritchard 先生去世前几年，他把公司业务交给了两个儿子。他死后，Pritchard 夫人继承了 48% 的公司股票，而其两个儿子持有 52%。在其丈夫死前和死后，Pritchard 夫人都是公司的董事，但她并没有关心公司的业务。事实上，丈夫死后，她郁郁寡欢，开始酗酒。不幸的是，她不仅没有成为一个好的母亲，也没有成为一个好的董事，由于公司的控制权掌握在两个儿子手中，公司慢慢被两个儿子掏空了。两个儿子不断向公司借钱，数额越来越大，但从来不还。公司走向了破产，欠了客户可观的

〔17〕 刘俊海：《现代公司法》（第二版），法律出版社 2011 年版，第 514 页。

〔18〕 邓峰：《普通公司法》，中国人民大学出版社 2009 年版，第 515 ~ 516 页。

债务。破产信托人起诉 Pritchard 夫人,法院认为她违反了对公司的注意义务。

法院在本案中的判断和分析思路如下:第一,Pritchard 夫人违反了法定的注意义务,而这一注意义务是明文规定的;第二,一个人必须以其合理的谨慎程度担任公司的董事,董事至少要了解最基本的(Rudimentary)公司业务,应当经常地负有检查公司活动的义务,比如要参加会议,尽管不是所有的会议都能参加,要经常地检查公司的财务报告。Pritchard 夫人并没有履行这种义务。法院宣称:"一般来说,董事至少应该对公司业务有初步的了解,所以董事应该熟识公司的基本业务。因为董事必须以普通的谨慎标准行事,他不能以欠缺必要的知识作为辩护……董事有义务持续了解公司的活动,否则他们就不能参与公司的整体经营管理。董事不得对公司的过错视而不见,然后宣称自己不知道不妥之处的存在而没有履行调查义务。董事无须仔细地检查日常事务,但必须对公司事务和政策起一个总的督导作用"。

法院对其他要素的考虑如下:第一,公司业务的性质。再保险业务意味着公司大部分时间都处在负债高于资本的状态,同时对客户负有基于代理上的诚信义务,这就意味着这种注意义务的水平提高,尽管不能和银行相比。第二,被告的角色。全职的管理人员和外部董事是不同的,在 1920 年的 Bate v. Dresser 案中,法院作出了区分。该案中,原告起诉公司的总裁和银行董事,因为他们疏于发现和阻止银行簿记员的挪用行为。法院判决公司总裁承担责任,但董事不需要。第三,公司的大小。对非公众公司董事的要求要低于对公众公司董事的要求。

有一些因素法院拒绝考虑:首先,Pritchard 夫人自从丈夫死后经济并不宽裕;其次,会计报表附注中的股东借款说明一栏应当可以警告 Pritchard 夫人,但她很烦而没有看。法院也始终没有考虑,Pritchard 夫人是否可以看得懂会计报表或者资产负债表。法院反驳了那种将其仅仅看成是一个家庭主妇的辩护理由,指出对被告不应当持有同情心,醉酒、郁闷和无知并不能成为交通事故免责的理由,也不能成为董事免责的理由,毕竟没有人逼迫她成为董事。

### (三)公司董事、高管的问责机制

1. 归入权

《公司法》第 148 条第 2 款规定,董事、高级管理人员违反前款规定(违反忠实义务的各种具体表现)所得的收入应当归公司所有。可见,只要公司高管违反了公司的忠实义务,其取得的不法财产(包括自己直接取得的公司财产,也包括自己从第三人取得的回扣或报酬)无论数额高低,均推定为公司所有财产。公司对失信公司高管取得的财产所享有的权利即为归入权。公司对失信公司高管取得财产的归入权仅适用于公司高管违反忠实义务的场合,而不适用于公司高管违反勤勉义务的场合。

2. 损害赔偿请求权

公司除对失信高管享有归入权外,还享有损害赔偿请求权。《公司法》第 149 条规定,董事、监事、高级管理人员执行公司职务时违反法律、行政法规或者公司章程的规定,给公司造成损失的,应当承担赔偿责任。公司的损害赔偿请求权与归入权并行不悖,应坚持过错责任原则。对于公司的损害赔偿请求权,应该满足以下条件:其一是必须有公司受到损害的事实存在;其二是损害行为必须是行为人违反法律、行政法规或者公司章程经营公司事务的行为;其三是违法行为与公司损害的事实之间存在因果关系;其四是行为人必须有过错,也就是必须有过失或者故意。[19]

## 三、股东代表诉讼

《公司法》第149条规定，董事、监事、高级管理人员执行公司职务时违反法律、行政法规或者公司章程的规定，给公司造成损失的，应当承担赔偿责任。但当公司因各种原因拒绝或怠于诉讼，股东为了公司利益，以自己名义代替公司提起诉讼时，则形成了股东代表诉讼。

### （一）股东代表诉讼的法律含义和性质

股东代表诉讼（Shareholder's Representative Suit），指当公司拒绝或者怠于通过诉讼追究公司董事、监事、高管、控股股东、实际控制人和第三人对公司所负的义务和责任时，具备法定资格的股东依据法定程序以自己的名义，但为了公司利益而提起诉讼。股东代表诉讼又可称为"股东派生诉讼（Shareholder's Derivative Suit）"、"股东衍生诉讼"、"股东传来诉讼"和"股东代位诉讼"。

股东代表诉讼的性质：

第一，股东代表诉讼提起权是一种共益权，而非自益权。股东提起代表诉讼的原因并非属于作为公司投资者的股东，而是属于公司整体；代表诉讼获胜的结果往往导致公司利益之取得或者损失之避免，而这种结果又间接使公司股东、债权人和职工受益。既然股东提起代表诉讼并非只为追求自身的利益，因此代表诉讼提起权属共益权范畴。

第二，股东代表诉讼提起权在有限责任公司属于单独股东权，而在股东有限公司属于少数股东权。单独股东权和少数股东权是依权利行使方法对股权进行的划分。所谓单独股东权，是指不问股东的持股数额多寡，仅持有一股的股东即可单独行使的权利；所谓少数股东权，是指持有股份占公司已发行股份总数一定比例的股东才能行使的权利。

第三，股东代表诉讼，作为法律规则的异态，兼具代位诉讼和代表诉讼双重性。一方面，原告股东是在公司机关拒绝或怠于行使诉讼权利时，以自己的名义越过公司机关代位公司提起诉讼，其在诉讼中行使的是公司的诉权，具有代位性。另一方面，原告股东虽然以自己的名义起诉，但他们实际上代表的是公司以及公司中其他处于相同状况的股东，裁判结果对公司及其他股东均具有既判力，他们均不得就同一事实和理由提起诉讼，可见股东派生诉讼具有代表性。

### （二）股东代表诉讼的制度价值

股东代表诉讼的制度价值可以归结为两个方面：

第一，对于公司、少数股东、债权人的事后救济功能。通过赋予少数股东为公司利益而对侵害人提起诉讼的权利，保护公司、少数股东免受内部人（控股股东、管理层）的侵害。由于代表诉讼的结果直接归属于公司，所以对公司债权人也有间接救济功能。

第二，对于控制股东、管理层的事前监督功能。理论上，代表诉讼无异于一柄悬挂在公司

---

〔19〕 刘兰芳主编：《新公司法疑难案例判解3》，法律出版社2009年版，第430页。

内部人头上的利剑,增加了其从公司谋取不当利益的风险成本,起到了一定的防御、阻吓作用。[20]

(三)诉讼当事人

在司法实践中,我们应首先明确《公司法》第151条涉及两类不同诉讼。当董事、高级管理人员、监事有《公司法》第149条规定的情形时,有限责任公司的股东、股份有限公司连续180日以上单独或者合计持有公司1%以上股份的股东,书面请求监事会或者不设监事会的有限责任公司的监事或书面请求董事会或者不设董事会的有限责任公司的执行董事向人民法院提起诉讼,被请求者提起诉讼的,因公司董事会或者执行董事、监事会或者监事系公司机关,其履行法定职责代表公司提起的诉讼,此种诉讼应当是公司直接诉讼,应列公司为原告。对此,《公司法司法解释(四)》第23条予以明确规定,即监事会或者不设监事会的有限责任公司的监事依据《公司法》第51条第1款规定对董事、高级管理人员提起诉讼的,应当列公司为原告,依法由监事会主席或者不设监事会的有限责任公司的监事代表公司进行诉讼。董事会或者不设董事会的有限责任公司的执行董事依据《公司法》第151条第1款规定对监事提起诉讼的,或者依据《公司法》第151条第3款规定对他人提起诉讼的,应当列公司为原告,依法由董事长或者执行董事代表公司进行诉讼。

当监事会、不设监事会的有限责任公司的监事,或者董事会、执行董事收到前款规定的股东书面请求后拒绝提起诉讼,或者自收到请求之日起30日内未提起诉讼,或者情况紧急、不立即提起诉讼将会使公司利益受到难以弥补的损害的,前款规定的股东有权为了公司的利益以自己的名义直接向人民法院提起诉讼。此时才进入股东代表诉讼中。

1. 原告

股东代表诉讼的原告为公司股东,包括各类别的股东(如无表决权的股东)。但并非所有的股东都有权提起代表诉讼。为了防止股东滥诉,各国公司法对股东的原告资格设置了限制。这些限制可归结为以下三个方面:

(1)持股数量。在英美法系公司法,代表诉讼权被规定为单独股东权,股东只要持有1股即可。一些大陆法系公司法规定为少数股东权,如我国台湾地区“公司法”规定原告股东持股数量不低于已发行股份总数的3%。

(2)持股期限。大陆法系公司法一般要求持股期限在6个月或1年以上,最严格的持股期限是美国公司法要求的“当时持有股权”(contemporaneous share ownership)原则,即原告股东必须从被告对该公司实施侵害行为时起至诉讼判决之时都持续拥有股权,意在防止“购买诉讼”(buying of a lawsuit),即有人在获知公司遭受侵害之后故意买入股票以通过诉讼牟利的投机行为。但是,如此严格的规则有抑制代表诉讼之嫌。

(3)主观善意。原告股东必须“公正且充分地代表公司利益”,由于派生诉讼的结果直接关系到公司和其他股东的切身利益,且诉讼结果对其他股东和公司均产生既判力,因此,该代表公正性要求非常重要。至于如何衡量“公正且充分地”代表公司利益,则由法官根据相关因

〔20〕 李建伟:《公司法学》(第三版),中国人民大学出版社2014年版,第346页。

素自由裁量。

在我国,《公司法》第 151 条、《证券法》第 44 条规定[21]的原告分为三类:一是在有限责任公司中,为任何股东;二是在股份公司中,为持股时间连续 180 日以上单独或者合计持有公司 1% 以上股份的股东;三是在上市公司的"短线交易"归入权代表诉讼中,为任一股东。《公司法司法解释(一)》第 4 条规定,公司法第 151 条规定的 180 日以上连续持股期间,应为股东向人民法院提起诉讼时,已期满的持股时间;规定的合计持有公司 1% 以上股份,是指两个以上股东持股份额的合计。对股份公司的股东资格严格限制的理由,在于其股份转让比有限公司股东的出资转让自由,如不对股东资格限制,更容易发生代表诉讼权的滥用。

何时成为股东不影响起诉。《全国法院民商事审判工作会议纪要》第 24 条规定,股东提起股东代表诉讼,被告以行为发生时原告尚未成为公司股东为由抗辩该股东不是适格原告的,人民法院不予支持。总体上,我国立法对原告资格的限制较为宽松,这便利了少数股东提起代表诉讼,切合我国现实的需要。

2. 被告

根据《公司法》第 151 条,《公司法司法解释(二)》第 23 条,[22]《公司法司法解释(五)》第 1、2 条[23]和《证券法》第 44 条等规定,股东代表诉讼的被告既包括董事、经理、监事,也包括清算组成员、控股股东、实际控制人;既包括公司内部人,也包括公司外的第三人,如公司关联交易合同无效或可撤销时的合同相对人;既包括民事主体,也包括行政机构。

3. 公司的诉讼地位

公司的诉讼地位,究竟为原告、被告还是第三人,各国公司立法颇不一致。我国《公司法司法解释(四)》第 24 条规定,符合《公司法》第 151 条第 1 款规定条件的股东,依据《公司法》第 151 条第 2、3 款规定,直接对董事、监事、高级管理人员或者他人提起诉讼的,应当列公司为第三人参加诉讼。一审法庭辩论终结前,符合《公司法》第 151 条第 1 款规定条件的其他股东,以相同的诉讼请求申请参加诉讼的,应当列为共同原告。

---

[21] 《证券法》(2019 年 12 月 28 日修订)第 44 条第 1 款规定:上市公司、股票在国务院批准的其他全国性证券交易场所交易的公司持有 5% 以上的股东、董事、监事、高级管理人员,将其持有的该公司的股票或者其他具有股权性质的证券在买入后 6 个月内卖出,或者在卖出后 6 个月内又买入,由此所得收益归该公司所有,公司董事会应当收回其所得收益。但是,证券公司因购入包销售后剩余股票而持有 5% 以上股份,以及有国务院证券监督管理机构规定的其他情形的除外。第 3 款规定:公司董事会不按照第 1 款规定执行的,股东有权要求董事会在 30 日内执行。公司董事会未在上述期限内执行的,股东有权为了公司的利益以自己的名义直接向人民法院提起诉讼。

[22] 《公司法司法解释(二)》第 23 条规定:清算组成员从事清算事务时,违反法律、行政法规或者公司章程给公司或者债权人造成损失,公司或者债权人主张其承担赔偿责任的,人民法院应依法予以支持。有限责任公司的股东、股份有限公司连续 180 日以上单独或者合计持有公司 1% 以上股份的股东,依据《公司法》第 151 条第 3 款的规定,以清算组成员有前款所述行为为由向人民法院提起诉讼的,人民法院应予受理。公司已经清算完毕注销,上述股东参照《公司法》第 151 条第 3 款的规定,直接以清算组成员为被告、其他股东为第三人向人民法院提起诉讼的,人民法院应予受理。

[23] 《公司法司法解释(五)》第 1 条规定:关联交易损害公司利益,原告公司依据《公司法》第 21 条规定请求控股股东、实际控制人、董事、监事、高级管理人员赔偿所造成的损失,被告仅以该交易已经履行了信息披露、经股东会或者股东大会同意等法律、行政法规或者公司章程规定的程序为由抗辩的,人民法院不予支持。公司没有提起诉讼的,符合《公司法》第 151 条第 1 款规定条件的股东,可以依据《公司法》第 151 条第 2、3 款规定向人民法院提起诉讼。第 2 条规定:关联交易合同存在无效或者可撤销情形,公司没有起诉合同相对方的,符合《公司法》第 151 条第 1 款规定条件的股东,可以依据《公司法》第 151 条第 2、3 款规定向人民法院提起诉讼。

### (四)诉讼前置程序

在股东代表诉讼中,原告股东应先向公司提出请求,要求就其所诉称的受侵害行为提起诉讼。公司无正当理由不起诉的,股东始得提起代表诉讼,这就是先诉请求,它是启动代表诉讼的前置程序,其实质是对代表诉讼设置的限制措施。

关于先诉请求的对象,美国大多数州公司法规定为公司董事会,也有部分州公司法规定为股东会。在设立单独监督机构的大陆法系国家或地区如日本、我国台湾地区,其“公司法”规定为监事会(监察人)。另外,在特定情形下可以豁免先诉请求,以减轻原告的负担。

依照我国《公司法》第151条、《证券法》第44条,我国股东代表诉讼〔24〕的前置程序是:

第一,一般情况下:以董事、高级管理人员为被告的,由股东向监事(会)提出书面请求,请求其起诉;以监事、他人为被告的,则书面请求董事会、执行董事起诉。上述机关收到股东书面请求后拒绝起诉或者自收到请求之日30日内未起诉的,都视为公司拒绝股东的先诉请求,股东可以提起代表诉讼。

第二,在特殊情况下,即“情况紧急、不立即提起诉讼将会使公司利益受到难以弥补的损害的”,股东可直接提起代表诉讼。这就是先诉请求的豁免制度。至于何谓“情况紧急”,新《公司法》没有界定,但笔者认为应包括以下几种情形:一是相关权利行使的期间或者诉讼时效即将超过;二是有关财产面临被转移的风险;三是其他紧急情况,如可能出现被告逃逸等妨碍追究其责任嫌疑的情形。对未履行内部救济措施直接提起的股东代表诉讼,人民法院应裁定不予受理。

第三,上市公司“短线交易”归入权的代表诉讼,其前置程序为:要求董事会在30日内执行归入权。

前置程序应当正确适用。《全国法院民商事审判工作会议纪要》第25条规定,根据《公司法》第151条的规定,股东提起代表诉讼的前置程序之一是,股东必须先书面请求公司有关机关向人民法院提起诉讼。一般情况下,股东没有履行该前置程序的,应当驳回起诉。但是,该项前置程序针对的是公司治理的一般情况,即在股东向公司有关机关提出书面申请时,存在公司有关机关提起诉讼的可能性。如果查明的相关事实表明,根本不存在该种可能性的,人民法院不应当以原告未履行前置程序为由驳回起诉。

### (五)诉讼后果

1. 基本原理

在股东代表诉讼中,股东个人的利益并未受到直接损害,因此,胜诉利益归于公司。此处的胜诉利益主要表现为公司从被告处获得的金钱赔偿,如原告胜诉,被告可能承担赔偿责任;达成诉讼和解的,被告也可能依照和解协议承担赔偿责任。胜诉利益归于公司,意味着不能在

---

〔24〕 关于《公司法》第151条股东代表诉讼的规定,司法考试名师张海峡曾归纳为“董(董事)高(高级管理人员)害公司,请求监事(会)告;监事害公司,请求董事(会)告;被拒30急,原告是自己”。笔者认为,该总结很便于理解和记忆。

股东之间按照比例分配,也不是直接支付给原告。公司即使只有两个股东,该种赔偿也应当由公司获得。

为寻求保护少数股东和防止滥诉之间的平衡,在诉讼结束后,对于遭受损害的一方,有必要给予一定赔偿或补偿。在各国公司法实践中,一般区分原告胜诉或败诉而有不同的法律后果。

(1)原告胜诉。原告胜诉则意味着公司确实遭到了损害,被告应该直接赔偿公司。不过,原告股东并非为了自己的利益而起诉,并在诉讼中花费了精力和金钱,理应获得补偿,但补偿义务主体是谁,各国规定有所不同,多数规定为公司。费用的支付必须合理,具体数额由法院决定或者经由法院同意,原告承担举证责任。

(2)原告败诉。在美国,一般情况下,被告及其律师的费用由其自己支付,但法院认为代表诉讼的提起,持续缺乏合理的诉因或适当目的的,允许被告要求原告支付其费用(包括律师费用)。原告提供费用担保的,法院可以许可被告对担保财产直接行使求偿权。董事被告知购买了责任保险,还可以请求保险公司支付其费用。我国台湾地区“公司法”规定,原告起诉之事实“显属虚构”的,应承担被告的费用。有的国家还规定,原告出于恶意(明知诉讼不适当且有害于公司)起诉并败诉的,还得赔偿公司的损失,以示惩罚。

2. 我国的规定与实践

在我国民事诉讼实践中,原则上一直实行由各方当事人支付自己及其律师费用的规则。但这一规则适用于代表诉讼,于理不合。因为股东是为公司利益起诉,且胜诉利益归于公司。原告股东自己不能得到任何直接的好处,如果还要自付费用,其他股东反而得到实质的“意外好处”,将导致无人愿意提起代表诉讼。因此,在代表诉讼中必须建立新的诉讼费用规则:原告获胜的,将从公司获得包括律师费用在内的费用补偿。目前,《公司法》对此没有规定,但《公司法司法解释(四)》第25条对胜诉利益的处置予以规定,股东依据《公司法》第151条第2、3款规定直接提起诉讼的案件,胜诉利益归属于公司。股东请求被告直接向其承担民事责任的,人民法院不予支持。第26条规定,股东依据《公司法》第51条第2、3款规定直接提起诉讼的案件,其诉讼请求部分或者全部得到人民法院支持的,公司应当承担股东因参加诉讼支付的合理费用。

3. 股东代表诉讼的调解

《民事诉讼法》第96条规定:“调解达成协议,必须双方自愿,不得强迫。调解协议的内容不得违反法律规定。”调解协议性质上属于合同,按照合同法原理,当事人双方间的合同不得损害第三人的利益,如果调解协议损害了他人的利益,当然就违反了法律的规定,应当无效。

在通常的民事诉讼中,法院主持调解时,只要双方当事人达成协议,而协议内容不违反法律时,一般无需经由诉讼外主体的同意,法院就可以依照当事人的协议内容制作调解书,经送达后发生法律效力。这是民事诉讼法处分原则的内容,也是诉讼当事人行使处分权的表现。

在股东代表诉讼中,公司是股东代表诉讼的最终受益人,为避免因原告股东与被告通过调解损害公司利益,人民法院应当审查调解协议是否为公司的意思。只有在调解协议经公司股东(大)会、董事会决议通过后,人民法院才能出具调解书予以确认。至于具体决议机关,取决于公司章程的规定。公司章程没有规定的,人民法院应当认定公司股东(大)会为决议机关。

### (六)股东代表诉讼的待完善问题

《公司法司法解释(四)》和《全国法院民商事审判工作会议纪要》虽然对于股东代表诉讼中的当事人地位、胜诉利益的归属、诉讼费用的负担、调解等方面,完善了《公司法》关于股东代表诉讼的具体操作规则,但仍有不完善之处。

1. 前置程序存在不完善之处

《公司法》第151条规定了原告股东在提起诉讼之前的书面请求义务,但对于书面请求需要披露的信息,付诸阙如。这可能会影响到股东派生诉讼制度的实施,因为书面请求的信息内容非常重要,直接影响到被请求的公司机关对于请求的处理。更重要的是,我国的前置程序制度对于公司机关能否阻止股东派生诉讼之提起的问题没有进行明确规定。根据《公司法》第151条第2款,只要公司拒绝提起诉讼,或者自收到请求之日起30日内未提起诉讼,或者由于情况紧急从而股东无需事先请求时,股东就可以提起派生诉讼。从文义解释上看,似乎只要公司不起诉,股东便可以进行派生诉讼,而不管公司决定不起诉的原因是什么(如公司善意地认为诉讼不符合公司最佳利益)。这有悖于股东派生诉讼保护公司利益的立法旨趣。

2. 诉讼时效的起算时间不明确

在我国,对于股东代表诉讼应该适用3年的普通诉讼时效,几无争议,但从何时起算,存在争议。主要有两种观点:观点一,自股东知道或应当知道公司权利被侵害之日起算;观点二,自公司知道或应当知道公司权利被侵害之日起算。笔者认为,前一种观点似乎更符合代表诉讼的法理。因为如果以公司知道或者应当知道其权利被侵害时作为诉讼时效的起算点,要求股东在3年内提起诉讼,那可能面临的问题是公司的经营管理多交由董事、经理等高级管理人员负责,股东大多不能像这些高级管理人员那样充分了解公司的情况,股东因此极有可能无法及时知道公司权利已受到侵害而不能在诉讼时效内提起代表诉讼。

### 四、股东直接诉讼〔25〕

股东直接诉讼,是指股东为了自己的利益,以自己名义对公司或其他权利侵害人提起的诉讼。如《公司法》第152条规定,董事、高级管理人员违反法律、行政法规或者公司章程的规定,损害股东利益的,股东可以向人民法院提起诉讼。

## 第五节　股份有限公司的股份与股票

公司股份是公司自有资本的价值形态。在商品经济条件下,公司资本也成了可以买卖的

---

〔25〕关于股东直接诉讼,本书第二章第四节公司股东的权利和义务,第五章第三节股份有限公司的组织机构中都有相关阐述,请参见相关章节,本处不再赘述。

商品，具有使用价值和价值，二者不可同时取得，公司要取得其所需的资本，就必须出让其价值形态的股份给股东或出资人。所以，公司的股份应该分散地归于股东所有，但是，公司又对其股份拥有集中统一的管理权。

## 一、股份的概念和特征

股份是股份有限公司特有的概念，它是股份有限公司资本的构成单位，是股东的出资。股份是股份有限公司三个本质要素之一，[26]是股份有限公司区别于有限责任公司的最基本的特点。股份有以下特征：

第一，股份的平等性。股份的平等性是18世纪人人平等的社会政治思想在股份公司当中的具体表现，并因此出现了股份平等原则。首先，股份平等原则表现在股份所代表的金额一般相等。股份作为股份有限公司资本的构成单位，其所代表的金额通常是相等的。也就是说，股份有限公司的资本划分为股份，每一股的金额相等。[27] 其次，股份平等原则还表现在股东对公司收益、净资产和公司控制的比例性利益的平等。对收益的比例性利益，意味着股东在盈余分配上的比例性平等；对净资产的比例性利益，意味着股东在剩余财产分配上的比例性平等；对公司控制的比例性利益，意味着股东在表决权上的比例性平等。所以，股份平等不是简单的人头平等（像社会政治领域中每人一个表决权），而是按照出资比例来决定的比例性利益的平等；不是某一方面比例性利益的平等，而是全方面比例性利益的平等。

设置优先股、发行不同等级的股份等，不是对股份平等原则的否定，而是实现股份平等原则的另一种具体方式，这需要在技术和方法上做出公平的处理，如取得优先权就必须放弃投票权。同时，我们还应该注意到，在同一种类的股份之间，还是遵循着股份的比例性平等原则的。

第二，股份表示股东享有权益的范围。股份作为股东法律地位的表现形式，反映着股东的权利和利益。通常每一股份代表一份股东权，[28]拥有股份的数额决定了股东权益的大小。

第三，股份表现为股票这种证券形式。股份表现为有价证券即股票。股票是股份的表现形式。[29] 股份采用股票这种证券形式，便于流通和转让。[30]

为了更加准确地理解股份这一重要的基本概念，我们可以从以下三个不同角度来认识：一是从公司的角度来看，股份是公司资本的成分和公司资本的最小计算单位。股份公司的全部资本由等额股份集合而成，股份可以转让，但不可与公司资本相脱离而存在；股份公司的全部资本以股份为单位，每股金额，应归一律。因此，股份又是不可细分的资本计算单位。二是从股东的角度来看，股份是股东权存在的基础和计算股权比例的最小单位。自然人、合伙、法人随股份的持有而成为公司股东，随股份的转让而失去股东资格。股东对公司资产的"所有者权益"亦以股份为计算单位，在公司存续期间，股份显示每一股东拥有"所有者权益"的比例。

---

[26] 韩国学者李哲松认为："资本"、"股份"和"股东有限责任"为股份公司的本质要素。参见［韩］李哲松：《韩国公司法》，吴日焕译，中国政法大学出版社2000年版，第148页。

[27] 参见《公司法》第126条第1款。

[28] 参见《公司法》第103条。

[29] 参见《公司法》第125条第2款。

[30] 王保树、崔勤之：《中国公司法原理》，社会科学文献出版社1998年版，第167页。

在公司解散时,股份显示每一股东应分得“剩余资产”的份额。当股东通过股东会行使共益权(表决权)时,股份又是计算每一股东表决权数的基础。三是从股票的角度来看,股份是股票的价值内涵,股票是股份的存在形式,两者之间的关系,犹如灵魂和躯壳。〔31〕股份是联系股东和公司之间关系的纽带,但是,股份是法律上的抽象概念,它必须通过特定的表现形式如股票的形式进行具体化。

## 二、股份的类型

公司为了更方便地筹措资金,或者为了经营权的稳定,可以发行种类不同的股份,根据不同的标准,我们可以对股份进行以下不同的分类:

第一,按照股票和股东名册上是否记载股东姓名为标准,我们将股份划分为记名股份(share certificate)和无记名股份(share warrant to bearer)。记名股份是指在股票上表示股东姓名,并将股东的姓名记载于股东名册上的股份;无记名股份是指股东姓名不在股票上表示,也不记载于股东名册上的股份。我国公司法允许股份公司发行记名股份和无记名股份,《公司法》第129条规定:“公司发行的股票,可以为记名股票,也可以为无记名股票。公司向发起人、法人发行的股票,应当为记名股票,并应当记载该发起人、法人的名称或者姓名,不得另立户名或者以代表人姓名记名。”第130条规定:“公司发行记名股票的,应当置备股东名册”。关于公司应将哪一种形态的股份作为原则性的形态的问题,我国公司法没有规定,世界上有些国家在立法中做出了规定,如韩国,韩国商法以股份公司发行记名股份为原则,无记名股份的股票则只有章程上规定的情形下,才可以发行,《韩国商法》第357条(无记名股票的发行)规定:“1.无记名股票,只有在章程中有规定时,才可发行。2.股东随时都可以请求公司将其无记名股票改为记名股票。”同时,其法令还禁止全部由大韩民国国民组织的公司发行无记名股票,《韩国商法附则》第4条规定:“根据法令规定,全部由大韩民国国民组织的股份公司及以全部由大韩民国国民组织为条件享有特殊权利的股份公司,不得发行无记名股票。违反此规定时,该股票为无效,将最后的记名股东为股东。”这主要是为了稳定经营权而规定的。在韩国发行的股份几乎都是记名股份。〔32〕我国在公司法中虽然没有如此严格的规定,但记名股份在股份公司发行的股份资本中也是占有大多数的。

第二,按照股份所代表的股东权利的不同为标准,我们将股份划分为普通股(common share)、优先股(preference share)、后配股(deferred share)、混合股等,我们称其为“类别股份”,也有的学者称其为“数种股份”。〔33〕其一,普通股是指在盈余(或者建设利息)分派或剩余财产的分配上没有任何限制或优先权的股份。普通股股东有出席或委托代理人出席股东会并行使表决权的权利,每一股都拥有同等的表决权。需要明确的是普通股并不是相对于优先股或后配股而设的概念,它是股份的原型,公司如果不发行普通股,就不能发行优先股或后配股。其二,优先股是指在分派盈余或分配剩余财产时,优先于其他股东而得到所定的分派或分配的

---

〔31〕江平主编:《新编公司法教程》,法律出版社1994年版,第189页。
〔32〕[韩]李哲松:《韩国公司法》,吴日焕译,中国政法大学出版社2000年版,第206页。
〔33〕[韩]李哲松:《韩国公司法》,吴日焕译,中国政法大学出版社2000年版,第207页。

股份。但是优先股股东不享有公司公积金权益,可由公司章程对优先股的其他权益做出具体规定。另外,优先股股东没有表决权。但是公司连续3年不支付优先股的股利时,优先股的股东即享有出席股东会并行使表决权等权利。其中,优先股当中还包括许多特殊的类型,如累积优先股、参加性优先股、可赎回优先股[34]等。其三,后配股是指在盈余(利息)分派或剩余财产分配中,处于比普通股更为不利地位的股份。其四,混合股是指对一些权利享有优先地位,对另一些权利享有劣等地位的股份。

第三,按投资主体不同为标准,股份可以分为国有股、法人股、个人股、外资股。这是我国所特有的股份种类之一。其一,国有股是指有权代表国家投资的部门或机构以国有资产向公司投资而形成的股份。这其中也包括将国有企业改组为股份有限公司时,已经投入企业的国有资产折成的股份。国家股一般应为普通股,由国务院授权的部门或机构,或根据国务院决定,由地方人民政府授权的部门或机构持有,并委派股权代表。[35] 其二,法人股又包括企业法人股、事业单位法人股和社会团体法人股3种,企业法人股是指企业法人以其依法可支配的资产向股份公司投资形成的股份。事业单位法人股和社会团体法人股分别指具有法人资格的事业单位、社会团体以国家允许用于经营的资产向股份公司投资形成的股份。其三,个人股是指以个人合法财产向股份公司投资而形成的股份。个人股包括社会个人股和本公司内部职工个人股。社会个人股是指本公司以外的自然人,以其合法财产向股份公司投资形成的股份。本公司内部职工个人股是指公司的职工,以个人合法财产向自己所在的公司投资形成的股份。其四,外资股是指外国和我国港、澳、台地区的投资者,以购买人民币特种股票形式向股份公司投资形成的股份。外资股包括法人外资股和个人外资股。

## 三、股份的表现形式(股票)

股份的表现形式有股票、认股凭证、权利证书等,其中最重要的表现形式就是股票。

### (一)股票的概念和特征

股票(stock)是表示股东权的要式有价证券,是股份有限公司签发给股东的证明股东所持股份的凭证。[36] 股票既是作为股份的一种凭证,又是作为记载股东权的权利证书,因而可以说,股权是股份的内容,而股票是股份的形式。股票作为股东进行投资的凭证和获取收益的凭证,是股份的形式和股权内容的具体体现。拥有了股票,也就意味着拥有了股份和股权。如果股东向其他投资者转让了自己的股票,那么,他就失去了股份和股权。从这个意义上说,股份和股权统一于股票这一被交易的实体。[37] 股票的制作和记载事项必须按照法定的方式进行。

---

〔34〕 累积优先股是指公司在没有盈余或盈余少的情况下,不能向其分派股息,允许将其不足部分顺延到下一次来加算分派的优先股份;参加性优先股是指在公司盈余很多的情况下,允许其在得到约定股息之后,还可以参加公司红利分配的优先股份;可赎回优先股是指从股份发行时起被预定为将来以公司的盈余偿还并消灭的优先股。

〔35〕 王保树、崔勤之:《中国公司法原理》,社会科学文献出版社1998年版,第170页。

〔36〕 《公司法》第125条第2款规定:“股票是公司签发的证明股东所持股份的凭证。”

〔37〕 我国《股票发行与交易管理暂行条例》第81条规定:“股票是指股份有限公司发行的、表示其股东按其持有的股份享受权益和承担义务的可转让的书面凭证。”

股票应该采用纸面形式或其他形式(电子股票或称电子记账的形式),我国《公司法》第128条规定,股票采用纸面形式或者国务院证券监督管理机构规定的其他形式。股票应当载明下列主要事项:(1)公司名称;(2)公司登记成立的日期;(3)股票种类、票面金额及代表的股份数;(4)股票的编号。股票由法定代表人签名,公司盖章。发起人的股票,应当标明发起人股票字样。"股票有以下几个基本特征:

第一,股票是一种非设权证券。股票与设定权利的设权证券不同,它是一种非设权证券。股票仅是把已经存在的股东权表现为证券的形式而已。股东所享有的股东权并不是由股票单独创设的,而是股份本身所包含的权利。

第二,股票是一种有价证券。股票作为一种有价证券,它所表示的股东权具有财产权的内容。如股票持有者即股东享有收取股息和红利的权利;公司终止清算时,有取得公司剩余财产的权利等。同时,股东权的发生要以股票的持有为条件。也就是说,股票的合法持有者就是股东权的享有者。股东持有股票主要是行使股东权或转移股东权。股票可以自由流通和转让,股票的转让即为股东权的转让。

第三,股票是公司资本的证券化。据考证,目前发现的世界上第一张股票是1606年由荷兰东印度公司发行的,股票发展的历史才400年左右,所以,股票是商品经济发展到高级阶段的产物。股票是公司资产的价值形态,在商品经济条件下,公司的资产要想通过市场进行自由流动,必须首先商品化,即公司资产的资本化,其中包括使用价值形态的资本和价值形态的资本,而后,将价值形态的资本股份化,最后,将股份资本证券化,从而使得公司资本具有了流动性。股票作为代表股东权利的证书,是一种独立于实际资本之外的虚拟资本,它自身并没有任何价值,但是,正是由于它与股份和股东权紧密联系了起来,因此,它就成为一种特殊的商品,具备了商品的一般属性:使用价值和价值。

### (二)股票的种类

股票的种类与股份的种类是相对应的,因为股票是股份的表现形式,不同的股份表现为不同的股票,所以与股份的类别一样,股票的种类也包括:记名股票和无记名股票、普通股票和特别股票等。

对股票记名和无记名的划分,是各国对股票的最基本的分类方法之一,那么,股份公司为什么要设记名股票呢?一般情况下,我们认为股份公司是典型的资合公司,它不是像人合公司那样以社员之间的人际关系的纽带为基础来运营的,股东之间的关系对股份公司来说似乎并不重要。但是,所有的公司,不管是人合公司还是资合公司,都是需要人来经营的,由于股份公司的股份具有很强的流动性,股东时时刻刻都有可能处于变动当中,人们为了公司经营的考虑,就有必要将那些对公司经营有重要影响的人稳定住。另外,设立记名股票也是为了方便公司对股份的管理,转让记名股份时,在股东名册上进行变更登记成为对公司的对抗要件,因此,公司很容易把握其股份的变动,但无记名股份仅依股票的交付即可,无须其他对抗要件,公司就很难把握股份的变动。正是出于便于公司对其股份的管理以及经营权的稳定这两个方面的考虑,几乎所有的股份公司都设有记名股票。

随着上市公司股票的集中托管和计算机技术的发展,股票的表现形式由纸面形式演变成一种无形的电子数据的形式，目前我国所有上市公司的股票的发行和交易都全部实现了无纸化的电子形式。这对于记名股东来说，其可以通过电子记账以不持有股票的方式来主张自己的股东权，但对于无记名股份的股东，其如果不持有有形的股票，就无法向公司主张股东权，所以，我国上市公司集中托管的电子化的股票都属于记名股票。

最后，需要说明的是：关于公司股份制度，还有两个非常重要的问题，一是股份的发行；二是股份的转让，这两个问题也应该属于本节的内容，但是考虑到篇章结构的安排，我们将其放在后面的第六节中再进行介绍。

## 第六节　股份的发行与转让

### 一、股份的发行

股份发行，是指股份有限公司为了募集资本，向特定或不特定的人分配或出售公司股份的行为。表现为公司将股票分配或出售给股票认购人，并取得相应资本。

股份发行与公司资本制度密切相关。它是股份转让的前提和基础，没有股份的发行，也就谈不上股份的转让。

#### （一）股份发行的原则

股份的发行实行公开、公平、公正的原则，必须同股同权，同股同利。

同次发行的股票，每股的发行条件和价格应当相同。任何单位或者个人所认购的股份，每股应当支付相同价额。

股票发行价格可以按票面金额，也可以超过票面金额，但不得低于票面金额。以超过票面金额为股票发行价格的，须经国务院证券管理部门批准。

#### （二）股份发行的种类

1. 设立发行

设立发行是指股份有限公司在设立过程中，对公司股份的发行。关于设立发行的种类和程序，已经在本章的第二节“股份公司的设立”当中有所论述，这里就不再重复了。

《公司法》第126条规定，股份的发行，实行公平、公正的原则，同种类的每一股份应当具有同等权利。同次发行的同种类股票，每股的发行条件和价格应当相同；任何单位或者个人所认购的股份，每股应当支付相同价额。第127条规定，股票发行价格可以按票面金额，也可以超过票面金额，但不得低于票面金额。第128条规定，股票采用纸面形式或者国务院证券监督管理机构规定的其他形式。股票应当载明下列主要事项：公司名称；公司成立日期；股票种类、票面金额及代表的股份数；股票的编号。股票由法定代表人签名，公司盖章。发起人的股票，应当标明发起人股票字样。第 129 条规定,公司发行的股票,可以为记名股票,也可以为无记名股票。公司向发起人、法人发行的股票,应当为记名股票,并应当记载该发起人、法人的名称或者姓名,不得另立户名或者以代表人姓名记名。

第 130 条规定,公司发行记名股票的,应当置备股东名册,记载下列事项:股东的姓名或者名称及住所;各股东所持股份数;各股东所持股票的编号;各股东取得股份的日期。发行无记名股票的,公司应当记载其股票数量、编号及发行日期。第 131 条规定,国务院可以对公司发行本法规定以外的其他种类的股份,另行作出规定。第 132 条规定,股份有限公司成立后,即向股东正式交付股票。公司成立前不得向股东交付股票。

2. 新股发行

新股发行是指股份有限公司在成立之后,为了增加公司资本,而再次对公司新增股份的发行。

新股发行的程序为:其一,股东大会作出决议;其二,主管部门审查注册;其三,签订承销协议和公告有关文件;其四,证券经营机构承销;其五,办理变更登记并公告。

公司发行新股,股东大会应当对下列事项作出决议:其一,新股种类及数额;其二,新股发行价格;其三,新股发行的起止日期;其四,向原有股东发行新股的种类及数额。(《公司法》第 133 条)公司经国务院证券监督管理机构申请注册公开发行新股时,必须公告新股招股说明书和财务会计报告,并制作认股书。应当同银行签订代收股款协议。代收股款的银行应当按照协议代收和保存股款,向缴纳股款的认股人出具收款单据,并负有向有关部门出具收款证明的义务(《公司法》第 134 条)。

公司发行新股,可以根据公司经营情况和财务状况,确定其作价方案。公司发行新股募足股款后,必须向公司登记机关办理变更登记,并公告。

## 二、股份的转让

### (一)股份转让的概念

股份转让是指股份有限公司的股东,依一定程序把自己的股份,以高于或低于原来出资的价款让与他人,受让人取得股份成为该公司股东的法律行为。这是从法律观点所做的解释。如果从经济学观点来看,乃股东收回其投资之方法之一。因为股份有限公司并未采退股制度,从而使股份转让成为公司股东收回其投资之最主要方法。

股份转让是指通过转移股票所有权而转移股东权利的法律行为。股票是公司签发的证明股东持有股份的凭证(《公司法》第 125 条),股份随股票而转让。股票为证权证券,是证明股东权利的凭证。因此,股东权随股票而转让。股份转让是股东权继受取得的途径之一,以转让人的意思表示为必要,区别于因继承而继受取得股东权。

### (二)股份转让的原则和限制

1. 股份转让的原则

股份转让实行自由转让原则。我国《公司法》第 137 条规定:“股东持有的股份可以依法转让。”从而确立了股份自由转让的基本原则。

股份转让应该遵循自由转让的基本原则。这是由股份转让行为的法律性质所决定的，股份转让行为是一种民事法律行为，因此，股份转让行为属于一种私法上的法律行为，而不是公法上的法律行为。私法上的法律行为以私法自治为其基本理念，遵循意思自治的基本原则。所谓私法自治，是指平等的民商事主体之间私法上的法律关系，主要由自然人、法人或其他经济组织在法律规定的范围内以自己的意思自主决定，任何机关或个人不得非法干预。私法自治同时意味着，社会的经济活动原则上不是通过国家，而是由当事人自由竞争来调节和左右的。私法自治的观念不是凭空想象出来的，它所反映的是以市场经济为基础的社会体制对法律的基本要求。而且只有在市场经济体制下，这一观念性的东西才能转化为活生生的现实。在市场经济体制下，资源的有效配置主要通过市场主体自愿的交换行为来实现，这样一来，自然经济条件下的人身依附关系就转化为以交易性、有偿性财产关系为中心的平等自主关系。私法自治的理念，来源于理性主义哲学和自然法的天赋人权思想，诚如卢梭所言：“人是生而自由的。”自由是人成为自己主人的前提，它不仅与生俱来，而且不能被剥夺、不能抛弃。

所谓股份转让的自由是指转让双方当事人通过平等自愿的协商，达成转让合意，并转让股东权的行为。虽然在集中交易市场当中，交易双方通过各自的经纪人代理股份的交易，买卖双方互不见面，但是经纪人必须严格按照委托人的指令进行具体操作，并且法律规定经纪人不得接受当事人的全权委托。这从根本上还是体现了证券交易过程中对当事人意思自治的尊重和保护。

当然，在现代社会，绝对的自由是不存在的，我们这里所说的自由是在法律规定范围内的相对自由，这种自由应该在法律规定的范围内来行使，也就是说这种自由可以依法来进行限制。

2. 股份转让的限制

（1）股份转让场所的限制。根据我国《公司法》第 138 条的规定：“股东转让其股份，应当在依法设立的证券交易场所进行或者按照国务院规定的其他方式进行。”这里的“证券交易场所”应该从广义上加以理解：股份转让可以在证券交易所中进行，主要是上市公司股份转让的场所；[38] 股份转让也可以在场外交易市场进行，其常见形式是柜台交易，主要是非上市公司股份转让的场所，另外还包括其他依法设立的场外交易场所。

（2）发起人股份转让的限制。根据我国《公司法》第 141 条第 1 款的规定，发起人持有的本公司股份，自公司成立之日起 1 年内不得转让。公司公开发行股份前已发行的股份，自公司股票在证券交易所上市交易之日起 1 年内不得转让。公司法做此限制是出于以下考虑：一是因为发起人是公司最重要的原始股东，如果允许其在公司成立后可以转让其股份，那么，会对公司的信誉产生不良的影响。二是为了加重发起人的责任，如果允许其在公司成立后可以转让其股份，那么，会影响其对公司及其第三人的责任。三是防止发起人借设立公司之名，谋取不正当的利益。

（3）公司高级管理人员股份转让的限制。根据我国《公司法》第 141 条第 2 款规定，公司

〔38〕 指 1990 年成立的上海证券交易所和 1991 年成立的深圳证券交易所。

董事、监事、高级管理人员应当向公司申报所持有的本公司的股份及其变动情况,在任职期间每年转让的股份不得超过其所持有本公司股份总数的25%;所持本公司股份自公司股票上市交易之日起1年内不得转让。上述人员离职后半年内,不得转让其所持有的本公司股份。公司章程可以对公司董事、监事、高级管理人员转让其所持有的本公司股份作出其他限制性规定。

公司法做此限制主要是考虑到以下两个方面的原因:

首先,董事、监事、高级管理人员在公司中位居高层,具有特殊的身份,在其任期内不允许转让股份,其目的是为了把这些具有特殊身份的人的利益与公司联系起来,让其恪尽职守,竭尽心力为公司服务。

其次,防止董事、监事、高级管理人员利用其特殊的身份地位,在转让股份的过程中,以权谋私,损害其他股东和公司的利益。如果法律不加以适当限制,那么,在有些情况下就会出现其自身利益与公司利益的矛盾和冲突,就有可能出现其损害公司利益而使自身利益最大化的可能。如上市公司董事、监事、经理作为有可能了解公司未公开的重大内幕信息的内幕人员,利用内幕信息从事本公司股份的转让活动,从而为自己取得非法收益。他们凭借其特殊地位或者非法手段,利用他人不具备的信息优势从事本公司股票交易,必然较一般投资者有更多的获利免损机会,从而使对应交易者不公平地承担了市场风险。当内幕信息公开时,相对交易者将因此丧失应得的利益或者蒙受损失。这种正常市场风险以外的投资损失同内幕交易行为有直接的因果关系。内幕交易行为经常导致股票价格的暴涨暴跌,不仅影响股票市场的正常秩序,而且会损害消息所涉及的公司利益,使该公司股票的价值无法适时地在市场上得到正确反映,同时会对公司的名誉造成损害。当投资者发现这些公司高级管理人员利用其职务上的便利,在股市上为自己图利时,会认为未受到公平待遇,从而丧失对于公司及经理人员的信心,这种信心的丧失,可能引起公司股价的下跌,并为公司日后在其他方面募集资金设置障碍,从而使公司蒙受损失。

### (三)股份转让的方式

股份转让是公司法上的一个抽象概念,这一无形的抽象概念是通过有形的股票转让具体表现出来的,我国公司法针对记名股票和无记名股票的不同特点,分别规定了不同的转让方式:

1. 记名股票的转让方式

由于记名股票的股东的姓名记载于票面上,只有在股票上记载着其本人姓名的股东才有权享有该股份,所以,记名股票应当以背书或者法律、行政法规规定的其他方式转让。

记名股票转让后,还应该由公司将受让人的姓名或名称及住址记载于股东名册,股东大会召开前20日内或者公司决定分配股利的基准日前五日内,不得进行记名股票转让的股东名册的变更登记。但是,法律对上市公司股东名册变更登记另有规定的,从其规定。

如果记名股票的转让,没有将受让人的姓名或者名称记载于股票,并且没有将受让人的姓名或名称及住所记载于公司股东名册,则记名股票的转让对公司不具有法律效力。

2. 无记名股票的转让方式

无记名股票以交付方式转让,即无记名股票的转让,由股东将该股票交付给受让人后即发生转让的效力。

## 三、股份回购

股份回购(Shares Buy - back,Shares Repurchase),即股份公司按照一定的程序,重新购回发行在外或流通在外的公司股份的所有权的行为。股份回购是世界各国公司法所普遍规定的制度,是西方成熟资本市场上重要的金融工具之一,通过股份回购可以大规模改变公司资本结构,在公司资产重组中,股份回购属于收缩的范畴。

股份回购,是股份有限公司发展和资本运作过程中的正常需要,要对公司受让自己股份进行完全禁止和严格限制是不可能的,也是不必要的。所以,各国立法一般都允许公司在特定条件下受让自己股份,其中包括:(1)为了注销股份时;(2)因公司合并或者受让其他公司的全部营业时;(3)实行公司权利时达到其目的而确有必要时;(4)处理零股而有必要时;(5)股东行使股份收买请求权时;(6)为实施员工持股计划、股票期权计划等而取得自己股份。员工持股计划(Employee Stock Ownership Plan,ESOP),系指公司员工通过持有公司股份而成为公司股东,并通过参加股东大会参与公司的民主管理。员工持股作为公司的一种内部激励机制,不仅可以调动广大员工的积极性,将员工与公司紧密结合在一起,做到同呼吸、共命运,而且也能很好地协调员工与公司的关系。故员工持股为各国不少公司所采用。而股票期权计划,则是指经营者在与公司约定的期间内(如 3 至 5 年)享有以某一预先确定的价格购买一定数量本公司股票的权利,这种股票期权是公司内部制定的面向高级管理人员等特定人员的不可转让的期权。实行股票期权计划,可以促使经营者更加关心投资者的利益、资产的保值增值和企业的长远发展。但要实现员工持股计划和股票期权计划,对公司而言,则必须拥有相应的股份。而公司收购自己股份则是实现员工持股计划、股票期权计划的一条重要途径。

股份回购,虽然有以上作用,但是,如果乱用则有可能违背资本维持和资本充实原则,对公司的债权人和公司的利益危害很大。所以,我国采取的是“原则禁止,例外允许”的政策,我国《公司法》第 142 条规定,公司不得收购本公司股份。但是,有下列情形之一的除外:(1)减少公司注册资本;(2)与持有本公司股份的其他公司合并;(3)将股份奖励给本公司职工;(4)股东因对股东大会作出的公司合并、分立决议持异议,要求公司收购其股份的;(5)将股份用于转换上市公司发行的可转换为股票的公司债券;(6)上市公司为维护公司价值及股东权益所必需。

公司因前款第 1、2 项规定的情形收购本公司股份的,应当经股东大会决议;公司因前款第 3、5、6 项规定的情形收购本公司股份的,可以依照公司章程的规定或者股东大会的授权,经 2/3 以上董事出席的董事会会议决议。

公司依照本条第 1 款规定收购本公司股份后,属于第 1 项情形的,应当自收购之日起 10 日内注销;属于第 2、4 项情形的,应当在 6 个月内转让或者注销;属于第 3、5、6 项情形的,公司合计持有的本公司股份数不得超过本公司已发行股份总额的 10%,并应当在 3 年内转让或者注销。

上市公司收购本公司股份的,应当依照《证券法》的规定履行信息披露义务。上市公司因本条第 1 款第 3、5、6 项规定的情形收购本公司股份的,应当通过公开的集中交易方式进行。

公司不得接受本公司的股票作为质押权的标的。

# 第九章　上市公司的特殊法律问题

## 第一节　公司上市的利弊分析

### 一、上市公司的定义和特征

根据发行的股票是否上市交易，可将股份有限公司分为上市公司与非上市股份有限公司两部分。

《公司法》第120条规定，上市公司，是指其股票在证券交易所上市交易的股份有限公司。上市公司除具有股份有限公司的一般特征外，还具有如下两个基本特征：

第一，其股票已经公开发行。上市公司属于股份有限公司，但并非所有的股份有限公司都是上市公司，股份有限公司股份总额中必须具有一定比例以上的已公开发行的股份，才可能成为上市公司。因为只有公司的股份已公开发行并占有公司股份总额的一定比例，才能够使股票在公开市场上自由挂牌交易，并具有一定的交易规模。我国证券法规定了股份有限公司申请股票上市的条件，股份有限公司申请股票上市，应当符合下列条件：其一，股票经国务院证券监督管理机构核准已公开发行；其二，公司股本总额不少于人民币三千万元；其三，公开发行的股份达到公司股份总数的百分之二十五以上；公司股本总额超过人民币四亿元的，公开发行股份的比例为百分之十以上；其四，公司最近三年无重大违法行为，财务会计报告无虚假记载。

证券交易所可以规定高于前款规定的上市条件，并报国务院证券监督管理机构批准。国家鼓励符合产业政策并符合上市条件的公司股票上市交易。

第二，其股票在证券交易所上市交易。所谓股票上市，是指发行人已发行股票依照法定条件和程序，在证券交易所公开挂牌交易的法律行为。股票上市行为与股票发行行为不同，已发行的股票必须经过股票上市行为才能进入证券交易所市场公开交易，可以说，上市行为是连接股票发行市场与交易市场的桥梁。因此，公开发行股票的股份有限公司并不都是上市公司，只有其股票经申请上市并被批准后才可以成为上市公司，其股票才可以公开、自由地在证券交易所买卖。

### 二、公司上市的利弊分析

一般情况下，股份公司上市以后利远远大于弊，具体来讲有以下几点：

第一，有利于募集社会资金，培育社会化的大公司。上市公司最大的特点在于可利用证券市场进行筹资，广泛地吸收社会上的闲散资金，从而迅速扩大企业规模，增强产品的竞争力和市场占有率。由于股票上市提高了股票的变现能力和流通能力，既满足了公司对资金稳定性的需要，又满足了投资者追求股票的及时获利性的需要，因此，上市股票对投资者更具吸引力，能够吸引大量的短期或零散资金投资于公司的股票，而公司资本的长期稳定性却又受股票市场波动的影响，扩大了公司筹资的来源。

第二，有利于转换企业经营机制，提高经济效益。转换经营机制是我国企业股份制改组的特殊目的。所谓"转换企业经营机制"，就是要使企业从传统计划体制下的经营方式转轨到市场经济体制下的经营方式，使企业从政企不分转向政企分开，真正做到产权清晰、权责明确、政企分开、管理科学，完成公司改革，使企业成为适应市场的法人实体和竞争主体。

通过企业股份制改造，实施企业投资主体的多元化，建立起以股东大会、董事会、监事会和经理层相互制约、监督的公司法人治理结构，将公司直接置于市场的竞争与监督之中，企业的经营业绩能够迅速得到评价。通过建立企业竞争机制、激励机制和治理结构，极大地促进企业转换经营机制，并促进我国经济体制实现由计划经济向市场经济转变，经济增长方式由粗放型向集约型转变的两个根本转变。

股票上市使公司置于全社会的监督之下，股票上市条件与上市后规范化的要求，为公司在经营管理、财务会计诸方面，确立了国际标准，有利于提高公司的经营管理水平。可以说，公司股票上市的过程，同时也是公司实现经营管理水平的现代化、科学化、规范化与标准化的过程。国有企业通过在股票市场上市，可以引进现代化企业制度的运行机制和运行环境，规范企业的经营运作。企业上市后，股东们的自身利益与公司绩效紧密地结合在一起，股东的监督，股市价格涨跌的压力，公司运作透明度的提高，以及来自会计师事务所、律师事务所、证券交易所等的监督和制约，不断强化着企业的激励机制和约束机制。这样，既增加了企业改善经营管理的压力，也增强了企业改进绩效的动力，从而对形成有效的公司治理结构具有十分重要的意义。

第三，有利于优化资源配置，促进产业结构调整。股票市场为国有企业的重组提供了广阔的舞台，通过收购上市公司，剥离不良资产，将子公司或部分资产先行上市后再将其他资产注入等企业重组活动，实现了优胜劣汰，优化了企业的组织结构，改善了企业的发展机制，提高了企业的整合能力，使企业走上了持续发展的快车道。此外，通过股票市场上的重组活动和引导资金向优势产业流动，对我国产业结构的升级起到了积极的作用。同时，还有利于突破部门、地区和所有制界限，协调各方利益，综合利用各部门、地区的投资能力，推动企业的发展，调整不合理的企业和产业结构。

总之，上市公司产权关系清晰，权责利紧密结合，决策机构、经营班子、监督机构相互独立，动力机制和约束机制相对完善，因此是现代企业制度的最好形式，它在资金筹集、吸引人才、集体决策、持续经营、财务透明度、目标透明度等方面均优于其他企业制度，在市场经济中具有较强的竞争力。

但是，并不是说公司上市以后就一定会得到快速的发展，应该说公司上市以后，机遇和风险并存，如果一个公司将上市作为终点，不努力转换经营机制，不善于经营管理，将会坐吃山空，由兴转衰。为了保证上市公司的质量，保护大众投资者的利益，根据公司法及有关法律法规的规定，上市公司如果连续3年亏损，并且不能在一定的期限内扭亏的，将被依法摘牌，即取消其上市资格,重新回到非上市公司的行列。如果亏损严重,达到资不抵债的地步,那就不仅仅是摘牌,而且要面临破产的厄运。此外,上市公司如不珍惜上市这一宝贵的机会,上市后肆意违法,造成严重后果的,也将被终止上市资格。实际上,在一个有效的股票市场上,只有那些业绩优良、发展潜力大的公司才能获得投资者的青睐,才能不断地实现公司业绩的提高和规模的扩大;而那些经营不善、业绩较差的公司则不可能吸引投资者,股票价格必然不断跌落,从而不能充分获得筹资机会;另一方面,当股价跌到一定程度时,比如说跌到每股净资产以下,外部投资者会认为收购该公司是有利可图的,那么就有可能通过大量购入该公司的股票而进行收购兼并活动。

如果上市公司普遍经营管理不善,业绩不佳,股票将缺乏投资价值,受到投资者的冷落,从而使整个股票市场面临着不断下滑的压力,导致原有投资者损失惨重,并可能引起金融危机。如果一个股票市场对上市公司的违规行为不闻不问,必将助长投机,并有可能导致发生严重的欺诈行为,直接损害其股东的利益,影响股票市场的稳定,甚至引起"股灾"。在外国股票市场的发展的过程中,"泡沫经济"现象一直为人们所关心。历史上国外股票市场发生的几次大规模的"泡沫破灭"事件,其原因是多方面的。但上市公司在股市运行中的不正当行为往往是直接原因之一。特别是在早期的股票市场,某些上市公司滥发股票、散布虚假信息、操纵市场,引起股价暴涨暴跌,最后导致"股灾"发生。例如1719年在英国由贵族创办的南海公司,一面在南美殖民地贸易中虚构未来繁荣景象,一面在国内不择手段地壮大声势,宣称要对当时3100万英镑的全部国债提供资金,并作为提案在议会上提出。在短短的一个月内,公司股票价格由每股128英镑猛涨到550英镑;后来当时的英国国王和半数以上的国会议员也加入炒股,致使股价上升到1000英镑后,"泡沫"迅速破灭,绝大多数南海股票持有者都蒙受了巨大损失,导致后来英国议会颁布"泡沫法案",禁止公司发行股票。这个法令的有效期一直延续了一百多年,直到1825年才被废止。在此之前的长达一个世纪内,作为当时在资本主义市场经济处于领先地位的英国,竟然禁绝了股票交易。

所以,对股票市场和上市公司应该依法严格监督和管理,这已经成为各国政府的共识,上市公司应严格按照《公司法》、《证券法》的相关规定规范运作,其最重要的环节有两个:一是上市公司应依法完善法人治理结构;二是依法履行信息披露义务。

### 三、上市公司的信息公开

上市公司的信息公开是一项法定义务,信息公开的原则是:上市公司应该确保公开信息的真实性、准确性、完整性,保证没有虚假、严重误导性陈述或者重大遗漏。这是对信息公开的整体性要求。

根据《证券法》第53、54条的规定,股票上市交易申请经证券交易所审核同意后,签订上市协议的公司应当在规定的期限内公告股票上市的有关文件,并将该文件置备于指定场所供公众查阅。签订上市协议的公司除公告前条规定的文件外,还应当公告下列事项:股票获准在证券交易所交易的日期;持有公司股份最多的前十名股东的名单和持股数额;公司的实际控制人;董事、监事、高级管理人员的姓名及其持有本公司股票和债券的情况。

上市公司还必须按照法律、行政法规的规定,定期公开其财务状况和经营情况,在每会计年度内半年公布一次财务会计报告。另外,还要按照证券法的要求进行重大事项的临时性信息公开。所以,上市公司的信息公开应该包括以下四个方面的内容:(1)上市报告和申请文件的公开。(2)上市公司中期报告的公开。股票或者公司债券上市交易的公司,应当在每一会计年度的上半年结束之日起2个月内,向国务院证券监督管理机构和证券交易所提交中期报告,并予公告。(3)上市公司年度报告的公开。股票或者公司债券上市交易的公司,应当在每一会计年度结束之日起4个月内,向国务院证券监督管理机构和证券交易所提交年度报告,并予公告。(4)上市公司重大事项的临时公开。发生可能对上市公司股票交易价格产生较大影响的重大事件,投资者尚未得知时,上市公司应当立即将有关该重大事件的情况向国务院证券监督管理机构和证券交易所报送临时报告,并予公告,说明事件的起因、目前的状态和可能产生的法律后果。

### 四、股票上市的终止

上市交易的证券有证券交易所规定的终止上市情形的,由证券交易所按照业务规则终止其上市交易。证券交易所决定终止证券上市交易的,应当及时公告,并报国务院证券监督管理机构备案。

对证券交易所作出的不予上市交易、终止上市交易决定不服的,可以向证券交易所设立的复核机构申请复核。

## 第二节　公司上市组织机构的特别规定

### 一、上市公司组织机构的特别规定

上市公司在一年内购买、出售重大资产或者担保金额超过公司资产总额30%的,应当由股东大会作出决议,并经出席会议的股东所持表决权的2/3以上通过。

上市公司设立独立董事,具体办法由国务院规定。

上市公司设立董事会秘书,负责公司股东大会和董事会会议的筹备、文件保管以及公司股权管理,办理信息披露事务等事宜。

上市公司董事与董事会会议决议事项所涉及的企业有关联关系的,不得对该项决议行使表决权,也不得代理其他董事行使表决权。该董事会会议由过半数的无关联关系董事出席即可举行,董事会会议所作决议须经无关联关系董事过半数通过。出席董事会的无关联关系董事人数不足3人的,应将该事项提交上市公司股东大会审议。

### 二、独立董事的定义

“独立董事”一词源于美国的“independent directors”,在英国被称为非执行董事(non－executive directors)。美国公司法中的董事分为内部董事(inside director)与外部董事(outside director)。若采两分法,外部董事与独立董事可互换使用。若采三分法,董事分为内部董事(inside director)、有关联关系的外部董事(affiliated outside director)与无关联关系的外部董事(unaffiliated outside director),即独立董事。内部董事指兼任公司高管人员的董事;有关联关系的外部董事(灰色董事),指与公司存在实质性利害关系(如公司已退休高管人员、高管人员的亲朋好友、公司律师、供应商的总裁)的外部董事;独立董事指不在上市公司担任董事之外的其他职务,并与公司、内部人及大股东间不存在可能妨碍其独立作出客观判断的利害关系(尤其是直接或者间接的财产利益关系)的董事。独立董事不兼任公司高管职务,属外部董事范畴;又不与公司存在实质利害关系,故不同于关联董事。但是,一个国家或地区采取何种方式对独立董事进行界定,必须与其公司治理模式、制度等文化背景相适应。中国证监会2001年8月16日发布的《关于在上市公司建立独立董事制度的指导意见》(下文简称《指导意见》)中规定,上市公司独立董事是指不在公司担任除董事外的其他职务,并与其所受聘的上市公司及其主要股东不存在可能妨碍其进行独立客观判断的关系的董事。

## 三、独立董事制度的主要内容

### (一)独立董事的任职资格

作为公司董事会成员,独立董事当然应当符合公司法有关一般董事的资格的规定。但是,独立董事肩负保护所有公司相关利益者利益、督促整个董事会正当行为和规范行为的使命,因而其人选应当有别于一般董事人选,满足更高的要求:

1. 独立董事的独立性

根据中国证监会2001年的《指导意见》的规定,独立董事必须具有独立性,下列人员不得担任独立董事:(1)在上市公司或者其附属企业任职的人员及其直系亲属、主要社会关系(直系亲属是指配偶、父母、子女等;主要社会关系是指兄弟姐妹、岳父母、儿媳女婿、兄弟姐妹的配偶、配偶的兄弟姐妹等);(2)直接或间接持有上市公司已发行股份1%以上或者是上市公司前十名股东中的自然人股东及其直系亲属;(3)在直接或间接持有上市公司已发行股份5%以上的股东单位或者在上市公司前五名股东单位任职的人员及其直系亲属;(4)最近一年内曾经具有前三项所列举情形的人员;(5)为上市公司或者其附属企业提供财务、法律、咨询等服务的人员;(6)公司章程规定的其他人员;(7)中国证监会认定的其他人员。

2. 独立董事的任职条件

担任独立董事应当符合下列基本条件:(1)根据法律、行政法规及其他有关规定,具备担任上市公司董事的资格;(2)具有本《指导意见》所要求的独立性;(3)具备上市公司运作的基本知识,熟悉相关法律、行政法规、规章及规则;(4)具有五年以上法律、经济或者其他履行独立董事职责所必需的工作经验;(5)公司章程规定的其他条件。

### (二)独立董事的产生

上市公司董事会、监事会、单独或者合并持有上市公司已发行股份1%以上的股东可以提出独立董事候选人,并经股东大会选举决定。

独立董事的提名人在提名前应当征得被提名人的同意。提名人应当充分了解被提名人职业、学历、职称、详细的工作经历、全部兼职等情况，并对其担任独立董事的资格和独立性发表意见，被提名人应当就其本人与上市公司之间不存在任何影响其独立客观判断的关系发表公开声明。在选举独立董事的股东大会召开前，上市公司董事会应当按照规定公布上述内容。在选举独立董事的股东大会召开前，上市公司应将所有被提名人的有关材料同时报送中国证监会、公司所在地中国证监会派出机构和公司股票挂牌交易的证券交易所。上市公司董事会对被提名人的有关情况有异议的，应同时报送董事会的书面意见。

中国证监会在15个工作日内对独立董事的任职资格和独立性进行审核。对中国证监会持有异议的被提名人，可作为公司董事候选人，但不作为独立董事候选人。在召开股东大会选举独立董事时，上市公司董事会应对独立董事候选人是否被中国证监会提出异议的情况进行说明。

### （三）独立董事的人数、任期和更换

1. 独立董事的人数

各境内上市公司应当按照本指导意见的要求修改公司章程，聘任适当人员担任独立董事，其中至少包括一名会计专业人士（会计专业人士是指具有高级职称或注册会计师资格的人士）。在2002年6月30日前，董事会成员中应当至少包括2名独立董事；在2003年6月30日前，上市公司董事会成员中应当至少包括1/3独立董事。如果上市公司董事会下设薪酬、审计、提名等委员会的，独立董事应当在委员会成员中占有1/3以上的比例。

2. 独立董事的任期

独立董事每届任期与该上市公司其他董事任期相同，任期届满，连选可以连任，但是连任时间不得超过6年。

3. 独立董事的更换

独立董事连续3次未亲自出席董事会会议的，由董事会提请股东大会予以撤换。除出现上述情况及《公司法》中规定的不得担任董事的情形外，独立董事任期届满前不得无故被免职。提前免职的，上市公司应将其作为特别披露事项予以披露，被免职的独立董事认为公司的免职理由不当的，可以作出公开的声明。独立董事在任期届满前可以提出辞职。独立董事辞职应向董事会提交书面辞职报告，对任何与其辞职有关或其认为有必要引起公司股东和债权人注意的情况进行说明。如因独立董事辞职导致公司董事会中独立董事所占的比例低于本《指导意见》规定的最低要求时，该独立董事的辞职报告应当在下任独立董事填补其缺额后生效。

### （四）独立董事的职权

独立董事除应当具有《公司法》和其他相关法律、法规赋予董事的职权外，还具有下列职权：（1）重大关联交易（指上市公司拟与关联人达成的总额高于300万元或高于上市公司最近经审计净资产值的5%的关联交易）应由独立董事认可后，提交董事会讨论；（2）向董事会提议聘用或解聘会计师事务所；（3）向董事会提请召开临时股东大会；（4）提议召开董事会；（5）独

立聘请外部审计机构和咨询机构;(6)可以在股东大会召开前公开向股东征集投票权。独立董事行使上述职权应当取得全体独立董事的1/2以上同意。如上述提议未被采纳或上述职权不能正常行使,上市公司应将有关情况予以披露。

独立董事除履行上述职责外,还应当对以下事项向董事会或股东大会发表独立意见,这些事项为:(1)提名、任免董事;(2)聘任或解聘高级管理人员;(3)公司董事、高级管理人员的薪酬;(4)上市公司的股东、实际控制人及其关联企业对上市公司现有或新发生的总额高于300万元或高于上市公司最近经审计净资产值的5%的借款或其他资金往来,以及公司是否采取有效措施回收欠款;(5)独立董事认为可能损害中小股东权益的事项;(6)公司章程规定的其他事项。独立董事就上述事项发表意见的形式分为同意、保留意见及其理由、反对意见及其理由、无法发表意见及其障碍。如有关事项属于需要披露的事项,上市公司应当将独立董事的意见予以公告,独立董事出现意见分歧无法达成一致时,董事会应将各独立董事的意见分别披露。

上市公司应当保证独立董事享有与其他董事同等的知情权,提供独立董事履行职责所必需的工作条件和费用。独立董事行使职权时,上市公司有关人员应当积极配合,不得拒绝、阻挠或隐瞒,不得干预其独立行使职权。

### (五)独立董事的义务

独立董事对上市公司及全体股东负有诚信与勤勉义务。独立董事应当按照相关法律法规、本指导意见和公司章程的要求,认真履行职责,维护公司整体利益,尤其要关注中小股东的合法权益不受损害。独立董事应当独立履行职责,不受上市公司主要股东、实际控制人或者其他与上市公司存在利害关系的单位或个人的影响。独立董事原则上最多在5家上市公司兼任独立董事,并确保有足够的时间和精力有效地履行独立董事的职责。

# 第十章 公司债券制度

## 第一节 公司债券的概念和类型

前述公司股份的发行、转让制度是股份有限公司的特有制度，与有限责任公司无关，我们将其放在股份公司一章中进行论述；而本章要论述的公司债券制度则是股份公司和部分符合条件的有限责任公司所共有的制度，因此，我们对其单独进行论述。

### 一、公司债券的概念和特征

根据我国《公司法》第153条的规定，公司债券是指公司依照法定程序发行的、约定在一定期限还本付息的有价证券。公司资本的来源主要有两个方面：一是股权融资，二是债权融资。后者主要通过两个渠道：一是向银行等金融机构借贷，二是发行有价证券，向不特定的社会公众借债，由此而产生的债务就是公司债。公司债有以下四个方面的法律特征：

第一，公司债必须依照法定条件和程序发行。由于发行公司债是向不特定的社会公众借债，必然会涉及广大社会公众的利益，所以，为了保护社会公众的合法权益，维护社会秩序的稳定，必须按照法定条件和程序来发行。

第二，公司债券是一种要式有价证券。公司债券首先是一种有价证券，它证明了持券人对公司拥有一定数量的债权；其次，这种有价证券还是一种要式有价证券，我国《公司法》第155条规定，公司以实物券方式发行公司债券的，必须在债券上载明公司名称、债券票面金额、利率、偿还期限等事项，并由法定代表人签名，公司盖章。

第三，公司债券是有一定还本付息期限的有价证券。公司以债务人的身份向公众发行债券，是为了吸引公众向公司投资，公司承诺一定期限到来时，不仅还本，还将支付一定的利息，而且，一般情况下，债权人所得利息要高于同期银行存款利息，因此，才使公司债券具有了强大的生命力。

第四，公司债券是一种债权证券。公司债券所反映的是一种债权债务关系，这一点与我们上一节所讲的股票不同，股票所反映的是一种股权关系，股票持有人可以通过股东大会参与公司事务的决策，而债券持有人则不能；股东在任何时候都无权要求公司还本付息，而债券持有人则可以要求公司在期限到来时还本付息；在公司破产清算时，债券持有人优先于股东行使对公司剩余资产的分配权。

### 二、公司债券的种类

按照不同的标准,我们可以对公司债券进行不同的分类。

按是否记名可分为记名公司债券与不记名公司债券。记名公司债券,即在券面上登记持有人姓名,支取本息要凭印鉴领取,转让时必须背书并到债券发行公司登记的公司债券。不记名公司债券,即券面上不需载明持有人姓名,还本付息及流通转让仅以债券为凭证,不需登记。

按持有人是否参加公司利润分配可分为参加公司债券与非参加公司债券。参加公司债券,指除了可按预先约定获得利息收入外,还可在一定程度上参加公司利润分配的公司债券。非参加公司债券,指持有人只能按照事先约定的利率获得利息的公司债券。

按是否可提前赎回分为可提前赎回公司债券与不可赎回公司债券。可提前赎回公司债券,即发行者可在债券到期前购回其发行的全部或部分债券。不可提前赎回公司债券,即只能一次到期还本付息的公司债券。

按发行债券的目的可分为普通公司债券、改组公司债券、利息公司债券、延期公司债券。普通公司债券,即以固定利率、固定期限为特征的公司债券。这是公司债券的主要形式,目的在于为公司扩大生产规模提供资金来源。改组公司债券,是为清理公司债务而发行的债券,也称为以新换旧债券。利息公司债券,也称为调整公司债券,是指面临债务信用危机的公司经债权人同意而发行的较低利率的新债券,用以换回原来发行的较高利率债券。延期公司债券,指公司在已发行债券到期无力支付,又不能发新债还旧债的情况下,在征得债权人同意后可延长偿还期限的公司债券。

按发行人是否给予持有人选择权分为附有选择权的公司债券与未附选择权的公司债券。附有选择权的公司债券,指在一些公司债券的发行中,发行人给予持有人一定的选择权,如可转换公司债券(附有可转换为普通股的选择权)、有认股权证的公司债券和可退还公司债券(附有持有人在债券到期前可将其回售给发行人的选择权)。未附选择权的公司债券,即债券发行人未给予持有人上述选择权的公司债券。

就公司法原理来讲,我国实行的法定资本制不利于可转换公司债制度的实施。在法定资本制的前提下,公司增加注册资本要由董事会通过决议和方案,并提交股东会表决通过,并要修改公司章程,履行变更登记等手续,而在可转换公司债的转换期间,债券的每一次转换都是一次增资,每一次增资都要履行这样一套繁杂的手续,对发行公司来说是难以忍受的。而在授权资本制和折中资本制的条件下,就不存在以上这些繁琐的手续,这也是我国现行资本制度应该进行改革的理由之一。

## 第二节　公司债券的发行

### 一、公司债券的发行条件

我国公司法对公司债券的发行条件和程序做出了规定。

根据我国《证券法》第15条的规定，公开发行公司债券应当符合下列条件：(1)具备健全且运行良好的组织机构；(2)最近三年平均可分配利润足以支付公司债券1年的利息；(3)国务院规定的其他条件。

公开发行公司债券筹集的资金，必须按照公司债券募集办法所列资金用途使用；改变资金用途，必须经债券持有人会议作出决议。公开发行公司债券筹集的资金，不得用于弥补亏损和非生产性支出。

上市公司发行可转换为股票的公司债券，除应当符合第1款规定的条件外，还应当遵守本法第12条第2款的规定。但是，按照公司债券募集办法，上市公司通过收购本公司股份的方式进行公司债券转换的除外。

## 二、公司债券的发行程序

第一，董事会制定发行公司债的方案，并召开股东会作出决议。

第二，制定公司债券发行文件。公司股东会做出公司债券的发行决议后，董事会就要开始聘请有关中介机构，并准备相关的发行文件。首先，聘请资信评级机构对发行公司的信用进行评级，并出具评级报告，信用评级采用10级制，即AAA、AA、A、BBB、BB、B、CCC、CC、C、D级，具有债券发行资格的仅限于BBB级或A级以上的公司；其次，聘请会计师事务所对近3年的经营业绩进行审计，对现有资产进行评估验资，并出具审计报告和验资报告；最后，聘请资产评估机构对公司资产进行评估，并出具评估报告。

第三，报请国务院证券监督管理部门申请注册。

第四，发布发行公告。发行公司债券经批准注册后，公司应当公告公司债券募集办法，并对其内容的真实性承担责任，制作虚假的公司债券募集办法的，责令停止发行，退还所募集资金及利息，处以非法募集资金1%至5%的罚款；构成犯罪的，依法追究刑事责任。

第五，认购并缴纳债款。公司应备置公司债应募书，应募书应加记核准机关的核准日期，应募人填写应募书以后，即有依所购金额交纳相应债款的义务。应募人缴纳债款以后，公司即应该发给其债券。

第六，备置公司债券存根簿。在公司债券募集完成以后，发行债券的公司应该制作公司债券存根簿，置备于公司。根据我国《公司法》第157条的规定，公司发行公司债券应当置备公司债券存根簿。发行记名公司债券的，应当在公司债券存根簿上载明下列事项：债券持有人的姓名或者名称及住所；债券持有人取得债券的日期及债券的编号；债券总额，债券的票面金额、利率、还本付息的期限和方式；债券的发行日期。

发行无记名公司债券的，应当在公司债券存根簿上载明债券总额、利率、偿还期限和方式、发行日期及债券的编号。

《公司法》第158条还要求，记名公司债券的登记结算机构应当建立债券登记、存管、付息、兑付等相关制度。

## 三、公司债券的发行方式

公司公开发行公司债，应当同证券公司签订承销协议，由证券公司承销。承销包括以下两种方式:(1)包销,是指承销机构承诺在承销期结束时,如果还有未销售出去的公司债券,承销机构应该将其全部买下。(2)代销,是指承销机构代理销售公司债券,在承销期结束时,如果还有未销售出去的公司债券,承销机构要将其全部退还给发行公司。

公司发行债券,由哪个证券经营机构承销,由发行公司自行决定,然后由发行公司与该证券经营机构签订承销协议。

向不特定对象公开发行的证券票面总值超过人民币5000万元的,应当由承销团承销。承销团应当由主承销和参与承销的证券公司组成。

公司为了筹措生产资金,可能会不止一次地发行债券,为了保护社会公众的利益,我国证券法还对公司再次发行债券,做出了限制性的规定,凡是具备法定条件并按法定程序经批准已经发行过公司债券的公司,如果有下列情形之一的,不得再次发行公司债券:(1)前一次公开发行的公司债券尚未募足的;(2)对已发行的公司债券或其他债务有违约或者延迟支付本息的事实,且仍然处于继续状态的;(3)违反证券法的规定,改变公开发行公司债券所募资金的用途的。

我们不仅要掌握公司债权的发行条件,也要注意再次发行公司债权的限制。

## 第三节　公司债券的上市、转让、转换与偿还

### 一、公司债券的上市条件

根据我国《证券法》的规定,公司股票和债券的上市,需要经过证券交易所的审核批准。所以,申请公司债券的上市,除了要符合公司法和证券法的基本要求外,还要符合证券交易所的特别要求。我们以2015年修订发布的《深圳证券交易所公司债券上市规则》第二章"债券上市条件"的规定为例,简单介绍一下公司债券的上市条件:(1)符合《证券法》规定的上市条件;(2)债券已经有权部门核准并且已公开发行;(3)债券持有人符合本所投资者适当性管理规定;(4)本所规定的其他条件。

我国《证券法》规定,申请证券上市交易,应当符合证券交易所上市规则规定的上市条件。证券交易所上市规则规定的上市条件,应当对发行人的经营年限、财务状况、最低公开发行比例和公司治理、诚信记录等提出要求。

债券市场投资者按照其风险识别与承受能力,分为公众投资者和合格投资者。债券符合下列条件且面向公众投资者和合格投资者公开发行的,公众投资者和合格投资者可以参与交易:(1)发行人最近三年无债务违约或者延迟支付本息的事实;(2)债券信用评级达到AAA级;(3)发行人申请上市时最近三个会计年度经审计的年均可分配利润不少于债券一年利息的1.5倍;以集合形式发行的债券,上市时所有发行人最近三个会计年度经审计的加总年均可分配利润不少于债券一年利息的1.5倍;(4)中国证监会根据投资者保护的需要规定的其他条件。债券不符合上述条件,或者符合上述条件但发行人自主选择仅面向合格投资者公开发

行的，仅本所规定的合格投资者可以参与交易。

面向公众投资者和合格投资者公开发行的债券在本所上市，可以采取集中竞价交易和协议交易方式。仅面向合格投资者公开发行的债券在本所申请上市，且不能同时符合下列条件的，只能采取协议交易方式：(1)债券信用评级达到AA级及以上；(2)发行人最近一期末的资产负债率或者加权平均资产负债率（以集合形式发行债券的）不高于75%，或者发行人最近一期末的净资产不低于5亿元人民币；(3)发行人最近三个会计年度经审计的年均可分配利润不少于债券一年利息的1.5倍，以集合形式发行的债券，所有发行人最近三个会计年度经审计的加总年均可分配利润不少于债券一年利息的1.5倍；(4)本所规定的其他条件。

仅面向合格投资者公开发行的债券，其发行人应当在发行前按照相关规定向本所申请确认是否符合上市条件，并向本所提交债券发行及上市申请文件以及本所要求的其他材料。本所对债券上市申请进行预审核，并形成审核意见。

### 二、公司债券的上市程序

根据2015年修订发布的《深圳证券交易所公司债券上市规则》第三章"债券上市申请"的规定，公司债券的上市程序包括：上市申请、审核与核准。

#### （一）上市申请

发行人申请其债券在本所上市，应当向本所提交以下申请文件：(1)债券上市申请书，内容应当包括发行人关于债券上市时仍符合法定的债券发行条件的承诺；(2)有权部门核准债券发行的文件；(3)申请债券上市的董事会决议或者有权决策部门决议；(4)公司章程；(5)公司营业执照复印件；(6)债券募集说明书及相关发行公告或者相关文件；(7)上市公告书；(8)债券募集资金证明文件；(9)债券持有人名册；(10)本所指定登记结算机构出具的登记托管证明文件；(11)承销机构关于债券在上市申请时是否符合上市条件发表的明确意见；(12)具有从事证券服务业务资格的会计师事务所出具的最近三年审计报告，或者财政主管机关的有关批复（仅适用企业债发行人）；(13)法律意见书；(14)债券资信评级报告及信用跟踪评级安排的说明；(15)担保文件，包括但不限于担保函、担保协议、担保物评估报告及担保人资信情况说明（如有）；(16)债券受托管理协议（如有）及债券终止上市后续安排的相关协议；(17)债券持有人会议规则；(18)发行人最近三年是否存在违法违规行为的说明；(19)本所要求的其他文件。

发行人为本所上市公司的可豁免上述第(4)、(5)、(12)、(18)项等内容。

发行人、增信机构以及专业机构应当保证向本所提交的上市申请文件内容真实、准确、完整，不存在虚假记载、误导性陈述或者重大遗漏，并确保提交的电子文件、传真件、复印件等与原件一致。发行人公告的文件存在虚假记载、误导性陈述或者重大遗漏，致使投资者遭受损失的，发行人应当承担赔偿责任；发行人的董事、监事、高级管理人员和其他直接责任人员以及承销机构，应当与发行人承担连带赔偿责任，但是能够证明自己没有过错的除外；除承销机构以外的专业机构及其直接责任人员应当就其负有责任的部分承担赔偿责任，但是能够证明自己没有过错的除外。

承销机构应当协助发行人申请债券上市，承诺债券上市符合本所相关规定，同时根据相关规定,对发行人债券的发行、上市相关情况进行全面核查,出具核查意见,并对其应当承担的责任做出安排和承诺。

专业机构及其相关人员应当及时制作工作底稿,完整保存债券发行、上市业务相关工作记录以及相关资料。本所可以根据需要调阅、检查工作记录、工作底稿和其他相关资料。

债券申请在本所上市的,发行人应当在发行前根据监管部门及本规则的规定,明确交易机制和投资者适当性安排。

(二)审核与核准

本所在收到完备的债券上市申请文件后,在五个交易日内做出是否同意上市的决定。

债券发行人在提出上市申请至其债券上市交易前,未经本所同意不得擅自披露与债券上市有关的信息。如该期间发生重大事项,发行人及承销机构应当及时报告本所。

债券上市申请经本所审核同意后,发行人应当与本所签订上市协议(具体格式见附件),明确双方权利、义务和有关事项。发行人和承销机构应当按照上市通知的要求安排债券上市交易。

发行人应当于债券上市前通过本所网站、本所指定信息披露网站和中国证监会或者国务院授权部门指定的信息披露媒体披露上市公告书等相关文件。

## 三、公司债券上市交易中的信息披露

根据2015年修订发布的《深圳证券交易所公司债券上市规则》第四章“信息披露”的规定:信息披露义务人应当根据法律、行政法规、部门规章、规范性文件、本规则以及本所其他相关规定,及时、公平地披露信息,并保证所披露的信息真实、准确、完整,不得有虚假记载、误导性陈述或者重大遗漏。不能保证信息披露的信息真实、准确、完整的,应当在公告中做出相应声明并说明理由。

信息披露义务人应当制定信息披露事务管理制度,并指定专门的信息披露联络人,负责信息披露相关事项。

信息披露义务人及其他知情人在信息正式披露前,应当确保将该信息的知情者控制在最小范围内,在公告前不得透露和泄漏其内容,不得进行内幕交易、操纵市场等不正当行为。

信息披露义务人依法披露的信息应当同时向全体投资者披露,不得提前向任何单位和个人披露、透露或者泄漏。发行人在境内和境外市场同时发行债券的,信息披露义务人在境外市场披露的与发行人有关的信息,应当同时在境内市场披露。

信息披露义务人应当披露的信息包括定期报告和临时报告。信息披露义务人应当将公告文稿和相关备查文件及时报送本所,报送的公告文稿和相关备查文件应当符合本所的要求。

1. 定期报告。债券存续期间发行人应当披露的定期报告包括年度报告和中期报告。

发行人应当在每一会计年度结束之日起四个月内,和每一会计年度的上半年结束之日起二个月内,分别向本所提交并披露至少记载以下内容的上一年度年度报告和本年度中期报告:(1)发行人概况;(2)发行人经营情况、上半年财务会计报告或者经具有从事证券服务业务资格的会计师事务所审计的年度财务报告;(3)已发行的未到期债券及其变动情况,包括但不限于募集资金使用情况、信用跟踪评级情况、增信措施及其变化情况、债券本息兑付情况、偿债保障措施执行情况及是否存在偿付风险,报告期内债券持有人会议召开情况等;(4)债券受托管理人在履行受托管理职责时可能存在的利益冲突情况及相关风险防范、解决机制(如有);(5)涉及和可能涉及发行人的重大诉讼事项以及其他可能影响债券按期偿付的重大事项;(6)中国证监会及本所要求的其他事项。

发行人应当确保定期报告按时披露,因故无法按时披露的,应当对外披露定期报告延期披露公告,说明无法按时披露的具体原因,是否存在影响债券偿付本息能力的情形及其他风险。发行集合债的,其中任意发行人不能按时披露定期报告的,该发行人应当披露定期报告延期公告。

2. 临时报告。临时报告是指信息披露义务人按照法律、行政法规、部门规章、规范性文件、本规则和本所其他相关规定发布的除定期报告以外的公告。

债券存续期间,发行人发生可能影响其偿债能力或者债券价格的重大事项,信息披露义务人应当立即向本所报告并公告,说明事件的起因、目前的状态和可能产生的后果。重大事项包括:(1)发行人生产经营状况(包括经营方针、经营范围、生产经营外部条件等)发生重大变化;(2)债券信用评级发生变化;(3)发行人主要资产被查封、扣押、冻结、抵押、质押、出售、转让、报废等;(4)发行人发生债务违约或者延迟支付本息的;(5)发行人当年累计新增借款或者对外提供担保超过上年末净资产的百分之二十;(6)发行人放弃债权或者财产,超过上年末净资产的百分之十;(7)发行人发生超过上年末净资产百分之十的重大损失;(8)发行人做出减资、合并、分立、分拆、解散、申请破产及其他涉及发行人主体变更的决定;(9)发行人涉及重大诉讼、仲裁事项或者受到重大行政处罚;(10)发行人涉嫌违法行为被有关机关调查,发行人的董事、监事和高级管理人员涉嫌违法行为被有关机关调查或者被采取强制措施;(11)担保人、担保物或者其他偿债保障措施发生重大变化;(12)发行人情况发生重大变化导致可能不符合债券上市条件;(13)其他对投资者做出投资决策有重大影响的事项;(14)法律、行政法规和中国证监会、本所认定的其他事项。

信息披露义务人披露重大事项后,已披露的重大事项出现可能对发行人偿债能力产生较大影响的进展或者变化的,应当及时披露进展或者变化情况、可能产生的影响。

发行人和资信评级机构至少于年度报告披露之日起的二个月内披露上一年度的债券信用跟踪评级报告。

债券存续期间,发行人发生可能影响信用评级的重大事项时,应当及时告知资信评级机构。资信评级机构应当充分关注影响评级对象信用等级的所有重大因素并开展不定期跟踪评级。信用等级调整的,发行人及资信评级机构应当立即向本所报告并公告。

发行人应当在债权登记日前,披露债券付息或者本金兑付等有关事项。

债券附发行人调整票面利率选择权的,发行人应当按照募集说明书约定的日期披露票面利率调整公告,并在利率调整日前至少披露三次。

债券附投资者回售选择权的,发行人应当在回售申报起始日前披露回售程序、回售申报期、回售价格、回售资金到账日等内容,并在回售申报结束日前至少披露三次。回售完成后,发行人应当及时披露债券回售情况及其影响。

债券附赎回条款的,发行人应当在满足债券赎回条件时,披露是否行使赎回权。行使赎回权的,应当披露赎回程序、赎回价格、赎回资金到账日等内容,并在赎回权行权日前至少披露三次。赎回完成后,发行人应当及时披露债券赎回的情况及其影响。

受托管理人因涉嫌违法违规正在接受中国证监会调查或者出现中国证监会认定的其他不再适合担任受托管理人情形的,在发行人依法变更受托管理人之前,中国证监会临时指定中证中小投资者服务中心有限责任公司承担受托管理职责时,发行人应当及时向本所报告并公告。

### 四、公司债券上市后终止上市

上市交易的证券,有证券交易所规定的终止上市情形的,由证券交易所按照业务规则终止其上市交易。证券交易所决定终止证券上市交易的,应当及时公告,并报国务院证券监督管理机构备案。

对证券交易所作出的不予上市交易、终止上市交易决定不服的,可以向证券交易所设立的复核机构申请复核。

### 五、公司债券的转让

根据我国《公司法》第160、161条的规定,公司债券可以转让。公司债券的转让价格由转让人与受让人约定。公司债券在证券交易所上市交易的,按照证券交易所的交易规则转让。

记名债券,由债券持有人以背书方式或者法律、行政法规规定的其他方式转让。记名债券的转让,由公司将受让人的姓名或者名称及住所记载于公司债券存根簿。

无记名债券,由债券持有人在依法设立的证券交易场所将该债券交付给受让人后即发生转让的效力。

### 六、公司债券的转换

公司债券的转换是专门指可转换公司债的转换。

发行可转换公司债券的公司,应当在公司债券募集办法中规定具体的转换办法,主要包括:转换条件、转换期间、转换程序等内容。同时,还要在公司债券上标明可转换公司债券的字样,并在公司债券存根簿上载明可转换公司债券的数额。

可转换公司债券的持有人,对到期后的债券转换或不转换成股票有选择权,所以,转换权由持有人一方意思表示,即可发生法律效力,不必经过公司的同意。发行公司有义务按照其转换办法的具体规定,向持有人换发股票。这样,可转换公司债券的持有人便可从公司的债权人转换成为公司的股东了。

### 七、公司债券的偿还

由于公司债券是一种在一定期限还本付息的有价证券,所以,发行公司负有在约定期限届满时,向公司债券持有人还本付息的义务。

发行公司应当按照公司债券上所记载的偿还期限和还本付息的方式,按期向公司债券持有人还本付息,一般情况下是按照规定的利息率,一次性地向公司债券持有人支付利息和归还全部本金。

# 第十一章　公司财务、会计制度

## 第一节　公司财务、会计制度概述

公司财务会计制度是公司财务制度和会计制度的统称，有时简称“财会制度”，具体指法律、法规及公司章程中所确立的一系列公司财务会计规程。公司财务会计报告是反映公司生产经营成果和财务状况的总结性的书面文件。它不仅是公司经营者准确掌握公司经营情况的重要手段，也是股东、债权人了解公司财产和经营状况的主要途径。具有统一化和规范化的特征。

### 一、公司财务、会计制度的意义

我国《公司法》对公司财务会计制度问题作了一些原则性规定。财务会计制度方面的一些具体内容则由《会计法》、《企业会计准则》、《企业财务通则》等专门法律和法规、规章规定。各类公司都必须依法建立健全其公司内部各项财务制度，这是因为这样做有其积极的意义或作用。

第一，有利于保护公司股东的利益。通过统一规则的财会制度，可使股东及时掌握公司的财会状况。通过统一规则的财会制度，可使股东及时掌握公司的经营状况及自己的投资境况和权益，以便对董事、经理的经营行业实务有效的监督。

第二，有利于保护公司债权人的利益。建立健全统一的公司财会制度，便于债权人及时、准确地了解公司的财务状况，并在必要时依法采取相应的措施来保护自己的权益。

第三，有利于政府有关部门的监督。政府各有关部门，依其职责负有在法定范围内监督、管理公司经营活动的义务，以维持社会交易的安全。而这一职责的有效行使也有赖于规范的公司内部财会制度的建立与健全。

### 二、公司财务、会计制度的作用

财务、会计制度是企业利用价值形式组织生产和进行分配和交换的必要手段，公司的财务、会计制度完整、全面地揭示了公司资金运动地基本情况等经济信息。一般说来，财务管理是基于企业再生产过程中客观存在的财务活动和财务关系而产生的，是组织企业资金运动、处理企业与各方面的财务关系的一系列经济管理工作的统称。会计是运用凭证、账簿和专门报表，采用以货币为主要计算单位的各种计量方法，收集、分类、记录、报告、分析、比较和评价特定单位经济活动和经济效益的一种管理工作。中国对会计制度实行统一领导、分级管理的管理体制,由财政部制定统一的会计制度。会计制度着重对公司的经济活动和财产情况进行连续、系统和综合的反映。严格遵守会计制度,是顺利进行会计工作、保证会计工作秩序、提高会计工作质量的重要前提。

《公司法》第163条规定:"公司应当依照法律、行政法规和国务院财政部门的规定建立本公司的财务、会计制度。"公司财务、会计虽是企业内部事务,但事关股东、潜在投资者、债权人、公司职工和社会公共利益等,影响甚大,因此,《公司法》特作专章加以规定。一般来说,公司财务、会计制度具有以下几个方面的作用:

第一,有利于保护投资者和债权人的利益。投资者除参加决定一些重大事项外,一般不参与日常的生活经营活动,投资者往往通过了解公司的生产经营状况和公司的财务状况,来维护自身利益。公司的资产作为其对债权人的担保,资产状况如何,资产的经营状况如何,直接涉及债权人的债权能否得到清偿。财务会计工作的规范化,可以保证公司正确核算经营成果,合理分配利润;可以保证公司资产的完整;使债权人的利益得到保护。

第二,有利于保护社会公共利益和职工集体利益。公司,尤其是股份有限公司,比起一般企业的社会经济影响大得多,为保证其稳定、健康地发展,进而维护社会秩序,有必要对公司的公积金提存等作出统一的规定。同时,为防止公司片面追求利润最大化而忽视职工经济利益,对公益金作出规定也是十分重要的。

第三,有利于吸收社会投资。公司财务会计制度的规范化和公开化,可使社会各方面都能方便地了解到公司的经营状况和盈利能力。经营状况比较好的公司,可以吸收更多社会投资。

第四,有利于政府的宏观管理。公司在统一的财务会计制度规定下筹集分配资金,记录、反映经济业务,有利于政府掌握情况,制定政策,实施管理。

鉴于上述原因,为了平衡上述不同主体之间的利益需求,法律要求公司内部建立规范的财务、会计制度,这也体现了经济活动社会化所带来的不同主体的利益在公司中的交汇和碰撞。

### 三、我国公司财务、会计制度的立法概况

我国《公司法》第八章有九个条文对公司财务制度问题作了一些原则性规定。2005年新修订的《公司法》第165条删除了旧法关于财务会计报告应当包括种类的规定,[1]仅笼统规定财务会计报告应当依照法律、行政法规和国务院财政部门的规定制作。修订的原因除了旧法规定已经与现实不符外,还考虑到这些应该是财会制度规定的范畴,不宜在法律中作过于具体规定,而应该交由行业主管部门决定。另外,2005年修订前的《公司法》第177条和第180条规定:公司分配当年税后利润时,应当提取利润的5%至10%列入公司的法定公益金,公司提取的法定公益金用于本公司职工的集体福利。这一制度设计至少包括五个方面的含义:(1)职工可以参与公司税后利润的分配;(2)职工基于福利性质的利润分配权优先于股东的利润分配权;(3)职工参与公司税后利润分配的比例法定化,为当年税后利润的5%—10%;(4)公益金没有累计提取

---

〔1〕 旧法第175条规定:公司应当在每一会计年度终了时制作财务会计报告,并依法经审查验证。财务会计报告应当包括下列财务会计报表及附属明细表:(1)资产负债表;(2)损益表;(3)财务状况变动表;(4)财务情况说明书;(5)利润分配表。

最高金额的限度，凡有利润均应提取；(5)法定公益金的用途为本公司职工的集体福利。

2005年修订后的《公司法》取消了上述强制性要求公司提取法定公益金的制度，之所以取消这一制度，主要是基于以下原因的考量：

第一，法定公益金制度混淆了职工报酬制度与社会保障制度的区别。原《公司法》设计的强制性提取法定公益金的制度安排，属于计划经济的产物，事实上是用公益金制度替代应由政府承担的社会保障职能，由公司及其所有者来承担应由政府财政支出履行的社会义务。在目前社会保障体系逐步建立和完善的情况下，公司对职工的责任主要体现在工资性的薪酬当中，职工的社会保障责任应该由政府承担，特别是企业职工住房制度与社会保险制度改革后，公司已经没有必要为职工筹集住房资金和其他福利性资金，法定公益金制度失去了原来的用途，实践中出现了大笔公益金长期挂账闲置、无法使用的问题。因此，法律没有必要、也不应该继续设定法定公益金制度来解决职工的集体福利。

第二，法定公益金制度导致其形成的资产权属不清。按照原《公司法》的法定公益金制度的设计安排，法定公益金是从公司实现的税后利润中计提，而从会计原理上来讲税后利润却属于所有者权益，所有者权益是不能随意冲减的，否则与《公司法》要求的资本维持原则相矛盾。但是，公司将提取的法定公益金用于购买职工住房等集体福利时，如果将产权过户到职工名下，则意味着公司已经不再拥有这部分资产，如果不冲减，就虚增了公司资产；如果不将购买的职工住房过户到职工名下，那么该资产依旧是所有者权益，依法应用于对公司债权人的清偿，职工的福利性资产得不到法律上的保障，从而导致法定公益金制度难以达到预期的目标。

第三，法定公益金制度会引发公司高管人员的道德风险。按照原《公司法》确定的公益金制度，在决定公益金的使用过程中，包含着权利的因素。在该权力的行使方面，高管人员具有更多的优势和话语权，普通职工的决定权和使用权十分有限，因此，与普通职工相比，高管人员有更多的机会将公益金用于解决自身的福利。取消法定公益金制度，对于公司财务运作的直接影响是有效解决公益金长期挂账闲置问题、提高资金使用效率、增加可供股东分配利润，特别是对股东有现金股利偏好的上市公司而言，无疑是特大的利好。

我国现行公司法中的九个条文中，前三个条文是关于公司建立财务制度的规则；中间三条是关于公司财务管理中利润分配的规则；最后三条是关于公司会计制度的规则。条文很少，只是一些原则性的规定。财务制度方面的一些具体内容则由《会计法》、《企业会计准则》、《企业财务通则》等专门法律和法规、规章规定。各类公司都必须依法建立健全其公司内部各项财务制度，这样做有其积极的意义或作用。

**案例分析**　无论是大公司还是小公司都应依法设立财务账簿——对某公司未设置财务账簿行为的稽查案例[2]

M公司是一家商贸公司，成立于2009年，注册资本800万元。但由于种种原因，公司成立至

〔2〕“对某公司未设置财务账簿行为的稽查案例”，载仁和会计网，http://www.whrhkj.com/news-d3619.html，2014年7月20日访问。

今,并无实际业务发生,也未设置相应财务账簿。

对如何处理该问题,双方产生了分歧。公司财务人员认为,因为公司没有任务业务,所以也没必要设置账簿。没有账簿,也就没有贴印花税的条件,不应处罚。

某市税务检查组内部也出现三种声音:一种观点认为,可以根据《税收征收管理法实施细则》第22条及《税收征收管理法》第60条对未建账进行处罚;第二种观点认为,应当根据《国家税务总局关于资金账簿印花税问题的通知》及《税收征收管理法》第64条对资金账簿未贴印花税票进行处罚;第三种观点认为,应当同时进行处罚。

经过法规分析,逐级审理,最终税务机关对该公司未设置财务账簿的行为作出罚款2000元的处罚。

## 第二节　公司的财务制度

### 一、公司财务制度的概念和主要内容

公司财务制度是在一定的整体目标下,关于公司资产的购置(投资),资本的融通(筹资)和经营中现金流量(营运资金),以及利润分配的管理制度的总称。财务的管理是公司管理的一个组成部分,它是根据《公司法》、《企业财务通则》及相关法律、规章等,按照财务的管理的原则,组织公司财务活动,处理财务关系的一项经济管理活动。

公司的财务管理工作由公司的财务部门负责,公司财务部由总会计师、会计、出纳和审计工作人员组成。在没有专职总会计师之前,总会计师职责由会计兼任承担。

总会计师负责组织本公司的下列工作:编制和执行预算、财务收支计划、信贷计划,拟订资金筹措和使用方案,开辟财源,有效地使用资金;进行成本费用预测、计划、控制、核算、分析和考核,督促本公司有关部门降低消耗、节约费用、提高经济效益;建立健全经济核算制度,利用财务会计资料进行经济活动分析等。

会计的主要工作职责是:按照国家会计制度的规定、记账、复账、报账做到手续完备,数字准确,账目清楚,按期报账。按照经济核算原则,定期检查,分析公司财务、成本和利润的执行情况,挖掘增收节支潜力,考核资金使用效果,及时向总经理提出合理化建议,当好公司参谋。妥善保管会计凭证、会计账簿、会计报表和其他会计资料等。

出纳的主要工作职责是:认真执行现金管理制度。严格执行库存现金限额,超过部分必须及时送存银行,不坐支现金,不认白条抵押现金。建立健全现金出纳各种账目,严格审核现金收付凭证。严格支票管理制度,编制支票使用手续,使用支票须经总经理签字后,方可生效。积极配合银行做好对账、报账工作。配合会计做好各种账务处理等。

审计的主要工作职责是:认真贯彻执行有关审计管理制度。监督公司财务计划的执行、决算、预算外资金收支与财务收支有关的各项经济活动及其经济效益。详细核对公司的各项与财务有关的数字、金额、期限、手续等是否准确无误。审阅公司的计划资料、合同和其他有关经

济资料,以便掌握情况,发现问题,积累证据。纠正财务工作中的差错弊端,规范公司的经济行为。针对公司财务工作中出现问题产生的原因提出改进建议和措施等。

公司财务部门的职能是:认真贯彻执行国家有关的财务管理制度。建立健全财务管理的各种规章制度,编制财务计划,加强经营核算管理,反映、分析财务计划的执行情况,检查监督财务纪律。积极为经营管理服务,促进公司取得较好的经济效益。厉行节约,合理使用资金。合理分配公司收入,及时完成需要上交的税收及管理费用。对有关机构及财政、税务、银行部门了解、检查财务工作,主动提供有关资料,如实反映情况等。

公司内部的账务管理除了由上述公司财务部门管理外,在必要情况下,也可委托外部会计师事务所来办理,根据我国《公司法》第169条的规定,公司聘用、解聘承办公司审计业务的会计师事务所,依照公司章程的规定,由股东会、股东大会或者董事会决定。公司股东会、股东大会或者董事会就解聘会计师事务所进行表决时,应当允许会计师事务所陈述意见。

根据我国公司法、企业财务通则的规定,公司财务的管理内容分为:资金筹集管理、资产营运管理、成本控制管理、利润分配管理等。

## 二、公司资金筹集管理

公司筹资管理是指公司根据其生产经营、对外投资和调整资本结构的需要,通过筹资渠道和资本(金)市场,运用筹资方式,经济有效地筹集为企业所需的资本(金)的财务行为。

公司可以接受投资者以货币资金、实物、无形资产、股权、特定债权等形式的出资。其中,特定债权是指企业依法发行的可转换债券、符合有关规定转作股权的债权等。公司接受投资者非货币资产出资时,法律、行政法规对出资形式、程序和评估作价等有规定的,依照其规定执行。公司接受投资者商标权、著作权、专利权及其他专有技术等无形资产出资的,应当符合法律、行政法规规定的比例。

公司依法以吸收直接投资、发行股份等方式筹集权益资金的,应当拟订筹资方案,确定筹资规模,履行内部决策程序和必要的报批手续,控制筹资成本。公司筹集的实收资本,应当依法委托法定验资机构验资并出具验资报告。

公司应当执行国家有关资本管理制度,在获准工商登记后30日内,依据验资报告等向投资者出具出资证明书,确定投资者的合法权益。公司筹集的实收资本,在持续经营期间可以由投资者依照法律、行政法规以及企业章程的规定转让或者减少,投资者不得抽逃或者变相抽回出资。除《公司法》等有关法律、行政法规另有规定外,公司不得回购本公司发行的股份。公司依法回购股份,应当符合有关条件和财务处理办法,并经投资者决议。

对投资者实际缴付的出资超出注册资本的差额(包括股票溢价),公司应当作为资本公积管理。经投资者审议决定后,资本公积用于转增资本。国家另有规定的,从其规定。

公司从税后利润中提取的盈余公积包括法定公积金和任意公积金,可以用于弥补公司亏损或者转增资本。法定公积金转增资本后留存企业的部分,以不少于转增前注册资本的25%为限。

公司增加实收资本或者以资本公积、盈余公积转增实收资本,由投资者履行财务决策程序后,办理相关财务事项和工商变更登记。

公司取得的各类财政资金,区分以下情况处理:(1)属于国家直接投资、资本注入的,按照国家有关规定增加国家资本或者国有资本公积。(2)属于投资补助的,增加资本公积或者实收资本。国家拨款时对权属有规定的,按规定执行;没有规定的,由全体投资者共同享有。(3)属于贷款贴息、专项经费补助的,作为企业收益处理。(4)属于政府转贷、偿还性资助的,作为企业负债管理。(5)属于弥补亏损、救助损失或者其他用途的,作为企业收益处理。

公司依法以借款、发行债券、融资租赁等方式筹集债务资金的,应当明确筹资目的,根据资金成本、债务风险和合理的资金需求,进行必要的资本结构决策,并签订书面合同。公司筹集资金用于固定资产投资项目的,应当遵守国家产业政策、行业规划、自有资本比例及其他规定。公司筹集资金,应当按规定核算和使用,并诚信履行合同,依法接受监督。

### 三、公司资产营运管理

资产营运管理是指为了实现公司价值最大化而进行的资产配置和经营运作管理的财务活动。在市场经济条件下,安全与收益是对资产营运的两个根本要求。因此,公司在进行资产营运决策时,应在风险与收益之间取得平衡,并且采取一定的措施,对资产营运全过程进行有效的监督和控制,包括现金流量管理、资产利用、资源优化配置、资产规范处置与资产安全控制等。

公司应当根据风险与收益均衡等原则和经营需要,确定合理的资产结构,并实施资产结构动态管理。公司应当建立内部资金调度控制制度,明确资金调度的条件、权限和程序,统一筹集、使用和管理资金。公司支付、调度资金,应当按照内部财务管理制度的规定,依据有效合同、合法凭证,办理相关手续。公司向境外支付、调度资金应当符合国家有关外汇管理的规定。公司集团可以实行内部资金集中统一管理,但应当符合国家有关金融管理等法律、行政法规规定,并不得损害成员企业的利益。

公司应当建立合同的财务审核制度,明确业务流程和审批权限,实行财务监控。公司应当加强应收款项的管理,评估客户信用风险,跟踪客户履约情况,落实收账责任,减少坏账损失。

公司应当建立健全存货管理制度,规范存货采购审批、执行程序,根据合同的约定以及内部审批制度支付货款。公司选择供货商以及实施大宗采购,可以采取招标等方式进行。

公司应当建立固定资产购建、使用、处置制度。自行选择、确定固定资产折旧办法,可以征询中介机构、有关专家的意见,并由投资者审议批准。固定资产折旧办法一经选用,不得随意变更。确需变更的,应当说明理由,经投资者审议批准。公司购建重要的固定资产、进行重大技术改造,应当经过可行性研究,按照内部审批制度履行财务决策程序,落实决策和执行责任。公司在建工程项目交付使用后,应当在一个年度内办理竣工决算。

公司对外投资应当遵守法律、行政法规和国家有关政策的规定,符合公司发展战略的要求,进行可行性研究,按照内部审批制度履行批准程序,落实决策和执行的责任。公司对外投资应当签订书面合同,明确公司投资权益,实施财务监管。依据合同支付投资款项,应当按照公司内部审批制度执行。公司向境外投资的,还应当经投资者审议批准,并遵守国家境外投资项目核准和外汇管理等相关规定。

公司通过自创、购买、接受投资等方式取得的无形资产,应当依法明确权属,落实有关经营、管理的财务责任。无形资产出现转让、租赁、质押、授权经营、连锁经营、对外投资等情形时，企业应当签订书面合同，明确双方的权利义务，合理确定交易价格。

公司对外担保应当符合法律、行政法规及有关规定，根据被担保单位的资信及偿债能力，按照内部审批制度采取相应的风险控制措施，并设立备查账簿登记，实行跟踪监督。公司对外捐赠应当符合法律、行政法规及有关财务规定，制定实施方案，明确捐赠的范围和条件，落实执行责任，严格办理捐赠资产的交接手续。

公司从事期货、期权、证券、外汇交易等业务或者委托其他机构理财，不得影响主营业务的正常开展，并应当签订书面合同，建立交易报告制度，定期对账，控制风险。

公司从事代理业务，应当严格履行合同，实行代理业务与自营业务分账管理，不得挪用客户资金、互相转嫁经营风险。

公司应当建立各项资产损失或者减值准备管理制度。各项资产损失或者减值准备的计提标准，一经选用，不得随意变更。公司在制订计提标准时可以征询中介机构、有关专家的意见。对计提损失或者减值准备后的资产，公司应当落实监管责任。能够收回或者继续使用以及没有证据证明实际损失的资产，不得核销。

公司发生的资产损失，应当及时予以核实、查清责任，追偿损失，按照规定程序处理。公司重组中清查出的资产损失，经批准后依次冲减未分配利润、盈余公积、资本公积和实收资本。

公司以出售、抵押、置换、报废等方式处理资产时，应当按照国家有关规定和公司内部财务管理制度规定的权限和程序进行。其中，处理主要固定资产涉及公司经营业务调整或者资产重组的，应当根据投资者审议通过的业务调整或者资产重组方案实施。

发生关联交易的，应当遵守国家有关规定，按照独立企业之间的交易计价结算。投资者或者经营者不得利用关联交易非法转移企业经济利益或者操纵关联企业的利润。

## 四、公司成本控制管理

公司的成本控制管理包括成本分配与成本控制两大环节。成本分配解决如何归集、分配产品或服务的成本问题，其核心内容是成本核算；成本控制所面临的问题是如何使企业达到成本最小化，包括企业所做出的一切降低成本的努力。

公司应当建立成本控制系统，强化成本预算约束，推行质量成本控制办法，实行成本定额管理、全员管理和全过程控制。

公司实行费用归口、分级管理和预算控制，应当建立必要的费用开支范围、标准和报销审批制度。

公司技术研发和科技成果转化项目所需经费，可以通过建立研发准备金筹措，据实列入相关资产成本或者当期费用。符合国家规定条件的企业集团，可以集中使用研发费用，用于企业主导产品和核心技术的自主研发。

公司依法实施安全生产、清洁生产、污染治理、地质灾害防治、生态恢复和环境保护等所需经费，按照国家有关标准列入相关资产成本或者当期费用。

公司发生销售折扣、折让以及支付必要的佣金、回扣、手续费、劳务费、提成、返利、进场费、业务奖励等支出的，应当签订相关合同，履行内部审批手续。公司开展进出口业务收取或者支付的佣金、保险费、运费,按照合同规定的价格条件处理。公司向个人以及非经营单位支付费用的,应当严格履行内部审批及支付的手续。

公司应当按照劳动合同及国家有关规定支付职工报酬,并为从事高危作业的职工缴纳团体人身意外伤害保险费,所需费用直接作为成本(费用)列支。经营者可以在工资计划中安排一定数额,对公司技术研发、降低能源消耗、治理“三废”、促进安全生产、开拓市场等作出突出贡献的职工给予奖励。

公司应当依法为职工支付基本医疗、基本养老、失业、工伤等社会保险费,所需费用直接作为成本(费用)列支。已参加基本医疗、基本养老保险的公司,具有持续盈利能力和支付能力的,可以为职工建立补充医疗保险和补充养老保险,所需费用按照省级以上人民政府规定的比例从成本(费用)中提取。超出规定比例的部分,由职工个人负担。公司为职工缴纳住房公积金以及职工住房货币化分配的财务处理,按照国家有关规定执行。职工教育经费按照国家规定的比例提取,专项用于公司职工后续职业教育和职业培训。工会经费按照国家规定比例提取并拨缴工会。

公司应当依法缴纳行政事业性收费、政府性基金以及使用或者占用国有资源的费用等。公司对没有法律法规依据或者超过法律法规规定范围和标准的各种摊派、收费、集资,有权拒绝。

公司不得承担属于个人的下列支出:(1)娱乐、健身、旅游、招待、购物、馈赠等支出。(2)购买商业保险、证券、股权、收藏品等支出。(3)个人行为导致的罚款、赔偿等支出。(4)购买住房、支付物业管理费等支出。(5)应由个人承担的其他支出。

### 五、公司利润分配管理

利润分配是指将企业实现的利润(包括以前年度未分配利润和本期实现的净利润)向与企业有关的利益人进行分配过程。利润分配在财务管理中具有特殊的地位,合理的利润分配是对投资者的鼓励,也是企业未来发展的保障。利润分配涉及企业、投资者、经营者和职工之间的利益关系,合理的利润分配是财务管理的重要内容之一。

遵照《公司法》第166、167、168条及《企业财务通则》的相关规定,利润分配程序为:(1)弥补以前年度亏损。(2)提取10%法定公积金。法定公积金累计额达到注册资本50%以后,可以不再提取。(3)提取任意公积金。任意公积金提取比例由投资者决议。(4)向投资者分配利润。公司以前年度未分配的利润,并入本年度利润,在充分考虑现金流量状况后,向投资者分配。属于各级人民政府及其部门、机构出资的企业,应当将应付国有利润上缴财政。股份有限公司依法回购后暂未转让或者注销的股份,不得参与利润分配;以回购股份对经营者及其他职工实施股权激励的,在拟订利润分配方案时,应当预留回购股份所需利润。

公司弥补以前年度亏损和提取盈余公积后,当年没有可供分配的利润时,不得向投资者分配利润,但法律、行政法规另有规定的除外。

公司经营者和其他职工以管理、技术等要素参与企业收益分配的,应当按照国家有关规定在企业章程或者有关合同中对分配办法作出规定,并区别以下情况处理:取得公司股权的,与其他投资者一同进行公司利润分配。没有取得公司股权的,在相关业务实现的利润限额和分配标准内,从当期费用中列支。

## 第三节　公司的会计制度

### 一、公司会计制度的概念和内容

公司会计制度(accounting system)是公司对商业交易和财务往来在账簿中进行分类、登录、归总,并进行分析、核实和上报结果的制度,是进行会计工作所应遵循的规则、方法、程序的总称。国家统一的会计制度是指国务院财政部门(即财政部)根据会计法制定的关于会计核算、会计监督、会计机构和会计人员以及会计工作管理的制度。根据《会计法》的规定,国家统一的会计制度,由国务院所属财政部制定;各省、自治区、直辖市以及国务院业务主管部门,在与会计法和国家统一会计制度不相抵触的前提下,可以制定本地区、本部门的会计制度或者补充规定。我国会计制度主要规定在《会计法》、《审计法》、《企业会计准则》、《企业会计通则》以及关于股份有限公司,尤其是上市公司财务管理的规定等法律法规中。

公司会计制度包括:会计凭证的种类和格式以及编制、传递、审核、整理、汇总的方法和程序;会计科目的编号、名称及其核算内容;账簿的组织和记账方法;记账程序和记账规则;成本计算方法;财产清查办法;会计报表的种类、格式和编制方法、报送程序;会计资料的分析利用;会计检查的程序和方法;电子计算在会计中的应用,会计档案的保管和销毁办法;会计机构的组织;会计工作岗位的职责等。

### 二、公司会计核算

会计核算是指以货币为主要量度,对公司的生产经营活动或预算执行的过程与结果进行连续地、系统地记录,定期编制会计报表,形成一系列财务、成本、成本指标,据以考核经营目标或计划的完成情况,为经营决策的制定提供可靠的信息和资料。其基本方法主要有设置账户和账簿、复式记录、填制和审核凭证、登记账簿、成本计算、财产清查和编制会计报表等。

公司会计核算的一个最基本的要求就是真实性。我国《会计法》第 9 条规定,各单位必须根据实际发生的经济业务事项进行会计核算,填制会计凭证,登记会计账簿,编制财务会计报告。任何单位不得以虚假的经济业务事项或者资料进行会计核算。我国《公司法》第 170、171 条规定,公司应当向聘用的会计师事务所提供真实、完整的会计凭证、会计账簿、财务会计报告及其他会计资料,不得拒绝、隐匿、谎报。公司除法定的会计账簿外,不得另立会计账簿。对公司资产,不得以任何个人名义开立账户存储。

根据我国会计法的相关规定,下列经济业务事项,应当办理会计手续,进行会计核算:(1)款项和有价证券的收付;(2)财物的收发、增减和使用;(3)债权债务的发生和结算;(4)资本、基金的增减;(5)收入、支出、费用、成本的计算;(6)财务成果的计算和处理;(7)需要办理会计手续、进行会计核算的其他事项。

会计年度自公历1月1日起至12月31日止。会计核算以人民币为记账本位币。业务收支以人民币以外的货币为主的单位,可以选定其中一种货币作为记账本位币,但是编报的财务会计报告应当折算为人民币。

会计凭证、会计账簿、财务会计报告和其他会计资料,必须符合国家统一的会计制度的规定。使用电子计算机进行会计核算的,其软件及其生成的会计凭证、会计账簿、财务会计报告和其他会计资料,也必须符合国家统一的会计制度的规定。任何单位和个人不得伪造、变造会计凭证、会计账簿及其他会计资料,不得提供虚假的财务会计报告。

会计凭证包括原始凭证和记账凭证。办理上述所列七项应该进行会计核算的经济业务,必须填制或者取得原始凭证并及时送交会计机构。会计机构、会计人员必须按照国家统一的会计制度的规定对原始凭证进行审核,对不真实、不合法的原始凭证有权不予接受,并向单位负责人报告;对记载不准确、不完整的原始凭证予以退回,并要求按照国家统一的会计制度的规定更正、补充。原始凭证记载的各项内容均不得涂改;原始凭证有错误的,应当由出具单位重开或者更正,更正处应当加盖出具单位印章。原始凭证金额有错误的,应当由出具单位重开,不得在原始凭证上更正。记账凭证应当根据经过审核的原始凭证及有关资料编制。

会计账簿登记,必须以经过审核的会计凭证为依据,并符合有关法律、行政法规和国家统一的会计制度的规定。会计账簿包括总账、明细账、日记账和其他辅助性账簿。会计账簿应当按照连续编号的页码顺序登记。会计账簿记录发生错误或者隔页、缺号、跳行的,应当按照国家统一的会计制度规定的方法更正,并由会计人员和会计机构负责人(会计主管人员)在更正处盖章。使用电子计算机进行会计核算的,其会计账簿的登记、更正,应当符合国家统一的会计制度的规定。

公司内部发生的各项经济业务事项应当在依法设置的会计账簿上统一登记、核算,不得违反会计法和国家统一的会计制度的规定私设会计账簿登记、核算。公司应当定期将会计账簿记录与实物、款项及有关资料相互核对,保证会计账簿记录与实物及款项的实有数额相符、会计账簿记录与会计凭证的有关内容相符、会计账簿之间相对应的记录相符、会计账簿记录与会计报表的有关内容相符。

公司采用的会计处理方法,前后各期应当一致,不得随意变更;确有必要变更的,应当按照国家统一的会计制度的规定变更,并将变更的原因、情况及影响在财务会计报告中说明。

财务会计报告应当根据经过审核的会计账簿记录和有关资料编制,并符合会计法和国家统一的会计制度关于财务会计报告的编制要求、提供对象和提供期限的规定;其他法律、行政法规另有规定的,从其规定。财务会计报告由会计报表、会计报表附注和财务情况说明书组成。向不同的会计资料使用者提供的财务会计报告,其编制依据应当一致。有关法律、行政法规规定会计报表、会计报表附注和财务情况说明书须经注册会计师审计的,注册会计师及其所在的会计师事务所出具的审计报告应当随同财务会计报告一并提供。

财务会计报告应当由公司负责人和主管会计工作的负责人、会计机构负责人(会计主管人员)签名并盖章;设置总会计师的单位,还须由总会计师签名并盖章。公司负责人应当保证财务会计报告真实、完整。会计记录的文字应当使用中文。在民族自治地方,会计记录可以同时使用当地通用的一种民族文字。在中华人民共和国境内的外商投资企业、外国企业和其他外国组织的会计记录可以同时使用一种外国文字。

公司、企业必须根据实际发生的经济业务事项，按照国家统一的会计制度的规定确认、计量和记录资产、负债、所有者权益、收入、费用、成本和利润。公司、企业进行会计核算不得有下列行为：(1)随意改变资产、负债、所有者权益的确认标准或者计量方法，虚列、多列、不列或者少列资产、负债、所有者权益；(2)虚列或者隐瞒收入，推迟或者提前确认收入；(3)随意改变费用、成本的确认标准或者计量方法，虚列、多列、不列或者少列费用、成本；(4)随意调整利润的计算、分配方法，编造虚假利润或者隐瞒利润。

## 三、公司会计报告

财务会计报告是指商主体根据会计账簿及其他会计资料，按照统一的格式、内容和方法编制的，以综合反映商事主体在一定时期内(通常是一个会计期间)的生产经营成果和财务状况的一种书面报告和表册。它是依法向政府提供或向社会披露的反映其财务状况和经营成果的书面文件。财务报告按服务对象不同可分为对内报告和对外报告；按编制和报送时间不同可分为月份报告、季度报告和年度报告。按内容分主要包括资产负债表、损益表、现金流量表、财务状况说明书以及利润分配表。会计报表的编制应当遵循连续性原则、以账簿为根据的原则、真实性原则以及公开性原则。

根据我国《公司法》第164、165条的规定，公司应当在每一会计年度终了时编制财务会计报告，并依法经会计师事务所审计。财务会计报告应当依照法律、行政法规和国务院财政部门的规定制作。有限责任公司应当依照公司章程规定的期限将财务会计报告送交各股东。股份有限公司的财务会计报告应当在召开股东大会年会的20日前置备于本公司，供股东查阅；公开发行股票的股份有限公司必须公告其财务会计报告。

财务会计报告是总括性的会计资料，是公司总结经营成果和分析财务状况的依据，也是商事主体向股东、社会提供会计信息以及向政府报告财务和经营状况的重要文件。其作用在于系统而有重点地、简明扼要地反映商事主体的财务状况和经费成果，并向商事主体的经营管理机关、投资者、债权人、政府有关部门等会计报表使用人提供必要的财务资料和会计信息。

根据《会计法》的规定，财务报告由会计报表、会计报表附注和财务情况说明书三项内容组成。

会计报表，又称会计表册，它是指用货币形式综合反映商主体在一定时期内，即一定的会计期间内的生产经营活动和财务状况的一种书面报告文件。它一般是根据会计账簿的记载按照主管部门统一印制的格式、内容和方法编制而成的。会计报表主要包括资产负债表、损益表、财务状况变动表以及其他附表。

会计报表附注，是指为帮助理解会计报表内容而对报表记载的相关事项作出的解释。

财务情况说明书，是指为了方便会计报表的使用者而对商主体的财务情况作出成果的具体说明。

财务报告中的“会计报表”按照不同的分类标准，又可分做以下四种不同的分类：

第一，按照会计报表的编制时期是否确定，分为定期报表和不定期报表。定期报表是按固定日期编制的会计报表，包括年度会计报表、季度会计报表和月份会计报表。不定期报表是不定期地编制和反映企业日程或特殊情况的会计报表。

第二,按照会计报表的用途和作用,分为主要会计报表和附属会计报表,主要会计报表又称主表,是总结反映企业一定期间的经营成果和财务状况及其变动的报表,其反映的内容简明扼要、重点突出,能够使使用者全面而直观地了解企业的情况,如资产负债表、损益表和现金流量表等。附属会计报表又称附表,用以补充说明主表中某些项目的详细情况,如利润分配表、主营业务收支明细表和应交增值税明细表等。

第三,按照会计报表所反映的资金运动状态,分为静态报表和动态报表。静态报表是反映企业资金运动处于相对静止状态时的情况的会计报表,如反映企业某一特定日期资产、负债和所有者权益情况的资产负债表。动态报表是指反映企业资金运动状况的会计报表,如反映企业一定期间的经营成果情况的损益表,反映企业一定会计期间内营运资金来源和运用及其增减变动情况的财务状况变动表等。

第四,按照会计报表编制的主体,分为个别会计报表和合并会计报表。这种分类是在企业进行对外投资的情况下形成的。个别企业报表是指投资企业或接受投资企业编制的,只反映投资企业或接受投资企业本身的财务状况和经营成果的会计报表。合并会计报表是指投资企业在对外投资占被投资企业的资本总额半数以上(或者实质上拥有被投资企业的控制权)的情况下,根据本企业和被投资企业的个别会计报表编制的,反映投资企业与被投资企业的整体的财务状况和经营成果的会计报表。

## 四、上市公司财务报表

我国公司法和证券法规定,对于上市公司实行强制性的信息披露制度,上市公司信息披露的主要内容就是公司财务报表。上市公司财务报表是上市公司必须向社会公开披露的上市报告书、年度报告和中期报告的最重要的组成部分,一般包括资产负债表、利润表、现金流量表等内容。

资产负债表(the Balance Sheet)亦称财务状况表,表示企业在一定日期(通常为各会计期末)的财务状况(即资产、负债和业主权益的状况)的主要会计报表,资产负债表利用会计平衡原则,将合乎会计原则的资产、负债、股东权益的交易科目分为"资产"和"负债及股东权益"两大区块,在经过分录、转账、分类账、试算、调整等等会计程序后,以特定日期的静态企业情况为基准,浓缩成一张报表。其报表功用除了企业内部除错、经营方向、防止弊端外,也可让所有阅读者于最短时间了解企业经营状况。资产负债表为会计上相当重要的财务报表,最重要功用在于表现企业体的经营状况。就程序言,资产负债表为簿记记账程序的末端,是集合了登录分录、过账及试算调整后的最后结果与报表。就性质言,资产负债表则是表现企业体或公司资产、负债与股东权益的对比关系,确切反映公司营运状况。

利润表(Income Statement/Profit and Loss Account)是反映企业一定会计期间(如月度、季度、半年度或年度)生产经营成果的会计报表。企业一定会计期间的经营成果既可能表现为盈利,也可能表现为亏损,因此,利润表也被称为损益表。它全面揭示了企业在某一特定时期实现的各种收入、发生的各种费用、成本或支出,以及企业实现的利润或发生的亏损情况。利润表是根据"收入 - 费用 = 利润"的基本关系来编制的,其具体内容取决于收入、费用、利润等会计要素及其内容，利润表项目是收入、费用和利润要素内容的具体体现。从反映企业经营资金运动的角度看，它是一种反映企业经营资金动态表现的报表，主要提供有关企业经营成果方面的信息，属于动态会计报表。通过利润表，可以反映企业一定会计期间的收入实现情况，即实现的主营业务收入有多少、实现的其他业务收入有多少、实现的投资收益有多少、实现的营业外收入有多少等等；可以反映一定会计期间的费用耗费情况，即耗费的主营业务成本有多少、主营业务税金有多少、销售费用、管理费用、财务费用各有多少、营业外支出有多少等等；可以反映企业生产经营活动的成果，即净利润的实现情况，据以判断资本保值、增值情况。将利润表中的信息与资产负债表中的信息相结合，还可以提供进行财务分析的基本资料，如将赊销收入净额与应收账款平均余额进行比较，计算出应收账款周转率；将销货成本与存货平均余额进行比较，计算出存货周转率；将净利润与资产总额进行比较，计算出资产收益率等，可以显现企业资金周转情况以及企业的盈利能力和水平。

现金流量表（statement of cash flows）是财务报表的三个基本报告之一，所表达的是在一固定期间（通常是每月或每季）内，一家机构的现金（包含银行存款）的增减变动情形，现金流量表的出现，主要是要反映出资产负债表中各个项目对现金流量的影响，并根据其用途划分为经营、投资及融资三个活动分类。现金流量表可用于分析一家机构在短期内有没有足够现金去应付开销。它是反映一家公司在一定时期现金流入和现金流出动态状况的报表。其组成内容与资产负债表和损益表相一致。现金流量表可以概括反映经营活动、投资活动和筹资活动对企业现金流入流出的影响，对于评价企业的实现利润、财务状况及财务管理，要比传统的损益表更客观。现金流量表为大家提供了一家公司经营是否健康的证据。如果一家公司经营活动产生的现金流无法支付股利与保持股本的生产能力，从而它得用借款的方式满足这些需要，那么这就给出了一个警告，这家公司从长期来看无法维持正常情况下的支出。现金流量表通过显示经营中产生的现金流量的不足和不得不用借款来支付无法永久支撑的股利水平，从而揭示了公司内在的发展问题。

上市公司的上述财务报表，需要经过会计师事务所的审计方可对外公布。

## 案例分析 郑百文公司虚假会计报表案[3]

一、基本发展状况

郑百文（股票代码600898）前身是郑州市百货文化用品公司证券交易所正式挂牌交易。

郑百文称，在1986—1996年间，公司的销售收入增长了45倍，利润增长了36倍。1996年实现销售收入41亿元，1997年主营业务收入达到76.78亿元，净资产收益率为20.7%，这些数值均名列同行业前茅，并进入国内上市公司100强，成为当地企业界改革新星和率先建立现代企业制度的典型。1997年7月，郑州市委、市政府将其树立为全市国企改革的一面旗帜，并将其经验大张旗鼓地推向全国。

---

〔3〕 西南财经大学审计教研室："案例分析四——郑百文公司内部控制失败"，载 http://lxp.cai.swufe.edu.cn/281.htm，2014年8月6日访问。

然而,正当"郑百文经验"被轰轰烈烈地推广之际,戴在公司头上的数条先环突然消失了。1998年郑百文亏损5.02亿元,每股收益由1997年的0.4649元一下子变为-2.5438元,净资产收益率变为-1148.46%,郑州会计师事务所出具了无法表示意见的审计报告,股票交易实行特别处理。1999年,公司经营状况进一步恶化,年亏损额达到9.57亿元,每股亏损4.8435元,每股净资产已达-6.5766元;2000年8月19日,中报显示每股净资产为-6.8856元,创下了上市公司亏损之最。1999年12月,中国建设银行将公司所欠债务本息19.36亿元转让给中国信达金融资产管理公司。2000年3月,信达向郑州市中级人民法院提交要求郑百文破产的申请书。4月,天健会计师事务所出具对其1999年财务报告拒绝表示意见的审计报告。

二、郑百文内部控制制度的分析

(一)公司的控制活动分析

仅以公司货币资金业务的控制情况为例,进行分析如下:

公司领导以投资、合作为名,随意拆借、挪用上市募集的资金,近2亿元有去无回,1998年股东大会决定向全体股东配售新股,配股资金将用于组建异地商品销售中心、兼并郑州市化工公司等五个方面。不久又召开董事会,决定更改配股资金投向:(1)组建异地商品销售中心;(2)兼并郑州市化工公司;(3)补充流动资金。可是在1.26亿元配股资全到手后,仅组建异地商品销售中心,就支出近2.7亿元,何谈补充流动资金?由此可见,公司在资金预算、项目建设等方面存在严重的管理失控现象。在郑百文跌入困境之际,数亿元的货款因分、子公司的经营管理不善而不能正常回流总公司,这更说明了公司对货币资金管理的混乱程度。

(二)信息披露严重失真

公司的一位财务经理曾回忆说:"郑百文其实根本不具备上市资格,为了达到上市募集资金的目的,公司硬是把亏损做成盈利报上去,最后蒙混过关。"为了上市,公司曾组建专门做假账的班子,采用虚增资产、虚减负债、增加待摊费用等手段,最终骗取了上市资格。甚至在1998年公司出现严重亏损时,管理层仍汇聚深圳,讨论公司1998年财务报告是反映亏损,还是继续用盈利欺骗投资者?如果公司对外财务报告中的数据均由企业管理者通过"讨论"而得出的话,那么,上市公告众财务报告的虚假程度之深,就不言而喻了。

(三)会计制度不规范

截至1999年底,公司的应收账款、其他应收款、预付账款共计9.77亿元。由于公司缺乏有效的内部控制机制,许多往来款项缺少应有的凭证,无法做到账证相符。另外,天健会计师事务所在对公司的固定资产进行账实核对时发现:由于管理薄弱,相关人员更迭频繁,会计记录混乱,会计处理随意,致使财务与经营业务运作脱节。甚至连存货的生产日期、进货时间及存货可变现净值等资料都不能完整地提供。这种混乱状况不仅影响了会计师事务所对公司经营状况的客观审计,而且也不利于公司管理者对本企业相关信息的准确掌握,同时,也不利于投资者对公司经营状况的正确分析和判断。

从1996年起,郑百文为建立全国性的营销网络,投入上亿元,建立了四十多家分公司。其中控股子公司达到十八家,全资子公司有三家。由于公司规模扩张过快,总公司对分、子公司在财务及人员管理等方面缺乏必要的控制措施,致使公司下属部分外地分支机构的管理人员素质不高,缺乏应有的经营理念;特别是对财务工作缺乏必要的认识和重视。同时,由于会计人员多在当地招聘,且人员变动频繁,造成部分公司会计记录混乱,会计处理随意,内部往来长期不进行核对和清算。

这在很大程度上影响了总部对企业整体资金运营的掌握程度,最终必将影响到其宏观经营决策。

(四)内部审计形同虚设

代理人理论认为,由于公司经理人与股东、债权人的利益不一致,从而产生代理人成本。经理人就会通过各种方式来使自己的收益最大化,最终损害股东和债权人的利益。审计是保持经理人与股东和债权人利益最大化的控制器。

郑百文董事会下设审计委员会,负责公司的内部审计工作,其作用发挥得如何呢?在“郑百文事件”被披露以后,记者曾采访公司董事会秘书,她说不清楚关于报道中提到的做假账一事;她还说,在1998年开始出现亏损时,公司才进行全面的内部审计。在她的印象中,以前内部审计比较少,内部整顿也是在公司出了事以后。由此可见,公司内部审计部门形同虚设。没有内部审计部门的事前预测、计划,事中检查、控制,事后分析、评判,又怎能保证郑百文经营战略得当,经营渠道顺畅呢?天健会计师事务所在对其1998年财务报告进行审计时也指出:“因贵公司所属家电分公司缺乏可信赖的内部控制制度……”这都反映了郑百文不仅内部控制制度不健全,而且也缺乏必要的监督。公司领导可以随意拆借、挪用巨额资金;不对市场进行科学分析,盲目投资,造成资金大量沉淀;数以亿计的货款被分支机构经营者或藏入私囊,或成为无法回收的呆、坏账,这无不反映出公司内部监督机制的缺乏。

# 第十二章　公司合并、分立、增资、减资

## 第一节　公 司 合 并

公司合并是指两个或两个以上的公司依照公司法规定的条件和程序,通过订立合并协议,共同组成一个公司的法律行为。公司合并可分为吸收合并和新设合并两种形式。不管是吸收合并还是新设合并,都会涉及被合并公司法人格消灭或原有公司的法人资格均告消灭的问题。所以,公司法关于公司合并的规则,也是围绕着公司法人格问题所作的规定。公司合并的法律特征:第一,公司合并的当事人是公司本身而非公司股东。第二,公司合并必须依法定程序进行。第三,公司合并是一种协议行为,而非行政行为。

### 一、公司合并的类型

公司要想在市场竞争中取得优势,提高自身的竞争力,就要做强做大,尽快扩大经营规模,超过其他竞争对手。规模的扩大一般可以采取两种途径,一是从内部扩张,通过资本积累,凭借自己的技术优势、品牌优势、资金优势和管理优势,向纵深产品、相关产品或相关产业发展;二是从外部扩张,通过资产购并、重组,吞并别的企业。前一方式速度太慢,后一种方式是快速扩大规模的主要手段。

经济学家乔治·斯蒂格勒说过:"没有一个美国大公司不是通过某种程度、某种方式的兼并而成长起来的,几乎没有一家大公司主要是靠内部积累成长起来的。"这主要说明公司合并在其成长中的重大作用。人类商业史并购鼻祖 JP 摩根收购卡内基钢铁公司,吞并 785 家中小型钢铁企业,成就了著名的美国钢铁公司,公司资产达到 14 亿美元,是世界上第一家资产超过 10 亿美元的公司,控制了美国钢产量的 70% 。这是最典型的"快速"成长路径。人类历史上的五次全球跨国并购,直接导致了众多跨国公司的形成和发展。从 19 世纪 70 年代起发生的第一次并购浪潮,1916 年起发生的第二次并购浪潮,至 20 世纪 60 年代末发生的第三次并购浪潮中,可以总结出前三次并购潮中企业追求的目标是规模经济效应和市场份额的垄断优势。而发生于 20 世纪 70 年代末的第四次并购浪潮是最具有投机色彩的金融创新的杠杆式并购,追求的是股东利益最大化。在前四次大企业跨国并购浪潮中,基本上形成了以美国企业为主,英国企业也参与其中的局面。而其他跨国公司,如日本、德国和法国等企业都持谨慎态度,他们更加重视增强公司的长期竞争力,而不仅仅是规模扩张的经济效应。在 20 世纪的最后几年

里，以美国为首的跨国公司在世界市场上又一次掀起了并购狂潮，这次跨国并购的规模之大，范围之广，资本之巨，震惊世界。

20世纪90年代中期以来，全球涌现出了许多巨型跨国公司相互之间并购的案例，对世界经济产生了重要影响，成为举世瞩目的焦点。2002年是全球企业并购的转折点，尽管并购规模大量萎缩，然而却是全球资本并购第六次浪潮来临的标志。并且，中国企业在全球并购中异军突起，这一年是中国并购史辉煌的开始。中国持续三十多年的经济增长，成为世界经济的火车头，促进了全球经济新繁荣。中国企业并购近年来发展很快。2001年中国并购总额仅119亿美元，2002年为304亿美元，2004年跃增至588亿美元，2006年更进一步，超过900亿美元。几乎每1至2年翻一番。就海外并购而言，2005年就超过100亿美元，比2004年翻了一番，2006年这个数字几乎增长了一倍。2006年，全国大小企业并购达3000起。通过并购方式走向国际市场，已经成为中国公司走出去的主要方式。

中国公司在国内的合并行为，要遵守我国公司法的规定，我国《公司法》第172条规定，公司合并可以采取吸收合并或者新设合并。一个公司吸收其他公司为吸收合并，被吸收的公司解散。两个以上公司合并设立一个新的公司为新设合并，合并各方解散。

吸收合并又称存续合并，它是指通过将一个或一个以上的公司并入另一个公司的方式而进行公司合并的一种法律行为。并入的公司解散，其法人资格消失。接受合并的公司继续存在，并办理变更登记手续。

新设合并是指两个或两个以上的公司以消灭各自的法人资格为前提而合并组成一个公司的法律行为。其合并结果，原有公司的法人资格均告消灭。新组建公司办理设立登记手续取得法人资格。

公司合并的一个直接法律后果就是被合并的公司解散或原有的公司全部解散，其法人格被注销。一般情况下，公司解散要经过清算程序，其法人格才可被注销，而在公司合并的特殊情况下，不必经过清算程序，公司的法人格就可被注销，因此，省去了很多的麻烦。

公司合并还会涉及公司财务处理的问题，2006年，财政部专门发布了第20号的《企业财务准则》，专门就企业合并的会计处理问题做出了规定。该准则的第2条将公司合并分为同一控制下的企业合并和非同一控制下的企业合并，大概相当于公司法中规定的吸收合并和新设合并。

### （一）同一控制下的企业合并财务规则

同一控制下的企业合并，是指参与合并的企业在合并前后均受同一方或相同的多方最终控制且该控制并非暂时性的合并。同一控制下的企业合并，在合并日取得对其他参与合并企业控制权的一方为合并方，参与合并的其他企业为被合并方。合并日，是指合并方实际取得对被合并方控制权的日期。

合并方在企业合并中取得的资产和负债，应当按照合并日在被合并方的账面价值计量。合并方取得的净资产账面价值与支付的合并对价账面价值（或发行股份面值总额）的差额，应当调整资本公积；资本公积不足冲减的，调整留存收益。

同一控制下的企业合并中，被合并方采用的会计政策与合并方不一致的，合并方在合并日应当按照本企业会计政策对被合并方的财务报表相关项目进行调整,在此基础上按照本准则规定确认。

合并方为进行企业合并发生的各项直接相关费用,包括为进行企业合并而支付的审计费用、评估费用、法律服务费用等,应当于发生时计入当期损益。为企业合并发行的债券或承担其他债务支付的手续费、佣金等,应当计入所发行债券及其他债务的初始计量金额。企业合并中发行权益性证券发生的手续费、佣金等费用,应当抵减权益性证券溢价收入,溢价收入不足冲减的,冲减留存收益。

企业合并形成母子公司关系的,母公司应当编制合并日的合并资产负债表、合并利润表和合并现金流量表。合并资产负债表中被合并方的各项资产、负债,应当按其账面价值计量。因被合并方采用的会计政策与合并方不一致,按照本准则规定进行调整的,应当以调整后的账面价值计量。合并利润表应当包括参与合并各方自合并当期期初至合并日所发生的收入、费用和利润。被合并方在合并前实现的净利润,应当在合并利润表中单列项目反映。合并现金流量表应当包括参与合并各方自合并当期期初至合并日的现金流量。编制合并财务报表时,参与合并各方的内部交易等,应当按照《企业会计准则第 33 号——合并财务报表》处理。

(二)非同一控制下的企业合并财务规则

非同一控制下的企业合并,在购买日取得对其他参与合并企业控制权的一方为购买方,参与合并的其他企业为被购买方。购买日,是指购买方实际取得对被购买方控制权的日期。

购买方应当区别下列情况确定合并成本:(1)一次交换交易实现的企业合并,合并成本为购买方在购买日为取得对被购买方的控制权而付出的资产、发生或承担的负债以及发行的权益性证券的公允价值。(2)通过多次交换交易分步实现的企业合并,合并成本为每一单项交易成本之和。(3)购买方为进行企业合并发生的各项直接相关费用也应当计入企业合并成本。(4)在合并合同或协议中对可能影响合并成本的未来事项作出约定的,购买日如果估计未来事项很可能发生并且对合并成本的影响金额能够可靠计量的,购买方应当将其计入合并成本。

购买方在购买日对作为企业合并对价付出的资产、发生或承担的负债应当按照公允价值计量,公允价值与其账面价值的差额,计入当期损益。

购买方在购买日应当对合并成本进行分配,按规定确认所取得的被购买方各项可辨认资产、负债及或有负债。

企业合并发生当期的期末,因合并中取得的各项可辨认资产、负债及或有负债的公允价值或企业合并成本只能暂时确定的,购买方应当以所确定的暂时价值为基础对企业合并进行确认和计量。购买日后 12 个月内对确认的暂时价值进行调整的,视为在购买日确认和计量。

## 二、公司合并的法律程序和债权人利益的保护

我国《公司法》第 173、174 条对公司合并的程序进行了规定,公司合并,应当由合并各方签订合并协议,并编制资产负债表及财产清单。公司应当自作出合并决议之日起 10 日内通知

债权人,并于30日内在报纸上公告。债权人自接到通知书之日起30日内,未接到通知书的自公告之日起45日内,可以要求公司清偿债务或者提供相应的担保。公司合并时,合并各方的债权、债务,应当由合并后存续的公司或者新设的公司承继。

公司合并是一种法律行为,公司合并不仅涉及公司的变化,还关系到公司股东、债权债务及关系人的利益,必须依法定程序进行。根据上述公司法的原则性规定,具体程序如下:

第一,董事会制订合并方案。

第二,签订公司合并协议。公司合并协议是指由两个或者两个以上的公司就公司合并的有关事而订立的书面协议。协议的内容应当载明法律、法规规定的事项和双方当事人约定的事项,一般来说包括以下内容:其一,公司的名称与住所。这里所讲公司的名称与住所包括合并前的各公司的名称与住所和合并后存续公司或者新设公司的名称与住所。公司名称应当与公司登记时的名称相一致,并且该名称应当是公司的全称;公司的住所应当是公司的实际住所即总公司所在地。其二,存续或者新设公司因合并而发行的股份总数、种类和数量,或者投资总额,每个出资人所占投资总额的比例等。其三,合并各方现有的资本及对现有资本的处理方法。其四,合并各方所有的债权、债务的处理方法。其五,存续公司的公司章程是否变更,公司章程变更后的内容,新设公司的章程如何订立及其主要内容。其六,公司合并各方认为应当载明的其他事项。

第三,编制资产负债表和财产清单。资产负债表是反映公司资产及负债状况、股东权益的公司的会计报表,是会计合并中必须编制的报表。合并各方应当真实、全面地编制此表,以反映公司的财产情况,不得隐瞒公司的债权、债务。此外,公司还要编制财产清单,清晰地反映公司的财产状况。财产清单应当翔实、准确。

第四,形成合并决议。公司合并应当由公司股东会或者股东大会作出合并决议,之后方进行其他工作。公司合并会影响到股东利益,如股权结构的变化。根据《公司法》第43、66、103条的规定,就有限责任公司来讲,其合并应当由股东会作出特别决议,即经代表2/3以上表决权的股东通过才能进行;就股份有限公司来讲,其合并应当由公司的股东大会作出特别决议,即必须经出席会议的股东所持表决权2/3以上决议通过才能进行;就国有独资公司来讲,其合并必须由国有资产监督管理机构决定,其中,重要的国有独资公司合并应当由国有资产监督管理机构审核后,报本级人民政府批准,才能进行。

第五,通知和公告债权人。公司应当自作出合并决议之日起10日内通知债权人,并于30日内在报纸上公告。一般来说,对所有的已知债权人应当采用通知的方式告知,只有对那些未知的或者不能通过普通的通知方式告知的债权人才可以采取公告的方式。通知和公告的目的主要是告知公司债权人,以便让他们作出决定,对公司的合并,是否提出异议,此外,公告也可以起到通知未参加股东会(股东大会)的股东的作用。

第六,合并登记。合并登记分为解散登记和变更登记。公司合并以后,解散的公司应当到工商记机关办理注销登记手续;存续公司应当到登记机关办理变更登记手续;新成立的公司应当到登记机关办理设立登记手续。公司合并只有进行登记后,才能得到法律上的承认。

# 第二节 公 司 分 立

## 一、公司分立的概念和特征

公司分立是和前述公司合并相反的行为,它是指原有的一个公司分成两个或两个以上独立公司的法律行为。公司分立时,其财产应作相应的分割。公司分立有以下三个法律特征:

第一,公司分立是在原有公司基础上的“一分为二”或“一分为多”,它与公司合并恰好是反向操作,既不是“转投资”设立子公司或参股公司的行为,也不是为拓展经营而设立分公司的行为。原公司与分立后的公司之间、分立后公司相互之间,既无公司内部的总公司与分公司的管理关系,也不是企业集团中成员相互间控股或参股的关系,而是彼此完全独立的法人关系。

第二,公司分立是公司组织法定变更的一种特殊形式。公司的分立不是公司的完全解散,无论是新设分立还是派生分立,均无须经过清算程序而实现在原公司基础上成立两个或两个以上公司。在这个意义上,公司分立是法律设计的一种简化程序,使公司在无须消灭的情况下实现“一分为二”或“一分为多”,因此,公司分立是公司组织法定变更的特殊形式。

第三,公司分立是依照法定的条件和程序来进行的行为。由于公司分立将会引起分立前公司主体和权利义务的变更,而且也必然涉及相关主体的利益,为了保护各方主体利益,分立行为必须严格依照公司法所规定的条件和程序来进行。

## 二、公司分立的类型和程序

成本的优势是大型企业最重要的优势之一,成本的优势运用得好,就会转化为效益。一般来说,大型企业的经济效益比小企业要好,但大型企业的管理难度比中小企业大,大型企业在管理中往往会犯“大企业病”,而且往往会因“大企业病”而影响企业的效率。现在,“大企业病”,是指企业规模扩大、产业类型和管理层次增多后,可能产生的信息阻隔、信息传递速度衰减或内容失真、决策得不到不折不扣贯彻、指令执行出现严重偏差、企业成本增加、制度繁琐以及组织机构官僚化等,使企业响应市场的能力降低,生存质量不断弱化,逐步走向低劣甚至衰败的一种慢性综合病症。通过公司分立的方式,根据具体情况,可以把一个得了大企业病的公司分成两或两个以上的公司,缩减公司规模,从而提高经营效率,增强公司活力,有效克服大企业病。最典型的例子就是:在上海证券交易所挂牌上市的原东北高速分立而成两家公司——龙江交通和吉林高速。通过分立,终于解决了东北高速长达十余年的“历史包袱”,捆绑上市导致跨地区、跨部门的利益在上市公司成立后根本无法协调,上市公司成立后各种问题也纷至沓来,比如争夺董事席位、争夺经营权、占领办公场所、驱赶经营班子、抢夺公章、甚至动用公权整人等。公司分立有利于降低上市公司多元化业务之间的负面协同效应,有利于公司及其管理层聚焦经营,改善经营绩效,也有利于投资者发掘公司不同业务的不同价值。[1]

公司分立与资产剥离等紧缩方式相比还有一个明显的优点,即税收优惠。公司分立对公司和股东都是免税的,而资产剥离则可能带来巨大的税收负担。公司在资产剥离中得到的任何收益都要纳税,如果这笔钱再以股利的形式发给股东,还要继续纳税。另外,通过公司分立,我国公司还有可能减少所得税和流转税的负担,我国企业分立的纳税筹划主要体现在两类税种上面:一类是所得税,另一类是流转税。我国税法中有一条常用原则,即在税率适用界线模糊时,一般都是从高适用税率。低税环节征收高税,当然对企业发展不利。企业分立的纳税筹划理论依据有两条:一条是减少企业所得税。在累进税率条件下,通过分立使原本适用高税率的一个企业,分解成两个甚至更多个新企业,单个新企业应纳所得额大大减少,于是所适用的税率也就相对较低,从而使分立企业的总体税收负担低于分立前的企业。另一条是减少流转税。将特定的产品生产归于单独的生产企业,避免因模糊核算而从高适用税率,这样就使得企业的税负减少。

在公司分立中,需要注销的公司不需要清算。因为,原来的债权债务关系不因合并分立消灭,债权人还可以找到分立或合并后的公司继续维持原来的债权债务关系。

公司分立还能让股东保留他在公司的股份。因此,公司在未来的任何发展都能使股东获利。经验数据表明,被放弃的子公司和母公司在公司分立以后的几年内通常会在业绩上超过市场整体水平。如果子公司因为包含在企业集团内部而被低估了价值,或者市场预期在公司分立之后将出现收购报价,这种趋势就更为明显。

公司分立有时也是一种反收购的手段。当一个公司的下属子公司被收购方看中,收购方要收购整个企业时,母公司通过把该子公司分立出去就可以避免被整体收购的厄运。

公司分立以原有公司法人资格是否消灭为标准,可分为新设分立和派生分立两种。

### (一)公司分立的类型

1. 新设分立

新设分立,又称解散分立。指一个公司将其全部财产分割,解散原公司,并分别归入两个或两个以上新公司中的行为。在新设分立中,原公司的财产按照各个新成立的公司的性质、宗旨、业务范围进行重新分配组合。同时原公司解散,债权、债务由新设立的公司分别承受。新设分立,是以原有公司的法人资格消灭为前提,成立新公司。上述东北高速的分立就属于此类。

2. 派生分立

派生分立,又称存续分立。是指一个公司将一部分财产或营业依法分出,成立两个或两个以上公司的行为。在存续分立中,原公司继续存在,原公司的债权债务可由原公司与新公司分别承担,也可按协议由原公司独立承担。新公司取得法人资格,原公司也继续保留法人资格。

### (二)公司分立的程序

公司分立与公司合并一样,也属于公司的重大法律行为,必须严格依照法律规定的程序

---

〔1〕 参见中国经济时报:"上市公司分立首现,制度为何难放行?",载 http://jjsb.cet.com.cn/show_95353.html,2014年7月31日访问。

进行。

第一,董事会拟订分立方案报股东大会作出决议。公司分立方案由董事会拟订并提交股东大会讨论决定;股东大会作出分立决议,必须经出席会议的股东所持表决权的 2/3 以上通过。根据《公司法》第 43、66、103 条的规定,就有限责任公司来讲,其合并应当由股东会作出特别决议,即经代表 2/3 以上表决权的股东通过才能进行;就股份有限公司来讲,其合并应当由公司的股东大会作出特别决议,即必须经出席会议的股东所持表决权 2/3 以上决议通过才能进行;就国有独资公司来讲,其合并必须由国有资产监督管理机构决定,其中,重要的国有独资公司合并应当由国有资产监督管理机构审核后,报本级人民政府批准,才能进行。

第二,由分立各方,即原公司股东就分立的有关具体事项订立协议。

第三,编制资产负债表和财产清单。资产负债表是反映公司资产及负债状况、股东权益的公司的会计报表,是会计合并中必须编制的报表。应当真实、全面地编制此表,以反映公司的财产情况,不得隐瞒公司的债权、债务。此外,公司还要编制财产清单,清晰地反映公司的财产状况。财产清单应当翔实、准确。

第四,向债权人通知和公告。公司应当自作出分立决议之日起 10 日内通知债权人,并于 30 日内在报纸上公告。

第五,依法办理变更登记手续。因分立而存续的公司,其登记事项发生变化的,应当申请变更登记;因分立而解散的公司,应当申请注销登记;因分立而新设立的公司,应当申请设立登记。根据我国《公司登记管理条例》第 38 条的规定,公司合并、分立的,应当自公告之日起 45 日后申请登记,提交合并协议和合并、分立决议或者决定以及公司在报纸上登载公司合并、分立公告的有关证明和债务清偿或者债务担保情况的说明。法律、行政法规或者国务院决定规定公司合并、分立必须报经批准的,还应当提交有关批准文件。

### 三、公司分立的法律后果

公司分立作为一种法律行为,分立成功必然要引起一系列的法律后果,主要有:

第一,公司主体的变化,涉及公司的解散、变更和新设。在新设分立形式中,原公司解散,新公司设立。在派生分立形式中,原公司存续,但主体因股东、注册资本等发生变化而必须进行变更,新公司设立。

第二,股东身份及持股额的变化。由于公司的"一分为二"或"一分为多",股东的身份也可能随之发生变化,即由原公司的股东变成了新公司的股东。就留在原公司的股东而言,虽然股东身份没有变化,但在原公司的持股份额却可能发生变化。由于公司分立一般要导致原公司规模的缩小,因此,随着股东和公司注册资本的减少,剩余股东对公司持股份额必然会有所增加。

第三,债权债务的变化。随着公司的分立,原公司承受的债权债务也将因分割而变化成为两个或两个以上公司的债权债务。根据我国《公司法》第 176 条的规定,公司分立前的债务由分立后的公司承担连带责任。但是,公司在分立前与债权人就债务清偿达成的书面协议另有约定的除外。

## 第三节　公司的减资、增资

我国与大陆法系国家一样,实行较为严格的资本制度,在公司制度中贯彻“资本三原则”:资本不变原则、资本充实原则和资本维持原则,目的是保护债权人的利益。即使法律允许减资,也设置了一系列严格的程序和条件。目前,我国公司法把公司合并、分立与公司增资、减资都放在第九章,笔者认为他们之间有联系,但并非一回事。公司合并很有可能带来增资,但并不必然带来增资;而分立也很有可能带来减资,但并不必然伴随减资。

### 一、公司增资的内容和程序

公司增加注册资本是指在公司成立后,经权力机构决议,依法定程序在原有注册资本的基础上予以扩大,增加公司实有资本总额的法律行为。公司增资主要有以下几个方面的考虑:(1)公司为了维持生产规模,使公司能有充足的资金保证,保证扩大再生产的顺利进行,一般都制定了资本金增值保值制度,最起码也要维持原来的资金规模。(2)公司为了扩大再生产的需要,不可避免地要借助金融单位及金融工具。但是有些股份制银行,非常注重企业资本金的规模,如果达不到5000万元的水平,就没有融资贷款的资格。(3)公司的所有者权益大小,大部分反映到资本金上,而且生产销售要达到一定的规模,在很大程度上要用公司资本金作支撑。所以,公司资本金在没有特殊情况下不能减少,而且要逐步的增加,有不少企业都用企业的盈余公积金等转赠资本金,其意义就在这里。

按照我国《公司法》第178、179条的规定,有限责任公司增加注册资本时,股东认缴新增资本的出资,依照本法设立有限责任公司缴纳出资的有关规定执行。股份有限公司为增加注册资本发行新股时,股东认购新股,依照本法设立股份有限公司缴纳股款的有关规定执行。公司增加注册资本,应当依法向公司登记机关办理变更登记。

有限责任公司增加注册资本的主要途径是股东增加出资,情况比较简单;股份有限公司可以通过发行新股来增加注册资本,也可以将公积金转为注册资本,情况比较复杂。下面主要介绍股份有限公司增加注册资本的程序和要求。

第一,由股东大会作出决议。股份有限公司增加注册资本,应由董事会拟订增资方案并提交股东大会,由股东大会决议通过。决议内容应包括新股种类及数额、新股发行价格、新股发行的起止日期、向原有股东发行新股的种类及数额。

第二,增量发行新股应符合法定条件。公司公开发行新股应当符合下列条件:其一,具备健全且运行良好的组织机构;其二,具有持续盈利能力,财务状况良好;其三,最近3年财务会计文件无虚假记载,无其他重大违法行为;其四,经国务院批准的国务院证券监督管理机构规定的其他条件。上市公司非公开发行新股,应当符合经国务院批准的国务院证券监督管理机构规定的条件,并报国务院证券监督管理机构核准。

第三,发行新股须进行审批。股东大会作出发行新股的决议后,董事会必须报国务院证券监督管理机构核准。

第四,进行公告。公司经批准向社会公开发行新股时,必须公告新股招股说明书和财务会计报表及附表。

第五,公积金转增资本。股份有限公司经股东大会决议将公积金转为资本时,按股东原有股份比例派送新股或增加每股面值。但法定公积金转为资本时,所留存的该项公积金不得少于注册资本的15%。

第六,变更登记。公司增加注册资本后,应依法向公司登记机关办理变更登记。

## 二、公司减资的内容和程序

公司减少注册资本是指公司成立后,经权力机构决议,依法定程序使其注册资本在原有基础上进行削减的法律行为。公司减资主要有以下几个方面原因:(1)一次性偿付累积债务。由于多年经营亏损累积,即使以后若干年,企业的利润也无法弥补,在这种情况下就需要减资,用以弥补累积的亏损。(2)调整过多的资本。公司成立初期需巨额资金,步入正轨后,资金则有可能过剩,因此亦需减资。(3)增派股息。由于股息是根据资本利润额进行分派的,所以减少资本就能增加股息。同时,还可与"一次性偿付累积债务"结合,一扫亏损,尽早恢复分红。(4)公司合并。这通常是在公司资产平衡时进行。(5)分离部门。将公司中某些部门分离独立时,资产也随之分离,这对企业来说也是减资。减资有形式上的和实质性的两种。形式上的减资是指仅在账本上减少资本,而公司财产不减,比如公司购回一定比例的流通股票,降低面额,将一笔资金归还股东等。因经营状况不佳而需弥补亏损的减资是实质性减资,大部分减资属于这种情况。

根据我国《公司法》第177、179条的规定,公司需要减少注册资本时,必须编制资产负债表及财产清单。公司应当自作出减少注册资本决议之日起10日内通知债权人,并于30日内在报纸上公告。债权人自接到通知书之日起30日内,未接到通知书的自公告之日起45日内,有权要求公司清偿债务或者提供相应的担保。公司减少注册资本,应当依法向公司登记机关办理变更登记。

公司减资与公司增加注册资本的法律要求不同,情况比较复杂,需要公告,甚至有的公司还需要进行担保。下面主要介绍公司减资的程序和要求:

第一,公司权力机构作出决议或决定。公司减少注册资本,在有限责任公司,须经代表2/3以上表决权的股东决议通过;在国有独资公司,必须由国有资产监督管理机构决定,其中,重要的国有独资公司的减资,由国有资产监督管理机构审核后,报本级人民政府批准。在股份有限公司,须经出席会议的代表2/3以上表决权的股东决议通过。

第二,编制表册。公司决议减少注册资本时,董事会必须编制资产负债表和财产清单。

第三,通知和公告。应当注意的是,就增加注册资本这一事项,公司不必通知和公告债权人,但当公司减少其注册资本时,应当自作出减少注册资本决议之日起10日内通知债权人,并于30日内在报纸上公告。债权人自接到通知书之日起30日内,未接到通知书的自公告之日起45日内,有权要求公司清偿债务或者提供担保。

第四，进行变更登记。公司减少注册资本时，公司章程原定的注册资本发生变化，须向原公司登记机关办理变更登记。办理登记时虚报注册资本的，责令改正，处以虚报注册资本金额5%以上15%以下的罚款。股份有限公司通过收购本公司股票的方式减少注册资本的，必须在10日内注销该部分股份，并依照法律、行政法规办理变更登记并公告。公司减少资本后的注册资本不得低于法定的最低限额。

我国公司立法对公司减资制度的设计，采取的是信息披露机制下的债权人保护模式。公司的注册资本可视作公司对外公示的债务清偿能力，公司的交易相对人正是基于对这一债务清偿能力的信任而选择该公司作为交易对象。公司的注册资本减少必然削弱公司的债务清偿能力，从而影响债权人利益。因此，我国立法对公司减资制度的设计，采取了信息披露机制下的债权人保护模式。该模式的思路是，设定严格的减资程序，配合披露（减资通知、公告警示设计）、实质性清偿或担保机制，来实现对债权人利益的终极保护。

《公司法》第177条规定了公司对减资信息的披露义务（应当自作出减资决议之日起10日内通知债权人，并于30日内在报纸上公告）和债权人对债权的保全权利（有权自接到通知书之日起30日内，未接到通知书的自公告之日起45日内，要求公司清偿债务或者提供担保）。从上述规定我们可以发现，债权人之保全权利以公司履行披露义务为前提；若公司怠于披露减资信息，则债权人之保全权利将无从行使。该项立法设计的本意在于：经由充分的披露公示，令债权人知悉其债权存在减资带来的风险，以便及时行使保全权利预先获得清偿或担保。因此，对公司减资情形下债权人保护规则的具体设计，实则以公司披露义务为核心，意旨在于令所有债权人全面、及时获悉减资信息。并且对于减资信息的披露，应以直接通知为主要方式，报纸公告为辅助方式。即对于已知债权人，悉应采取直接通知方式；对未知债权人，方可不得已而采取公告方式。

公司未履行减资信息披露义务导致债权人未能及时行使债权保全权利，或债权人及时行使债权保全权利但公司拒绝清偿债务或提供担保时，减资不产生对抗该债权人的效力。减资股东向受不当减资损害的债权人，在因减资而免除出资义务或返还已缴出资的范围内，承担补充赔偿之责。但减资股东对债权人所负之责，应受到以下三重限制：

首先，责任对象的限制。责任对象限于受不当减资损害的债权人，即公司未向其履行减资信息披露义务导致其未能及时行使债权保全权利，或其及时行使债权保全权利但公司拒绝清偿债务或提供担保者。经公司充分披露但未及时行使保全权利的债权人，不在减资赔偿之列。

其次，责任范围的限制。不当减资的责任原理在于不当减资造成债权人在公司财产减少时无法落实债权保全，产生债权不能全额受偿的风险。因此不当减资所致损失不会超过减资造成公司财产减少的范围，减资股东应仅在减资范围内也即因减资所获出资义务免除及已缴出资返还的范围内，对债权人承担责任。

最后，责任性质的限制。不当减资造成的债权无法全额受偿的风险，仅是潜在可能而非必然结果，在减资后的公司财产已然足够偿债的情况下，这种潜在可能便不会实际发生。因此，减资股东向债权人赔偿损失的范围，限于减资后公司财产不足偿债的部分，责任性质是补充责任，而非连带责任。

### 三、公司注册资本变更(增资或减资)登记需提交的材料

注册资本变更(增资或减资)登记应该向主管登记的机关提交以下材料:(1)公司法定代表人签署的《公司变更登记申请书》(公司加盖公章)。(2)公司签署的《公司股东(发起人)出资情况表》(公司加盖公章)。(3)公司签署的《指定代表或者共同委托代理人的证明》(公司加盖公章)及指定代表或委托代理人的身份证复印件(本人签字);应标明具体委托事项、被委托人的权限、委托期限。(4)有限责任公司提交股东会决议,股份有限公司提交股东大会会议记录,内容应当包括:增加/减少注册资本的数额、各股东具体承担的增加/减少注册资本的数额、各股东的出资方式、出资日期;有限责任公司由代表2/3以上表决权的股东签署(股东为自然人的由本人签字;自然人以外的股东加盖公章);股份有限公司股东大会会议记录由代表2/3以上表决权的发起人加盖公章或会议主持人及出席会议的董事签字;一人有限责任公司应提交股东的书面决定,内容应当包括:增加/减少注册资本的数额和出资方式、出资日期(股东为自然人的由本人签字,法人股东加盖公章)。国有独资公司提交国有资产监督管理机构的批准文件,内容应当包括:增加/减少注册资本的数额和出资方式、出资日期。(5)公司章程修正案(公司法定代表人签署)。(6)依法设立的验资机构出具的验资证明。(7)股份有限公司以募集方式增加注册资本的还应提交国务院证券监督管理机构的核准文件。(8)法律、行政法规和国务院决定规定变更注册资本必须报经批准的,提交有关的批准文件或者许可证书复印件。(9)公司减少注册资本的,提交刊登减资公告的报纸报样。(10)公司营业执照副本。

# 第十三章 公司的解散和清算

## 第一节 公 司 解 散

### 一、公司解散概述

#### （一）公司解散的概念和分类

公司解散是指引起公司人格消灭的法律事实。根据公司解散事由的不同，公司解散可分为公司自行解散、强制解散和司法解散三种形式。[1]

自行解散又称自愿解散、任意解散，是指公司基于自身的意思解散公司。与强制解散和司法解散相比，它体现的是公司意志，系公司自愿行为，而非法律或他人的强制，故属于一种公司行为。我国《公司法》第180条规定，公司因下列原因解散：(1)公司章程规定的营业期限届满或者公司章程规定的其他解散事由出现；(2)股东会或者股东大会决议解散；(3)因公司合并或者分立需要解散。此三种原因的解散为公司的自行解散。

强制解散即行政解散，是指公司依法被吊销营业执照、责令关闭或者被撤销。《公司法》第180条规定，公司因下列原因解散：……(4)依法被吊销营业执照、责令关闭或者被撤销。此原因为公司的行政解散。在我国，关于公司被吊销营业执照、责令关闭与撤销的情形分散规定于商法、经济法、行政法等多个部分法之中。

司法解散又称裁判解散，是指公司的目的和行为违反法律、公共秩序和善良风俗的，依法律的规定命令其解散；或者公司经营出现显著困难、重大损害或董事、股东之间出现僵局时，依据股东的申请，由法院裁判解散公司。

《公司法》第180条规定，公司因下列原因解散：……(5)人民法院依照本法第182条的规定予以解散，此种解散事由为公司的司法解散。《公司法》第182条规定："公司经营管理发生严重困难，继续存续会使股东利益受到重大损失，通过其他途径不能解决的，持有公司全部股东表决权10%以上的股东，可以请求人民法院解散公司。"股东申请解散公司的意旨，主要是解决公司僵局或者股东间的欺压或者公司资产浪费等问题。允许股东主动申请解散公司的实质，是为少数股东提供一种退出公司（尤其在封闭公司）机制和利益保护机制。

---

〔1〕 奚晓明主编：《最高人民法院民事案件案由规定理解与适用》，人民法院出版社2011年版，第400页。

司法解散公司是“同归于尽”的问题解决方式,是最具彻底性的救济手段,也具有很强的破坏力。以司法解散的手段解决问题,可能会人为地终结公司良性运作的程序。一旦企业解散,不仅浪费了企业的设立成本,公司资产也会因清算出售而大大贬值,且随之给社会带来一系列的问题,如失业、公司商誉受损、破坏交易秩序等。除了公司本身以外,公司股东、董事、职工、债权人的利益都将因为公司解散而受损失。司法介入公司解散只能视作对公司运作机制缺陷的补充,这应是需要法官把握的公司自治与司法干预之间的平衡点。

### (二)公司解散的法律后果

第一,进入清算程序。除因合并、分立而解散外,在其他解散的情形下,公司均需进行清算。通过清算,结束解散公司的既存法律关系,分配剩余财产,从而最终消灭其法人资格。

第二,公司仍存续,但应停止积极营业活动。在清算期间,公司存续,但不得开展积极的经营活动,即其活动限于与清算有关事务。我国如此,美国、日本、法国、意大利以及我国台湾地区等亦有明确规定。

第三,解散公司在特定情形下仍可恢复。我国未做规定。日本准予自愿解散的公司,在清算结束前经股东大会决议而恢复。德国亦然,唯该决议需代表总股本3/4以上的表决权通过。美国也准许自愿解散的公司,在生效日后120日内经股东大会决议而撤销解散,董事会如获此授权,亦可作出撤销解散的决定。

## 二、司法解散之诉

《公司法》第182条规定,公司经营管理发生严重困难,继续存续会使股东利益受到重大损失,通过其他途径不能解决的,持有公司全部股东表决权10%以上的股东,可以请求人民法院解散公司。在司法解散公司之诉中,需明确诉讼当事人。

### (一)司法解散之诉的主体资格

1. 原告资格

对于原告的资格问题,需释明以下几点:

(1)持有公司全部股东表决权10%以上的股东,请求解散公司的权利是少数股东权。此处是指单独或者合计持有公司全部股东表决权10%以上的股东,应以起诉之日为准。如果起诉时没有达到,但在诉讼期间达到,则不在此列。需注意的是,此处的10%以上的要求,针对的是股东的表决权,而根据《公司法》第42条的规定,“股东会会议由股东按照出资比例行使表决权;但是,公司章程另有规定的除外”,因此,在公司章程有特别规定的情况下,股东的表决权不一定和出资比例对等,此处,法院要考量的依据应是股东的表决权。

(2)对于股份有限公司来讲,其原告股东持有公司全部股东表决权10%以上的股东应否有持股时间的限制?笔者认为,《公司法》第182条和目前我国已出台的《公司法司法解释》中,未对股份有限公司股东的持股时限进行限制,这容易导致股东滥用诉权,只有股东持股达到一定期间,公司运营状况才可谓给其造成影响。我国台湾地区“公司法”第11条就规定“公司之经营,有显著困难或重大损害时,法院得据股东之申请,于征询中央主管机关及目的事业中央主管机关意见，并通知公司提出答辩后，裁定解散。前项申请，在股份有限公司，应有继续6个月以上持有发行股份总数10%以上股份之股东提出之。”由于股份公司的股权转让市场相对自由，这致使在目前的立法状况下，在股市上炒股盈利、短时持股的股东，也有权申请法院解散公司，这容易侵害公司和其他股东利益。因此，是否可以考虑借鉴美国的所谓“当时拥有股份”规则，要求原告必须在法定解散事由发生的当时拥有公司资本或股份，此种规定对于规制司法解散之诉似乎更为合理。

2. 被告资格

解散公司之诉中谁应为被告？《公司法司法解释（二）》第4条第1款明确规定：“股东提起解散公司诉讼应当以公司为被告。”股东提起公司解散之诉的主要原因是股东之间的利益之争，但大股东的所有决定都是以公司名义作出的，直接承担诉讼后果的也是公司，因此应当列公司为被告。以公司为被告，可节约诉讼成本，从技术角度出发，具有可操作性，给公司提供为自己辩护的机会。《日本公司法典》和《德国有限责任公司法》均规定公司为司法解散公司之诉的被告。

3. 公司其他股东和债权人的诉讼地位

《公司法司法解释（二）》第4条第2款、第3款明确规定：“原告以其他股东为被告一并提起诉讼的，人民法院应当告知原告将其他股东变更为第三人；原告坚持不予变更的，人民法院应当驳回原告对其他股东的起诉。原告提起解散公司诉讼应当告知其他股东，或者由人民法院通知其参加诉讼。其他股东或者有关利害关系人申请以共同原告或者第三人身份参加诉讼的，人民法院应予准许”。由此可知，公司其他股东若参加到公司司法解散之诉中，其诉讼地位可以是共同原告或第三人，而不能与公司一起作为共同被告。

### （二）司法解散之诉的实体要件

公司僵局是指因股东间或公司管理人员之间的利益冲突和矛盾导致公司的有效运行机制失灵，股东会或董事会因对方的拒绝参会而无法有效召集，任何一方的提议都不被对方接受和认可，即使能够举行会议也无法通过任何议案，公司的一切事务均处于瘫痪的状态。理论界和实务界均认为《公司法》第182条的表述即是公司处于僵局状态中。

“公司僵局”一词，源自英美公司判例法，是对公司内部矛盾极端化的描述，表明公司处于死亡状态且无能为力。公司僵局之本质，在于公司股东的合作关系业已崩溃，或者公司管理事务遇到根本障碍，无法通过公司内部机制解决相关争议，或者难以实现公司目的。

1. 实体要件一：公司经营管理发生严重困难

公司经营管理发生严重困难的第一种表现为公司权力运行发生困难；第二种表现为公司的业务经营管理活动发生困难。《公司法司法解释（二）》第1条的规定，可视为对公司经营管理发生严重困难的诠释。

《公司法司法解释（二）》第1条规定，单独或者合计持有公司全部股东表决权10%以上的股东，以下列事由之一提起解散公司诉讼，并符合《公司法》第182条规定的，人民法院应予受理：（1）公司持续2年以上无法召开股东会或者股东大会，公司经营管理发生严重困难的；（2）股东表决时无法达到法定或者公司章程规定的比例，持续2年以上不能做出有效的股东会或者股东大会决议,公司经营管理发生严重困难的;(3)公司董事长期冲突,且无法通过股东会或者股东大会解决,公司经营管理发生严重困难的;(4)经营管理发生其他严重困难,公司继续存续会使股东利益受到重大损失的情形。股东以知情权、利润分配请求权等权益受到损害,或者公司亏损、财产不足以偿还全部债务,以及公司被吊销企业法人营业执照未进行清算等为由,提起解散公司诉讼的,人民法院不予受理。

这四种情形的共性是股东会僵局和董事会僵局造成公司经营管理上的严重困难,即公司机关陷入事实上的瘫痪状态,公司治理结构完全失灵,不能正常进行经营活动,如果任其继续存续下去,将会造成公司及其股东利益的重大损失。该条列举的四项事由既是人民法院受理解散公司诉讼案件时进行形式审查的依据,也是人民法院判决是否解散公司的实体审查标准。

对于公司经营管理发生严重困难,继续存续会使股东利益受到重大损失情形的界定,实践中,人民法院可采用现场勘验等技术手段以确认公司的生产情况或现状,通过审查公司的资产负债表和损益表以确认公司目前的盈亏情况,通过委托审计或综合其他证据以确认公司目前的经营状况等,最终判断公司是否发生了严重的经营困难。

2. 实体要件二:继续存续会使股东利益受到重大损失

当股东之间出现了不可调和的矛盾,公司经营管理出现严重困难,作为申请公司解散的股东仍然需要举证证明公司继续存续会对股东利益造成重大损失。既然是重大损失,必然要达到一定的严重程度。例如:(1)股东权利无法行使;(2)分红大量减少;(3)股权价值大幅贬低;(4)公司财产被少数股东控制并滥用,财务状况不明,严重危及公司存续;(5)公司业务显著停顿,公司面临破产边缘;(6)公司业务不能正常开展,致使合同无法履行,可能遭受巨额违约金的索赔;(7)公司少数股东利用公司从事不当业务,公司可能被吊销营业执照等等。[2] 当然作为公司的被告或者反对解散公司的其他股东,也可提出相应证据证明公司继续经营不会对股东利益造成重大损失,例如已经得到银行的贷款承诺,或者已经与其他公司签署了具有可行性的经营合同等作为抗辩理由。这需要法官在个案当中行使自由裁量权。立法者之所以将公司僵局的继续存续导致股东利益受到重大损失作为解散公司的必要条件,旨在昭示立法者对公司解散的慎重之情以及妥善平衡公司利益与股东利益的良苦用心。既然股东利益遭受的损失较小,而解散公司给其他股东、公司高管、劳动者和利益相关者带来的损失更大,从成本比较的原则出发亦不能判决解散公司。

3. 实体要件三:通过其他途径不能解决

司法强制解散公司是一种较为严厉的救济方式,因此公司法规定股东在上述情况下仍需证明其采取了其他救济措施仍不能解决或者克服公司的经营困难,方能判决解散公司。这就是"穷尽一切救济"原则。此处的"其他途径"主要指自力救济、行政管理、仲裁等司法外手段。

主张解散的股东在提起解散公司之诉前,应当穷尽其他方式行使其股东权利。例如:(1)通过自力救济的方式先行和解,就股东的退股、除名、转让股权或者表决解散等事宜进行协商;(2)在公司决议违法的情况下,通过公力救济的方式,依据《公司法》第 22 条的规定,提出撤销股东会或股东大会决议、董事会决议之诉;(3)在董事、高级管理人员给公司造成损失

〔2〕 丛书编委会(主任:朱江):《公司法前沿理论与实践》(4),法律出版社 2009 年版,第 423 页。

时，依据《公司法》第152条的规定，对董事、高级管理人员提出侵权之诉；(4)在公司拒绝分红或者非法转让公司财产的情况下，依据《公司法》第75条的规定，提出收购股东权之诉等。

人民法院在判定司法解散时，应当综合考虑包括调解在内的，通过公司自力救济、行政管理、仲裁等有效手段，根据具体的案件而不是简单地走形式，根据具体争端进行实质性剖析。法院在审理过程中若查明，提起解散公司的股东在相应情况下没有采取对应的救济措施的，应当驳回原告的诉讼请求。

4. 实体要件四：持有公司全部股东表决权10%以上的股东请求

关于原告的资格问题前已论述，此处不再赘述。

### (三)司法解散之诉中需明确的几个问题

在司法解散公司之诉中，调解是法院的必经程序，调解不成，方能判决公司解散；提起公司解散之诉的原告可以申请财产保全和证据保全。原告股东提起解散公司诉讼，同时又申请法院对公司进行清算的，法院对其提出的清算申请不予受理。

在进行公司解散之诉中，还有几个相关问题需要法院和相关当事人明确：

1. 案件管辖

《公司法司法解释(二)》第24条规定："解散公司诉讼案件和公司清算案件由公司住所地人民法院管辖。公司住所地是指公司主要办事机构所在地。公司办事机构所在地不明确的，由其注册地人民法院管辖。基层人民法院管辖县、县级市或者区的公司登记机关核准登记公司的解散诉讼案件和公司清算案件；中级人民法院管辖地区、地级市以上的公司登记机关核准登记公司的解散诉讼案件和公司清算案件。"可见，解散清算案件的级别管辖与公司登记机关的级别有关，而与解散、清算案件的复杂程度无关。[3]

2. 财产保全或者证据保全的适用

《公司法司法解释(二)》第3条规定："股东提起解散公司诉讼时，向人民法院申请财产保全或者证据保全的，在股东提供担保且不影响公司正常经营的情形下，人民法院可予以保全。"因此，原告股东提起解散公司诉讼时，可向人民法院申请财产保全或者证据保全的条件有二：条件一，原告股东提供担保；条件二，不影响公司的正常经营。

解散公司诉讼是变更之诉，其判决生效后仅仅是变更了原有的法律关系，而无财产给付的内容，不存在强制执行问题，因此从理论上讲，审理解散公司诉讼案件应无财产保全事项。但考虑到股东提起解散公司诉讼是基于股东之间或董事之间的僵局，虽然判决解散后，公司可以自行清算，但因股东之间矛盾尖锐，最终大多会启动强制清算程序。因此，为了将来公司强制清算的顺利进行和股东利益的保护，立法者对变更之诉下的财产保全作出了例外规定。另外，从兼顾公司和公司其他股东利益、防止个别股东滥诉给公司和其他股东造成不必要损失的角度考虑，《公司法司法解释(二)》规定，人民法院在此情形下进行财产保全应当要求股东提供相应的担保，且以不影响公司正常经营为前提。对于解散公司诉讼下证据保全的规定，更多也在于将来公司清算的需要，与一般案件证据保全的目的有所差别。

---

[3] 蒋大兴：《公司法的观念与解释Ⅲ》，法律出版社2009年版，第239页。

3. 调解的适用

法院是否应当把调解作为解决公司司法解散之诉的必经程序？以调解结案是公司的自愿解散,还是司法强制解散?

《公司法司法解释(二)》第5条规定:“人民法院审理解散公司诉讼案件,应当注重调解。当事人协商同意由公司或者股东收购股份,或者以减资等方式使公司存续,且不违反法律、行政法规强制性规定的,人民法院应予支持。当事人不能协商一致使公司存续的,人民法院应当及时判决。经人民法院调解公司收购原告股份的,公司应当自调解书生效之日起6个月内将股份转让或者注销。股份转让或者注销之前,原告不得以公司收购其股份为由对抗公司债权人”。

《公司法司法解释(五)》第5条规定:“人民法院审理涉及有限责任公司股东重大分歧案件时,应当注重调解。当事人协商一致以下列方式解决分歧,且不违反法律、行政法规的强制性规定的,人民法院应予支持:(一)公司回购部分股东股份;(二)其他股东受让部分股东股份;(三)他人受让部分股东股份;(四)公司减资;(五)公司分立;(六)其他能够解决分歧,恢复公司正常经营,避免公司解散的方式。”

公司法司法解释之所以特别强调应当注重调解,主要是基于企业维持主义和维护交易安全的考量。只要公司没有违反法律强制性规定,在其非自愿解散时,公权力机关应尽可能不去强制其解散。因此,在公司股东或董事出现僵局时,只要尚有其他途径能够解决矛盾,应尽可能采取其他方式解决,从而使公司免于遭受解散。这也是公司法之所以规定“通过其他途径不能解决”时,股东才能诉请解散公司的原因。即使股东依法诉诸法院,法院仍有必要通过公权力的介入,尽可能通过股东离散而非公司解散的方式来解决股东之间的矛盾。基于此,司法解释强调,人民法院在审理解散公司诉讼时应当特别注重调解。即使判决结果为解散公司,也可以采取调解的形式。

可见,调解是法院审理公司司法解散之诉的必经程序,由于诉讼期间的调解书与判决书具有同等效力,因此,诉讼过程中的调解方式结案也是法院的司法强制解散。

人民法院应当通过释明权之行使,告知原告股东、被告公司和参加诉讼的其他股东(第三人),寻求解散公司之外的其他替代性补救措施,包括但不限于股权转让、退股、公司分立、减资等措施。就股权转让而言,既可由原告股东购买其他股东的股权,也可由其他股东购买原告股东的股权,还可由全体股东外的第三人购买原告股东的股权,甚至整体收购全体股东持有的全部股权。无论由谁购买股权,原告股东把自己的股权转让出去后脱离公司,诉讼目的即已实现,原告股东即可撤诉。

总之,人民法院为股东提供的较为缓和的替代救济方案能够有效地避免公司解散对无辜的多名股东、债权人和职工等利害相关人的巨大伤害,也能有效地满足遭受排挤或压榨的小股东收回投资的愿望。

4. 司法解散之诉的判决效力

解散判决的效力,分为对公司的效力、对全体股东的效力、对原告股东的效力。

《公司法司法解释(二)》第6条规定:“人民法院关于解散公司诉讼作出的判决,对公司全体股东具有法律约束力。人民法院判决驳回解散公司诉讼请求后,提起该诉讼的股东或者其他股东又以同一事实和理由提起解散公司诉讼的,人民法院不予受理。”

由此可知,法院的判决效力,除对案件当事人(提起诉讼的股东、公司)有效外,还对包括作为第三人的股东,以及其他未参与诉讼的股东,甚至公司的董事、监事、高管人员、公司职工等均有法律约束力。其司法理念在于,解散公司的判决是综合考量公司对股东和其他利害关系人的存在价值和弊端而对公司命运本身所作的处分。法院判决解散公司的,公司依法进入清算程序,公司人格最终因清算完毕而终结;法院判决驳回原告股东的诉讼请求的,因人民法院对原告据以提起解散公司的具体事实和理由已经作出了生效判决,在其据以主张解散公司的事实和理由不能得到法院支持的情况下,根据一事不再理的原则,提起该诉讼的股东和其他股东不能再以相同的事实和理由向人民法院提起诉讼请求解散公司。

综合以上观点,法院在处理公司僵局判决公司司法解散时应注意:

第一,调解解决,化解矛盾。这是《公司法司法解释(二)》规定的必经程序,也是化解矛盾的有效方法。往往多数僵局会通过调解的方式得到解决,避免了公司清盘。

第二,不构成解散公司条件的,判决驳回起诉解散公司的请求。法院经过审查,经过当事人举证质证,认为所谓公司僵局并未达到《公司法》第182条规定的要件,不符合公司解散的条件的,应当判决驳回起诉请求。

第三,公司确实已经走入死胡同,通过多种法定途径均不能挽回的,且经调解也无效的,或者已经资不抵债,不存在存续希望的,应当及时判决解散公司。[4]

## 判例分析　林方清诉常熟市凯莱实业有限公司、戴小明公司解散纠纷案

(最高人民法院审判委员会讨论通过,2012年4月9日发布)

关键词:民事　公司解散　经营管理　严重困难　公司僵局

裁判要点:《公司法》第182条将“公司经营管理发生严重困难”作为股东提起解散公司之诉的条件之一。判断“公司经营管理是否发生严重困难”,应从公司组织机构的运行状态进行综合分析。公司虽处于盈利状态,但其股东会机制长期失灵,内部管理有严重障碍,已陷入僵局状态,可以认定为公司经营管理发生严重困难。对于符合公司法及相关司法解释规定的其他条件的,人民法院可以依法判决公司解散。

相关法条:《中华人民共和国公司法》第182条

**【基本案情】**

原告林方清诉称:常熟市凯莱实业有限公司(简称凯莱公司)经营管理发生严重困难,陷入公司僵局且无法通过其他方法解决,其权益遭受重大损害,请求解散凯莱公司。被告凯莱公司及戴小明辩称:凯莱公司及其下属分公司运营状态良好,不符合公司解散的条件,戴小明与林方清的矛盾有其他解决途径,不应通过司法程序强制解散公司。法院经审理查明:凯莱公司成立于2002年1月,林方清与戴小明系该公司股东,各占50%的股份,戴小明任公司法定代表人及执行董事,林方清任公司总经理兼公司监事。凯莱公司章程明确规定:股东会的决议须经代表二分之一以上表决

〔4〕　吴庆宝主编:《权威点评最高法院公司法指导案例》,中国法制出版社2010年版,第312页。

权的股东通过,但对公司增加或减少注册资本、合并、解散、变更公司形式、修改公司章程作出决议时,必须经代表三分之二以上表决权的股东通过。股东会会议由股东按照出资比例行使表决权。2006年起,林方清与戴小明两人之间的矛盾逐渐显现。同年5月9日,林方清提议并通知召开股东会,由于戴小明认为林方清没有召集会议的权利,会议未能召开。同年6月6日、8月8日、9月16日、10月10日、10月17日,林方清委托律师向凯莱公司和戴小明发函称,因股东权益受到严重侵害,林方清作为享有公司股东会二分之一表决权的股东,已按公司章程规定的程序表决并通过了解散凯莱公司的决议,要求戴小明提供凯莱公司的财务账册等资料,并对凯莱公司进行清算。同年6月17日、9月7日、10月13日,戴小明回函称,林方清作出的股东会决议没有合法依据,戴小明不同意解散公司,并要求林方清交出公司财务资料。同年11月15日、25日,林方清再次向凯莱公司和戴小明发函,要求凯莱公司和戴小明提供公司财务账册等供其查阅、分配公司收入、解散公司。

江苏常熟服装城管理委员会(简称服装城管委会)证明凯莱公司目前经营尚正常,且愿意组织林方清和戴小明进行调解。另查明,凯莱公司章程载明监事行使下列权利:(1)检查公司财务;(2)对执行董事、经理执行公司职务时违反法律、法规或者公司章程的行为进行监督;(3)当董事和经理的行为损害公司的利益时,要求董事和经理予以纠正;(4)提议召开临时股东会。从2006年6月1日至今,凯莱公司未召开过股东会。服装城管委会调解委员会于2009年12月15日、16日两次组织双方进行调解,但均未成功。

**【裁判结果】**

江苏省苏州市中级人民法院于2009年12月8日以(2006)苏中民二初字第0277号民事判决,驳回林方清的诉讼请求。宣判后,林方清提起上诉。江苏省高级人民法院于2010年10月19日以(2010)苏商终字第0043号民事判决,撤销一审判决,依法改判解散凯莱公司。

**【裁判理由】**

法院生效裁判认为:首先,凯莱公司的经营管理已发生严重困难。根据公司法第183条和《最高人民法院关于适用〈中华人民共和国公司法〉若干问题的规定(二)》[简称《公司法解释(二)》]第1条的规定,判断公司的经营管理是否出现严重困难,应当从公司的股东会、董事会或执行董事及监事会或监事的运行现状进行综合分析。"公司经营管理发生严重困难"的侧重点在于公司管理方面存有严重内部障碍,如股东会机制失灵、无法就公司的经营管理进行决策等,不应片面理解为公司资金缺乏、严重亏损等经营性困难。本案中,凯莱公司仅有戴小明与林方清两名股东,两人各占50%的股份,凯莱公司章程规定"股东会的决议须经代表1/2以上表决权的股东通过",且各方当事人一致认可该"1/2以上"不包括本数。因此,只要两名股东的意见存有分歧、互不配合,就无法形成有效表决,显然影响公司的运营。凯莱公司已持续4年未召开股东会,无法形成有效股东会决议,也就无法通过股东会决议的方式管理公司,股东会机制已经失灵。执行董事戴小明作为互有矛盾的两名股东之一,其管理公司的行为,已无法贯彻股东会的决议。林方清作为公司监事不能正常行使监事职权,无法发挥监督作用。由于凯莱公司的内部机制已无法正常运行、无法对公司的经营作出决策,即使尚未处于亏损状况,也不能改变该公司的经营管理已发生严重困难的事实。

其次,由于凯莱公司的内部运营机制早已失灵,林方清的股东权、监事权长期处于无法行使的状态,其投资凯莱公司的目的无法实现,利益受到重大损失,且凯莱公司的僵局通过其他途径长期无法解决。《公司法解释(二)》第5条明确规定了"当事人不能协商一致使公司存续的,人民法院应当及时判决"。本案中,林方清在提起公司解散诉讼之前,已通过其他途径试图化解与戴小明之间的矛盾,服装城管委会也曾组织双方当事人调解,但双方仍不能达成一致意见。两审法院也基于慎用司法手段强制解散公司的考虑,积极进行调解,但均未成功。

此外,林方清持有凯莱公司50%的股份,也符合公司法关于提起公司解散诉讼的股东须持有公司10%以上股份的条件。

综上所述,凯莱公司已符合公司法及《公司法解释(二)》所规定的股东提起解散公司之诉的条件。二审法院从充分保护股东合法权益,合理规范公司治理结构,促进市场经济健康有序发展的角度出发,依法作出了上述判决。

## 第二节　公司清算

### 一、公司清算概述

#### (一)公司清算的概念

公司清算是指在公司面临解散的情况下,负有清算义务的主体按照法律规定的程序,清理公司债权债务,处理公司剩余财产,终止公司法律人格的行为。

#### (二)公司清算的法律特征

第一,公司清算发生在公司解散之后。公司宣布解散之后,才得以进入清算程序。然而并非所有的公司解散都要履行清算的程序,如公司因合并而导致的解散,依公司法的规定无须进行清算。

第二,公司清算以终结公司尚存法律关系为主要内容。公司清算所要终结的公司尚存法律关系包括:公司与债权人之间的债务清偿关系、公司与其债务人之间的债权实现关系、公司与雇员之间的雇佣法律关系、公司与国家之间的税收法律关系、公司与股东之间的剩余财产分配关系等等。总结之后不难发现,这些法律关系之中,尤以债务清偿和财产分配为主要内容。

第三,公司清算以消灭公司法人资格为最终目的。公司清算通过了结公司尚存之全部法律关系的手段,来最终实现公司法律人格的不复存在。因为公司作为"法律拟制的人",其并不像自然人的死亡那样存在继承制度。

因此,要使公司法人资格得以消灭,只能通过了结公司所有的法律关系这种方式来实现。

#### (三)公司清算的分类

1. 破产清算和非破产清算

依公司清算是否依照法律规定的破产程序,可将其分为破产清算和非破产清算。破产清算是指公司被宣告破产,依破产程序进行的清算。《公司法》第187条规定:"清算组在清理公司财产、编制资产负债表和财产清单后,发现公司财产不足清偿债务的,应当依法向人民法院申请宣告破产。公司经人民法院裁定宣告破产后,清算组应当将清算事务移交给人民法院。”《公司法》第190条规定:“公司被依法宣告破产的,依照有关企业破产的法律实施破产清算。”《公司法司法解释(二)》第14条第2款规定:“债权人或者清算组,以公司尚未分配财产和股东在剩余财产分配中已经取得的财产,不能全额清偿补充申报的债权为由,向人民法院提出破产清算申请的,人民法院不予受理。”《公司法司法解释(二)》第17条规定:“人民法院指定的清算组在清理公司财产、编制资产负债表和财产清单时,发现公司财产不足清偿债务的,可以与债权人协商制作有关债务清偿方案。债务清偿方案经全体债权人确认且不损害其他利害关系人利益的,人民法院可依清算组的申请裁定予以认可。清算组依据该清偿方案清偿债务后,应当向人民法院申请裁定终结清算程序。债权人对债务清偿方案不予确认或者人民法院不予认可的,清算组应当依法向人民法院申请宣告破产。”

非破产清算是指公司因破产以外的原因终止时依法进行的清算,包括自行清算和强制清算。破产清算与非破产清算的区别点主要表现在以下几点:

第一,适用的前提不同。公司出现解散事由时,如果公司财产足以偿还全部债务,公司应当通过非破产清算(包括自行清算和强制清算)清理所有的债权债务关系,全额清偿完毕所有债务并且分配完毕剩余财产后终止法人资格。如果公司不能清偿到期债务并且财产不足以偿还全部债务,或者明显缺乏清偿能力的,公司应当通过破产清算程序,公平清偿债务后终止法人资格。

非破产清算是以全额清偿债务为前提的,破产清算是因不能全额清偿债务而按照一定的先后顺序清偿债务,对同一顺序的债务在破产财产不够清偿时按照比例进行清偿,也就是破产法上的公平受偿。

第二,启动的法律效力不同。由于非破产清算程序启动的前提是公司财产尚足以偿还全部债务,因此,其启动不具有冻结清算中公司财产的效力,对于非破产清算中公司的给付之诉和强制执行等原则上不具有停止功能。而破产清算因其启动的前提是公司财产不足以偿还全部债务,因此,破产清算程序一旦启动,一是所有针对破产企业的给付之诉不得再行提起,对于申报债权过程中所产生的争议,只能提起破产债权的确认诉讼,二是所有针对破产企业的保全措施应当解除,执行程序应当中止,所有债权债务关系一并归入破产清算程序中一揽子解决,以保障全体债权人的公平受偿。

实践中,由于启动公司清算时公司财产是否足以偿还全部债务更多是从账面体现出来的,而在清算变现企业财产、追收债权、转让股权等过程中,账面财产和实际变现财产可能出现差额,甚至差距甚大,这种情况下就可能出现进入非破产清算程序后,公司财产变现后事实上无法全额偿还全部债务的情形,这种情况下就面临着公司清算向破产清算的转化。

第三,适用的条件和价值目标不同。在非破产清算中,公司既要清偿债务,还要兼顾公司投资者的利益,因此,在公司清算中,公司股东才是最大限度实现债权的动力。在破产清算中,公司债权人会努力促成公司实现债权,以增加破产财产规模。

第四,法院和债权人的介入程度不同。在破产清算中,清算工作由法院主持、债权人参与监督的情况下进行,清算活动不由公司控制;而在非破产清算中,公司可控制的余地相对较大,即使在特别清算中,虽然受到了法院的监督,清算活动仍是在公司的主持控制下较为自主进行的。

第五,适用的法律规则不同。非破产清算适用公司法的规定,而破产清算适用破产法及民事诉讼程序中的破产还债程序。

2. 自行清算和强制清算

以法院和债权人干预的程度不同,非破产清算可分为自行清算和强制清算。

(1)自行清算。自行清算(普通清算)是指公司在解散后依法自行组织清算机构按照法定程序进行的清算。在这种清算中,公司自行组织清算组依法清算,国家不直接干预其清算事务,仅实行一般监督。此种清算兼顾股东和公司债权人的利益。

我国《公司法》第183条规定,公司基于公司章程规定的事由发生、股东会决议解散,依法被吊销营业执照、责令关闭或者被撤销而解散公司以及司法裁判解散的,应当在解散事由出现15日内成立清算组,开始清算。有限公司的清算组由股东组成,股份公司的清算组由董事或者股东大会确定的人员组成。可见,我国公司法上的自行清算对于公司的自愿解散、行政解散和司法解散均适用。

(2)强制清算。强制清算(特别清算)是指公司因某些特殊事由解散或者被宣告破产后,或者在普通清算发生显著障碍无法继续进行时,由政府有关部门或法院介入而进行的清算。

在我国,强制清算既适用于股份公司,也适用于有限公司,但启动强制清算的原因只有一个——自行清算的进行遇到"显著障碍",即公司逾期不成立清算组进行清算的,《公司法》第183条规定,债权人可以申请人民法院指定有关人员组成清算组进行清算。人民法院应当受理该申请,并及时组织清算组进行清算。

《公司法司法解释(二)》第7条进一步规定了适用强制清算的情形:其一,公司解散逾期不成立清算组进行清算的;其二,虽然成立清算组但故意拖延清算的;其三,违法清算可能严重损害债权人或者股东利益的。在上述三种情形下,债权人申请人民法院指定清算组进行清算的,人民法院应予受理,若债权人未提起清算申请,公司股东申请人民法院指定清算组对公司进行清算的,人民法院也应予受理。这一规定对于保护少数股东利益具有积极意义。

## 二、公司清算与公司解散、公司终止的关系

### (一)公司清算与公司解散的关系

1. 立法例的比较

根据各国公司制定法,可将公司清算与解散的关系分为两种类型:一是"先解散、后清算、再注销"的模式,即规定公司应先宣布解散,然后进行清算,如德国、法国;二是"先清算、后解散"的模式,即规定公司只有在清算后才能解散,如英国公司法。多数大陆国家采取前种模式。在"先算后散"立法例下,宣告公司解散即消灭法人资格,解散是使公司法人资格消灭的法律行为;在"先散后算"立法例下,解散只是法人消灭的原因,只有在清算终结后,公司的法人资格才消灭,在清算终结之前,尽管公司的权利能力受到限制,但公司法人资格仍被视为存续。我国新旧公司法遵从大陆法系公司法传统,采取"先解散、后清算、再注销"的模式。

2. 公司清算与公司解散的联系

公司清算与公司解散是两个紧密相连的概念。其联系主要表现在:(1)公司清算应以解散为前提,只有宣布解散的公司才能进入清算程序;(2)公司清算与公司解散最终都以消灭公司主体资格为目的。

3. 公司清算与公司解散的区别

(1)公司解散在时间上是一个点概念,而公司清算则要经过一段持续的时间,是一个过程概念。(2)公司清算与公司解散发生的原因不同。公司解散的原因包括公司经营期限届满,章程规定的解散原因出现,合并、分立、变更公司组织形式,被行政机关责令关闭、撤销或吊销营业执照等;而公司清算的原因则是公司解散。(3)并非所有的公司解散都将导致公司清算,在公司合并、分立和变更公司组织形式的情况下,公司的财产和债权债务关系由合并、分立和变更公司组织形式之后的公司概括承受,此时,没有必要进行清算。

### (二)公司清算与公司终止的关系

公司终止是指公司在法律上不复存在,通常在被解散公司的清算程序完结之时,通过注销登记来最终实现公司法律人资格的消灭。公司解散是公司清算开始的时间起点,而公司清算完成的时间终点是公司终止,解散和终止都不应该包括清算。

## 三、清算组

### (一)概念

清算组,德国法称为“清算人”,我国台湾地区也称为“清算人”,美国法称为“财产管理人及保管人”,我国香港法称为“清盘官”,指清算事务的执行人,具体职责是对内执行清算事务,对外代表清算中的公司。

### (二)组成

在各国公司法上,清算组成员的选任因解散原因、清算类型的不同而有所不同。具体而言,可以分为如下几种情况:(1)股东会选任。其方式有二:一是章程规定担任清算组成员的人选,二是股东会议决议选任。(2)法院指定。股东不能选任或者在法院强制解散时,由法院指定清算组成员。(3)行政机关指定。在行政解散情况下,由行政主管机关指定清算组成员。(4)债权人选任。英国等少数国家规定债权人可以选任清算组,且大多发生在普通清算的情形。

在我国,清算组的组成依据《公司法》及其司法解释,可分为两种情况:其一,无论解散的原因是什么,只要适用自行清算,公权力机关不干预清算组的组成,有限公司的清算组由股东组成,股份公司的清算组由董事或者股东大会确定的人员组成。此处的“股东”可以指全体股东,也可以指部分股东;“股东大会确定的人员”可以是股东,也可以是股东以外的人。其二,唯在强制清算的情形下,应债权人或股东申请才由法院出面组织清算组,成员由法院指定。《公司法司法解释(二)》第8条规定,人民法院受理公司清算案件,应当及时指定有关人员组成清算组。清算组成员可以从下列人员或者机构中产生:(1)公司股东、董事、监事、高级管理人员;(2)依法设立的律师事务所、会计师事务所、破产清算事务所等社会中介机构;(3)依法设立的律师事务所、会计师事务所、破产清算事务所等社会中介机构中具备相关专业知识并取得执业资格的人员。

(三)人数

清算事务的执行人既可由一人充任,也可以由多人担当;清算组既可以是自然人,也可以是法人。但实务中清算组往往由若干人组成。我国公司法使用“清算组”这一概念,也并不表明法律要求清算组必须由2人以上组成。因为对于一人有限公司而言,其清算组当然由一个股东(即单个股东)组成。事实上,对于那些小型公司来说,一定要求2人以上组成清算组既增加公司的负担,也没有必要。

(四)法律地位

清算组是清算中公司的法人机关,在清算期间内对内执行清算事务、对外代表清算中的公司,其法律地位相当于公司正常营业期间的董事会、经理。但清算组执行的都是以清算为目的的事务。《公司法司法解释(二)》第10条规定:“公司依法清算结束并办理注销登记前,有关公司的民事诉讼,应当以公司的名义进行。公司成立清算组的,由清算组负责人代表公司参加诉讼;尚未成立清算组的,由原法定代表人代表公司参加诉讼。”

(五)职权

《公司法》第184条规定,清算组在清算期间行使下列职权:(1)清理公司财产,分别编制资产负债表和财产清单;(2)通知、公告债权人;(3)处理与清算有关的公司未了结的业务;(4)清缴所欠税款以及清算过程中产生的税款;(5)清理债权、债务;(6)处理公司清偿债务后的剩余财产;(7)代表公司参与民事诉讼活动。

## 四、清算程序

根据《公司法》及《公司法司法解释(二)》之规定,结合公司清算实践,公司清算程序大致如下:

(一)成立清算组

在国外公司法上,公司解散后,除因合并、分立及破产解散法律另有规定外,应于法定期间到登记机关进行解散登记并公告,产生公示的效力。我国没有规定解散登记制度。清算组成立之日即为清算开始之日。公司因法定原因而解散的,应当在解散事由出现之日起15日内成立清算组,开始清算。公司解散后逾期不能组成清算组进行清算,或者成立清算组开始清算后故意拖延清算,或者有其他违法清算、可能严重损害公司债权人或者股东利益行为的,公司股东、债权人申请人民法院对公司进行清算的,人民法院应当受理。清算开始后,公司便进入受限制的清算法人状态,如不得开展与清算无关的经营活动,而公司权利则统一由清算组行使。

(二)通知和公告债权人

根据《公司法》第185条及《公司法司法解释(二)》第11条的规定,清算组应当自成立之日起10日内将公司解散清算事宜书面通知全体已知债权人,并于60日内根据公司规模和营业地域范围在全国或者公司注册登记地省级有影响的报纸上进行公告。《公司法司法解释(二)》第11条第2款规定:"清算组未按照前款规定履行通知和公告义务,导致债权人未及时申报债权而未获清偿,债权人主张清算组成员对因此造成的损失承担赔偿责任的,人民法院应依法予以支持。"

《公司法司法解释(二)》第18条第2款规定,有限责任公司的股东、股份有限公司的董事和控股股东因怠于履行义务,导致公司主要财产、账册、重要文件等灭失,无法进行清算,债权人主张其对公司债务承担连带清偿责任的,人民法院应依法予以支持。第3款规定,上述情形(指怠于清算或清算不能的情形)系实际控制人原因造成,债权人主张实际控制人对公司债务承担相应民事责任的,人民法院应依法予以支持。

在司法实践中,关于有限责任公司股东清算责任的认定,一些案件的处理结果不适当地扩大了股东的清算责任。特别是实践中出现了一些职业债权人,从其他债权人处大批量超低价收购僵尸企业的"陈年旧账"后,对批量僵尸企业提起强制清算之诉,在获得人民法院对公司主要财产、账册、重要文件等灭失的认定后,根据《公司法司法解释(二)》第18条第2款的规定,请求有限责任公司的股东对公司债务承担连带清偿责任。有的人民法院没有准确把握上述规定的适用条件,判决没有"怠于履行义务"的小股东或者虽"怠于履行义务"但与公司主要财产、账册、重要文件等灭失没有因果关系的小股东对公司债务承担远远超过其出资数额的责任,导致出现利益明显失衡的现象。需要明确的是,上述司法解释关于有限责任公司股东清算责任的规定,其性质是因股东怠于履行清算义务致使公司无法清算所应当承担的侵权责任。在认定有限责任公司股东是否应当对债权人承担侵权赔偿责任时,应当注意以下问题:

第一,怠于履行清算义务的认定。《公司法司法解释(二)》第18条第2款规定的"怠于履行义务",是指有限责任公司的股东在法定清算事由出现后,在能够履行清算义务的情况下,故意拖延、拒绝履行清算义务,或者因过失导致无法进行清算的消极行为。股东举证证明其已经为履行清算义务采取了积极措施,或者小股东举证证明其既不是公司董事会或者监事会成员,也没有选派人员担任该机关成员,且从未参与公司经营管理,以不构成"怠于履行义务"为由,主张其不应当对公司债务承担连带清偿责任的,人民法院依法予以支持。

第二,因果关系抗辩。有限责任公司的股东举证证明其"怠于履行义务"的消极不作为与"公司主要财产、账册、重要文件等灭失,无法进行清算"的结果之间没有因果关系,主张其不应对公司债务承担连带清偿责任的,人民法院依法予以支持。

第三,诉讼时效期间。公司债权人请求股东对公司债务承担连带清偿责任,股东以公司债权人对公司的债权已经超过诉讼时效期间为由抗辩,经查证属实的,人民法院依法予以支持。公司债权人以《公司法司法解释(二)》第18条第2款为依据,请求有限责任公司的股东对公司债务承担连带清偿责任的,诉讼时效期间自公司债权人知道或者应当知道公司无法进行清算之日起计算。

（三）债权申报与登记

《公司法》第185条规定，债权人应当自接到通知书之日起30日内，未接到通知书的自公告之日起45日内，向清算组申报其债权。债权人申报债权，应当说明债权的有关事项，并提供证明材料。清算组应当对债权进行登记。在申报债权期间，清算组不得对债权人进行清偿。对于债权异议情况，《公司法司法解释（二）》第12条规定，公司清算时，债权人对清算组核定的债权有异议的，可以要求清算组重新核定。清算组不予重新核定，或者债权人对重新核定的债权仍有异议，债权人以公司为被告向人民法院提起诉讼请求确认的，人民法院应予受理。对于逾期申报债权的处理，《公司法司法解释（二）》第13条规定，债权人在规定的期限内未申报债权，在公司清算程序终结前补充申报的，清算组应予登记。公司清算程序终结，是指清算报告经股东会、股东大会或者人民法院确认完毕。《公司法司法解释（二）》第14条规定，债权人补充申报的债权，可以在公司尚未分配财产中依法清偿。公司尚未分配财产不能全额清偿，债权人主张股东以其在剩余财产分配中已经取得的财产予以清偿的，人民法院应予支持；但债权人因重大过错未在规定期限内申报债权的除外。债权人或者清算组，以公司尚未分配财产和股东在剩余财产分配中已经取得的财产，不能全额清偿补充申报的债权为由，向人民法院提出破产清算申请的，人民法院不予受理。

（四）制定清算方案

《公司法》第186条第1款规定："清算组在清理公司财产、编制资产负债表和财产清单后，应当制定清算方案，并报股东会、股东大会（普通清算）或者人民法院（特别清算）确认。"《公司法司法解释（二）》第15条规定："未经确认的清算方案，清算组不得执行。执行未经确认的清算方案给公司或者债权人造成损失，公司、股东或者债权人主张清算组成员承担赔偿责任的，人民法院应依法予以支持。"

（五）分配剩余财产

清算方案的执行，就是分配公司剩余财产。根据《公司法》第186条的规定，剩余财产的法定分配顺序为：(1)支付清算费用；(2)职工的工资、社会保险费用和法定补偿金；(3)缴纳所欠税款；(4)清偿公司债务；(5)分配公司剩余财产，有限责任公司按照股东的出资比例分配，股份有限公司按照股东持有的股份比例分配。清算期间，公司存续，但不得开展与清算无关的经营活动。公司财产在未依照前款规定清偿前，不得分配给股东。《公司法司法解释（三）》第16条规定："股东未履行或者未全面履行出资义务或者抽逃出资，公司根据公司章程或者股东会决议对其利润分配请求权、新股优先认购权、剩余财产分配请求权等股东权利作出相应的合理限制，该股东请求认定该限制无效的，人民法院不予支持。"

（六）清算终结

《公司法》第188条规定："公司清算结束后，清算组应当制作清算报告，报股东会、股东大会（普通清算）或者人民法院（特别清算）确认，并报送公司登记机关，申请注销公司登记，公告公司终止。”《公司法司法解释(二)》第16条规定,人民法院组织清算的,清算组应当自成立之日起6个月内清算完毕。因特殊情况无法在6个月内完成清算的,清算组应当向人民法院申请延长。

## 五、清算责任

### (一)怠于清算的民事责任

《公司法司法解释(二)》第18条第1款规定:“有限责任公司的股东、股份有限公司的董事和控股股东未在法定期限内成立清算组开始清算,导致公司财产贬值、流失、毁损或者灭失,债权人主张其在造成损失范围内对公司债务承担赔偿责任的,人民法院应依法予以支持。”

### (二)清算不能的民事责任

《公司法司法解释(二)》第18条第2款规定,有限责任公司的股东、股份有限公司的董事和控股股东因怠于履行义务,导致公司主要财产、账册、重要文件等灭失,无法进行清算,债权人主张其对公司债务承担连带清偿责任的,人民法院应依法予以支持。第3款规定,上述情形(指怠于清算或清算不能的情形)系实际控制人原因造成,债权人主张实际控制人对公司债务承担相应民事责任的,人民法院应依法予以支持。

在司法实践中,关于有限责任公司股东清算责任的认定,一些案件的处理结果不适当地扩大了股东的清算责任。特别是实践中出现了一些职业债权人,从其他债权人处大批量超低价收购僵尸企业的“陈年旧账”后,对批量僵尸企业提起强制清算之诉,在获得人民法院对公司主要财产、账册、重要文件等灭失的认定后,根据《公司法司法解释(二)》第18条第2款的规定,请求有限责任公司的股东对公司债务承担连带清偿责任。有的人民法院没有准确把握上述规定的适用条件,判决没有“怠于履行义务”的小股东或者虽“怠于履行义务”但与公司主要财产、账册、重要文件等灭失没有因果关系的小股东对公司债务承担远远超过其出资数额的责任,导致出现利益明显失衡的现象。需要明确的是,上述司法解释关于有限责任公司股东清算责任的规定,其性质是因股东怠于履行清算义务致使公司无法清算所应当承担的侵权责任。在认定有限责任公司股东是否应当对债权人承担侵权赔偿责任时,应当注意以下问题:

第一,怠于履行清算义务的认定。《公司法司法解释(二)》第18条第2款规定的“怠于履行义务”,是指有限责任公司的股东在法定清算事由出现后,在能够履行清算义务的情况下,故意拖延、拒绝履行清算义务,或者因过失导致无法进行清算的消极行为。股东举证证明其已经为履行清算义务采取了积极措施,或者小股东举证证明其既不是公司董事会或者监事会成员,也没有选派人员担任该机关成员,且从未参与公司经营管理,以不构成“怠于履行义务”为由,主张其不应当对公司债务承担连带清偿责任的,人民法院依法予以支持。

第二,因果关系抗辩。有限责任公司的股东举证证明其“怠于履行义务”的消极不作为与“公司主要财产、账册、重要文件等灭失,无法进行清算”的结果之间没有因果关系,主张其不应对公司债务承担连带清偿责任的,人民法院依法予以支持。

第三,诉讼时效期间。公司债权人请求股东对公司债务承担连带清偿责任,股东以公司债权人对公司的债权已经超过诉讼时效期间为由抗辩，经查证属实的，人民法院依法予以支持。公司债权人以《公司法司法解释（二）》第 18 条第 2 款为依据，请求有限责任公司的股东对公司债务承担连带清偿责任的，诉讼时效期间自公司债权人知道或者应当知道公司无法进行清算之日起计算。

（三）恶意处置财产的民事责任

《公司法司法解释（二）》第 19 条规定，有限责任公司的股东、股份有限公司的董事和控股股东，以及公司的实际控制人在公司解散后，恶意处置公司财产给债权人造成损失，债权人主张其对公司债务承担相应赔偿责任的，人民法院应依法予以支持。

（四）虚假清算的民事责任

《公司法司法解释（二）》第 19 条规定，有限责任公司的股东、股份有限公司的董事和控股股东，以及公司的实际控制人在公司解散后，未经依法清算，以虚假的清算报告骗取公司登记机关办理法人注销登记，债权人主张其对公司债务承担相应赔偿责任的，人民法院应依法予以支持。

（五）直接注销的民事责任

《公司法司法解释（二）》第 20 条第 1 款规定："公司解散应当在依法清算完毕后，申请办理注销登记。公司未经清算即办理注销登记，导致公司无法进行清算，债权人主张有限责任公司的股东、股份有限公司的董事和控股股东，以及公司的实际控制人对公司债务承担清偿责任的，人民法院应依法予以支持。"

（六）注销承诺的民事责任

注销承诺又称为保结责任，即公司出现解散事由后，未经法定程序清算全部清偿债务，而采取保证结束（或者注销承诺）的方式予以注销。清算主体自愿承诺在公司注销后对公司遗留的债务负责，其性质上应属于债法中的债务承担。清算主体一旦作出承诺，应视为为自己设定了义务，则承诺人理应为自己的承诺负责。《公司法司法解释（二）》第 20 条第 2 款规定："公司未经依法清算即办理注销登记，股东或者第三人在公司登记机关办理注销登记时承诺对公司债务承担责任，债权人主张其对公司债务承担相应民事责任的，人民法院应依法予以支持。"

（七）清算义务人承担民事责任后的追偿权

《公司法司法解释（二）》第 21 条规定，有限责任公司的股东、股份有限公司的董事和控股股东，以及公司的实际控制人为 2 人以上的，其中 1 人或者数人按照本规定第 18 条和第 20 条第 1 款的规定承担民事责任后，主张其他人员按照过错大小分担责任的，人民法院应依法予以支持。

### (八)瑕疵出资股东的违约责任

《公司法司法解释(二)》第22条规定,公司解散时,股东尚未缴纳的出资均应作为清算财产。股东尚未缴纳的出资,包括到期应缴未缴的出资,以及依照公司法第26条和第81条的规定分期缴纳尚未届满缴纳期限的出资。公司财产不足以清偿债务时,债权人主张未缴出资股东,以及公司设立时的其他股东或者发起人在未缴出资范围内对公司债务承担连带清偿责任的,人民法院应依法予以支持。

**判例分析** 上海存亮贸易有限公司诉蒋志东、王卫明等买卖合同纠纷案

(最高人民法院审判委员会讨论通过,2012年9月18日发布)

关键词:民事　公司清算义务　连带清偿责任

裁判要点:有限责任公司的股东、股份有限公司的董事和控股股东,应当依法在公司被吊销营业执照后履行清算义务,不能以其不是实际控制人或者未实际参加公司经营管理为由,免除清算义务。

相关法条:《中华人民共和国公司法》第20条、第184条

**【基本案情】**

原告上海存亮贸易有限公司(简称存亮公司)诉称:其向被告常州拓恒机械设备有限公司(简称拓恒公司)供应钢材,拓恒公司尚欠货款1395228.6元。被告房恒福、蒋志东和王卫明为拓恒公司的股东,拓恒公司未年检,被工商部门吊销营业执照,至今未组织清算。因其怠于履行清算义务,导致公司财产流失、灭失,存亮公司的债权得不到清偿。根据公司法及相关司法解释规定,房恒福、蒋志东和王卫明应对拓恒公司的债务承担连带责任。故请求判令拓恒公司偿还存亮公司货款1395228.6元及违约金,房恒福、蒋志东和王卫明对拓恒公司的债务承担连带清偿责任。

被告蒋志东、王卫明辩称:(1)两人从未参与过拓恒公司的经营管理;(2)拓恒公司实际由大股东房恒福控制,两人无法对其进行清算;(3)拓恒公司由于经营不善,在被吊销营业执照前已背负了大量债务,资不抵债,并非由于蒋志东、王卫明怠于履行清算义务而导致拓恒公司财产灭失;(4)蒋志东、王卫明也曾委托律师对拓恒公司进行清算,但由于拓恒公司财物多次被债权人哄抢,导致无法清算,因此蒋志东、王卫明不存在怠于履行清算义务的情况。故请求驳回存亮公司对蒋志东、王卫明的诉讼请求。

被告拓恒公司、房恒福未到庭参加诉讼,亦未作答辩。

法院经审理查明:2007年6月28日,存亮公司与拓恒公司建立钢材买卖合同关系。存亮公司履行了7095006.6元的供货义务,拓恒公司已付货款5699778元,尚欠货款1395228.6元。另,房恒福、蒋志东和王卫明为拓恒公司的股东,所占股份分别为40%、30%、30%。拓恒公司因未进行年检,2008年12月25日被工商部门吊销营业执照,至今股东未组织清算。现拓恒公司无办公经营地,账册及财产均下落不明。拓恒公司在其他案件中因无财产可供执行被中止执行。

**【裁判结果】**

上海市松江区人民法院于2009年12月8日作出(2009)松民二(商)初字第1052号民事判决:(1)拓恒公司偿付存亮公司货款1395228.6元及相应的违约金;(2)房恒福、蒋志东和王卫明对

拓恒公司的上述债务承担连带清偿责任。宣判后，蒋志东、王卫明提出上诉。上海市第一中级人民法院于2010年9月1日作出(2010)沪一中民四(商)终字第1302号民事判决：驳回上诉，维持原判。

**【裁判理由】**

法院生效裁判认为：存亮公司按约供货后，拓恒公司未能按约付清货款，应当承担相应的付款责任及违约责任。房恒福、蒋志东和王卫明作为拓恒公司的股东，应在拓恒公司被吊销营业执照后及时组织清算。因房恒福、蒋志东和王卫明怠于履行清算义务，导致拓恒公司的主要财产、账册等均已灭失，无法进行清算，房恒福、蒋志东和王卫明怠于履行清算义务的行为，违反了公司法及其司法解释的相关规定，应当对拓恒公司的债务承担连带清偿责任。拓恒公司作为有限责任公司，其全体股东在法律上应一体成为公司的清算义务人。公司法及其相关司法解释并未规定蒋志东、王卫明所辩称的例外条款，因此无论蒋志东、王卫明在拓恒公司中所占的股份为多少，是否实际参与了公司的经营管理，两人在拓恒公司被吊销营业执照后，都有义务在法定期限内依法对拓恒公司进行清算。

关于蒋志东、王卫明辩称拓恒公司在被吊销营业执照前已背负大量债务，即使其怠于履行清算义务，也与拓恒公司财产灭失之间没有关联性。根据查明的事实，拓恒公司在其他案件中因无财产可供执行被中止执行的情况，只能证明人民法院在执行中未查找到拓恒公司的财产，不能证明拓恒公司的财产在被吊销营业执照前已全部灭失。拓恒公司的三名股东怠于履行清算义务与拓恒公司的财产、账册灭失之间具有因果联系，蒋志东、王卫明的该项抗辩理由不成立。蒋志东、王卫明委托律师进行清算的委托代理合同及律师的证明，仅能证明蒋志东、王卫明欲对拓恒公司进行清算，但事实上对拓恒公司的清算并未进行。据此，不能认定蒋志东、王卫明依法履行了清算义务，故对蒋志东、王卫明的该项抗辩理由不予采纳。

# 第三编　个人独资企业法与合伙企业法

# 第十四章　个人独资企业法律制度

## 第一节　个人独资企业与个人独资企业法概述

### 一、个人独资企业的概念和特征

#### (一)个人独资企业的概念

个人独资企业(Enterprise of Sole Proprietorship),也称独资商号、独资所有制、单人公司、个体企业等,是指依照《个人独资企业法》在中国境内设立,由一个自然人投资,财产为投资人个人所有,投资人以其个人财产对企业债务承担无限责任的经济组织(经营实体)。

个人独资企业属于自然人企业,在大陆法系商法中被视为商个人或商自然人。在企业制度的变迁历史中,独资业主制企业是最早出现的企业制度形式,是所有企业形态中最为古老、最为简单的组织形式,但因其没有资本的联合,且企业主要对企业的债务承担无限责任,因此,企业发展的规模会受到相应的限制,难以发展壮大,多适用于小型企业。

#### (二)个人独资企业的特征

第一,个独资企业是由一个自然人投资的企业。根据《个人独资企业法》的规定,设立个人独资企业只能是一个自然人,且法律、行政法规禁止从事营利性活动的人,不得作为投资人申请设立个人独资企业,如国家公务员、党政机关领导干部、警官、法官、检察官、商业银行工作人员等。国家机关、国家授权投资的机构或者国家授权的部门、企业、事业单位等都不能作为个人独资企业的设立人。自然人本无国籍的含义,既包括中国公民,也应包括外国公民,但是,《个人独资企业法》规定,“外商独资企业不适用本法”,因此,《个人独资企业法》所指的自然人仅指中国公民。关于作为个人独资企业投资人的自然人是否应同时具备民事权利能力和民事行为能力问题,各国规定不一,有的国家并不要求个人独资企业的投资人必须具备民事行为能力,只要具有民事权利能力就可以成为个人独资企业的出资人;有的国家则规定必须同时具备民事权利能力和民事行为能力。我国《个人独资企业法》对此未作明确规定。

第二,个人独资企业的内部机构设置简单,经营管理方式灵活。个人独资企业的投资人既是企业的所有者,又可以是企业的经营者,因此,其内部机构的设置较为简单,决策程序也较为灵活。

第三,个人独资企业是非法人企业。个人独资企业由一个自然人出资,投资人对企业的债务承担无限责任,在权利义务上,企业和个人是融为一体的,企业的责任即是投资人个人的责任,企业的财产即是投资人的财产。因此,个人独资企业不具有法人资格,也无独立承担民事责任的能力。个人独资企业虽然不具有法人资格,但却是独立的民事主体,可以自己的名义从事民事活动,进行诉讼。个人独资企业不具有法人资格,但是,它应该具有与其投资者自然人紧密联系的民事主体资格,或者称之为非法人组织人格,个人独资企业有自己的名称,有自己相对独立的财产,有一定数量的从业人员,有适于自己经营的组织机构,个人独资企业以自己的名义而不是以企业主或投资人的名义从事经营活动。这些都说明个人独资企业具有团体性要件。〔1〕

第四,个人独资企业的投资人对企业的债务承担无限责任。由于个人独资企业的投资人是一个自然人,对企业的出资多少、是否追加资金或减少资金、采取什么样的经营方式等事项均由投资人一人做主。从权利和义务上看,出资人与企业是不可分割的。投资人对企业的债务承担无限责任,即当企业的财产不足以清偿到期债务时,投资人应以自己个人的全部财产用于清偿企业债务,这实际上将企业的责任与投资人的责任连为一体。如果企业是以投资人的个人财产投资的,以投资人个人财产对企业债务承担无限责任。若个人独资企业以投资人的家庭共有财产出资,应以家庭共有财产对企业债务承担无限责任。所以,个人独资企业债权的实现有赖于投资人的信用和偿债能力,这也是世界各国对个人独资企业没有强行规定最低投资限额的原因。

## 二、单一投资主体的各种投资形式

关于单一投资主体的投资形式,在我国可以有以下几种:一是个体工商户;二是个人独资企业;三是一人有限责任公司;四是国有独资公司;五是外商独资企业。各类投资形式各具特色,对投资主体亦有不同的要求。

### (一)个体工商户

个体工商户的定义首见《民法通则》,其第26条规定:"公民在法律允许的范围内,依法经核准登记,从事工商业经营的,为个体工商户。个体工商户可以起字号。"国务院2011年3月30日颁布,2011年11月1日施行的《个体工商户条例》第2条第1款规定:"有经营能力的公民,依照本条例规定经工商行政管理部门登记,从事工商业经营的,为个体工商户。"第27条规定:"香港特别行政区、澳门特别行政区永久性居民中的中国公民,台湾地区居民可以按照国家有关规定,申请登记为个体工商户。"从上述规定可以看出,设立个体工商户的投资主体的要求为有经营能力的公民,"公民"一词具有政治色彩,在此处指具有中国国籍的自然人,港澳地区永久性居民中的中国公民、我国台湾地区居民亦可作为投资主体申请设立个体工商户。

《个体工商户条例》第8条第1款规定:"申请登记为个体工商户,应当向经营场所所在地登记机关申请注册登记。申请人应当提交登记申请书、身份证明和经营场所证明。"根据《民事诉讼法司法解释》(2014年12月18日通过)第59条规定,"在诉讼中,个体工商户以营业执

---

〔1〕 魏振瀛主编:《民法》(第5版),北京大学出版社、高等教育出版社2013年版,第118页。

照上登记的经营者为当事人。有字号的，以营业执照上登记的字号为当事人，但应同时注明该字号经营者的基本信息。营业执照上登记的经营者与实际经营者不一致的，以登记的经营者和实际经营者为共同诉讼人。”个体工商户为商自然人，法律交往产生的权利义务均由设立者承受，除了可能拥有自己的名称（字号）外，其人格几乎完全为投资人所吸收。关于其债务承担问题，《民法通则》第29条规定：“个体工商户的债务，个人经营的，以个人财产承担；家庭经营的，以家庭财产承担。”个体工商户是一种我国特有的公民参与生产经营活动的形式，也是个体经济的一种法律形式，其不具有法人资格。

（二）个人独资企业

全国人大常委会1999年8月30日颁布，2000年1月1日施行的《个人独资企业法》第2条规定：“本法所称个人独资企业，是指依照本法在中国境内设立，由一个自然人投资，财产为投资人个人所有，投资人以其个人财产对企业债务承担无限责任的经营实体。”第16条规定：“法律、行政法规禁止从事营利性活动的人，不得作为投资人申请设立个人独资企业。”从上述规定可以看出，在中国大陆可以设立个人独资企业的主体为中国自然人，此处并不包括港澳台地区的自然人，因为港澳台地区的自然人设立的独资企业，在中国大陆被称为“外商独资企业”。个人独资企业不具有法人资格。

（三）一人有限责任公司

全国人大常委会2013年12月28日修订，2014年3月1日实施的《公司法》第57条第2款规定：“本法所称一人有限责任公司，是指只有一个自然人股东或者一个法人股东的有限责任公司。”第58条规定：“一个自然人只能投资设立一个一人有限责任公司。该一人有限责任公司不能投资设立新的一人有限责任公司。”关于一人有限责任公司的立法规定，是2005年《公司法》修订的一个重要方面，1993年旧版的《公司法》是没有关于一人有限责任公司的立法规定的，此处修改是顺应公司立法的国际潮流，鼓励投资，促进经济发展的需要。由上述规定可知，在中国大陆所说的一人公司，目前仅限于一人有限责任公司，中国大陆还不承认原生型一人股份有限公司的合法性，而对于一人有限责任公司，其投资主体可为一个中国自然人或一个中国法人，此处仍然不包括港澳台的自然人和法人，因为港澳台自然人或法人在中国大陆设立的独资企业，仍为“外商独资企业”，其要受到《外资企业法》的规制。一人有限责任公司具有法人资格。

（四）国有独资公司

根据《公司法》第64条第2款规定：“本法所称国有独资公司，是指国家单独出资、由国务院或者地方人民政府授权本级人民政府国有资产监督管理机构履行出资人职责的有限责任公司。”从上述条文可知，首先，国有独资公司的投资者仅为一人，即国家，只不过由国务院或者地方人民政府授权本级人民政府国有资产监督管理机构履行出资人职责；其次，国有独资公司也为有限责任公司，其和一人有限责任公司在投资主体上的区别点在于其单一投资主体为国家，而一人有限责任公司的单一投资主体为一个自然人或一个法人。关于国有独资公司，早在1993年的旧版《公司法》就有规定，经过2004年公司法的小改，2005年公司法的大改，其条文并未见大的修改,只是个别条文稍见改动,其为国有企业改革服务的立法初衷一直未变。国有独资公司具有法人资格。

(五)外商独资企业

全国人大常委会2000年10月31日颁布,并于同日施行的《外资企业法》第2条规定:“本法所称的外资企业,是指依照中国有关法律在中国境内设立的全部资本由外国投资者投资的企业,不包括外国的企业和其他经济组织在中国境内的分支机构。”第8条规定:“外资企业符合中国法律关于法人条件的规定的,依法取得中国法人资格。”根据国务院2011年4月12日公布施行的《外资企业法实施细则》第18条规定:“外资企业的组织形式为有限责任公司。经批准也可以为其他责任形式。外资企业为有限责任公司的,外国投资者对企业的责任以其认缴的出资额为限。外资企业为其他责任形式的,外国投资者对企业的责任适用中国法律、法规的规定。”《外资企业法实施细则》第80条规定:“香港、澳门、台湾地区的公司、企业和其他经济组织或者个人以及在国外居住的中国公民在大陆设立全部资本为其所有的企业,参照本实施细则办理。”由以上规定可知,外资企业的投资主体为外国投资者,《外资企业法》中并未明确界定何为外国投资者,参照《中外合资经营企业法》的第1条对外国合营者的界定,我们可将外国投资者理解为外国公司、企业、其他经济组织和个人,至于外国投资者是单独在中国投资,还是联合投资,法律未作区分。但外国投资者单独在中国投资时,不管投资主体是一个外国公司、一个外国企业、一个外国其他经济组织或一个外国自然人,均形成了外商独资企业,外商独资企业既可采取有限责任公司形式,经批准还可采取其他责任形式,如无限责任形式。港澳台地区的投资者和在国外居住的中国公民在境内投资建立的企业,也属于外资企业,若为单独投资,则为外商独资企业。

## 三、个人独资企业与一人公司的比较

以企业的资本构成和投资者的责任形式为标准,可将企业分为:独资企业、合伙企业和公司三类,这是世界各国对企业分类的基本方法。鉴于个人独资企业和一人公司均为投资主体单一的重要企业形式,对之进行对比分析,可以帮助我们更好地理解个人独资企业的本质属性,也可为投资者的理性选择提供借鉴。

(一)个人独资企业与一人有限责任公司的共同点

两者的共同点主要有两个方面:一是这两种类型的企业投资主体均为单一主体,均可由中国自然人单独投资设立;二是它们都是营利性的经济组织。

(二)个人独资企业与一人有限责任公司的不同点

第一,投资主体不同。个人独资企业的投资主体只能是一个中国自然人;而一人有限责任公司的投资主体除了一个中国自然人可以作为唯一股东外,一个法人也可以作为单独投资主体。根据我国《民法通则》的相关规定,法人可分为企业法人、机关法人、事业单位法人和社会团体法人。除机关法人外,其他各类法人只要具有投资能力,不被法律、行政法规所禁止,均可作为法人股东投资成立一人有限责任公司。

第二,企业名称要求不同。2012 年 11 月 9 日修订的《企业名称登记管理规定》第 7 条规定:“企业名称应当由以下部分依次组成:字号(或者商号)、行业或者经营特点、组织形式。企业名称应当冠以企业所在地省(包括自治区、直辖市)或者市(包括州)或者县(包括市辖区)行政区划名称。”因此,两类企业名称的构成基本相同,所不同的是最后一部分组织形式上的差异。2014 年《个人独资企业登记管理办法》第 6 条第 2 款的规定,个人独资企业的名称中不得使用“有限”、“有限责任”或者“公司”字样。因此,其名称可以叫厂、店、部、吧、中心、工作室等等。而一人有限责任公司,依照《公司法》第 8 条第 1 款的规定:“依照本法设立的有限责任公司,必须在公司名称中标明有限责任公司或者有限公司字样。”

第三,组织机构要求不同。《个人独资企业法》对个人独资企业的组织机构没有立法规定,董事会、监事会等企业组织机构是否设立,如何设立,个人独资企业业主享有绝对的话语权。而《公司法》对一人有限责任公司的组织机构设置有明确的立法规定,如第 57 条第 1 款规定:“一人有限责任公司的设立和组织机构,适用本节规定;本节没有规定的,适用本章第一节、第二节的规定。”第 61 条规定:“一人有限责任公司不设股东会。股东作出本法第三十七条第一款所列决定时,应当采用书面形式,并由股东签名后置备于公司。”董事会和监事会是否设立,可参酌普通有限责任公司的立法规定。可见,法律对一人有限责任公司组织机构的规制要严格于个人独资企业。

第四,是否具有法人资格不同。个人独资企业属于非法人组织,不具有法人资格;而一人有限责任公司作为公司的一种,属于企业法人,具有法人资格。

第五,责任形式不同。个人独资企业业主要对企业债务以自己的个人财产承担无限责任,而一人有限责任公司的股东原则上仅以对公司的出资额为限对公司债务承担有限责任,特殊情况时承担连带责任。如《公司法》第 63 条规定:“一人有限责任公司的股东不能证明公司财产独立于股东自己的财产的,应当对公司债务承担连带责任。”

第六,税收缴纳不同。《国务院关于个人独资企业和合伙企业征收个人所得税问题的通知》规定,个人独资企业和合伙企业从 2000 年 1 月 1 日起,停止征收企业所得税,比照个体工商户生产经营所得征收个人所得税。个人独资企业本身不是单独的纳税主体,独资企业之经营和收入可看作业主的经营和收入,由业主个人缴纳各种税收。就所得税而言,因业主缴纳个人所得税,企业不需缴纳企业所得税,因而个人独资企业业主的税负较轻,且不存在同一笔收入两次征税的问题。而一人有限责任公司,就所得税而言,公司利润首先要缴纳企业所得税,股东的盈利分配收入还要缴纳个人所得税,相对个人独资企业而言,具有双重税负。

第七,适用法律不同。个人独资企业主要受《个人独资企业法》规制,而一人有限责任公司则受《公司法》规制。

## 四、个人独资企业法的概念和适用范围

### (一)个人独资企业法的概念

个人独资企业法是规范个人独资企业的设立、投资人及其事务管理、解散和清算等关系的

法律规范的总称。它既是个人独资企业的组织法,又兼有个人独资企业行为法的性质,是投资人及其事务管理人开展各种经营活动的法律依据,是国家实现经济调控职能的法律手段。

个人独资企业法有广义和狭义之分,广义的个人独资企业法,是指国家关于个人独资企业的各种法律规范的总称;狭义的个人独资企业法是指 1999 年 8 月 30 日第九届全国人大常委会第十一次会议通过的《中华人民共和国个人独资企业法》,该法共 6 章 48 条。

### (二)个人独资企业法的适用范围

个人独资企业的适用范围是指个人独资企业适用的地域范围和适用的对象,《个人独资企业法》只适用于我国境内的个人独资企业,即只适用于由一个自然人(中国公民)投资设立的经营实体。所以,《个人独资企业法》不适用于具有独资特点的全民所有制企业,不适用于国有独资公司及外商独资企业。另外,按照"一国两制"的基本国策,香港和澳门两个特别行政区享有独立的立法和司法自治权,所以,这部法律在香港和澳门地区也不适用。

## 第二节 个人独资企业的设立、变更与终止

个人独资企业的设立,是指投资人按照《个人独资企业法》规定的条件和程序,为了取得个人独资企业经营主体资格所实施的一系列行为的总称。简而言之,它是指个人独资企业的创设活动。个人独资企业的设立应当符合法律规定的条件,但由于个人独资企业投资人以其全部财产承担无限责任,因此,世界各国法律关于个人独资企业的设立条件和设立程序的规定,比合伙企业和公司的规定显得宽松和简便。

### 一、个人独资企业的设立条件

第一,投资人为一个自然人,且只能是中国公民。个人独资企业的投资人,应当是具有相应的民事权利能力和完全的民事行为能力并不受法律限制的自然人。下列几类自然人不能设立个人独资企业:其一,法律、行政法规禁止从事营利性活动的人,例如,政府公务员不得作为投资人申请设立个人独资企业;其二,无民事行为能力或限制民事行为能力等禁治产人;其三,个人负有竞业禁止义务的人,在任职期间不得设立与任职公司同类性质的个人独资企业;其四,个人负债较多,未能及时清偿者等。

第二,有合法的企业名称。名称是企业的标志,企业必须有相应的名称,个人独资企业的名称应当符合国家关于企业名称登记管理的有关规定,企业名称应与其责任形式及从事的营业相符合,个人独资企业的名称中不得使用"有限"、"有限责任"或者"公司"字样,个人独资企业的名称可以叫厂、店、部、吧、中心、工作室等等。一般情况下,其名称由"行政区划 + 字号 + 行业 + 厂(店、部等)"构成。根据《个人独资企业法》的规定,个人独资企业使用的名称与其在登记机关登记的名称不相符合的,责令限期改正,处以 2000 元以下的罚款。

第三，投资人要申报必要的与其申办企业规模相当的经营资金。《个人独资企业法》对设立个人独资企业的出资数额未作限制。根据2000年国家工商行政管理局《关于实施〈个人独资企业登记管理办法〉有关问题的通知》的规定，设立个人独资企业可以用货币出资，也可以用实物、土地使用权、知识产权或者其他财产权利出资，采取实物、土地使用权、知识产权或者其他财产权利出资的，应将其折算成货币数额，投资人申报的出资额应当与企业的生产经营规模相适应。究竟多少为宜，该通知并未作出规定，还有待进一步明确。投资人可以个人财产出资，也可以家庭共有财产作为个人出资。以家庭共有财产作为个人出资的，投资人应当在设立（变更）登记申请书上予以注明。

第四，有固定的生产经营场所和必要的生产经营条件。个人独资企业必须有固定的生产经营场所和必要的生产经营条件作为其开展经营活动的物质基础。生产经营场所包括企业的住所和与生产经营相适应的处所。住所是企业的主要办事机构所在地，是企业的法定地址。

第五，要有必要的从业人员。企业是人的要素和物的要素相结合而产生的实体，所以，个人独资企业必须要有与经营规模相适应的从业人员。关于从业人员人数的多少，《个人独资企业法》没有作出具体的规定，它由企业主自行确定。从业人员的要求是针对专业性较强的企业，其必须具有具备专业技能的人，才能提供合格的产品和服务。《个人独资企业法》不加区分地要求设立个人独资企业有必要的从业人员，笔者认为，一没有必要，二缺乏可操作性。

## 二、个人独资企业的设立程序

个人独资企业的设立程序是指投资人创设个人独资企业时应履行的一系列法律手续的总称。由于个人独资企业资本少、规模小，经营活动相对简单，所以，设立程序也比其他形式的企业简单。《个人独资企业法》正是从个人独资企业的特点出发，对个人独资企业的设立方式作出了灵活的规定。一般来说，个人独资企业的设立采用准则主义，即只要符合设立的条件，企业即可登记成立，无须经过有关部门的批准。但是，如果个人独资企业拟从事法律、行政法规规定须报经有关部门审批的业务，应当在申请设立登记时提交有关部门的批准文件。对这类个人独资企业，法律采取的则是核准主义的设立方式。法律规定个人独资企业不得从事法律、行政法规禁止经营的业务。

### （一）提出申请

申请设立个人独资企业，应当由投资人或者其委托的代理人向个人独资企业所在地的登记机关提出设立申请。投资人申请设立登记，应当向登记机关提交下列文件：(1)投资人签署的个人独资企业设立申请书。设立申请书应当载明的事项有：企业的名称和住所、投资人的姓名和居所、投资人的出资额和出资方式、经营范围及方式。个人独资企业投资人以个人财产出资或者以其家庭共有财产作为个人出资的，应当在设立申请书中予以明确。(2)投资人身份证明，主要是身份证和其他有关证明材料。(3)企业住所证明和生产经营场所使用证明等文件，如土地使用证明、房屋产权证或租赁合同等。(4)委托代理人申请设立登记的，应当提交投资人的委托书和代理人的身份证明或者资格证明。(5)国家工商行政管理局规定提交的其他文件。从事法律、行政法规规定须报经有关部门审批的业务的，应当提交有关部门的批准文件。

(二)工商登记

登记机关应当在收到设立申请文件之日起15 日内,对符合条件的予以登记,发给《营业执照》;对不符合个人独资企业法规定条件的,不予登记,并发给企业登记驳回通知书。依据2000 年国家工商总局颁布的《个人独资企业登记管理办法》第8 条的规定,个人独资企业的登记事项应当包括:企业名称、企业住所、投资人姓名和居所、出资额和出资方式、经营范围及方式。个人独资企业的营业执照的签发日期,为个人独资企业成立日期,在领取个人独资企业营业执照前,投资人不得以个人独资企业名义从事经营活动。

(三)分支机构登记

个人独资企业设立分支机构,应当由投资人或者其委托的代理人向分支机构所在地的登记机关申请设立登记。分支机构的登记事项应当包括:分支机构的名称、经营场所、负责人姓名和居所、经营范围及方式。

个人独资企业申请设立分支机构,应当向登记机关提交下列文件:(1)分支机构设立登记申请书。(2)登记机关加盖印章的个人独资企业营业执照复印件。(3)经营场所证明。(4)国家工商行政管理局规定提交的其他文件。分支机构从事法律、行政法规规定须报经有关部门审批的业务,还应当提交有关部门的批准文件。(5)个人独资企业投资人委派分支机构负责人的,应当提交投资人委派分支机构负责人的委托书及其身份证明。(6)委托代理人申请分支机构设立登记的,应当提交投资人的委托书和代理人的身份证明或者资格证明。

登记机关应当在收到按规定提交的全部文件之日起15 日内,作出核准登记或者不予登记的决定。核准登记的,发给营业执照;不予登记的,发给登记驳回通知书。个人独资企业分支机构申请变更登记、注销登记,比照关于个人独资企业申请变更登记、注销登记的有关规定办理。个人独资企业应当在其分支机构经核准设立、变更或者注销登记后15 日内,将登记情况报该分支机构隶属的个人独资企业的登记机关备案。个人独资企业向登记机关备案,应当提交下列文件:(1)分支机构登记机关加盖印章的分支机构营业执照复印件、变更登记通知书或者注销登记通知书;(2)国家工商行政管理局规定提交的其他文件。分支机构经核准登记后,应将登记情况报该分支机构隶属的个人独资企业的登记机关备案。分支机构的民事责任由设立该分支机构的个人独资企业承担。

## 三、个人独资企业的事务管理

(一)个人独资企业的投资人

根据《个人独资企业法》的规定,个人独资企业的投资人为一个具有中国国籍的自然人,但法律、行政法规禁止从事营利性活动的人,不得作为投资人申请设立个人独资企业。根据我国有关法律、行政法规规定,国家公务员、党政机关领导干部、警官、法官、检察官、商业银行工作人员等人员,不得作为投资人申请设立个人独资企业。

个人独资企业投资人对本企业的财产依法享有所有权,其有关权利可以依法进行转让或继承。企业的财产不论是投资人的原始投入，还是经营所得，均归投资人所有。

虽然个人独资企业投资人对企业的债务要承担无限责任，但是，投资人的财产和企业财产仍是有区别的：一是投资人申办个人独资企业，要申报出资，这一出资的财产与投资人的其他财产不同；二是企业应有一定稳定独立的资金，这是企业生产经营的需要；三是将两者的财产加以区别，有利于计算企业的生产经营成果。

个人独资企业投资人在申请企业设立登记时，明确以其家庭共有财产作为个人出资的，应当依法以家庭共有财产对企业债务承担无限责任。由于出资人与其家庭的特殊关系，出资人的财产往往与其家庭财产难以划清。夫妻财产是共有财产，夫妻一方取得的财产为夫妻双方的共同财产，既然财产是共有的，收益也是共同所有，对债务也应以共有财产清偿；从其他家庭成员之间的关系看，家庭成员允许出资人将家庭财产用于投资办企业本身就意味着许诺将这部分财产用于承担风险，而出资人取得的收益也是全家共同享用，这就意味着个人独资企业的收益是家庭共同财产的一部分。

### （二）个人独资企业投资人对事务管理人职权的限制

个人独资企业投资人可以自行管理企业事务，也可以委托或者聘用其他具有民事行为能力的人负责企业的事务管理。投资人委托或者聘用他人管理个人独资企业事务，应当与受托人或者被聘用的人签订书面合同。合同应订明委托的具体内容、授予的权利范围、受托人或者被聘用的人应履行的义务、报酬和责任等。受托人或者被聘用的人员应当履行诚信、勤勉义务，以诚实信用的态度对待投资人，对待企业，尽其所能依法保障企业利益，按照与投资人签订的合同负责个人独资企业的事务管理。投资人委托或者聘用的人员管理个人独资企业事务时违反双方订立的合同，给投资人造成损害的，承担民事赔偿责任。

1. 投资人的内部限制不得对抗善意第三人（任意限制）

投资人对受托人或者被聘用的人员职权的限制，不得对抗善意第三人。所谓第三人是指除受托人或被聘用的人员以外与企业发生经济业务关系的人。所谓善意第三人是指第三人在有关经济业务事项交往中，没有与受托人或者被聘用的人员串通，故意损害投资人利益的第三人。个人独资企业的投资人与受托人或者被聘用的人员之间有关权利义务的限制只对受托人或者被聘用的人员有效，对第三人并无约束力，受托人或者被聘用的人员超出投资人的限制与善意第三人的有关业务交往应当有效。

2. 对受托人的职权限制（法定限制）

我国《个人独资企业法》规定，投资人委托或者聘用的管理个人独资企业事务的人员不得从事下列行为：（1）利用职务上的便利，索取或者收受贿赂；（2）利用职务或者工作上的便利侵占企业财产；（3）挪用企业的资金归个人使用或者借贷给他人；（4）擅自将企业资金以个人名义或者以他人名义开立账户储存；（5）擅自以企业财产提供担保；（6）未经投资人同意，从事与本企业相竞争的业务；（7）未经投资人同意，同本企业订立合同或者进行交易；（8）未经投资人同意，擅自将企业商标或者其他知识产权转让给他人使用；（9）泄露本企业的商业秘密；（10）法律、行政法规禁止的其他行为。投资人委托或者聘用的人员违反上述规定，侵犯个人独资企业财产权益的，责令退还侵占的财产；给企业造成损失的，依法承担赔偿责任；有违法所得的,没收违法所得;构成犯罪的,依法追究刑事责任。

### 四、个人独资企业的变更

根据2014国家工商行政管理局修订的《个人独资企业登记管理办法》的规定,个人独资企业存续期间登记事项发生变更的,应当办理变更登记。个人独资企业变更企业名称、企业住所、经营范围及方式,应当在作出变更决定之日起15日内向原登记机关申请变更登记。个人独资企业变更投资人姓名和居所、出资额和出资方式,应当在变更事由发生之日起15日内向原登记机关申请变更登记。

个人独资企业申请变更登记,应当向登记机关提交下列文件:(1)投资人签署的变更登记申请书;(2)国家工商行政管理局规定提交的其他文件。从事法律、行政法规规定须报经有关部门审批的业务的,应当提交有关部门的批准文件。委托代理人申请变更登记的,应当提交投资人的委托书和代理人的身份证明或者资格证明。

登记机关应当在收到按规定提交的全部文件之日起15日内,作出核准登记或者不予登记的决定。予以核准的,换发营业执照或者发给变更登记通知书;不予核准的,发给企业登记驳回通知书。个人独资企业变更住所跨登记机关辖区的,应当向迁入地登记机关申请变更登记。迁入地登记机关受理的,由原登记机关将企业档案移送迁入地登记机关。个人独资企业因转让或者继承致使投资人变化的,个人独资企业可向原登记机关提交转让协议书或者法定继承文件,申请变更登记。个人独资企业改变出资方式致使个人财产与家庭共有财产变换的,个人独资企业可向原登记机关提交改变出资方式文件,申请变更登记。

### 五、个人独资企业的终止

#### (一)个人独资企业的解散

个人独资企业的解散是指个人独资企业终止活动使其民事主体资格消灭的行为。《个人独资企业法》第26条的规定,个人独资企业有下列情形之一时,应当解散:(1)投资人决定解散;(2)投资人死亡或者被宣告死亡,无继承人或者继承人决定放弃继承;(3)被依法吊销营业执照;(4)法律、行政法规规定的其他情形。

#### (二)个人独资企业的清算

个人独资企业解散时,应当进行清算。《个人独资企业法》对个人独资企业清算作了如下规定:

第一,确定清算人。个人独资企业解散,由投资人自行清算或者由债权人申请人民法院指定清算人进行清算。

第二,通知和公告债权人。投资人自行清算的,应当在清算前15日内书面通知债权人,无法通知的,应当予以公告。债权人应当在接到通知之日起30日内,未接到通知的应当在公告之日起60日内,向投资人申报其债权。

第三,分配财产。个人独资企业解散的,财产应当按照下列顺序清偿:(1)所欠职工工资和社会保险费用;(2)所欠税款;(3)其他债务。个人独资企业财产不足以清偿债务的,投资人应当以其个人的其他财产予以清偿。

第四,投资人的持续偿债责任。个人独资企业解散后,原投资人对个人独资企业存续期间的债务仍应承担偿还责任,但债权人在5年内未向债务人提出偿债请求的,该责任消灭。

第五,注销登记。个人独资企业清算结束后,投资人或者人民法院指定的清算人应当编制清算报告,并于清算结束之日起15日内向原登记机关申请注销登记。个人独资企业申请注销登记,应当向登记机关提交下列文件:其一,投资人或者清算人签署的注销登记申请书;其二,投资人或者清算人签署的清算报告;其三,国家工商行政管理局规定提交的其他文件。登记机关应当在收到按规定提交的全部文件之日起15日内,作出核准登记或者不予登记的决定。予以核准的,发给核准通知书;不予核准的,发给企业登记驳回通知书。经登记机关注销登记,个人独资企业终止。个人独资企业办理注销登记时,应当缴回营业执照。

根据《个人独资企业法》的规定,个人独资企业及其投资人在清算前或清算期间隐匿或转移财产,逃避债务的,依法追回其财产,并按照有关规定予以处罚;构成犯罪的,依法追究刑事责任。投资人违反规定,应当承担民事赔偿责任和缴纳罚款、罚金,其财产不足以支付的,或者被判处没收财产的,应当先承担民事赔偿责任。

## 第三节　个人独资企业的营业转让

《个人独资企业法》第17条规定:“个人独资企业投资人对本企业的财产依法享有所有权,其有关权利可以依法进行转让或继承。”国家工商行政管理总局2014年修订的《个人独资企业登记管理办法》第17条规定:“个人独资企业因转让或者继承致使投资人变化的,个人独资企业可向原登记机关提交转让协议书或者法定继承文件,申请变更登记。”由于个人独资企业是非法人企业,企业债权债务实质上就是投资业主个人的债权债务,所以在不涉及企业或营业整体转让时,有关企业财产权利的转让,与企业投资人个人所有的其他财产的转让一样,并无任何特殊性。如当独资企业业主只转让企业名义下的部分权益时,可能使独资企业转变为合伙企业。但若涉及独资企业的营业整体转让时,则是一个较为复杂的法律问题。

企业的营业整体转让不仅涉及商号、知识产权等无形资产,而且还涉及债权、债务问题。当企业整体转让涉及企业商号、无形资产等方面时,主要面临转让方与受让方协商作价的问题,协商不成时可以聘请有关的专业机构予以评估作价。当企业营业进行整体转让时,对于转让人即原独资企业的业主来讲,从法理角度分析,其承担的义务主要体现在以下三个方面:其一,在接受受让人支付的价金时,应整体将企业交付给受让人,包括办理相关的变更登记手续,移转该商号名下的各类财产,交接企业的财务账目和公章文件、营业执照,使受让人获得能够有效利用这些财产进行营业活动的条件。其二,若独资企业的营业已具相当规模,转让人还应承担一项义务,即在转让行为发生后的一定时间和一定区域内不得继续从事与转让企业有竞争关系的商业。如《日本商法》第25条规定:“在已经转让营业的情况下,当事人没有另外的意思表示时,转让人在20年内不得在同一市、镇、村从事相同的营业。”其三,对转让企业的技术秘密和营业秘密予以保守并不能另行转让。除非当事人另有约定,否则受让人的义务主要是支付价金和承担企业转让协议中设定的其他义务。

个人独资企业的营业整体转让涉及的核心问题,实际上是转让人与受让人对转让企业债权债务关系的承继处理问题。对这一问题的不同处理态势可产生以下三种法律结果:一是企业营业整体转让后,免除了原业主的偿债义务,原企业的债权债务由受让人整体承继;二是企业营业整体转让后,原企业的债权债务仍归属于原业主,企业变更登记后发生的新债权债务由受让人承担;三是企业营业整体转让后,原企业的债权债务由转让人和受让人共同承担连带责任。

对此债权债务的承担问题,大陆法系和英美法系国家立法规定有所差异。大陆法系的某些国家和地区往往坚持固有的债权债务特定化的理念,以无限责任之制度原理解析企业债务的归属,认定企业的债务即是原业主的个人债务,各方当事人如不能达成相反的协议,企业营业整体转让的行为不影响原企业名义下的债权债务,应由原业主享有和承担,就如同商号歇业时一样。这样的规定对于防止转让方非法逃债是有保障作用的。如我国台湾地区“民法典”第305条规定:“就他人之财产或营业概括承受其资产及负债者,因对于债权人为承受之通知或公告,而生承担债务之效力。前项情形,债务人关于到期之债权,自通知或公告时起,未到期之债权,自到期时起,两年以内,与承担人连带负其责任。”这里,“概括承受其资产及负债”主要是指营业及商号的整体受让现象。“概括承受”,就是人们常说的“全盘接受”,它包括不对企业作任何的改动,且要对债权人作出明确的承诺,债务已对受让人发生效力。不满足前述条件的任何一项,如不是“概括承受”,或不向债权人作明确的承受债务的通知或公告,虽有企业的转让也不致让受让人承担转让前以企业名义发生的债务。为了防止转让人通过企业营业整体的出让逃避债务,即使受让人已经同意承受债务的情况下,法律还要求转让人在2年内对原商号的债务与受让人负连带偿还责任。日本的规定与我国台湾地区基本一致。

我国香港特别行政区在法源上属于英美法系,其《业务转让(保障债权人)条例》(以下简称为《条例》)第3条(业务承让人须承担出让人法律责任的规定)规定,“除本条例另有规定外,凡转让业务,不论是否连同该业务的商誉一起转让,即使有任何相反协定,承让人仍须负有法律责任承担一切由于出让人在经营该业务时所欠下的债项及所产生的义务,包括负有法律责任承担根据《税务条例》(第112章)所课征或应课征的税项。”当然,该《条例》对受让人承担的债务数额作了不超过业务转让日该等业务的价值总额的限制,同时在承担责任的期限上对受让人作了保护性规定。按照该《条例》第4条(承让人法律责任终止的情况)的规定,受让人的责任将在下列日期消灭:“(1)在业务转让发生日前,转让人和受让人发出不少于1个月但不多于4个月的营业转让通告,该通告的期限在营业转让日以前届满,在营业转让日以后受让人不必承担任何责任;(2)转让人和受让人发出营业转让通告,但通告的期限在营业转让发生日尚未届满,在通告的期限届满后,受让人不必承担任何责任;(3)转让人和受让人在营业转让日后才发出通告,在通告的期限届满后,受让人不必承担任何责任。”

我国《个人独资企业法》对企业营业整体转让时债权债务处理方面未作任何规定,目前的实践中只能依据协议处理。独资企业以企业名义经营,所形成的债权、债务事实上属于原业主之个人债务。当企业脱离业主甚或业主将企业解散时,债权债务并未发生消灭之事实,业主仍可享有企业存在前以企业名义形成的债权,同时也承担以企业名义形成的债务的清偿责任。债权债务如要发生转移,应当符合合同法相关的规定:对债权的转移,因为不会影响到转让人的债务人的利益,转让无须经债务人同意,而以转让人、受让人共同通知即能生效之方式处理。但债务的转让则会影响到原独资企业债权人之债权的安全保障,非经该债权人同意不得转让。为防止转让人、受让人或其共同以损害债权人利益为目的恶性转让行为的发生,保障债权人利益的实现,法律上应当明确规定相当于企业解散时的公告和通知债权人之程序,予债权人以清偿债权前或提供有效担保前否决转让之权利,以保障其债权。

与公司股权、合伙人出资份额的继承不同,个人独资企业作为遗产,只能是营业的概括继承。依《继承法》第33条[2]规定,继承人继承个人独资企业的,应当依法缴纳有关企业的税款并承担企业债务,但缴纳税款和清偿债务应以所继承个人独资企业的实际价值为限;继承人不愿意从商或企业资不抵债的,继承人也可以放弃继承。

企业经营具有相当的风险,其价值受市场左右,往往波动莫测,其营业转让较之一般商品交易对社会交易安全的影响更大,仅以合同法调整尚显不够。是否可借鉴香港特别行政区《营业转让(保障债权人)条例》的立法体例,在中国大陆制定一部适用于包括个人独资企业在内的各种企业或营业概括转让的"营业转让法",立法者们可资考量。

---

〔2〕《继承法》第33条规定:"继承遗产应当清偿被继承人依法应当缴纳的税款和债务,缴纳税款和清偿债务以他的遗产实际价值为限。超过遗产实际价值部分,继承人自愿偿还的不在此限。继承人放弃继承的,对被继承人依法应当缴纳的税款和债务可以不负偿还责任。"

# 第十五章　合伙企业法律制度

## 第一节　合伙企业法概述

### 一、合伙企业的概念和特征

#### (一)合伙企业的概念

合伙是指两个以上的人为着共同目的,相互约定共同出资、共同经营、共享收益、共担风险的自愿联合。我国《合伙企业法》第2条第1款规定:“本法所称合伙企业,是指自然人、法人和其他组织依照本法在中国境内设立的普通合伙企业和有限合伙企业。”

#### (二)合伙企业的分类

合伙企业根据不同标准,可进行不同的分类。在大陆法系采取民商分离立法体例的国家中,按照设立合伙企业的目的不同,可将合伙企业分为民事合伙与商事合伙。依据普通合伙人对合伙的债务承担责任的形式不同,可将合伙企业分为普通合伙企业和有限合伙企业。依据在合伙经营过程中,全体普通合伙人是否均公开身份和姓名,可将合伙企业分为显名合伙和隐名合伙。依据合伙人的身份,可将合伙企业分为个人合伙企业、法人合伙企业与混合合伙企业。

根据我国《合伙企业法》第2条的规定,我国合伙企业分为普通合伙企业和有限合伙企业。普通合伙企业由普通合伙人组成,合伙人对合伙企业债务承担无限连带责任。《合伙企业法》对普通合伙人承担责任的形式有特别规定的,从其规定。有限合伙企业由普通合伙人和有限合伙人组成,普通合伙人对合伙企业债务承担无限连带责任,有限合伙人以其认缴的出资额为限对合伙企业债务承担责任。

#### (三)合伙企业的特征

第一,全体合伙人订立书面合伙协议。合伙企业是由全体合伙人根据其共同意志而自愿组成的经济组织。该组织的设立、活动、变更、解散等一系列行为都必须符合一定的行为规则,而合伙协议就是合伙企业的行为规则。合伙协议必须是书面的。如果没有合伙协议,合伙企业就不能成立,其运作也就无从谈起。

第二,合伙人共同出资、合伙经营、共享收益、共担风险。合伙企业的资本由全体合伙人共同出资构成。共同出资的特点决定了合伙人原则上均享有平等地参与执行合伙事务的权利，各合伙人互为代理人。共同出资的特点也决定了对于合伙经营的收益和风险，由合伙人共享、共担。合伙企业作为人和企业，它完全建立在合伙人相互信赖的基础上，因此各合伙人彼此间的权力义务并无不同，不存在特殊的合伙人。

第三，合伙企业是不具备法人资格的营利性经济组织。合伙企业的非法人性，使得它与具有法人资格的市场主体相区别；合伙企业的营利性，使得它与其他具有合伙形式但不以营利为目的的合伙组织相区别；合伙企业的组织性，使得它与一般民事合伙区别开来，从而成为市场经济活动的主体和多种法律关系的主体。

合伙企业不具有法人资格，但是，它应该具有与其投资者紧密联系的民事主体资格，或者称之为非法人组织人格，合伙企业有自己的名称，有自己相对独立的财产，有一定数量的从业人员，有适于自己经营的组织机构，合伙企业以自己的名义而不是以企业主或投资人的名义从事经营活动。这些都说明合伙企业具有团体性要件。[1]

第四，普通合伙人对合伙企业的债务承担无限连带清偿责任。即当合伙企业财产不足清偿合伙企业债务时，普通合伙人对于不足的部分承担连带清偿责任。这样的规定可以使合伙人谨慎、勤勉地执行合伙企业的事务，使合伙企业的债权人的合法权益能够得到保障和实现。这一特征是合伙企业与其他企业最主要的区别。

## 二、合伙企业法概述

合伙企业法是调整各种类型合伙企业的设立、运行、解散，以及合伙企业内部组织管理关系和外部交易关系的法律规范的总称。合伙企业法有广义和狭义之分。狭义的合伙企业法，是指由国家最高立法机关依法制定的、规范合伙企业合伙关系的专门法律，即《中华人民共和国合伙企业法》(*Partnership Enterprises Law*)。该法于1997年2月23日第八届全国人民代表大会常务委员会第24次会议通过，2006年8月27日第十届全国人民代表大会常务委员会第23次会议修订，共6章109条，自2007年6月1日起施行。广义的合伙企业法，是指国家立法机关或者其他有权机关依法制定的、调整合伙企业合伙关系的各种法律规范的总称。因此，除了《合伙企业法》外，国家有关法律、行政法规和规定中关于合伙企业的法律规范，都属于合伙企业法的范畴。

在理解和掌握我国《合伙企业法》的适用时，需要注意以下两个问题：

第一，采取合伙制的非企业专业服务机构的合伙人承担责任形式的法律适用问题。《合伙企业法》第107条规定："非企业专业服务机构依据有关法律采取合伙制的，其合伙人承担责任的形式可以选用《合伙企业法》关于特殊的普通合伙企业合伙人承担责任的规定。"非企业专业服务机构，是指不采取企业(如公司制)形式成立的、不以营利为目的而以自己专业知识提供特定咨询等方面服务的组织。如律师事务所、会计师事务所等专业服务机构。

第二，外国企业或者个人在中国境内设立合伙企业的管理办法问题。《合伙企业法》第108条规定："外国企业或者个人在中国境内设立合伙企业的管理办法由国务院规定。"外国企业是指依照外国法律在中国境外设立的企业，外国个人即外国自然人，是指不具有中华人民共

---

〔1〕 魏振瀛主编：《民法》(第5版)，北京大学出版社、高等教育出版社2013年版，第101页。

和国国籍的人。《合伙企业法》没有禁止外国企业或者个人在中国境内设立合伙企业,但诸如程序性方面的问题,需要由国务院作出具体的规定。

## 第二节 普通合伙企业

### 一、普通合伙企业的概念和特征

普通合伙企业是由普通合伙人组成,合伙人对合伙企业债务承担无限连带责任的一种合伙企业。普通合伙企业具有以下特征:

第一,由普通合伙人组成。所谓普通合伙人,是指在合伙企业中对合伙企业的债务依法承担无限连带责任的自然人、法人〔2〕和其他组织。《合伙企业法》规定,国有独资公司、国有企业、上市公司以及公益性的事业单位、社会团体不得成为普通合伙人。

第二,合伙人对合伙企业债务依法承担无限连带责任,法律另有规定的除外。所谓无限连带责任,包括两个方面:一是连带责任。即所有的合伙人对合伙企业的债务都有责任向债权人偿还,不管自己在合伙协议中所承担的比例如何。一个合伙人不能清偿对外债务的,其他合伙人都有清偿的责任。但是,当某一合伙人偿还合伙企业的债务超过自己所应承担的数额时,有权向其他合伙人追偿。二是无限责任。即所有的合伙人不仅以自己投入合伙企业的资金和合伙企业的其他资金对债权人承担清偿责任,而且在不够清偿时还要以合伙人自己所有的财产对债权人承担清偿责任。

但是,在特殊情况下,合伙人可以不承担无限连带责任。根据《合伙企业法》中"特殊普通合伙企业"的规定,对以专业知识和专门技能为客户提供有偿服务的专业服务机构,可以设立为普通合伙企业。在这种特殊的普通合伙企业中,对合伙人在执业活动中因故意或者重大过失造成合伙企业债务的,应当承担无限责任或者无限连带责任,其他合伙人以其在合伙企业中的财产份额为限承担责任;对合伙人在执业活动中非因故意或者重大过失引起合伙企业债务以及合伙企业的其他债务,全体合伙人承担无限连带责任。对合伙人执业活动中因故意或者重大过失造成的合伙企业债务,以合伙企业财产对外承担责任后,该合伙人应当按照合伙协议的约定对给合伙企业造成的损失承担赔偿责任。

### 二、合伙企业的设立

#### (一)合伙企业的设立条件

第一,有两个以上的合伙人,合伙人为自然人的,应当具有完全民事行为能力。合伙企业

〔2〕 根据《民法通则》第三章的相关规定,法人可分为企业法人、机关法人、事业单位法人和社会团体法人。但由于受自身职能所限,实际上机关法人不可能也不允许成为合伙人。

合伙人至少为2人以上，对于普通合伙企业合伙人数的最高限额，我国《合伙企业法》未作规定，完全由设立人根据所设企业的具体情况决定。

关于合伙人的资格，《合伙企业法》作了以下限定：

其一，合伙人可以是自然人，也可以是法人或者其他组织。除法律另有规定外，如何组成不受限制。

其二，合伙人为自然人的，合伙企业设立时其必须具有完全民事行为能力。无民事行为能力人和限制民事行为能力人不得成为合伙企业的合伙人。成立以后合伙人变为无民事行为能力人或限制行为能了人的，经全体合伙人一致同意，可以转为有限合伙人，普通合伙企业转为有限合伙企业。

其三，国有独资公司、国有企业、上市公司以及公益性的事业单位、社会团体不得成为普通合伙人。这个规定是为了避免国有企业和上市公司以其全部财产对合伙企业的债务承担无限连带责任，以保护国有资产和上市公司股东的利益。而公益性的事业单位、社会团体，因其从事的活动涉及公共利益，不宜以其全部财产对外承担无限连带责任。

其四，外商可在中国举办合伙企业。2006年的合伙企业法，增加了法人可以作为合伙人，及专门适用于专业服务机构的特殊普通合伙企业和适合风险投资的有限合伙等规定，这些规定给外资在中国举办中外合伙企业创造了较好的条件。中国在加入世贸组织时已经承诺对外国专业服务机构开放，而根据国际惯例，这些机构很多都采取国际通行的合伙企业形式。仅仅适用中外合作经营企业法，已不能适应外资在中国举办企业所需的多种组织形式的需要。明确规定外资可以在中国举办合伙企业符合中国加入世贸组织及进一步吸引外资，扩大改革开放的需要，有利于鼓励投资，发展经济。国务院于2009年11月25日颁布并于2010年3月1日实施了《外国企业或者个人在中国境内设立合伙企业管理办法》，作为我国《合伙企业法》的配套经济法规直接允许中国公民个人与外国的企业、个人在中国境内设立合伙企业，而且取消了商务部门的审批程序。《合伙企业法》第108条规定："外国企业或者个人在中国境内设立合伙企业的管理办法由国务院规定。"按照《外国企业或者个人在中国境内设立合伙企业管理办法》的规定，外国企业或者个人在中国境内设立合伙企业有三种形式：一是两个以上外国企业或者个人在中国境内设立合伙企业，合伙人全部为外国企业或者个人；二是外国企业或者个人与中国的自然人、法人和其他组织在中国境内设立合伙企业；三是中国的自然人、法人和其他组织在中国境内设立的合伙企业，外国企业或者个人通过入伙或者受让合伙企业财产份额的方式成为合伙人。香港特别行政区、澳门特别行政区和我国台湾地区的企业或者个人在内地设立合伙企业，参照本办法的规定执行。

第二，有书面合伙协议。合伙协议是合伙企业成立的法律基础。合伙协议是指由各合伙人通过协商，共同决定相互间的权利义务，达成的具有法律约束力的协议。合伙协议应当依法由全体合伙人协商一致，以书面形式订立。合伙协议经全体合伙人签名、盖章后生效。合伙人按照合伙协议享有权利，履行义务。修改或者补充合伙协议，应当经全体合伙人一致同意；但是，合伙协议另有约定的除外。合伙协议未约定或者约定不明确的事项，由合伙人协商决定；协商不成的，依照本法和其他有关法律、行政法规的规定处理。

根据《合伙企业法》第18条的规定，合伙协议应当载明下列事项：合伙企业的名称和主要经营场所的地点;合伙目的和合伙经营范围;合伙人的姓名或者名称、住所;合伙人的出资方式、数额和缴付期限;利润分配、亏损分担方式;合伙事务的执行;入伙与退伙;争议解决办法;合伙企业的解散与清算;违约责任。世界上大多数国家的立法对合伙企业的经营期限均未作强制性规定,而是留由合伙协议自由约定,我国亦是。

根据《合伙企业法》第 103 条的规定,合伙人违反合伙协议的,应当依法承担违约责任。合伙人履行合伙协议发生争议的,合伙人可以通过协商或者调解解决。不愿通过协商、调解解决或者协商、调解不成的,可以按照合伙协议约定的仲裁条款或者事后达成的书面仲裁协议,向仲裁机构申请仲裁。合伙协议中未订立仲裁条款,事后又没有达成书面仲裁协议的,可以向人民法院起诉。

第三,有合伙人认缴或者实际缴付的出资。合伙协议生效后,合伙人应当按照合伙协议的规定缴纳出资。由于普通合伙人要对合伙企业债务承担无限连带清偿责任,所以《合伙企业法》并没有关于合伙企业注册资本最低限额的要求。合伙人可以用货币、实物、土地使用权、知识产权或者其他财产权利出资,可以用劳务出资。合伙人以实物、土地使用权、知识产权或者其他财产权利出资,需要评估作价的,可以由全体合伙人协商确定,也可以由全体合伙人委托法定评估机构评估。合伙人以劳务出资的,其评估办法由全体合伙人协商确定,并在合伙协议中载明。合伙人应当按照合伙协议约定的出资方式、数额和缴付期限,履行出资义务。以非货币财产出资的,依照法律、行政法规的规定,需要办理财产权转移手续的,应当依法办理。

第四,有合伙企业的名称和生产经营场所。普通合伙企业应当在其名称中标明“普通合伙”字样;特殊普通合伙企业应当在其名称中标明“特殊普通合伙”字样,合伙企业的名称必须和“合伙”联系起来,名称中必须有“合伙”二字。国务院 2007 年 5 月修订的《合伙企业登记管理办法》第 7 条规定:“合伙企业名称中的组织形式后应当标明‘普通合伙’、‘特殊普通合伙’或者‘有限合伙’字样,并符合国家有关企业名称登记管理的规定。”由于法律规定普通合伙人对企业债务承担无限连带责任,因此,禁止在合伙企业的名称中出现“有限”、“有限责任”、“股份”等字样,根据行业习惯可在合伙企业名称中采用“厂、店、所、会、吧、中心、堂、楼”等字样,在名称后缀上标明“普通合伙”、“特殊普通合伙”或者“有限合伙”字样。违反《合伙企业法》的规定,合伙企业未在其名称中标明“普通合伙”、“特殊普通合伙”或者“有限合伙”字样的,由企业登记机关责令限期改正,处以 2000 元以上 1 万元以下的罚款。

合伙企业如同其他企业一样,必须有生产经营场所,否则企业无从开展生产经营活动,生产经营场所是合伙企业从事营业活动的所在地。经企业登记机关登记的合伙企业主要经营场所只能有一个,并且应当在其企业登记机关登记管辖区域内。

第五,法律、行政法规规定的其他条件。设立普通合伙企业,除应满足上述四项必要的共同条件外,法律还根据企业从事的主要行业的实际需要确定概括性的特殊条件,这种特殊条件无法在统一的《合伙企业法》中列举,可能在法律、行政法规规范行业经营的相关规定中体现,如生产型企业比咨询企业所要求的条件就要复杂,《合伙企业法》则予以笼统认可。我国《合伙企业法》第 9 条第 2 款规定:“合伙企业的经营范围中有属于法律、行政法规规定在登记前须经批准的项目的,该项经营业务应当依法经过批准,并在登记时提交批准文件。”这样规定的原则与该法本项条件规定的精神是一致的。

(二)合伙企业的设立程序

根据《合伙企业法》和国务院2014年修订的《合伙企业登记管理办法》的规定,合伙企业的设立登记,应按如下程序进行:

第一,报主管部门办理相关事项的审批。《合伙企业法》第9条第2款规定:"合伙企业的经营范围中有属于法律、行政法规规定在登记前须经批准的项目的,该项经营业务应当依法经过批准,并在登记时提交批准文件。"《合伙企业登记管理办法》第11条第3款规定:"法律、行政法规或者国务院规定设立合伙企业须经批准的,还应当提交有关批准文件。"第12条规定:"合伙企业的经营范围中有属于法律、行政法规或者国务院规定在登记前须经批准的项目的,应当向企业登记机关提交批准文件。"由此可见,涉及合伙企业的审批事项有两种情形:一是关于合伙企业的设立审批,这是对特殊的合伙企业采取核准设立的表现;二是特殊行业的合伙企业涉及经营事项的许可,必须经批准获得经营许可证,才能从事相应的经营活动。凡合伙企业的经营范围中包括法律、法规规定须报经有关部门批准的事项,合伙人必须在办理设立登记之前向主管部门办理相应的审批手续。例如,从事医药、食品、进出口贸易、客运、旅游等均须办理审批手续。然而,大多数合伙企业的经营范围一般不涉及审批项目,因此,办理相关审批并非所有合伙企业设立的必经程序。

第二,提出设立申请。申请设立合伙企业,申请人应当向企业登记机关提交下列文件:其一,全体合伙人签署的设立登记申请书;其二,全体合伙人的身份证明;其三,全体合伙人指定代表或者共同委托代理人的委托书;其四,合伙协议;其五,全体合伙人对各合伙人认缴或者实际缴付出资的确认书;其六,主要经营场所证明;其七,国务院工商行政管理部门规定提交的其他文件。法律、行政法规或者国务院规定设立合伙企业须经批准的,还应当提交有关批准文件。

第三,核准登记。申请人提交的登记申请材料齐全、符合法定形式,企业登记机关能够当场登记的,应予当场登记,发给营业执照。除前款规定情形外,企业登记机关应当自受理申请之日起20日内,作出是否登记的决定。予以登记的,发给营业执照;不予登记的,应当给予书面答复,并说明理由。

合伙企业的营业执照签发日期,为合伙企业成立日期。合伙企业领取营业执照前,合伙人不得以合伙企业名义从事合伙业务。

### 三、合伙企业的财产

(一)合伙企业财产的构成

根据《合伙企业法》第20条的规定,合伙人的出资、以合伙企业名义取得的收益和依法取得的其他财产,均为合伙企业的财产。从这一规定可以看出,合伙企业财产由以下三部分构成:

第一,合伙人的出资。《合伙企业法》规定,合伙人可以用货币、实物、知识产权、土地使用权或者其他财产权利出资,也可以用劳务出资。这些出资形成合伙企业的原始财产。需要注意的是,合伙企业的原始财产是全体合伙人“认缴”的财产,而非各合伙人“实际缴纳”的财产。

第二,以合伙企业名义取得的收益。合伙企业作为一个独立的经济实体,可以有自己的独立利益,因此,以其名义取得的收益作为合伙企业获得的财产,当然归属于合伙企业,成为合伙财产的一部分。主要包括合伙企业的公共积累资金、未分配的盈余、合伙企业债权、合伙企业取得的工业产权和非专利技术以及合伙企业的名称(商号)、商誉等项财产权利。

第三,依法取得的其他财产。即根据法律、行政法规的规定合法取得的其他财产,如合法接受赠与的财产等。

### (二)合伙企业财产的转让

合伙人财产份额的转让,是指合伙企业的合伙人向他人转让其在合伙企业中的全部或者部分财产份额的行为。由于合伙人财产份额的转让会影响合伙企业以及各合伙人的切身利益,因此,《合伙企业法》对合伙人财产份额的转让作了以下限制性规定:

第一,除合伙协议另有约定外,合伙人向合伙人以外的人转让其在合伙企业中的全部或者部分财产份额时,须经其他合伙人一致同意。这一规定适用于合伙人财产份额的外部转让。所谓合伙人财产份额的外部转让,是指合伙人把其在合伙企业中的全部或者部分财产份额转让给合伙人以外的第三人的行为。合伙人财产份额的外部转让,只有经其他合伙人一致同意,才表明其他合伙人同意与受让人共同维持原合伙企业,合伙企业才能继续存续下去。如果其他合伙人不同意接受受让人,则合伙企业无法继续存续下去。当然,“合伙人向合伙人以外的人转让其在合伙企业中的全部或者部分财产份额时,须经其他合伙人一致同意”,是一项法定的原则,且这项原则是在合伙协议中没有规定的情况下才有法律效力。如果合伙协议有另外的约定,即合伙协议约定,合伙人向合伙人以外的人转让其在合伙企业中的全部或者部分财产份额时,无须经过其他合伙人一致同意,比如约定2/3以上合伙人同意或者一定出资比例同意的情况下,则应执行合伙协议的规定。

第二,合伙人之间转让在合伙企业中的全部或者部分财产份额时,应当通知其他合伙人。这一规定适用于合伙人财产份额的内部转让。所谓合伙人财产份额的内部转让,是指合伙人将其在合伙企业中的全部或者部分财产份额转让给其他合伙人的行为。合伙人财产份额的内部转让因不涉及合伙人以外的人参加,合伙企业存续的基础没有发生实质性变更,因此不需要经过其他合伙人一致同意,只需要通知其他合伙人即可产生法律效力。

第三,合伙人向合伙人以外的人转让其在合伙企业中的财产份额的,在同等条件下,其他合伙人有优先购买权;但是,合伙协议另有约定的除外。所谓优先购买权,是指在合伙人转让其财产份额时,在多数人接受转让的情况下,其他合伙人基于同等条件可先于其他非合伙人购买的权利。优先购买权的发生存在两个前提:一是合伙人的财产份额的转让没有约定转让条件、转让范围的限制。也就是说,合伙协议没有“另有约定”或者另外的限制,如有另外约定或者限制,则应依约定或限制办理。二是优先受让的前提是同等条件。同等的条件,主要是指受让的价格条件,当然也包括价款支付的期限、方式等其他条件。这一规定的目的在于维护合伙企业现有合伙人的利益,维护合伙企业在现有基础上的稳定。

合伙人以外的人依法受让合伙人在合伙企业中的财产份额的，经修改合伙协议即成为合伙企业的合伙人，依照《合伙企业法》和修改后的合伙协议享有权利，履行义务。合伙人以外的人成为合伙人需修改合伙协议，未修改合伙协议的，不应算作法律所称的“合伙企业的合伙人”。

此外，由于合伙人以财产份额出质可能导致该财产份额依法发生权利转移，《合伙企业法》规定，合伙人以其在合伙企业中的财产份额出质的，须经其他合伙人一致同意；未经其他合伙人一致同意，其行为无效，由此给善意第三人造成损失的，由行为人依法承担赔偿责任。合伙人财产份额的出质，是指合伙人将其在合伙企业中的财产份额作为质押物来担保债权人债权实现的行为。对合伙人财产份额出质的规定，包括以下两方面的内容：一是合伙人可以以其在合伙企业中的财产份额作为质物，与他人签订质押合同，但必须经其他合伙人一致同意，否则，合伙人的出质行为无效，即不产生法律上的效力，不受法律的保护。二是合伙人非法出质给善意第三人造成损失的，依法承担赔偿责任。合伙人擅自以其在合伙企业中的财产份额出质，违背了合伙企业存续的基础，具有主观上的过错。合伙人非法出质给善意第三人造成损失的，应当依法赔偿因其过错行为给善意第三人所造成的损失。

## 四、合伙企业的事务执行

### （一）合伙事务执行的形式

根据《合伙企业法》的规定，合伙人执行合伙企业事务，可以有三种形式：

第一，全体合伙人共同执行合伙事务。这是合伙事务执行的基本形式，也是在合伙企业中经常使用的一种形式，尤其是在合伙人较少的情况下更为适宜。在采取这种形式的合伙企业中，按照合伙协议的约定，各个合伙人都直接参与经营，处理合伙企业的事务，对外代表合伙企业。国务院 2014 年修订的《合伙企业登记管理办法》第 9 条第 1 款规定：“合伙协议未约定或者全体合伙人未决定委托执行事务合伙人的，全体合伙人均为执行事务合伙人。”

第二，委托一个或者数个合伙人执行合伙事务。该形式是在各合伙人共同执行合伙事务的基础上引申而来的。规模较大的合伙企业因合伙人较多，共同执行合伙事务则有较多不便：一是召集合伙人会议难以齐集，不易形成有效决议，导致失去市场机会；二是人多难免良莠不齐，人人有权单独代表合伙企业会造成意见不一，决策失误增多。因此，法律许可并经合伙人全体同意而委托一个或数个合伙人负责执行合伙事务并对外代表合伙企业。受委托执行合伙事务的合伙人便称为执行合伙人。

关于合伙企业事务委托给一个或者数个合伙人执行时，其他未接受委托的合伙人是否还可以再执行合伙企业事务的问题，《合伙企业法》对此作了明确规定，即委托一个或者数个合伙人执行合伙事务的，其他合伙人不再执行合伙事务。这一规定主要是考虑到按照合伙协议的约定或者经全体合伙人决定，将合伙事务委托给部分合伙人执行，没有必要再由其他合伙人执行，否则容易引起冲突与矛盾。当然，对合伙协议或者全体合伙人作出的决定以外的某些事项，如果没有委托一个或数个合伙人执行时，可以由全体合伙人共同执行或者由全体合伙人决定委托给某一个特定的合伙人办理。不具有事务执行权的合伙人擅自执行合伙事务，给合伙企业或者其他合伙人造成损失的,依法承担赔偿责任。

合伙人可以将合伙事务委托一个或者数个合伙人执行,但并非所有的合伙事务都可以委托给部分合伙人决定。根据《合伙企业法》的规定,除合伙协议另行约定外,合伙企业的下列事务应当经全体合伙人一致同意:其一,改变合伙企业的名称;其二,改变合伙企业的经营范围、主要经营场所的地点;其三,处分合伙企业的不动产;其四,转让或处分合伙企业的知识产权和其他财产权利;其五,以合伙企业名义向他人提供担保;其六,聘任合伙人以外的人担任合伙企业的经营管理人员。合伙人对《合伙企业法》规定或者合伙协议约定必须经全体合伙人一致同意始得执行的事务擅自处理,给合伙企业或者其他合伙人造成损失的,依法承担赔偿责任。

第三,聘任合伙人以外的人执行合伙事务。由合伙协议约定或者经过全体合伙人一致同意,可聘请合伙人以外的人执行合伙事务。

### (二)合伙人在执行合伙事务中的权利

根据《合伙企业法》的规定,合伙人在执行合伙事务中的权利主要包括以下内容:

第一,合伙人对执行合伙事务享有同等的权利。合伙企业的特点之一就是合伙经营,各合伙人无论其出资多少,都有权平等享有执行合伙企业事务的权利。

第二,执行合伙事务的合伙人对外代表合伙企业。合伙人在代表合伙企业执行事务时,不是以个人的名义进行一定的民事行为,而是以合伙企业事务执行人的身份组织实施企业的生产经营活动。考虑到法人和其他组织可以参与合伙,《合伙企业法》同时规定,作为合伙人的法人、其他组织执行合伙企业事务的,由其委托的代表执行。

第三,不执行合伙事务的合伙人的监督权。《合伙企业法》规定,不执行合伙事务的合伙人有权监督执行事务合伙人执行合伙事务的情况。这一规定有利于维护全体合伙人的共同利益,也可以促使合伙事务执行人更加认真谨慎地处理合伙企业事务。合伙事务是合伙企业的公共事务,事务的执行情况涉及每个合伙人的利益,每个合伙人都有权去关心合伙企业的利益。因此,不执行合伙事务的合伙人有权监督执行事务合伙人执行合伙事务的情况。

第四,合伙人查阅合伙企业会计账簿等财务资料的权利。合伙经营是一种以营利为目的的经济活动,合伙人之间的财产共有关系、共同经营关系、连带责任关系决定了全体合伙人形成了以实现合伙目的为目标的利益共同体。每个合伙人都有权利而且有责任关心了解合伙企业的全部经营活动。因此,查阅合伙企业会计账簿等财务资料,作为了解合伙企业经营状况和财务状况的有效手段,成为合伙人的一项重要权利。

第五,合伙人有提出异议的权利和撤销委托的权利。在合伙人分别执行合伙事务的情况下,由于执行合伙事务的合伙人的行为所产生的亏损和责任要由全体合伙人承担,因此,《合伙企业法》规定,合伙人分别执行合伙事务的,执行事务合伙人可以对其他合伙人执行的事务提出异议。提出异议时,应当暂停该项事务的执行。如果发生争议,依照有关规定作出决定。受委托执行合伙事务的合伙人不按照合伙协议或者全体合伙人的决定执行事务的,其他合伙人可以决定撤销该委托。

### （三）合伙人在执行合伙事务中的义务

根据《合伙企业法》的规定，合伙人在执行合伙事务中的义务主要包括以下内容：

第一，报告义务。《合伙企业法》规定，由一个或者数个合伙人执行合伙事务的，执行事务合伙人应当定期向其他合伙人报告事务执行情况以及合伙企业的经营和财务状况，其执行合伙事务所产生的收益归合伙企业，所产生的费用和亏损由合伙企业承担。

第二，竞业禁止义务。合伙人不得自营或者同他人合作经营与本合伙企业相竞争的业务。各合伙人组建合伙企业是为了合伙经营、共享收益，如果某一合伙人自己又从事或者与他人合作从事与合伙企业相竞争的业务，势必影响合伙企业的利益，背离合伙的初衷；同时还可能形成不正当竞争，使合伙企业处于不利地位，损害其他合伙人的利益。因此，《合伙企业法》规定，合伙人不得自营或者同他人合作经营与本合伙企业相竞争的业务。

第三，自我交易之禁止义务。合伙企业中每一合伙人都是合伙企业的投资者，如果自己与合伙企业交易，就包含了与自己交易，也包含了与别的合伙人交易，而这种交易极易损害他人利益。因此，《合伙企业法》规定，除合伙协议另有约定或经全体合伙人一致同意外，合伙人不得同本合伙企业进行交易。合伙人违反《合伙企业法》规定或者合伙协议的约定，从事与本合伙企业相竞争的业务或者与本合伙企业进行交易的，该收益归合伙企业所有；给合伙企业或者其他合伙人造成损失的，依法承担赔偿责任。

第四，合伙人不得从事损害本合伙企业利益的活动。合伙人在执行合伙事务过程中，不得为了自己的私利，损害其他合伙人利益，也不得与其他人恶意串通，损害合伙企业的利益。

合伙人执行合伙事务，或者合伙企业从业人员利用职务上的便利，将应当归合伙企业的利益据为己有的，或者采取其他手段侵占合伙企业财产的，应当将该利益和财产退还合伙企业；给合伙企业或者其他合伙人造成损失的，依法承担赔偿责任。

### （四）合伙事务执行的决议办法

《合伙企业法》规定，合伙人对合伙企业有关事项作出决议，按照合伙协议约定的表决办法办理。合伙协议未约定或者约定不明确的，实行合伙人一人一票并经全体合伙人过半数通过的表决办法。《合伙企业法》对合伙企业的表决办法另有规定的，从其规定。这一规定确定了合伙事务执行决议的三种法定办法：

第一，由合伙协议对决议办法作出约定。这种约定有两个前提：一是不与法律相抵触，即法律有规定的按照法律的规定执行，法律未作规定的可在合伙协议中约定。二是在合伙协议中作出的约定，应当由全体合伙人协商一致共同作出。至于在合伙协议中所约定的决议办法，是采取全体合伙人一致通过，还是采取2/3以上多数通过，或者采取其他办法，由全体合伙人视所决议的事项而作出约定。

第二，实行合伙人一人一票并经全体合伙人过半数通过。这种办法也有一个前提，即合伙协议未约定或者约定不明确的，才实行合伙人一人一票并经全体合伙人过半数通过的表决办法；需要注意的是，对各合伙人，无论出资多少和以何物出资，表决权数应以合伙人的人数为准，亦即每一个合伙人对合伙企业有关事项均有同等的表决权。

第三,依照《合伙企业法》的规定作出决议。如《合伙企业法》规定,合伙人按照合伙协议的约定或者经全体合伙人决定,可以增加或者减少对合伙企业的出资;又如《合伙企业法》规定,处分合伙企业的不动产、改变合伙企业的名称等,除合伙协议另有约定外,应当经全体合伙人一致同意,等等。

### (五)合伙企业的损益分配

合伙损益包括两方面的内容:一是合伙利润,是指以合伙企业的名义所取得的经济利益,它反映了合伙企业在一定期间的经营成果。二是合伙亏损,是指以合伙企业的名义从事经营活动所形成的亏损。合伙亏损是全体合伙人所共同面临的风险,或者说是共同承担的经济责任。

合伙损益分配包含合伙企业的利润分配与亏损分担两个方面,对合伙损益分配原则,《合伙企业法》作了原则规定,主要内容为:(1)合伙企业的利润分配、亏损分担,按照合伙协议的约定办理;合伙协议未约定或者约定不明确的,由合伙人协商决定;协商不成的,由合伙人按照实缴出资比例分配、分担;无法确定出资比例的,由合伙人平均分配、分担。(2)合伙协议不得约定将全部利润分配给部分合伙人或者由部分合伙人承担全部亏损。

在合伙企业中,往往由于合伙人经营管理能力不足,需要在合伙人之外聘任非合伙人担任合伙企业的经营管理人员,参与合伙企业的经营管理工作。《合伙企业法》规定,除合伙协议另有约定外,经全体合伙人一致同意,可以聘任合伙人以外的人担任合伙企业的经营管理人员。这项法律规定表明了以下三层含义:(1)合伙企业可以从合伙人之外聘任经营管理人员;(2)聘任非合伙人的经营管理人员,除合伙协议另有约定外,应当经全体合伙人一致同意;(3)被聘任的经营管理人员,仅是合伙企业的经营管理人员,不是合伙企业的合伙人,因而不具有合伙人的资格。关于被聘任的经营管理人员的职责,《合伙企业法》作了明确规定,主要有:其一,被聘任的合伙企业的经营管理人员应当在合伙企业授权范围内履行职务;其二,被聘任的合伙企业的经营管理人员,超越合伙企业授权范围履行职务,或者在履行职务过程中因故意或者重大过失给合伙企业造成损失的,依法承担赔偿责任。

## 五、合伙企业与第三人的关系

合伙企业与第三人关系,实际是指有关合伙企业的对外关系,涉及合伙企业对外代表权的效力、合伙企业和合伙人的债务清偿等问题。

### (一)合伙企业对外代表权的效力

1. 合伙企业与第三人的关系

所谓合伙企业与第三人的关系,是指合伙企业的外部关系,即合伙企业与合伙企业的合伙人以外的第三人的关系。合伙企业是由自然人、法人和其他组织依照《合伙企业法》通过订立合伙协议而设立的营利性组织。在合伙企业设立以后,必然要以合伙企业的名义从事生产经营活动,进行商品的交换、服务的供需和财产的流转,从而与其他市场主体(包括自然人、法人和其他组织)发生联系,形成其外部关系。因此,合伙企业与第三人关系也就是合伙企业与外部的关系。由于合伙企业在债务承担上是一种连带责任关系，这种关系在一定程度上就会与合伙人自身发生一定的牵连，例如，当合伙企业对外发生了债务并且合伙企业的财产不能清偿其债务时，这一关系即可转化为合伙人与债权人（第三人）之间的关系。

2. 合伙事务执行中的对外代表权

可以取得合伙企业对外代表权的合伙人，主要有三种情况：一是由全体合伙人共同执行合伙企业事务的，全体合伙人都有权对外代表合伙企业，即全体合伙人都取得了合伙企业的对外代表权。二是由部分合伙人执行合伙企业事务的，只有受委托执行合伙企业事务的那一部分合伙人有权对外代表合伙企业，而不参加执行合伙企业事务的合伙人则不具有对外代表合伙企业的权利。三是，由于特别授权在单项合伙事务上有执行权的合伙人，依照授权范围可以对外代表合伙企业。执行合伙企业事务的合伙人，在取得对外代表权后，即可以合伙企业的名义进行经营活动，在其授权的范围内作出法律行为。合伙人的这种代表行为，对全体合伙人发生法律效力，即其执行合伙事务所产生的收益归合伙企业，所产生的费用和亏损由合伙企业承担。

3. 合伙企业对外代表权的限制

合伙人执行合伙事务的权利和对外代表合伙企业的权利，都会受到一定的内部限制。如果这种内部限制对第三人发生效力，必须以第三人知道这一情况为条件，否则，该内部限制不对该第三人发生抗辩力。《合伙企业法》规定，合伙企业对合伙人执行合伙事务以及对外代表合伙企业权利的限制，不得对抗善意第三人。这里的“合伙人”，是指在合伙企业中有合伙事务执行权与对外代表权的合伙人；这里的“限制”，是指合伙企业对合伙人所享有的事务执行权与对外代表权权利能力的一种界定；这里的“对抗”，是指合伙企业否定第三人的某些权利和利益，拒绝承担某些责任；这里的“不知情”，是指与合伙企业有经济联系的第三人不知道合伙企业所作的内部限制，或者不知道合伙企业对合伙人行使权利所作限制的事实；这里的“善意第三人”，是指本着合法交易的目的，诚实地通过合伙企业的事务执行人，与合伙企业之间建立民事、商事法律关系的法人、非法人团体或自然人。如果第三人与合伙企业事务执行人恶意串通、损害合伙企业利益，则不属善意的情形。需要指出的是，不得对抗善意第三人，主要是针对给第三人造成的损失而言，即当执行合伙事务的合伙人给善意第三人造成损失时，合伙企业不能因为有对合伙人执行合伙事务以及对外代表合伙企业权利的限制，就对善意第三人不承担责任。

保护善意第三人的利益是为了维护经济往来的交易安全，这是一项被广泛认同的法律原则。例如，合伙企业内部规定，有对外代表权的合伙人甲在签订合同时，须经乙和丙两个执行事务的合伙人的同意，如果甲自作主张没有征求乙和丙的同意，与第三人丁签订了一份买卖合同，而丁不知道在合伙企业内部对甲所作的限制，在合同的履行中，也没有从中获得不正当的利益，这种情况下，第三人丁应当为善意第三人，丁所得到的利益应当予以保护，合伙企业不得以其内部所作的在行使权利方面的限制为由，否定善意第三人丁的正当权益，拒绝履行合伙企业应承担的责任。

(二)合伙企业和合伙人的债务清偿

1. 合伙企业的债务清偿与合伙人的关系

(1)合伙企业财产优先清偿。《合伙企业法》规定,合伙企业对其债务,应先以其全部财产进行清偿。所谓合伙企业的债务,是指在合伙企业存续期间产生的债务。合伙企业对其债务,应先以其全部财产进行清偿。也就是说,合伙企业的债务,应先由合伙企业的财产来承担,在合伙企业存在自己的财产时,合伙企业的债权人应首先从合伙企业的全部财产中求偿,而不应当向合伙人个人直接请求债权。这样,既有利于理顺合伙企业与第三人的法律关系,明确合伙企业的偿债责任,也有利于保护债权人的债权实现。

(2)合伙人的无限连带清偿责任。《合伙企业法》规定,合伙企业不能清偿到期债务的,合伙人承担无限连带责任。所谓合伙人的无限责任,是指当合伙企业的全部财产不足以偿付到期债务时,各个合伙人承担合伙企业的债务不是以其出资额为限,而是以其自有财产来清偿合伙企业的债务。合伙企业的债权人对合伙企业所负债务,可以向任何一个合伙人主张,该合伙人不得以其出资的份额大小、合伙协议有特别约定、合伙企业债务另有担保人或者自己已经偿付所承担的份额的债务等等理由来拒绝。当然合伙人由于承担连带责任,所清偿数额超过其应分担的比例时,有权向其他合伙人追偿。

(3)合伙人之间的债务分担和追偿。《合伙企业法》规定,合伙人由于承担无限连带责任,清偿数额超过规定的亏损分担比例的,有权向其他合伙人追偿。这一规定,在重申合伙人对合伙企业债务负无限连带责任的基础上,明确了合伙人分担合伙债务以合伙企业亏损分担的比例为准。关于合伙企业亏损分担比例,《合伙企业法》规定,合伙企业的亏损分担,按照合伙协议的约定办理;合伙协议未约定或者约定不明确的,由合伙人协商决定;协商不成的,由合伙人按照实缴出资比例分担;无法确定出资比例的,由合伙人平均分担。

合伙人之间的分担比例对债权人没有约束力。债权人可以根据自己的清偿利益,请求全体合伙人中的一人或数人承担全部清偿责任,也可以按照自己确定的清偿比例向各合伙人分别追索。如果某一合伙人实际支付的清偿数额超过其依照既定比例所应承担的数额,依照《合伙企业法》的规定,该合伙人有权就超过部分向其他未支付或者未足额支付应承担数额的合伙人追偿。但是,合伙人的这种追偿权,应当具备以下三个条件:一是追偿人已经实际承担连带责任,并且清偿数额超过了其应当承担的数额;二是被追偿人未实际承担或者未足额承担其应当承担的数额;三是追偿的数额不得超过追偿人超额清偿部分的数额或被追偿人未足额清偿部分的数额。

2. 合伙人的债务清偿与合伙企业的关系

在合伙企业存续期间,可能发生个别合伙人因不能偿还其私人债务而被追索的情况。由于合伙人在合伙企业中拥有财产权益,合伙人的债权人可能向合伙企业提出各种清偿请求。为了保护合伙企业和其他合伙人的权益,同时也保护债权人的合法权益,《合伙企业法》作了如下规定:

(1)合伙人发生与合伙企业无关的债务,相关债权人不得以其债权抵销其对合伙企业的债务;也不得代位行使合伙人在合伙企业中的权利。首先,合伙人发生与合伙企业无关的债务,相关债权人不得以其债权抵销其对合伙企业的债务。这是因为该债权人对合伙企业的负债,实际上是对全体合伙人的负债,而合伙企业的某一合伙人对该债权人的负债,只限于该合伙人个人。如果允许两者抵销,就等于强迫合伙企业其他合伙人对个别合伙人的个人债务承担责任,这违反了合伙制度的本意,加大了合伙人的风险,也不利于合伙企业这种经济组织形式的发展。其次,合伙人发生与合伙企业无关的债务,相关债权人也不得代位行使合伙人在合伙企业中的权利。这是因为合伙人之间相互了解和信任是合伙关系稳定的基础,如果允许个别合伙人的债权人代位行使该合伙人在合伙企业中的权利,如参与管理权、事务执行权等,则不利于合伙关系的稳定和合伙企业的正常运营。况且,该债权人因无合伙人身份,只行使合伙人的权利而不承担无限连带责任,无异于允许他将自己行为的责任风险转嫁于合伙企业的全体合伙人,这显然是不公平的。

(2)合伙人的自有财产不足清偿其与合伙企业无关的债务的,该合伙人可以以其从合伙企业中分取的收益用于清偿;债权人也可以依法请求人民法院强制执行该合伙人在合伙企业中的财产份额用于清偿。这既保护了债权人的清偿利益,也无损于全体合伙人的合法权益。因为在债权人取得其债务人从合伙企业中分取的收益用来清偿的情况下,该债权人并不参与合伙企业的内部事务,也不妨碍其债务人作为合伙人正常行使其正当的权利。而在债权人依法请求人民法院强制执行债务人在合伙企业中的财产份额作为清偿的情况下,如果该债权人因取得该财产份额而成为合伙企业的合伙人,则无异于合伙份额的转让。因此,债权人在取得合伙人地位后,就要承担与其他合伙人同样的责任,因而不存在转嫁责任风险的问题。

人民法院强制执行合伙人的财产份额时,应当通知全体合伙人,其他合伙人有优先购买权;其他合伙人未购买,又不同意将该财产份额转让给他人的,依照《合伙企业法》的规定为该合伙人办理退伙结算,或者办理削减该合伙人相应财产份额的结算。这里需要注意三点:一是这种清偿必须通过民事诉讼法规定的强制执行程序进行,债权人不得自行接管债务人在合伙企业中的财产份额;二是人民法院强制执行合伙人的财产份额时,应当通知全体合伙人;三是在强制执行个别合伙人在合伙企业中的财产份额时,其他合伙人有优先购买权。也就是说,如果其他合伙人不愿意接受该债权人成为其合伙企业新的合伙人,可以由他们中的一人或者数人行使优先购买权,取得该债务人的财产份额。受让人支付的价金,用于向该债权人清偿债务。

## 六、入伙和退伙

### (一)入伙

入伙是指在合伙企业存续期间,合伙人以外的第三人加入合伙,从而取得合伙人资格的民事法律行为。

1. 入伙的条件和程序

《合伙企业法》规定,新合伙人入伙,除合伙协议另有约定外,应当经全体合伙人一致同意,并依法订立书面入伙协议。订立入伙协议时,原合伙人应当向新合伙人如实告知原合伙企业的经营状况和财务状况。

2. 新合伙人的权利和责任

一般来讲,入伙的新合伙人与原合伙人享有同等权利,承担同等责任。但是,如果原合伙人愿意以更优越的条件吸引新合伙人入伙,或者新合伙人愿意以较为不利的条件入伙,也可以在入伙协议中另行约定。关于新入伙人对入伙前合伙企业的债务承担问题,《合伙企业法》规定,新合伙人对入伙前合伙企业的债务承担无限连带责任。

(二)退伙

退伙是指合伙人退出合伙企业,从而丧失合伙人资格的法律行为和事实。

1. 退伙的原因

合伙人退伙,一般有两种原因:一是自愿退伙;二是法定退伙。自愿退伙,是指合伙人基于自愿的意思表示而退伙。自愿退伙可以分为协议退伙和通知退伙两种。

关于协议退伙。《合伙企业法》第45条规定,合伙协议约定合伙期限的,在合伙企业存续期间,有下列情形之一的,合伙人可以退伙:(1)合伙协议约定的退伙事由出现;(2)经全体合伙人一致同意;(3)发生合伙人难以继续参加合伙的事由;(4)其他合伙人严重违反合伙协议约定的义务。合伙人违反上述规定退伙的,应当赔偿由此给合伙企业造成的损失。

关于通知退伙。《合伙企业法》第46条规定,合伙协议未约定合伙期限的,合伙人在不给合伙企业事务执行造成不利影响的情况下,可以退伙,但应当提前30日通知其他合伙人。由此可见,法律对通知退伙有一定的限制,即附有以下三项条件:(1)合伙协议未约定合伙企业的经营期限;(2)合伙人的退伙不给合伙企业事务执行造成不利影响;(3)提前30日通知其他合伙人。这三项条件必须同时具备,缺一不可。合伙人违反合伙企业法的规定退伙的,应当赔偿由此给合伙企业造成的损失。

法定退伙,是指合伙人因出现法律规定的事由而退伙。法定退伙分为当然退伙和除名两类。

关于当然退伙。《合伙企业法》第48条规定,合伙人有下列情形之一的,当然退伙:(1)作为合伙人的自然人死亡或者被依法宣告死亡;(2)个人丧失偿债能力;(3)作为合伙人的法人或者其他组织依法被吊销营业执照、责令关闭撤销,或者被宣告破产;(4)法律规定或者合伙协议约定合伙人必须具有相关资格而丧失该资格;(5)合伙人在合伙企业中的全部财产份额被人民法院强制执行。

合伙人被依法认定为无民事行为能力人或者限制民事行为能力人的,经其他合伙人一致同意,可以依法转为有限合伙人,普通合伙企业依法转为有限合伙企业。其他合伙人未能一致同意的,该无民事行为能力或者限制民事行为能力的合伙人退伙。退伙事由实际发生之日为退伙生效日。

关于除名。《合伙企业法》第49条规定,合伙人有下列情形之一的,经其他合伙人一致同意,可以决议将其除名:(1)未履行出资义务;(2)因故意或者重大过失给合伙企业造成损失;(3)执行合伙事务时有不正当行为;(4)发生合伙协议约定的事由。对合伙人的除名决议应当书面通知被除名人。被除名人接到除名通知之日,除名生效,被除名人退伙。被除名人对除名决议有异议的,可以自接到除名通知之日起30日内,向人民法院起诉。

2. 退伙的效果

退伙的效果,是指退伙时退伙人在合伙企业中的财产份额和民事责任的归属变动。分为两种情况:一是退伙结算,二是财产继承。

关于退伙结算。除合伙人死亡或者被依法宣告死亡的情形外,《合伙企业法》对退伙结算作了以下规定:(1)合伙人退伙,其他合伙人应当与该退伙人按照退伙时的合伙企业财产状况进行结算,退还退伙人的财产份额。退伙人对给合伙企业造成的损失负有赔偿责任的,相应扣减其应当赔偿的数额。退伙时有未了结的合伙企业事务的,待该事务了结后进行结算。(2)退伙人在合伙企业中财产份额的退还办法,由合伙协议约定或者由全体合伙人决定,可以退还货币,也可以退还实物。(3)合伙人退伙时,合伙企业财产少于合伙企业债务的,退伙人应当依照法律规定分担亏损,即如果合伙协议约定亏损分担比例的,按照合伙协议的约定办理;合伙协议未约定或者约定不明确的,由合伙人协商决定;协商不成的,由合伙人按照实缴出资比例分担;无法确定出资比例的,由合伙人平均分担。

合伙人退伙以后,并不能解除对于合伙企业既往债务的连带责任。根据《合伙企业法》第53条的规定,退伙人对基于其退伙前的原因发生的合伙企业债务,承担无限连带责任。

关于财产继承。《合伙企业法》第50条规定,合伙人死亡或者被依法宣告死亡的,对该合伙人在合伙企业中的财产份额享有合法继承权的继承人,按照合伙协议的约定或者经全体合伙人一致同意,从继承开始之日起,取得该合伙企业的合伙人资格。有下列情形之一的,合伙企业应当向合伙人的继承人退还被继承合伙人的财产份额:(1)继承人不愿意成为合伙人;(2)法律规定或者合伙协议约定合伙人必须具有相关资格,而该继承人未取得该资格;(3)合伙协议约定不能成为合伙人的其他情形。合伙人的继承人为无民事行为能力人或者限制民事行为能力人的,经全体合伙人一致同意,可以依法成为有限合伙人,普通合伙企业依法转为有限合伙企业。全体合伙人未能一致同意的,合伙企业应当将被继承合伙人的财产份额退还该继承人。根据这一法律规定,合伙人死亡时其继承人可依法定条件取得该合伙企业的合伙人资格:一是有合法继承权;二是有合伙协议的约定或者全体合伙人的一致同意;三是继承人愿意。死亡的合伙人的继承人从继承开始之日起取得该合伙企业的合伙人资格。

3. 变更登记

入伙和退伙属于变更登记事项。《合伙企业法》第13条规定,合伙企业登记事项发生变更的,执行合伙事务的合伙人应当自作出变更决定或者发生变更事由之日起15日内,向企业登记机关申请办理变更登记。合伙企业登记事项发生变更时,未依照规定办理变更登记的,由企业登记机关责令限期登记;逾期不登记的,处以2000元以上2万元以下的罚款。合伙企业登记事项发生变更,执行合伙事务的合伙人未按照申请办理变更登记的,应当赔偿由此给合伙企业、其他合伙人或者善意第三人造成的损失。

## 第三节 特殊的普通合伙企业

特殊的普通合伙企业,是自20世纪80年代以来在英美国家产生发展起来的一种适用于合伙制律师事务所、合伙制会计师事务所发展的企业形态。在世界上许多国家和地区,特殊普通合伙企业被称为“有限责任合伙”。

### 一、特殊普通合伙企业(有限责任合伙)的产生背景

在美国,1914年通过的统一合伙法确认合伙的基本特点之一,就是合伙人要对合伙债务承担无限连带责任。因为合伙没有法定的形式要求,经营方式十分灵活,还可以享受免于缴纳企业所得税的优惠,因此,合伙人承担个人连带责任可以说是天经地义。

然而,在美国20世纪80年代出现的一系列诉讼使传统合伙法上连带责任制度的弊端充分暴露在人们的面前,合伙制度的改革被提上了议事日程。

在美国,有一类称为 thrift associations 和 saving and loan association 的金融机构,可暂译为“节俭社团”和“存贷社团”,大概类似于我们的信用社。它们的主要业务限于吸纳一般的存款并给储户发放利率较低的、用于购房目的的贷款。存贷款之间的利差即是此类金融机构的利润。但在20世纪60、70年代时,法律允许采用浮动的市场利率,这就使这类金融机构根本无法从住房贷款中获利。为此,它们被允许扩大经营范围,于是,它们中有许多转向风险较大的乃至投机性业务,如为开发大型的商场、办公楼等进行融资活动,形成了里根时期的经济快速膨胀。当经济泡沫破裂时,这些小型的金融机构的许多贷款已经无法收回,导致相当一批此类金融机构的破产。

在清理这类金融机构的债权债务的过程中,美国政府发现此类金融机构在其经营活动中有严重的违规行为,为它们提供会计和法律服务的会计师事务所和律师事务所也因此被追究了渎职责任。由于这些律师事务所或会计师事务所都是合伙组织,这样,在合伙财产不足偿还债务时,全体合伙人均要被判决承担连带责任,包括那些未参与此类活动的完全无辜的合伙人。本身并未参与引起合伙债务的活动,也没有过错,仅仅因为其合伙人的身份,即要以自己个人的财产代人受过,如此严重的后果几乎只有合伙中才会出现。正是20世纪80年末追究此类会计师和律师事务所合伙人的个人责任的诉讼成了一种新的合伙类型——有限责任合伙诞生的直接原因。

为解决专业服务机构采取普通合伙形式所面临的巨大经营风险,得克萨斯州于1991年修订其合伙企业法时增加了一项规定:“一个专业合伙中的合伙人对另一个合伙人、雇员或合伙代表作提供专业服务时的错误、不作为、疏忽、缺乏能力的或者渎职的行为,除其在合伙中的利益外,不承担个人责任。”得克萨斯州的有限责任合伙立法在其他各州得到了迅速的响应,他们先后制定了专门的有限责任合伙法。后这些规则被美国统一州法委员会采纳,并成为统一

合伙法1996年修订文本的标准条款。在统一合伙法的推动下,到1999年,美国50个州和哥伦比亚特区都通过了关于有限责任合伙的法律。

在美国的影响下,英美法系国家和地区也纷纷制定了有限责任合伙法,并且大多采取的是独立立法的形式。英国于2000年7月颁布了专门的有限责任合伙法,将有限责任合伙作为一种公司、合伙之外的新的企业组织形式,并确认了其独立法人的法律地位。由于该法未将有限责任合伙视为普通合伙的特殊形式,因而明确规定,除有特别说明外,普通合伙法的规则不适用于有限责任合伙。由于有限责任合伙具有封闭性公司的特征,故英国有限责任合伙法规定,公司法中的若干项监管规则,均适用或变通适用于有限责任合伙。此外,英国有限责任合伙法明确将有限责任合伙的适用范围扩大到一般性的商业活动,从而使其演变成为一种兼顾了中小企业需求的一般性企业组织形式。[3]

## 二、我国引进特殊普通合伙企业(有限责任合伙)的原因

我国引进有限责任合伙的重要推动力量是中国注册会计师协会。事实上,我国现行合伙法中的特殊普通合伙的基本法条基本上也是由注册会计师协会提供的。注册会计师协会之所以成为引进有限责任合伙的原动力,是因为它面临着行业中存在的现实困境,而引入有限责任合伙制度则是解困的最适当、最有效的方法。

律师、注册会计师这类专业服务人员的特点是,它们不是制造和向社会提供有形的产品,而是以他们的专业知识与技能向社会提供服务。与一般公司不同,对这类机构而言,资本不是最重要的,人的知识、技能、经验和个人的信誉是决定性的因素。因此,他们更适合采用合伙的形式经营自己的事业。然而,在最初成立注册会计师事务所时,由于对各类企业形式的理解上的偏差,人们认为,有限责任公司对业者是最有利的,因为成员只承担有限责任。大概是出于个人风险的考虑,全国绝大多数的会计师事务所采用了有限责任公司的形式。但是在经营的过程中,它们终于发现,有限责任公司对于会计师事务所并非最好的选择。在采用有限责任公司形式的会计师事务所中,每个会计师都是股东。在分配利润时,股东以他们占有的股份分享公司的利润。至于每个股东做得怎么样,则在所不问。如前面所说,专业服务机构能否盈利,关键不是成员的投资有多少,而是他们的专业技能如何。但分派利润时却是以他们最初的投资额为依据的。于是就出现了新的大锅饭。贡献大的会计师也无法将作用不大的会计师开除出公司。因为公司法没有这样的规定,这样有能力的会计师就面临着两难选择:要么容忍现状,眼睁睁地看着别人分享自己的劳动成果;要么解散公司或自己离开公司,但要新办一个会计师事务所又谈何容易,而且多年来形成的会计师事务所的商誉这种重要的无形资产就会白白损失。可见,有限责任公司这种形式并不适用于会计师事务所,而合伙更适合。合伙协议可以对合伙利润的分派作出特殊的安排;如果某个合伙人不能为合伙创造利润,经多数合伙人同意,可以将其清除出合伙。

随着经济的日益全球化,会计师事务所的对象往往是规模很大的企业。它们不可能单兵

---

[3] 范健:"关于我国是否引入有限责任合伙制度的立法思考",载王保树主编:《非公司企业法制的当代发展》,社会科学文献出版社2009年版,第317页。

作战,而需要团队合作,有时甚至需要多家会计师事务所联合工作。当会计师事务所规模越来越大时,如果仍然采用传统的合伙的形式,让会计师事务所的全体合伙人承担个人连带责任,又会出现美国当年出现的风险。

引进美国的有限责任合伙制度,把原有的有限责任公司的会计师事务所转换成有限责任合伙,就成了它们的迫切愿望。正是在它们的推动下,经过了几年的努力,2006 年 8 月,有限责任合伙终于得到了我国的承认,写入了修改后的合伙企业法。〔4〕 如今,许多国际专业服务机构,如普华、德勤、安永、毕马威 4 家国际上最大的会计师事务所,都采用了有限责任合伙形式。

《中华人民共和国合伙企业法(修订草案)》第二次审议时,有些常委会委员和专家认为,法律中同时出现"有限合伙"和"有限责任合伙",两者容易混淆,公众难以区分;并认为,既然有限责任合伙属于一种特殊的普通合伙,称其为"特殊的普通合伙企业",更能反映出其本质特征,也给社会公众和债权人对这种组织形式更清晰的认识。据此,全国人大法律委员会将"有限责任合伙"改为"特殊的普通合伙",但同时明确,英文仍然使用 Limited Liability Partnership(简称 LLP)。由此可见,我国合伙企业法所规定的"特殊的普通合伙"实际上就是"有限责任合伙"。

这一合伙形式采用了国际上通行的适合于会计师事务所、律师事务所等专业服务机构的规则,并吸收了美国等一些国家对专业服务机构合伙人责任限制方面的最新成果,是配合实现中国在 WTO 服务贸易方面承诺而提供的一种新型的企业组织形式。

### 三、特殊普通合伙企业(有限责任合伙)的概念及适用范围

特殊的普通合伙企业,是指以专业知识和专门技能为客户提供有偿服务的专业服务机构,如律师事务所、会计师事务所等。特殊的普通合伙企业名称中应当标明"特殊普通合伙"字样。

关于其适用范围,《合伙企业法》第 55 条第 1 款规定:"以专业知识和专门技能为客户提供有偿服务的专业服务机构,可以设立为特殊的普通合伙企业。"第 107 条规定:"非企业专业服务机构依据有关法律采取合伙制的,其合伙人承担责任的形式可以适用本法关于特殊的普通合伙企业合伙人承担责任的规定。"

### 四、特殊普通合伙企业(有限责任合伙)的责任形式

#### (一)责任承担

《合伙企业法》第 57 条规定,"一个合伙人或者数个合伙人在执业活动中因故意或者重大过失造成合伙企业债务的,应当承担无限责任或者无限连带责任,其他合伙人以其在合伙企业中的财产份额为限承担责任。合伙人在执业活动中非因故意或者重大过失造成的合伙企业债务以及合伙企业的其他债务,由全体合伙人承担无限连带责任。"所谓重大过失,是指明知可

---

〔4〕 宋永新:"关于我国的有限责任合伙的若干问题",载王保树主编:《非公司企业法制的当代发展》,社会科学文献出版社 2009 年版,第 283 ~ 285 页。

能造成损失而轻率地作为或者不作为。根据这一法律规定，特殊的普通合伙企业的责任形式分为两种：

第一，有限责任与无限连带责任相结合。一个合伙人或者数个合伙人在执业活动中因故意或者重大过失造成合伙企业债务的，应当承担无限责任或者无限连带责任，其他合伙人以其在合伙企业中的财产份额为限承担责任。由于特殊普通合伙企业的特殊性，为了保证特殊的普通合伙企业的健康发展，必须对合伙人的责任形式予以改变，否则以专业知识和专门技能为客户提供服务的专业服务机构难以存续。因此，对一个合伙人或者数个合伙人在执业活动中的故意或者重大过失行为与其他合伙人应当区别对待，对于负有重大责任的合伙人应当承担无限责任或者无限连带责任，其他合伙人只能以其在合伙企业中的财产份额为限承担责任。这也符合公平、公正原则，如果不分清责任，简单地归责于无限连带责任或者有限责任，不但对其他合伙人不公平，而且债权人的利益也难以得到保障。

第二，无限连带责任。对合伙人在执业活动中非因故意或者重大过失造成的合伙企业债务以及合伙企业的其他债务，由全体合伙人承担无限连带责任。这是在责任划分的基础上作出的合理规定，以最大限度地实现公平、正义和保障债权人的合法权益。当然，这种责任形式的前提是合伙人在执业过程中不存在重大过错，即既没有故意，也不存在重大过失。

《合伙企业法》第 58 条规定，“合伙人执业活动中因故意或者重大过失造成的合伙企业债务，以合伙企业财产对外承担责任后，该合伙人应当按照合伙协议的约定对给合伙企业造成的损失承担赔偿责任。”

#### （二）特殊的普通合伙企业的债权人保护

《合伙企业法》第 59 条规定，“特殊的普通合伙企业应当建立执业风险基金、办理职业保险。执业风险基金用于偿付合伙人执业活动造成的债务。执业风险基金应当单独立户管理。具体管理办法由国务院规定。”

执业风险基金，主要是指为了化解经营风险，特殊的普通合伙企业从其经营收益中提取相应比例的资金留存或者根据相关规定上缴至指定机构所形成的资金。

职业保险，又称职业责任保险，是指承保各种专业技术人员因工作上的过失或者疏忽大意所造成的合同一方或者他人的人身伤害或者财产损失的经济赔偿责任的保险。

## 第四节　有限合伙企业

### 一、有限合伙企业的立法背景

#### （一）西方国家有限合伙的立法背景

我国的有限合伙企业类似于欧洲大陆法系的隐名合伙。隐名合伙的渊源可以追溯到中世纪的康孟达海上贸易形式,即业主与船东或船长签署协议,由业主将其财产或金钱交付给船东从事海外贸易,所获利益按协议分配,船东只提供劳务并负责货物贩售,业主不参与经营的海商贸易形式。业主在整个交易中不露名,故对交易亏损以提供给船东的资金负有限责任。1804 年,《法国民法典》首次规定了隐名合伙。隐名合伙,法律要求至少有 1 名以上的合伙人为普通合伙人(即负无限责任者,也称为出名合伙人),为营业登记时也不登记隐名合伙人之姓名,隐名合伙人的权益保护依赖于出名合伙人与隐名合伙人之间的协议。隐名合伙人对合伙企业的债务只负有限责任。隐名合伙,各国均不认为其具有法人资格。德国早在 16 世纪就通过立法确认有限合伙。由于有限合伙具有商事合伙的特点,德国立法者将其纳入 1897 年《德国商法典》。

英美法系的普通法本无有限合伙制度,但都先后借鉴大陆法系经验在立法中承认有限合伙。在美国,纽约州于 1822 年率先模仿法国立法例,承认了有限合伙。宾夕法尼亚州于 1836 年也颁布了《有限合伙法》,其他各州相继仿效颁行了本州的《有限合伙法》。1916 年,美国统一州法委员会制定发布了示范性的《统一有限合伙法》(简称 ULPA)推荐给各州采用。1917 年,宾夕法尼亚州首先采用,至 20 世纪 70 年代,其他各州也均已采用。《统一有限合伙法》被各州采用,推进了有限合伙企业的发展。1976 年,美国统一州法委员会对该法进行了修改,将其称为修正统一有限合伙法(简称 RULPA)。1985 年,修正统一有限合伙法再次获得修改。目前,美国大多数州采纳了修正统一有限合伙法。

### (二)我国有限合伙企业的立法背景

我国 1986 年《民法通则》在第 2 章"公民(自然人)"第 5 节用 6 个条款(第 30—35 条)规定了个人合伙;又于第 3 章规定了法人,因此可以这样理解:立法者将个人合伙视为自然人的子概念或者自然人的联合,属于法人之外的民事主体。围绕上述规定,最高人民法院在《关于贯彻执行〈中华人民共和国民法通则〉若干问题的意见(试行)》中第 45—57 条做了详细解释。1997 年合伙企业法则从企业组织的角度规定了合伙企业的设立、合伙企业财产、合伙企业的事务执行、合伙企业与第三人关系、入伙、退伙、合伙企业解散、清算等内容。上述立法和司法解释均不认可有限合伙的法律地位。

应当承认,有限合伙制度作为市场主体立法或者民事主体立法的一部分,根据立法法规定,理应由全国人大或其常委会的法律做出规定,而不应由地方性立法做出规定。但由于有限合伙具有普通合伙所不具备的独特魅力,北京、深圳等地方性立法陆续承认有限合伙的法律地位。例如,深圳市人大常委会于 1994 年 3 月 2 日通过的《深圳经济特区合伙条例》在第三章(第 53—69 条)专门规定了有限合伙。北京市人大常委会于 2000 年 12 月 8 日通过的《中关村科技园区条例》也在第 25 条明确规定:"风险投资机构可以采取有限合伙形式。有限合伙的合伙人由有限合伙人和普通合伙人组成。投资人为有限合伙人,以其出资额为限承担有限责任,资金管理者为普通合伙人,承担无限责任。"北京市人民政府于 2001 年 2 月 21 日颁布的《有限合伙管理办法》更是就有限合伙做了系统而全面的规定。

实际上,合伙企业法在 1997 年被通过之前的草案中规定了有限合伙,但因立法机关内部对有限合伙认识不一,最后只能忍痛割爱,将其删除。现在回过头来看这一立法动作,实在是合伙企业立法的一大缺憾。为了实现资本与经营管理知识的紧密结合,向广大投资者提供更多的备选企业组织形式,保护好广大投资者的投资热情,2006 年合伙企业法在借鉴国际惯例与经验的基础上,大胆移植了国外先进的有限合伙制度。[5]

这一组织形式适合于风险投资,符合风险投资资本的运作模式,将有助于我国风险投资企业的发展。

## 二、有限合伙企业的概念及法律适用

### (一)有限合伙企业的概念及特征

有限合伙企业,是指由普通合伙人和有限合伙人共同组成,普通合伙人对合伙企业债务承担无限连带责任,有限合伙人以其认缴的出资额为限对合伙企业债务承担责任的合伙组织。有限合伙企业引入有限责任制度,有利于调动各方的投资热情,实现投资者与创业者的最佳结合。有限合伙企业与普通合伙企业、有限责任公司相比较,具有以下显著特征:

第一,在人员组成上,有限合伙企业的合伙人分普通合伙人和有限合伙人两种,其中至少有一人为普通合伙人。如果没有有限合伙人的参加,这样的企业可能就是个人独资企业、法人企业设立的不能独立承担民事责任的分支机构,或者是普通合伙企业;如果没有普通合伙人的参加,这样的企业可能就是一人公司,或者是有限责任公司、股份有限公司等。对企业债务承担不同责任的两种人共同参加同一家企业,各自对企业主张不同的权利和抱有差别的期望,投资者之间的关系存在复合型因素。

第二,在经营管理上,由普通合伙人执行合伙事务。普通合伙企业的各合伙人均有权参与企业的经营管理;而在有限合伙企业中,由通常具有专业知识和技能的普通合伙人,执行合伙事务;有限合伙人不执行合伙企业事务,不得对外代表有限合伙。

第三,在风险承担上,有限合伙人仅以其出资额为限对合伙债务承担有限责任。普通合伙企业中各合伙人对合伙企业债务承担无限连带责任;而在有限合伙企业中,不同类型的合伙人所承担的责任则存在差异,其中的有限合伙人仅以其各自的出资额为限承担有限责任,而普通合伙人对合伙企业债务承担无限连带责任。

### (二)有限合伙企业的法律适用

《合伙企业法》规定了两种类型的企业,即普通合伙企业和有限合伙企业。有限合伙企业与普通合伙企业之间既有相同点,也有差异处,其中两者的差别主要表现为合伙企业的内部构造和责任承担上。普通合伙企业的成员均为普通合伙人(特殊的普通合伙企业除外),而有限合伙企业的成员则被划分为两部分,即有限合伙人和普通合伙人。这两部分合伙人在主体资格、权利享有、义务承受与责任承担等方面存在明显的差异。在法律适用中,凡是《合伙企业法》中对有限合伙企业有特殊规定的,应当适用有关《合伙企业法》中对有限合伙企业的特殊规定。无特殊规定的,适用有关普通合伙企业及其合伙人的一般规定。

---

〔5〕 刘俊海:"论有限合伙制度",载王保树主编:《非公司企业法制的当代发展》,社会科学文献出版社 2009 年版,第 238 ~240 页。

## 三、有限合伙企业的特殊规定

### (一)有限合伙企业设立的特殊规定

1. 有限合伙企业人数

《合伙企业法》规定,有限合伙企业由2个以上50个以下合伙人设立;但是,法律另有规定的除外。有限合伙企业至少应当有1个普通合伙人。按照规定,自然人、法人和其他组织可以依照法律规定设立有限合伙企业,但国有独资公司、国有企业、上市公司以及公益性的事业单位、社会团体不得成为有限合伙企业的普通合伙人。

在有限合伙企业存续期间,有限合伙人的人数可能发生变化。然而,无论如何变化,有限合伙企业中必须包括有限合伙人与普通合伙人两部分,否则,有限合伙企业应当进行组织形式变化。《合伙企业法》第75条规定:"有限合伙企业仅剩有限合伙人的,应当解散;有限合伙企业仅剩普通合伙人的,应当转为普通合伙企业。"

2. 有限合伙企业名称

《合伙企业法》规定,有限合伙企业名称中应当标明"有限合伙"字样。按照企业名称登记管理的有关规定,企业名称中应当含有企业的组织形式。为便于社会公众以及交易相对人对有限合伙企业的了解,有限合伙企业名称中应当标明"有限合伙"的字样,但不能标明"普通合伙"、"特殊普通合伙"、"有限公司"、"有限责任公司"等字样。

3. 有限合伙企业协议

有限合伙企业协议是有限合伙企业生产经营的重要法律文件。《合伙企业法》第63条规定,有限合伙企业协议除符合普通合伙企业合伙协议的规定外,还应当载明下列事项:(1)普通合伙人和有限合伙人的姓名或者名称、住所;(2)执行事务合伙人应具备的条件和选择程序;(3)执行事务合伙人权限与违约处理办法;(4)执行事务合伙人的除名条件和更换程序;(5)有限合伙人入伙、退伙的条件、程序以及相关责任;(6)有限合伙人和普通合伙人相互转变程序。

4. 有限合伙人出资形式

《合伙企业法》第64条规定:"有限合伙人可以用货币、实物、知识产权、土地使用权或者其他财产权利作价出资。有限合伙人不得以劳务出资。"由此条规定,我们可以看出以下几点:(1)因为出资形式包括其他财产权利,据此,有限合伙人的债权、股权等均可作为出资;(2)应能以货币估价作为必要条件;(3)劳务不得作为出资形式的原因在于,劳务出资的实质是用未来劳动创造的收入来投资,其难以通过市场变现,法律上执行困难。如果普通合伙人用劳务出资,有限合伙人也用劳务出资,将来有限合伙企业将难以承担债务责任,这不利于保护债权人的利益。就现行中国企业法律的共同精神而言,凡是出资人承担有限责任的,均不得以劳务出资,公司登记条例已表达了此意。[6]

5. 有限合伙人出资义务

《合伙企业法》第65条规定:"有限合伙人应当按照合伙协议的约定按期足额缴纳出资;

---

〔6〕《中华人民共和国公司登记管理条例》第14条。

未按期足额缴纳的,应当承担补缴义务,并对其他合伙人承担违约责任。”按期足额出资是有限合伙人必须履行的义务。合伙人未按照协议的约定履行缴纳出资义务的,首先应当承担补缴出资的义务,同时还应对其他合伙人承担违约责任。

6. 有限合伙企业登记事项

《合伙企业法》第 66 条规定:“有限合伙企业登记事项中应当载明有限合伙人的姓名或者名称及认缴的出资数额。”

### (二)有限合伙企业事务执行的特殊规定

1. 有限合伙企业事务执行人

《合伙企业法》第 67 条规定:“有限合伙企业由普通合伙人执行合伙事务。执行事务合伙人可以要求在合伙协议中确定执行事务的报酬及报酬提取方式。”如合伙协议约定数个普通合伙人执行合伙事务,这些普通合伙人均为合伙事务执行人。如合伙协议无约定,全体普通合伙人是合伙事务的共同执行人。合伙事务执行人除享有一般合伙人相同的权利外,还有接受其他合伙人的监督和检查、谨慎执行合伙事务的义务,若因自己的过错造成合伙财产损失的,应向合伙企业或其他合伙人负赔偿责任。此外,由于执行事务合伙人较不执行事务合伙人对有限合伙企业要多付出劳动,因此,执行事务合伙人可以就执行事务的劳动付出,要求企业支付报酬。对于报酬的支付方式及其数额,应由合伙协议规定或全体合伙人讨论决定。

2. 禁止有限合伙人执行合伙事务

《合伙企业法》第 68 条规定,有限合伙人不执行合伙事务,不得对外代表有限合伙企业。有限合伙人的下列行为,不视为执行合伙事务:(1)参与决定普通合伙人入伙、退伙;(2)对企业的经营管理提出建议;(3)参与选择承办有限合伙企业审计业务的会计师事务所;(4)获取经审计的有限合伙企业财务会计报告;(5)对涉及自身利益的情况,查阅有限合伙企业财务会计账簿等财务资料;(6)在有限合伙企业中的利益受到侵害时,向有责任的合伙人主张权利或者提起诉讼;(7)执行事务合伙人怠于行使权利时,督促其行使权利或者为了本企业的利益以自己的名义提起诉讼;(8)依法为本企业提供担保。

另外,《合伙企业法》第 76 条规定:“第三人有理由相信有限合伙人为普通合伙人并与其交易的,该有限合伙人对该笔交易承担与普通合伙人同样的责任。有限合伙人未经授权以有限合伙企业名义与他人进行交易,给有限合伙企业或者其他合伙人造成损失的,该有限合伙人应当承担赔偿责任。”

3. 有限合伙企业利润分配

《合伙企业法》第 69 条规定:“有限合伙企业不得将全部利润分配给部分合伙人;但是,合伙协议另有约定的除外。”

4. 有限合伙人权利

(1)决策参与权。有限合伙人有权参与决定普通合伙人入伙、退伙(合伙企业法第 68 条第 2 款)。

(2)建议权。有限合伙人有权对企业的经营管理提出建议(《合伙企业法》第 68 条第 2 款),但是否采纳应由普通合伙人决定。

(3)监督权。有限合伙人有权参与选择承办有限合伙企业审计业务的会计师事务所(《合伙企业法》第 68 条第 2 款)。

(4)知情权。为了解和监督有限合伙的经营状况和财务状况,有限合伙人有权获取经审计的有限合伙企业财务会计报告,并对设计自身利益的情况,查阅有限合伙企业财务会计账簿等财务资料(《合伙企业法》第 68 条第 2 款)。

(5)直接诉权。在有限合伙企业中的利益受到侵害时,向有责任的合伙人主张权利或者提起诉讼(《合伙企业法》第 68 条第 2 款)。

(6)代表诉权。执行事务合伙人怠于行使权利时,有限合伙人有权督促其行使权利或者为了本企业的利益以自己的名义提起诉讼(《合伙企业法》第 68 条第 2 款)。

(7)关联交易权。《合伙企业法》第 70 条规定:"有限合伙人可以同本有限合伙企业进行交易;但是,合伙协议另有约定的除外。"因为有限合伙人并不参与有限合伙企业事务的执行,对有限合伙企业的对外交易行为,有限合伙人并无直接或者间接的控制权,有限合伙人与本有限合伙企业进行交易时,一般不会损害本有限合伙企业的利益。有限合伙协议可以对有限合伙人与有限合伙企业之间的交易进行限定,如果有限合伙协议另有约定的,则必须按照约定的要求进行。普通合伙人如果禁止有限合伙人同本有限合伙企业进行交易,应当在合伙协议中作出约定。

(8)竞争业务开业权。《合伙企业法》第 71 条规定:"有限合伙人可以自营或者同他人合作经营与本有限合伙企业相竞争的业务;但是,合伙协议另有约定的除外。"与普通合伙人不同,有限合伙人一般不承担竞业禁止义务。普通合伙人如果禁止有限合伙人自营或者同他人合作经营与本有限合伙企业相竞争的业务,应当在合伙协议中作出约定。

### (三)有限合伙企业财产出质与转让的特殊规定

1. 有限合伙人财产份额出质

《合伙企业法》第 72 条规定:"有限合伙人可以将其在有限合伙企业中的财产份额出质;但是,合伙协议另有约定的除外。"所谓有限合伙人将其在有限合伙企业中的财产份额出质,是指有限合伙人以其在合伙企业中的财产份额对外进行权利质押。有限合伙人在有限合伙企业中的财产份额,是有限合伙人的财产权益,在有限合伙企业存续期间,有限合伙人可以对该财产权利进行一定的处分。有限合伙人将其在有限合伙企业中的财产份额出质,产生的后果仅仅是有限合伙企业的有限合伙人存在变更的可能,这对有限合伙企业的财产基础并无根本的影响。因此,有限合伙人可以按照《担保法》及其相关规定进行财产份额的出质。但是,有限合伙企业合伙协议可以对有限合伙人的财产份额出质作出约定,如有特殊约定,应按特殊约定执行。

2. 有限合伙人财产份额转让

《合伙企业法》第 73 条规定:"有限合伙人可以按照合伙协议的约定向合伙人以外的人转让其在有限合伙企业中的财产份额,但应当提前 30 日通知其他合伙人。"有限合伙人转让合伙权益时,只需通知其他合伙人即可,而无需征得其他合伙人的同意。这是因为,有限合伙人向合伙人以外的其他人转让其在有限合伙企业中的财产份额,并不影响有限合伙企业债权人的利益。但是,有限合伙人对外转让其在有限合伙企业中的财产份额应当依法进行,一是要按照合伙协议的约定进行转让;二是应当提前30日通知其他合伙人。有限合伙人对外转让其在有限合伙企业的财产份额时,有限合伙企业的其他合伙人有优先购买权。

### (四)有限合伙人债务清偿的特殊规定

《合伙企业法》第74条规定:"有限合伙人的自有财产不足清偿其与合伙企业无关的债务的,该合伙人可以以其从有限合伙企业中分取的收益用于清偿;债权人也可以依法请求人民法院强制执行该合伙人在有限合伙企业中的财产份额用于清偿。人民法院强制执行有限合伙人的财产份额时,应当通知全体合伙人。在同等条件下,其他合伙人有优先购买权。"由此,有限合伙人清偿其债务时,首先应当以自有财产进行清偿,只有自有财产不足清偿时,有限合伙人才可以使用其在有限合伙企业中分取的收益进行清偿,也只有在有限合伙人的自有财产不足清偿其与合伙企业无关的债务的,人民法院才可以应债权人请求强制执行该合伙人在有限合伙企业中的财产份额用于清偿。人民法院强制执行有限合伙人的财产份额时,应当通知全体合伙人,且在同等条件下,其他合伙人有优先购买权。

### (五)有限合伙企业入伙与退伙的特殊规定

1. 入伙

《合伙企业法》第77条规定,新入伙的有限合伙人对入伙前有限合伙企业的债务,以其认缴的出资额为限承担责任。这里需要注意,在普通合伙企业中,新入伙的合伙人对入伙前合伙企业的债务承担连带责任,而在有限合伙企业中,新入伙的有限合伙人对入伙前有限合伙企业的债务,以其认缴的出资额为限承担责任。

2. 退伙

(1)有限合伙人当然退伙。《合伙企业法》规定,有限合伙人出现下列情形时当然退伙:①作为合伙人的自然人死亡或者被依法宣告死亡;②作为合伙人的法人或者其他组织依法被吊销营业执照、责令关闭、撤销,或者被宣告破产;③法律规定或者合伙协议约定合伙人必须具有相关资格而丧失该资格;④合伙人在合伙企业中的全部财产份额被人民法院强制执行。

(2)有限合伙人丧失民事行为能力的处理。《合伙企业法》第79条规定,作为有限合伙人的自然人在有限合伙企业存续期间丧失民事行为能力的,其他合伙人不得因此要求其退伙。这是因为,有限合伙人对有限合伙企业只进行投资,而不负责事务执行。作为有限合伙人的自然人在有限合伙企业存续期间丧失民事行为能力,并不影响有限合伙企业的正常生产经营活动,其他合伙人不能要求该丧失民事行为能力的合伙人退伙。

(3)有限合伙人继承人的权利。《合伙企业法》第80条规定,作为有限合伙人的自然人死亡、被依法宣告死亡或者作为有限合伙人的法人及其他组织终止时,其继承人或者权利承受人可以依法取得该有限合伙人在有限合伙企业中的资格。

(4)有限合伙人退伙后责任承担。《合伙企业法》第81条规定,有限合伙人退伙后,对基于其退伙前的原因发生的有限合伙企业债务,以其退伙时从有限合伙企业中取回的财产承担责任。

(六)合伙人性质转变的特殊规定

《合伙企业法》第 82 条规定,除合伙协议另有约定外,普通合伙人转变为有限合伙人,或者有限合伙人转变为普通合伙人,应当经全体合伙人一致同意。第 83 条规定,有限合伙人转变为普通合伙人的,对其作为有限合伙人期间有限合伙企业发生的债务承担无限连带责任。第 84 条规定,普通合伙人转变为有限合伙人的,对其作为普通合伙人期间合伙企业发生的债务承担无限连带责任。

## 第五节　合伙企业的解散和清算

### 一、合伙企业的解散事由

合伙企业解散,是指各合伙人解除合伙协议,使合伙企业终止的活动。

根据《合伙企业法》第 85 条的规定,合伙企业有下列情形之一的,应当解散:(1)合伙期限届满,合伙人决定不再经营;(2)合伙协议约定的解散事由出现;(3)全体合伙人决定解散;(4)合伙人已不具备法定人数满 30 天;(5)合伙协议约定的合伙目的已经实现或者无法实现;(6)依法被吊销营业执照、责令关闭或者被撤销;(7)法律、行政法规规定的其他原因。

### 二、合伙企业清算

合伙企业解散的,应当进行清算。《合伙企业法》对合伙企业清算作了以下几方面的规定:

(一)确定清算人

《合伙企业法》第 86 条规定,合伙企业解散,应当由清算人进行清算。清算人由全体合伙人担任;经全体合伙人过半数同意,可以自合伙企业解散事由出现后 15 日内指定一个或者数个合伙人,或者委托第三人,担任清算人。自合伙企业解散事由出现之日起 15 日内未确定清算人的,合伙人或者其他利害关系人可以申请人民法院指定清算人。《合伙企业登记管理办法》第 21 条规定,清算人应当自被确定之日起 10 日内,将清算人成员名单向企业登记机关备案。

(二)清算人职责

《合伙企业法》第 87 条规定,清算人在清算期间执行下列事务:(1)清理合伙企业财产,分别编制资产负债表和财产清单;(2)处理与清算有关的合伙企业未了结事务;(3)清缴所欠税款;(4)清理债权、债务;(5)处理合伙企业清偿债务后的剩余财产;(6)代表合伙企业参加诉讼或者仲裁活动。

### （三）通知和公告债权人

《合伙企业法》第 88 条规定，清算人自被确定之日起 10 日内将合伙企业解散事项通知债权人，并于 60 日内在报纸上公告。债权人应当自接到通知书之日起 30 日内，未接到通知书的自公告之日起 45 日内，向清算人申报债权。债权人申报债权，应当说明债权的有关事项，并提供证明材料。清算人应当对债权进行登记。清算期间，合伙企业存续，但不得开展与清算无关的经营活动。

### （四）财产清偿顺序

《合伙企业法》第 89 条规定，合伙企业财产在支付清算费用和职工工资、社会保险费用、法定补偿金以及缴纳所欠税款、清偿债务后的剩余财产，依照《合伙企业法》关于利润分配和亏损分担的规定进行分配。

合伙企业财产清偿问题主要包括以下三方面的内容：

第一，合伙企业的财产首先用于支付合伙企业的清算费用。清算费用包括：其一，管理合伙企业财产的费用，如仓储费、保管费、保险费等。其二，处分合伙企业财产的费用，如聘任工作人员的费用等。其三，清算过程中的其他费用，如通告债权人的费用、调查债权的费用、咨询费用、诉讼费用等。

第二，合伙企业的财产支付合伙企业的清算费用后的清偿顺序。合伙企业的财产支付合伙企业的清算费用后的清偿顺序如下：合伙企业职工工资、社会保险费用和法定补偿金；缴纳所欠税款；清偿债务。其中法定补偿金主要是指法律、行政法规和规章所规定的应当支付给职工的补偿金，如《劳动法》规定的解除劳动合同的补偿金。

第三，分配财产。合伙企业财产依法清偿后仍有剩余时，对剩余财产，依照《合伙企业法》的规定进行分配，即按照合伙协议的约定办理；合伙协议未约定或者约定不明确的，由合伙人协商决定；协商不成的，由合伙人按照实缴出资比例分配；无法确定出资比例的，由合伙人平均分配。

### （五）注销登记

《合伙企业法》第 90 条规定，清算结束，清算人应当编制清算报告，经全体合伙人签名、盖章后，在 15 日内向企业登记机关报送清算报告，申请办理合伙企业注销登记。《合伙企业登记管理办法》规定，合伙企业依照合伙企业法的规定解散的，清算人应当自清算结束之日起 15 日内，向原企业登记机关办理注销登记。经企业登记机关注销登记，合伙企业终止。《合伙企业法》第 91 条规定，合伙企业注销后，原普通合伙人对合伙企业存续期间的债务仍应承担无限连带责任。

### （六）合伙企业不能清偿到期债务的处理

《合伙企业法》第 92 条规定：“合伙企业不能清偿到期债务的，债权人可以依法向人民法院提出破产清算申请,也可以要求普通合伙人清偿。合伙企业依法被宣告破产的,普通合伙人对合伙企业债务仍应承担无限连带责任。"《企业破产法》第135条规定:"其他法律规定企业法人以外的组织的清算,属于破产清算的,参照适用本法规定的程序。"因此,债权人申请合伙企业破产的,应参照适用其关于破产清算程序的规定,不适用其关于重整和和解的规定;而且,此种参照允许对合伙企业破产清算程序作适当简化,因为如果完全按照企业法人破产程序的规定办理,对合伙企业而言将过于繁琐,费用也太高。我国没有自然人破产制度,合伙的破产也不能免除合伙人的个人责任,但仍规定破产制度的考虑是:应允许合伙企业的债权人根据不同情况作出选择,可以依法提出破产申请,也可以直接向合伙人追偿;而且规定合伙企业的破产对债权人有利,一是可以使所有债权人按比例受偿,有利于兼顾各债权人的利益,二是可以对企业宣告破产前一年违法转移财产的行为予以撤销,追回所转移的财产,增加破产财产,有利于保护债权人利益。[7]

### (七)合伙企业清算人违法行为应承担的法律责任

第一,清算人未依照《合伙企业法》规定向企业登记机关报送清算报告,或者报送清算报告隐瞒重要事实,或者有重大遗漏的,由企业登记机关责令改正。由此产生的费用和损失,由清算人承担和赔偿。

第二,清算人执行清算事务,牟取非法收入或者侵占合伙企业财产的,应当将该收入和侵占的财产退还合伙企业;给合伙企业或者其他合伙人造成损失的,依法承担赔偿责任。

第三,清算人违反《合伙企业法》规定,隐匿、转移合伙企业财产,对资产负债表或者财产清单作虚假记载,或者在未清偿债务前分配财产,损害债权人利益的,依法承担赔偿责任。

---

〔7〕 袁杰:"合伙企业在中国",载王保树主编:《非公司企业法制的当代发展》,社会科学文献出版社2009年版,第23~24页。

# 参考书目


1. 张士元等编著:《公司与企业法》,立信会计出版社 2015 年版。
2. 张士元主编:《中国企业法律制度研究》,立信会计出版社 2013 年版。
3. 王瑞主编:《商法总论》,法律出版社 2009 年版。
4. 王瑞:《中国内地、台港澳商事法比较与统一》,法律出版社 2010 年版。
5. 董慧凝:《公司章程自由及其法律限制》,法律出版社 2007 年版。
6. 董慧凝:《信托财产法律问题研究》,法律出版社 2011 年版。
7. 李建伟:《公司法学》(第三版),中国人民大学出版社 2014 年版。
8. 宋晓明、刘俊海主编:《人民法院公司法指导案例裁判要旨通纂》,北京大学出版社 2014 年版。
9. 江必新、何东林等:《最高人民法院指导性案例裁判规则理解与适用》(公司卷),中国法制出版社 2012 年版。
10. 奚晓明主编:《最高人民法院关于公司法解释(三)、清算纪要理解与适用》,人民法院出版社 2011 年版。
11. 最高人民法院民事审判庭第二庭:《最高人民法院商事审判指导案例》(公司卷),中国法制出版社 2011 年版。
12. 刘俊海:《现代公司法》(第二版),法律出版社 2011 年版。
13. 范建、王建文:《公司法》(第三版),法律出版社 2011 年版。
14. 朱慈蕴:《公司法原论》,清华大学出版社 2011 年版。
15. 黄辉:《现代公司法比较研究》,清华大学出版社 2011 年版。
16. 刘新民:《有限责任合伙法律制度专题研究》,知识产权出版社 2011 年版。
17. 吴庆宝主编:《权威点评最高法院公司法指导案例》,中国法制出版社 2010 年版。
18. 邓峰:《普通公司法》,中国人民大学出版社 2009 年版。
19. 蒋大兴:《公司法的观念与解释Ⅰ》、《公司法的观念与解释Ⅱ》、《公司法的观念与解释Ⅲ》,法律出版社 2009 年版。
20. 王保树主编:《非公司企业法制的当代发展》,社会科学文献出版社 2009 年版。
21. 叶林:《公司法研究》,中国人民大学出版社 2008 年版。
22. 王文宇、林国全等:《商事法》(第二版),中国人民大学出版社 2008 年版。
23. 葛伟军:《英国公司法原理与判例》,中国法制出版社 2007 年版。
24. 赵旭东主编:《公司法学》(第二版),高等教育出版社 2006 年版。
25. 张民安、蔡元庆主编:《公司法》,中山大学出版社 2003 年版。
26. 梁宇贤:《商事法论》(修订新版),中国人民大学出版社 2003 年版。
27. 王文宇:《新公司与企业法》,中国政法大学出版社 2003 年版。

28. 王作全主编:《商法学》,北京大学出版社 2002 年版。
29. 王红一:《公司法功能与结构法社会学分析——公司立法问题研究》,北京大学出版社 2002 年版。
30. 史际春等:《企业和公司法》,中国人民大学出版社 2001 年版。
31. 甘培忠:《企业和公司法学》,北京大学出版社 2001 年版。
32. 梅慎实:《现代公司法人治理结构规范运作论》,中国法制出版社 2001 年版。
33. 郭锋、王坚主编:《公司法修改纵横谈》,法律出版社 2000 年版。
34. 齐斌:《证券市场信息披露法律监管》,法律出版社 2000 年版。
35. 卞耀武主编:《法国公司法规范》,李萍译,法律出版社 1999 年版。
36 朱慈蕴:《公司法人格否认法理研究》,法律出版社 1998 年版。
37. 张开平:《英美公司董事法律制度研究》,法律出版社 1998 年版。
38 刘俊海:《股份有限公司股东权的保护》,法律出版社 1997 年版。
39. 王保树主编:《中国商事法》,人民法院出版社 1996 年版。
40. 史际春主编:《公司法教程》,中国政法大学出版社 1995 年版。
41. 邹海林主编:《程序破产和破产法实体制度比较研究》,法律出版社 1995 年版。
42. 顾培东主编:《破产法教程》,法律出版社 1995 年版。
43. 王保树、崔勤之:《中国公司法》,中国工人出版社 1995 年版。
44. 吴敬琏、张士元等:《怎样建立现代企业制度》,中国企业文化研究院 1994 年版。
45. 江平主编:《法人制度论》,中国政法大学出版社 1994 年版。
46. 江平主编:《新编公司法教程》,法律出版社 1994 年版。
47. 周友苏主编:《中国公司法原理与实务》,四川人民出版社 1994 年版。
48. 刘大洪主编:《企业法新论》,中国财政经济出版社 1993 年版。
49. 张士元:《股份制企业 · 公司 · 公司法》,对外贸易教育出版社 1993 年版。
50. 王鼎勋等:《中国企业法论》,陕西人民出版社 1992 年版。
51. 戴隆、凌相权主编:《台湾商事法论》,武汉大学出版社 1992 年版。
52. 董安生等编译:《英国商法》,法律出版社 1991 年版。
53. 张士元主编:《公司法概论》,群众出版社 1989 年版。
54. 丁焕春主编:《企业法概论》,中国政法大学出版社 1989 年版。
55. [英]梅因 · 哈特:《欧洲十二国公司法》,李功国等编译,兰州大学出版社 1988 年版。
56. [加]布莱恩 · R. 柴芬斯:《公司法:理论、结构和运作》,林华伟、魏旻译,法律出版社 2001 年版。
57. [德]格茨 · 怀克、克里斯蒂娜 · 温德比西勒:《德国公司法》,殷盛译,法律出版社 2010 年版。
58. [日]前田庸:《公司法入门》(第十二版),北京大学出版社 2012 年版。
59. [日]神田秀树:《公司法的理念》,朱大明译,法律出版社 2013 年版。

# 后　　记

本教材为“21世纪普通高等教育国家级规划教材”，此次再版是为了更好、更及时地反映我国市场经济和改革的发展现状，反映和解读最新的立法精神，并根据有关法学专业课程教学的基本要求进行了充实和完善，从而使广大学生更准确地理解和掌握最新的企业法与公司法的立法精神和立法状况。为此，我们受法律出版社的委托进行了修订。

本书由张士元教授任主编，各章撰稿人（以撰写章节先后为序）是：导言、总论部分由张士元、董慧凝撰写；公司法部分由王瑞撰写，其中有限责任公司部分由李丹宁撰写；个人独资企业法、合伙企业法部分由李丹宁撰写。

本书在修订和再版过程中得到了法律出版社陈慧同志的大力支持和帮助，王瑞和李丹宁老师也为本书的修订作了大量的技术性工作，在此一并表示衷心的感谢！

2015年5月

**图书在版编目(CIP)数据**

企业法/张士元主编. --4版. --北京:法律出版社,2015.7(2021.12重印)
ISBN 978-7-5118-8185-4

Ⅰ. ①企… Ⅱ. ①张… Ⅲ. ①企业法-中国-高等学校-教材 Ⅳ. ①D922.291.91

中国版本图书馆CIP数据核字(2015)第158088号

**企业法(第四版)**
**QIYEFA(DI-SI BAN)**

张士元 主编

责任编辑 陈 慧
装帧设计 乔智炜

**出版发行** 法律出版社
**编辑统筹** 法律教育出版分社
**责任校对** 郑怡萍
**责任印制** 胡晓雅
**经　　销** 新华书店

**开本** 787毫米×1092毫米 1/16
**印张** 21.75 **字数** 474千
**版本** 2015年7月第4版
**印次** 2021年12月第6次印刷
**印刷** 天津嘉恒印务有限公司

地址:北京市丰台区莲花池西里7号(100073)
网址:www.lawpress.com.cn
投稿邮箱:info@lawpress.com.cn
举报盗版邮箱:jbwq@lawpress.com.cn

销售电话:010-83938349
客服电话:010-83938350
咨询电话:010-63939796


**书号**:ISBN 978-7-5118-8185-4　　**定价**:42.00元
凡购买本社图书,如有印装错误,我社负责退换。电话:010-83938349